프랑스 혁명의 고독한 파수꾼

## 프랑스 혁명의 고독한 파수꾼

초판 1쇄 인쇄 · 2024년 9월 15일
초판 1쇄 발행 · 2024년 9월 27일

지은이 · 서정복
펴낸이 · 한봉숙
펴낸곳 · 푸른사상사

주간 · 맹문재 | 편집 · 지순이 | 교정 · 김수란, 노현정 | 마케팅 · 한정규
등록 · 1999년 7월 8일 제2-2876호
주소 · 경기도 파주시 회동길 337-16(서패동 470-6)
대표전화 · 031) 955-9111~2 | 팩시밀리 · 031) 955-9114
이메일 · prun21c@hanmail.net
홈페이지 · http://www.prun21c.com

ⓒ 서정복, 2024

ISBN 979-11-308-2172-6   93920
값 38,000원

저자와의 합의에 의해 인지는 생략합니다.
이 도서의 전부 또는 일부 내용을 재사용하려면 사전에 저작권자와 푸른사상사의
서면에 의한 동의를 받아야 합니다.
이 도서의 표지 및 본문 디자인에 대한 권리는 푸른사상사에 있습니다.

서양 근대사 총서 9

서정복

# 프랑스 혁명의 고독한 파수꾼

A lonely sentinel of The French Revolution

■ 책머리에

　프랑스 대혁명이 세계적으로 성공한 혁명이며, 민주주의의 상징이라는 것은 자타가 공인하는 사실이다. 그러나 프랑스 혁명의 주역으로 우리가 알고 있는 인물들은 미라보, 라파예트, 마라, 당통, 로베스피에르, 생쥐스트, 바래르 등 몇 명에 불과하고, 이름만 알려졌을 뿐 어떤 역할을 하였는지에 대한 소개가 미흡하여 여전히 프랑스 혁명과 혁명가들을 바르게 이해할 수가 없다.

　특히 우리가 가장 익숙하게 들어온 막시밀리앙 로베스피에르에 대해서는 '공포정치기', '살인마', '흡혈귀', '청렴공', '최고 존재' 등의 별명으로만 알려져 있으며, 그에 버금가는 베르트랑 바래르도 변호사, 문인, 정치가, 저널리스트, 프리메이슨이었다는 점 외에는 프랑스 혁명과 연관하여 '테러리스트', '기요틴의 아나크레온', '로베스피에르의 꼬리', '기회주의자' 등의 이미지로 소개되고 있어 적지 않게 혼란스럽다.

　이렇게 된 이유는 100만 권이 넘는 프랑스 혁명에 관한 자료를 모두 볼 수 있는 연구자가 없고, 프랑스 혁명이 1789년 7월부터 테르미도르를 거쳐 나폴레옹의 집권인 1814년까지 적어도 26년간이나 지속되었다는 사실을 간과하고 있다는 점을 들 수 있다. 혁명에 혁명을 거듭하는 모든 과정에 참여하거나 지켜본 혁명가를 발굴하지 못한 것도 이유가 될 수 있다. 비유하자면 혁명의 일시적 정황이나 결과만을 살펴 마치 장님이 코끼리의 다리를 만지면서 코끼리는 기둥같이 생겼다고 하던가, 배를 만지면서 담벼락 같다고 말하는 것과 같을 것이다.

그러나 필자는 다행히도 프랑스 혁명의 모든 과정에 참여하고 지켜본 혁명의 추진자이자 파수꾼 한 사람을 찾았다. 그가 바로 베르트랑 바래르이다. 그의 활동을 통하여 프랑스 혁명을 조명해본다면, 좀 더 전체적으로 명료하게 프랑스 혁명을 이해할 수 있을 것이다.

그는 1755년에 프랑스 남부 타르브에서 탄생하여 계몽의 시대에 살면서 앙시앵 레짐의 모순을 통감하고 변화와 혁신을 상징하는 계몽사상가의 품성을 갖추며 성장하였다. 20세부터 변호사 업무를 개시하면서 오지와 벽지에 사는 가난한 서민들을 무료 변론하려고 자선변호사회를 조직하여 사회복지와 정의사회 구현에 진력하였다.

그 결과 1614년 루이 13세 이래 175년 만에 개회되는 삼신분의회의 타르브 삼신분대표의원으로 선출되어 1789년 7월부터 혁명의 소용돌이 속에서 혁명의 추진자, 중재자, 관찰자, 파수꾼으로서 활동하였다. 그는 1792년 10월 13일 공교육위원을 시작으로 혁명 추진의 핵심 의원으로 활약하였다. 그 후 국민공회 의장이 되어 루이 16세를 소송, 심문, 처형하였을 뿐만 아니라, 프랑스 혁명의 상징적 인물인 로베스피에르도 민주공화 정신에서 이탈한 자로 판단하여 그의 일당과 함께 처형한 테르미도르 사건의 주역이기도 하였다.

그러나 '로베스피에르의 꼬리'라는 모함으로 반대파의 공격 대상이 되어 유배형을 받고 샤랑트 감옥에 갔다가 탈옥하여, 발각되어 체포되는 두려움에 떨면서 이곳저곳을 떠돌며 숨어다니다가, 500인 회의 의원에 선출되었으나 자격이 상실되었다. 다행히 1799년 나폴레옹의 집권과 동시에 사면되었으나 감시의 대상에서는 풀려나지 못하였다. 나폴레옹이 『군대신문(Journal de l'armée)』 제작의 책임을 맡아달라고 요청하였으나 단호하게 거절한 후, 관직에는 나가지 않았다. 전쟁과 군사적 전제정치가 싫었기 때문이다. 그러나 주변의 권고에 따라 사비를 들여 『반영신문(Mémorial anti-britanique)』을 제작하며 프랑스와 나폴레옹을 위한 애국적 활동을 하면서, 영국과의 '펜 전쟁'을 생애 끝까지 감행하였다. 그러나 한편으로는 군사적 전제정치를 펼치는 나폴레옹을 죽을 때까지 비난하면서 프랑스와 프랑스인의 승리와 명예를 위하여 헌신한 애국자였다.

그동안 필자는 「베르트랑 바래르—그의 정치와 사회사상을 중심으로」(1988)로 프랑스에서 박사학위를 받았고, 「프랑스 혁명과 베르트랑 바래르의 참정」(1991)이라는 논문과 『의회 기록문을 통해 본, 프랑스 혁명과 베르트랑 바래르』(삼지원, 1999) 등을 출간하여 학계에 소개한 바 있어 이번에 집필의 기본 자료로 활용하였다. 그뿐만 아니라 프랑스 혁명 200주년 국제학술대회가 1989년 소래즈에서 42개국의 학자들이 모여 3박 4일로 개최되었을 때, 한국에서는 유일하게 필자도 초청받아 「베르트랑 바래르와 국가 방위 사상」을 발표한 것도 참고가 될 것이다.

그러나 평소에 독자들이 좀 더 쉽고 흥미롭게 읽으면서 프랑스 혁명을 심도 있게 조명할 수 있는 자료가 필요하다는 생각을 떨칠 수가 없다. 특히 우리나라는 프랑스 혁명사 연구가 도입된 지가 오래되지 않아 여전히 부분적으로만 소개되는 벽을 허물어가는 일을 역사학도가 해야 할 것이다. 따라서 필자는 프랑스 혁명의 전 과정에 참여하고 지켜본 혁명의 추진자이자 파수꾼 역할을 충실하게 수행한 혁명가들 가운데 가장 적격인 인물로 바래르를 선정하였다. 따라서 프랑스사 전공자의 사명감을 가지고 프랑스 혁명의 진행 과정에서 바래르의 역할을 좀 더 쉽고 재미있게 읽을 수 있는 속살들을 끌어내어 혁명에 대한 이해도를 높일 수 있는 서술을 하려고 한다.

이 책은 모두 4부로 구성하였다. 제1부에는 프랑스 혁명이 일어나기 이전 성장 과정과 부모의 이야기, 변호사가 되어 오지와 산지에 사는 가난하고 힘없는 사람들의 소송을 돕는 자선변호사회 활동을 담았다.

제2부에서는 바래르가 앙시앵 레짐의 모순을 지적하고 계몽사상과 민주공화 사상을 함양하는 계기가 된 아카데미 현상논문들을 소개하기 앞서 아카데미 약사(略史)를 우선 다루었다. 바래르는 아카데미 논문 현상 공모에 일곱 번 도전하여 세 번 수상했는데, 열성적으로 아카데미 현상에 응모하고 수상하는 과정과 그 논문들을 수록했다. 그 논문들을 통해 바래르가 타키투스, 키케로 등 고대 그리스와 로마 시대 공화론자들의 서적을 섭렵하였으며, 특히 루소의 『사회계약론』, 『인간불평등기원론』, 몽테스키외의 『법의 정신』 등 엄청난 독서를 통하여 정치사상을 형성했음을 알 수 있게 하였다.

제3부에서는 삼신분의회, 제헌국민의회, 국민공회에서의 활약상을 비롯하여 프랑스 혁명 과정에 대해 서술하였다. 테르미도르 사건 이후 유배형을 받고 고초를 겪다가 나폴레옹의 집권과 더불어 사면된 이후에도 지속적으로 프

랑스를 위해 노력했던 애국자의 면모를 조명했다.

제4부에서는 나폴레옹의 군사정권과 왕정복고 시대 바래르의 수난과 애국적 활동을 다루었다. 계속되는 추방과 감시 속에서도 바래르는 영국에 대항하는 『반영신문』을 발간하고, 나폴레옹의 군사독재에 항거하여 자유와 평등 그리고 민주공화정 수립을 주장했다. 여기에서는 바래르와 교분이 있었던 장리스 부인의 증언과 더불어 다비드 당제, 이폴리트 카르노, 미슐레 등의 평가, 즉 국민공회 시대 이전의 바래르와 이후의 바래르에 대해 소개하여 프랑스 혁명에 대한 이해도를 높여주고자 한다.

출판 경기가 원활하지 못한 요즘, 부족한 필자를 믿고 집필을 요청해준 도서출판 푸른사상사에 감사드린다. 그리고 알뜰히 교정을 보아준 아내 송재희 선생의 노고를 영원히 기억할 것이다. 끝으로 아마도 생애에 마지막 연구서가 될 이 책이 학계에 조금이라도 도움이 되며 독자들의 사랑받기를 간절히 기도한다.

2024년 8월
서정복

■ 차례

■ 책머리에 5

## 제1부 프랑스 혁명 이전의 바래르

### 제1장 진보적 가문에서의 성장기　17
　1. 교육에 대한 부모의 열정　17
　2. 어머니의 사랑과 불운한 가정생활　21

### 제2장 인민의 변호사　27
　1. 인문주의적 변호사　27
　2. 연구하는 변호사　29
　3. 자선변호사회의 결성과 활동　32

## 제2부 아카데미와 바래르

### 제1장 프랑스 아카데미의 간략한 역사　37
　1. 계몽사상과 프랑스 아카데미　37
　2. 이탈리아에서 재생한 그리스 아카데미아　41

3. 장 도라와 칠성파 시인들　48
　4. 아카데미 프랑세즈의 태동과 바이프 가문의 역할　54
　5. 아카데미 프랑세즈의 입회에 대한 논란　60
　6. 아카데미 프랑세즈의 역할　65
　7. 지방 아카데미의 특성과 역할　72

## 제2장 바래르의 아카데미 콩쿠르 응모작　78

　1. 아카데미에 미친 변호사　78
　2. 바래르의 아카데미 현상논문에 대한 평가　85

- 루이 12세에 대한 찬사　90
- J.B. 퓌르골르에 대한 찬사　128
- 대법관 피에르 세기에에 대한 찬사　158
- 장 자크 르프랑 드 퐁피냥에 대한 찬사　182
- 루이 12세의 대신, 조르주 당부아즈에 대한 찬사　208
- 제네바 시민, 장 자크 루소에 대한 찬사　232
- 샤를 드 스공다, 바롱 드 라 브래드 에 드 몽테스키외에 대한 찬사　271

## 제3부 프랑스 혁명에서 바래르의 역할

### 제1장 삼신분의회에서의 활동　　　301

　1. 봉건권 유산 처리 및 청원서 작성　　　301
　2. 제헌국민의회에서의 활약　　　304
　3. 『새벽신문』 발간과 의회의 소식 전달　　　308

### 제2장 혁명가로서의 활약　　　313

　1. 내무장관 추천을 사양하고 아내와 결별　　　313
　2. 미라보의 추모식과 전비 모금 활동　　　315
　3. 왕의 바렌 탈출과 혁명 대열의 선택　　　317
　4. 루이 16세의 고발　　　319
　5. 루이 16세의 심문　　　322
　6. 루이 16세의 처형 주관　　　327

### 제3장 공포정치와 테르미도르 반동　　　333

　1. 기요틴의 아나크레온　　　333
　2. 혁명군의 동원과 국가방위 활동　　　339
　3. 테르미도르 반동　　　342
　4. 로베스피에르의 처형 주관　　　346

| | |
|---|---|
| 5. 혼란스러운 혁명정국 | 350 |
| 6. 올레롱섬으로의 유배 | 353 |

### 제4장 통령정부의 감시 속에서    356

| | |
|---|---|
| 1. 나폴레옹과의 만남과 추방 | 356 |
| 2. 나폴레옹에 대한 두 가지 태도 | 359 |

## 제4부 프랑스 혁명과 바래르에 대한 역사적 평가

| | |
|---|---|
| 1. 인민의 변호사, 계몽주의적 문인 그리고 살롱맨의 혁명가 | 365 |
| 2. 자유와 평등사상의 헌법 구현자 | 373 |
| 3. 나폴레옹의 군사독재에 저항한 민주공화주의자 | 379 |
| 4. 『반영신문』 발간과 애국적 대외투쟁 활동 | 383 |

- ■ 참고문헌  393
- ■ 찾아보기  400

# 제1부

# 프랑스 혁명 이전의 바래르

제1장
# 진보적 가문에서의 성장기

## 1. 교육에 대한 부모의 열정

베르트랑 바래르(Bertrand Barère, 1755.9.10~1841.1.13)는 계몽주의 시대, 이른바 이성의 세기와 진보의 세기인 프랑스 18세기의 인물이자 프랑스 혁명에서 가장 장수한 혁명가이다. 계몽주의 시대는 인간이 환경을 개선할 수 있고, 개선된 환경은 인간의 본성도 바꿀 수 있다는 무한한 가능성을 발견한 위대한 시대였다. 바래르 역시 계몽주의 사상의 영향으로 변화된 환경에서 자랐고, 인간의 무한한 가능성을 신뢰하면서 사회, 정치, 경제 등 모든 분야에서 개선의 가능성을 두드렸으며 프랑스 혁명을 처음부터 끝까지 지켜본 '고독한 파수꾼'이다.

그는 골족과 로마의 후손들이 살며, 자유와 독립을 사랑하고 산악 기질이 강하고 부패와 굴종과는 거리가 먼 피레네산맥 비고르 지방의 자유로운 고장에서 태어났다. 그의 집은 타르브의 부르비외 가(la rue du Bourg-Vieux)[1]

---

1   A. Souviron, *Bertrand Barère, 1755-1841: Causerie-Conférence*, Pithiviers: Imprimerie

타르브의 바래르 생가터. 건물에 그 사실을 기록한 표지판이 붙어 있다.

였다. 비고르 지방법원의 대소인이면서 아르즐래스 골짜기의 장원 비외작을 소유한 부친 장 바래르(Jean Barère, 1728~1788)와 라브당(Lavedan)에 있는 나이스(Naïs)의 명문가 출신 잔 카트린 마라스트(Jeanne-Catherine Marrast) 사이에서 출생한 귀공자였다. 그의 아버지 장 바래르는 아르즐래스 가조스트의 변호사였으며, 형 장 피에르는 성직자로서 500인 회의 의원을 역임했다.

바래르의 부모는 1753년 5월 2일에 결혼하였고, 그는 2년 뒤인 1755년 탄생하였다. 귀족 혈통의 어머니와 부르주아 가문 출신 아버지 사이에서 태어났으므로 경제적으로 비교적 안정된, 진보적이며 교양 있는 가정에서 행복하게 어린 시절을 보냈다. 레오 게르쇼에 의하면, 바래르는 아버지 쪽으로부터 비외작의 봉토와 봉건적 권리, 그리고 어머니에게서도 적지 않은 재산을 유산으로 받았다.[2] 재산, 가문의 특권, 유리한 사회적 위치, 좋은 인

---

Typographique de L. Gauthier, 1906, pp.10~11.
2  Léo Gershoy, "Bertrand Barère de Vieuzac: un médiateur de la Révolution", *Annales Historiques de la Révolution française*, n.163, janvier-mars 1961, Nancy: Imprimerie

간관계를 갖추고 태어난 셈이다. 따라서 그는 유년 시절부터 자신을 둘러싸고 있었던 주변의 호의로 안정적 정서와 생활 환경 가운데서 교육을 받을 수 있었다.

하지만 게르쇼의 연구에 따르면, 바래르가 다녔던 타르브 교구의 학교나 그가 성장하고 배웠던 소래즈에도 그에 관한 기록이 거의 남아 있지 않다. 다만 그곳 사람들이 전하는 말에 의하면, 어려서부터 총명하며, 우수한 학생이었음에 틀림이 없었다는 것이다. 그러나 어린 시절 그의 취미나 교우 관계, 그리고 학교 생활을 구체적으로 소개할 수가 없어 아쉽다.

그는 소래즈에서 초등학교를 무난히 마치고 진보주의 성향으로 알려진 그랑제콜(Grandes Ecoles)에 진학하였다. 그곳의 기록에 의하면, 젊은 시절 베르트랑 바래르에 대한 교육은 매우 신중하였다. 그는 고전 문자에 관하여 매우 예민한 취향으로 두각을 나타냈으며, 특히 수사학 교수의 눈에 들어 14세에 웅변과 역사 분야의 문학대회에 참가하여 수상하여 가문을 더욱 영광스럽게 하였다.[3] 청년 학도로서 꿋꿋한 의지를 갖추고 성장한 것으로 보인다. 그는 일찍이 타키투스, 키케로 등 그리스와 로마의 고전을 많이 읽으면서 공화주의 정신에 자연스럽게 동화되었다. 이후 툴루즈대학교에서 법학을 전공하였으며 문학에도 특별한 취미와 재능이 있었던 것으로 보인다. 그것은 아마도 타고난 감수성과 더불어 어머니의 따뜻한 사랑이 있었기 때문으로 풀이하기도 한다.

그는 소래즈의 베네딕트파 학교에서 우수한 성적으로 학업을 마치고, 1770년 나이 15세에, 1229년에 세워진 유서 깊은 명문 툴루즈대학교 법학

---

Georges Thomas, p.6.
3  A. Souviron, *Bertrand Barère, 1755~1841: Causerie-Conférence*, pp.12~13.

카피톨툴루즈1대학교. 툴루즈대학교에서 파생되어 나온 대학교 가운데 하나로 사회, 경제, 법학, 정치, 정보 등 사회과학 분야에 특화되어 있다.

과에 입학하여 1775년에 졸업하였다.[4] 당시 툴루즈의 법과대학은 비록 지방에 있는 대학이었으나, 파리대학에 버금가는 명문이었다. 그리고 툴루즈는 프랑스에서 가장 발전한 도시들 가운데 하나였으며 특히 시인이나 평범한 작가들이 많았고 매년 학술대회가 개최되었다. 그러나 그는 대학에 가기 위해 특별한 허가를 받을 필요가 있었다. 툴루즈대학교 입학 자격이 16세 이상으로 엄격하게 규정되어 있었으므로 15세의 나이로는 입학할 수 없었기 때문이다.[5]

그는 우수한 성적으로 대학 졸업과 동시에 변호사가 되었으며, 고향 타

---

4 Cyril Eugene Smith, *The University of Toulouse in the Middle Ages*, Wisconsin: The Marquette UNiversity Press, 1958, pp.32~33. 툴루즈대학은 이단 근절, 교회의 권리 존중 약속으로 1229년 파리조약에 따라 설립되었다. 4명의 신학석사, 2명의 법학석사, 6명의 교양석사, 2명의 문법석사 교수와 4천 마르크가 배정되었다.
5 Édouard Gibert, traduit de l'anglais, *Bertrand Barère*, Paris: E. Dentu, Eduteur, 1888, p.25.

르브에 돌아와 비고르 지방법원의 판사직을 수행하게 되었다. 그때에도 그는 다그소(D'Aguesseau), 코생(Cochin), 데모스테네스(Démosthène), 루아조(Loiseau), 보몽(Beaumon) 등의 저술을 읽으면서 법학과 인문학에 대한 지식을 넓혔다. 그는 성장한 후에도 어렸을 때처럼 유순하고, 부모로부터 물려받은 풍부한 감수성을 지니고 있었다. 그의 『회상록』을 보면, "귀족 가문 출신인 나의 어머니는 고결한 정신과 숭고한 감성의 소유자였으며 그것을 유산으로 받은 것을 나는 항상 영광스럽게 생각하고 있었다."고 한다. 어머니가 바래르를 낳은 것은 15세 때였다. 어머니는 바래르가 신체적·정신적인 것뿐만 아니라 마음씨까지도 똑같이 닮았기 때문에 아들을 더욱 사랑하였다고 한다.

툴루즈에서 보낸 학창 시절, 바래르는 코트레(Cauterets), 생소뵈르(Saint-Sauveur), 바네르(Bagneres) 등의 호수에서 어머니와 함께 산책하며 정담을 나누고 때로는 웃고 뛰놀았다. 그리고 그것을 본 사람들이 어머니와 바래르를 오누이 사이로 착각할 정도로 정다웠고, 거리가 없어 마치 연인처럼 보였다고 말하는 사람들도 많았다.[6] 바래르는 좋은 가문과 명문학교에서 젊고 아름다운 어머니의 사랑 속에 고생을 모르고 자란 훌륭한 사람이었던 것으로 전해지고 있다.


## 2. 어머니의 사랑과 불운한 가정생활

바래르의 어머니는 가문도 좋고 성품도 고상하며 너그러웠다. 아들에게 자애로운 어머니인 데다가 미인이었으므로 더욱 존경심과 자긍심을 가지

---

6  Hippolyte Carnot et David(d'Angers), *Mémoires de B. Barère*, tome 1, Paris: Jules Labitte, Librairie-Editeur, 1842, p.28. "Notice historique sur Barère", par H. Carnot.

게 하였다. 어머니의 따뜻한 사랑을 받고 자란 그는 장성해서도 어린 시절을 남달리 그리워하였다. 그는 어머니를 잊을 수가 없어 종종 어머니로부터 받은 사랑과 어렸을 때 함께 살던 집과 마을, 시냇가와 들판, 높은 산과 파란 하늘, 커다란 나무 그늘 등 고향에 대한 추억을 떠올리며 시간을 보낼 때가 많았다. 특히 바래르의 어머니는 아들의 학창 시절을 행복하게 해주었다. 교재 교구의 준비나 생활용품, 식사 등을 차질 없이 준비해주신 자상하고 치밀한 어머니였기에 더욱 그리워하였다.

바래르는 1785년 5월 14일 생마르탱 교회에서 카트린 엘리자베스 드 몽드(Catherine Elisabeth de Monde)라는 부유한 상속녀와 결혼하였다. 당시 바래르는 30세였고 아내는 12세 9개월 23일밖에 되지 않은 어린 소녀였다. 바래르는 그 소녀에게 첫눈에 반하여 청혼하였다. 그녀는 신앙심이 깊고 왕에 대한 충성심이 강한 가문에서 자랐으며 열렬한 가톨릭 신봉자였다. 그러나 바래르의 어머니는 신부가 마음에 들지 않았던 것으로 보인다. 바래르의 어머니는 오만하고 자존심이 강했으며, 그로 인해 얼마 가지 않아 죽음에 이르렀기 때문에 바래르가 가슴속 깊이 슬퍼하였다. 결혼식에서 신부는 검은색 모직 드레스를 입었고, 피아노는 없었지만, 챔버린과 양치기 호른이 등장하여 화창한 봄날의 밤 풍경을 더욱 아름답게 돋구었다. 축하객으로는 로앙 로슈포르 공주와 왕자, 의회의원, 성직자 등 귀빈들이 많았으며, 카탈로니아어, 프로방스어, 프랑스어, 바스크어 등 55종의 언어들이 사용되고 있어 국제적 연회장을 방불케 하였다.[7] 이처럼 양가의 축제가 벌어지고 있는 가운데 바래르는 아내와 함께 살며시 빠져나와 어머니의 무덤 앞 제단으로 다가갔다. 아내를 포옹해야 하는데 그는 가슴속에 어머니를

---

7  Claude Manceron, *Les Hommes de la Liberté 4: La Révolution qui lève*, Paris: Éditions Robert Laffont, 1979, p.27.

포옹하였다. 나의 생애에서 가장 사랑한 나의 어머니! 그곳에서 어머니에 대한 애달픈 추억을 더듬었다. 사람이 어떻게 45세에 죽을 수 있는가? 그런 애달픈 인생은 과연 무엇인가! 하며 슬퍼하였다.[8]

어머니의 묘소는 공원 한구석 깊은 숲속에 있으며 바래르가 많은 돈을 들여 보수한 곳이다. 그때에도 집으로 돌아오면서 가득 차오른 슬픔이 감당할 수 없게 가슴을 짓누르는 것을 느꼈다. 이폴리트 카르노와 다비드 당제에 의하면, 그는 평소에도 넓은 목장 가운데로 흘르드는 시냇물이나 작은 강을 따라 늘어서 있는 포플러와 능수버들의 그늘 아래에서 휴식을 취할 때가 자주 있었다. 그는 나무로 둘러싸인 무덤가 편편하고 널따란 돌 위에 놓여 있는 대리석 유골 항아리 곁에 서 있었다. 죽음과 삶이 비교되는 고뇌의 시간을 상기하면서 바래르는 묘한 감정 속으로 빠져들었다. 거기에서 그는 어머니에 대한 추억으로 즐거움보다는 가장 부드럽고 애달픈 체험을 하였다. 그것은 아들 결혼을 보지 못하고 돌아가실 것을 걱정하시던 어머니의 근심하시던 모습이 연속적으로 상기되는 장면이었다.[9]

일반적으로 그러하듯 바래르도 아버지보다 어머니에 대한 추억이 더욱 많았다. 아버지는 아무래도 어렵고 또한 밖에서 일을 하지만 어머니는 집안에서 먹을 것을 챙겨주고 옷을 갈아입히는 등의 보살핌이 아버지와 비교가 되지 않아 어머니를 더욱 사랑하는 것을 이상하게 생각할 일은 아니다. 그러나 바래르가 어머니를 애절하게 사랑한 것은 어렸을 때 그의 아버지가 국가재무관의 모함으로 유배형을 받았을 때 홀로 고생하는 어머니의 애처로운 모습을 보았기 때문으로 풀이된다. 게다가 그렇게 염원했던 자신의 결혼식을 끝내 보지 못하고 타계한 어머니에 대한 애달픈 추억이 더하여

---

8   Hippolyte Carnot et David(d'Angers), *Mémoires de B. Barère*, tome 1, p.29.
9   *Ibid.*, p.30.

자주 상기되는 것이었다. 자기의 인생보다도 아들을 더욱 사랑한 어머니에 대한 애달픈 추억이 마음을 뒤흔들어놓은 것이다. 결혼식 후에도 아내를 사랑하는 것보다 그는 하루에도 몇 번씩 어머니를 회상하면서 서글픈 생각으로 자꾸만 빠져들다가 때로는 어머니와 함께한 다정하고 즐거운 순간들을 회상하면서 지난날로 되돌아가기를 반복하였다. 여기에서 우리는 그의 감성적 성향을 엿볼 수 있으며, 그가 법학을 전공하면서도 어떻게 하여 문학도의 길을 병행하였는지 짐작할 수 있다.

하지만 결혼한 바래르는 입법국민의회 의원이 되기 전까지 아내를 지극히 사랑하였고 가정에 비교적 충실하였다. 그의 부인은 친정 가문과 마찬가지로 부르봉 왕조에 대한 충성심이 지극하고 가톨릭의 고전적 가풍을 지키려는 소신이 뚜렷하였으므로, 1789년 7월 프랑스 혁명이 발발하자 혁명 자체를 부정하면서, 혁명의 대열에 참여하는 남편을 이해하려 하지도, 그를 따라 파리로 가려 하지도 않았다. 이들 부부의 불행은 여기에서부터 시작되었다. 게다가 바래르가 부인에 대해 강경한 조치를 하지 않고 그대로 두었으므로 이 두 부부는 1789년까지만 의좋은 원앙으로 살았다.[10] 그러므로 바래르는 그의 「우울한 대목(Les Pages mélancoliques)」에서 "결혼들 가운데 자기의 결혼이 가장 불행한 결혼이었다"라고 술회하였다.

바래르가 타르브에서 175년 만에 개최되는 삼신분의회 의원으로 당선되어 파리로 올라간 후 입법국민의회 시대를 제외하고, 국민공회 의장이 되어 루이 16세를 처형하고 테르미도르 사건으로 공포정치(La Terreur)와 자코뱅의 영수 막시밀리앙 로베스피에르를 처형하는 막중한 일을 단행하기까지 그는 파리를 떠날 수가 없었다. 그래도 그의 부인은 파리에 오거나

---

10 Arman Praviel et J.R. de Brousse, *L'Anthologie des Jeux Floraux(1324-1924)*, Paris: Nouvelle Librairie Nationale, 1924, pp.92~93.

바래르를 만난 사실이 없다. 남편은 혁명의 추진자로 정치에 혼신의 노력을 기울이는데, 아내는 혁명이 싫고 왕을 처형하는 주동자와 도저히 부부로 살 수가 없었다. 그러다 보니 바래르의 마음도 부인이나 고향에서 멀어져 결국 부인의 뜻에 따라 이혼하였으며, 소생도 없이 나머지 생애를 독신으로 외롭게 살았다. 혁명가 중에서 독신으로 생활한 사람은 바래르뿐만이 아니다. 막시밀리앙 로베스피에르도 아라스에서 파리로 올라와 결혼하지 않고, 하숙집 아이들에게 종종 루소의 이야기를 들려주면서 혼자 살았으며, 생쥐스트도 결혼한 흔적이 없다.

바래르가 아버지에 대해서는 어떻게 생각하고 있었을까 궁금하다. 그의 아버지 장 바래르는 비고르의 영주였고, 그곳 삼신분의회(États généraux)에서 상당히 유명하였으며 인민의 권리 옹호자였다. 바래르에게 아버지는 인생의 상담자이고 인도자였다. 따라서 그는 항상 아버지의 충고와 후원을 감사하게 생각하고 있었으며 어려운 일이 생겼을 때 항상 멘토가 되어주시던 아버지가 더욱더 그리웠다.

비고르 의회에서 장 바래르는 타르브의 행정관 자격으로 서민층의 대표회의를 주재하였다. 일찍이 그는 바래르의 외조부모로부터 1776년 3월 20일 비오작(Bieauzac) 또는 비외작(Vieuzac)이라는 영주권을 구입하였고, 외조부 자크 엑토르 당티(Iacques-Hector d'Anti)의 유언에 따라 비고르 삼신분의회에서는 영주권 구매자인 장 바래르에게 수입세를 넘겼다. 그리고 1778년 11월 28일 장 바래르의 사망과 동시에 아들 베르트랑 바래르가 그것을 유산으로 상속받았다.[11] 그뿐만 아니라 아버지가 '영아 살해 혐의를 받은 여인'의 변호에 승소한 바래르에게 금화 100루이나 들여 작은 서재를 마련

---

11 *Dictionnaire de Biographique Française*, tome cinquième sous la direction de M. Prevost et Roman d'Amat, Librairie Letoouzey et Ane, 1961, p.444. "Barère de Vieuzac".

해주신 것을 잊을 수가 없었다.[12]

프랑스 혁명과 바래르의 생애를 연결해보면, 그가 의원 자격을 얻어 고향 타르브를 떠나 파리로 가서 혁명의 대열에 서면서부터 그에게는 부인도 가정도 사라졌다. 다만 평소 아버지에게서 받은 교훈과 어렸을 때 어머니에게서 받은 사랑만을 가슴에 안고 혁명에 전념하며 살았다.

---

12  Hippolyte Carnot et David(d'Angers), *Mémoires de B. Barère*, tome 1, p.214.

제2장

# 인민의 변호사

## 1. 인문주의적 변호사

아버지 덕택으로 바래르는 타르브 지방법원 위원이 되었다. 그러나 레오 게르쇼의 말에 따르면, 아버지가 고향 비고르 지방법원의 왕립위원의 자리를 사서 물려주었기 때문에 규정에 따라 법관의 역할을 할 수 없어 변호사 생활을 하였다. 사실 그도 판사보다 변호사라는 자유로운 직업이 마음에 들었다.

그는 일찍이 다그소와 코생의 저술들로부터 강한 자에 대항하는 약자, 그늘에서 권력자에게 항거하는 사람들, 억압하는 자에 맞서 압박받는 사람들을 보호하는 용기와 능력을 배웠다. 그리고 키케로와 데모스테네스 등에 대한 고전 연구를 읽으면서 공화정신에 매료되었고, 가끔 주먹을 쥐고 두 손을 부르르 떨면서 그것의 실천에 대한 각오와 열정을 가지게 되었다. 3년 동안 툴루즈에 체류할 때에는 저명한 교수들과 함께 로마의 법률 제도, 프랑스의 법, 그리고 『교황법령집(*Les Décrétales*)』에 대해 연구하였다. 그는 종종 의회의 방청석에 앉아 타베른, 모니에, 뒤푸 등 명성 높은 변호사들의 변론에 심취되기도 하였다.

바래르는 변론이나 『루아조 드 몰레옹과 엘리 드 보몽의 회상록(*Mémoires de Loiseau de Mauléon et d'Elie de Beaumon*)』을 읽을 때 그리고 제르비에(Gerbier)와 타르제(Target)의 웅변에 대하여 말하는 것을 들을 때, 자신의 정신은 그리로 빨려 들어갔으며 몇몇 불운한 저명인사들이나 무고한 죄인들을 옹호할 그날의 명예로운 힘을 얻기를 갈망하기만 하였다고 말하였다.[13]

대학 졸업 후, 바래르는 곧바로 툴루즈 고등법원의 변호사 업무를 시작했다. 그는 많은 사람이 자만심과 자긍심을 가지고 행세하는 판사직에 대하여 웬일인지 다소 반감이 있었다. 그는 "나는 변호사와 같은 지루하고 고통스러운 일들을 좋아한다. 왜냐하면 변호사 업무는 자유롭고 고상하며 용기가 있어야 하고 또한 전제주의나 불의에 대하여 공격할 수 있기 때문이다"라고 자신이 하는 변호사 업무가 사회적 정의를 구현할 수 있는 것처럼 자기 변명을 자랑하듯 하였다.[14]

바쁜 변론 생활 속에서도 바래르는 법률서의 탐독은 물론 글쓰기를 게을리하지 않았다. 그가 감명받은 책들 가운데에 몽테스키외의 저서가 있다는 것을 쉽게 알 수 있다. 그는 어느 날 보르도 아카데미의 프로그램을 찾아 논문 현상 응모 주제가 '몽테스키외에 대한 찬사'임을 확인하였다. 변호사가 된 이후 몽테스키외의 『법의 정신』에 대해 좀 더 깊이 연구한 그는 『로마의 흥망론』의 저자에 대하여 느낀 깊은 감탄과 더불어 『페르시아인의 편지』에 나타난 우리 풍속에 대한 정신적 비판 등이 떠오르면서, 이 주제에 관하여 서술할 의욕에 불탔다.[15]

---

13 *Ibid.*, p.207.
14 *Ibid.* p.6.
15 *Ibid.* p.227.

오트 피레네의 우인회(La Société Amicale des Hautes Pyrénées) 회장을 지낸 바 있는 알프레드 수비롱(A. Souviron)에 의하면, "베르트랑 바래르는 1770년 연령 미달로 특별 입학허가를 받아 당시 남프랑스 전역에서 가장 명성이 있던 툴루즈 법과대학에 입학하였다. 그는 1775년 7월 8일 변호사 자격 취득 선서를 하였다. 당시 그의 나이는 아직 20세가 채 못 되었다."[16] 그가 20세가 되지 않아 소년 급제하여 법조계에 진출하였으므로 야심차고 정력적이며 고달프고 힘든 변론 생활을 하였으며, 그러한 와중에도 불구하고 아카데미 현상논문에 대한 야망을 갖게 되었으니, 그는 좋게 보면 재주가 많고 진취적이며 적극적인 변호사이지만, 나쁘게 보면 욕심이 많아 한 가지도 제대로 성취하지 못할 사람이라고 말할 수도 있었다.

그는 1777년부터 1787년까지 툴루즈 고등법원에서 민·형사 사건들을 변론하면서 10년 동안 법조인으로서 업무를 수행하였다. 타르브 시립도서관에서 찾을 수 있는 그의 변론들을 읽어보면, 감수성 풍부한 그 시대의 청년들처럼 그는 이미 인문주의 사상에 흠뻑 빠져 있었으며 불운한 사람들에 대하여 많은 동정심을 가지고 있었던 것이 분명하다.[17] 그뿐만이 아니라 당시 사회에서 진보적이며 인간의 자유와 평등, 그리고 인권에 관심이 많았던 것으로 보인다.

## 2. 연구하는 변호사

바래르는 사건의 첫 번째 심의가 끝난 후 툴루즈 고등법원으로부터 리브(Ribes)라고 하는 한 젊은 부인을 변호할 귀중한 기회를 받았다. 영아살해

---

16 A. Souviron, *Bertrand Barère, 1755-1841: Causerie-Conférence*, p.13.
17 Hippolyte Carnot et David(d'Angers), *Mémoires de B. Barère*, tome 1, p.6.

범으로 신고되어 이미 앙리 2세의 칙령에 의거 랑그독의 리무 지방법원으로부터 사형선고를 받은 불쌍한 여인이었다. 첫눈에 보아도 승산이 보이지 않는 어려운 재판이었다. 궁리 끝에 바래르는 저명한 해부학 교수이자 외과의사인 빌라르(Villars) 교수를 찾아갔다. 소장을 자세히 검토한 빌라르 교수는 이 부인은 결백하고, 구원받을 수 있다고 장담했다. 그 아이는 엄마가 죽인 것이 아니고 산모의 배 속에서 이미 숨을 쉬지 못하고 죽은 상태에서 나왔다고 빌라르 교수는 자신 있게 말하였다.

바래르는 빌라르 교수에게 증언석에 서달라고 간청하였다. 증언에 나선 빌라르 교수는 죽은 아이의 한쪽 허파를 잘라 물이 가득 찬 대야에 넣었다. 그 허파는 즉시 물속에 가라앉았으며 다시 물 위로 떠오르지 않았다. 그것은 아이가 산모의 배 속에서 이미 숨을 쉬지 않고 죽어 나왔기 때문이라는 것이 교수의 설명이었다. 아이가 세상 밖으로 나온 후 허파가 호흡을 한 번도 하지 않았으므로 허파가 물 위로 떠오르지 않은 것이다. 이러한 증거를 가지고 바래르는 산모가 아이를 죽이지 않았다고 증명하였고 판사들은 그 여인을 영아살해범으로 처벌할 수 없었다.[18] 따라서 1788년 불운하고 곤경에 처했던 이 젊은 부인은 영아 살해범의 누명을 벗고 석방되어 자유의 몸이 되었다. 이것으로 인해 바래르의 성공적인 변호는 입소문으로 널리널리 퍼졌을 뿐만 아니라 이 재판의 취의서와 진술서는 공개되어 성공적인 변호 사례로 회람되었다.

이로써 바래르는 처음 맡은 변론에서 성공을 거두었다. 그는 종종 사람들이 툴루즈 고등법원의 유명한 변호사의 재능을 칭찬하는 것을 들을 때마다 그 가운데에는 자기 이야기가 들어 있음을 알고 흐뭇하게 여기며 더욱 열심히 변호 업무를 수행하였다. 그는 젊은 시절 법률과 문학에 심취되었

---

18 *Ibid.*, p.211.

지만 때로는 음악과 공민권을 위하여 시간을 할애하기도 하였다.

변호사 생활을 하는 동안 바래르는 일 년 내내 거의 쉬는 시간도 없이 취의서와 진술서를 작성하느라 여념이 없었다. 그러한 열정과 노력으로 바래르는 어떤 까다로운 사건의 변론도 큰 불편 없이 준비할 수 있었다.[19] 하지만 열정과 노력만으로 모든 일이 해결되는 것은 아니었다. 재판 과정에는 상대방의 재능, 재력, 권력, 때로는 대법정과 은밀히 통하는 많은 민중의 당당한 태도를 정확하게 간파하고 슬기롭게 받아넘겨야 하는 어려움도 적지 않았다. 그리고 힘 있는 행정관과 변호사들의 청을 때로는 들어주고 때로는 단호하게 거절하는 결단력도 필요하였다.

바래르의 취의서를 보면, 종교가 다르다는 이유로 결혼이 파기되는 경우도 종종 있었다. 그는 신앙 문제로 이혼당한 부인들을 동정하고 옹호하였다. 따라서 그는 신앙의 차이에도 불구하고 남편들이 이혼하지 못하게 하는 데 도움을 주는 복음 신앙의 모든 준칙에 관심을 가지고 연구하였다. 다시 말해 그는 종교에서 율법보다는 인간 중심의 해석을 강조하였다.[20] 그러나 고위성직자는 이러한 소송에서 언제나 그랬던 것처럼 종교적 입장을 내세웠으므로 바래르는 변론하기가 그리 쉽지 않았다.

변호사로서의 첫 진출을 위해 바래르에게 호감을 가진 재판장은 변론 업무를 오래 할 것을 당부하였고, 다른 소송 사건도 성실히 다루어주기를 부탁하였다. 왜냐하면 랑그독에서는 유별나게 강력한 분파인 프로테스탄트와 가톨릭 사이에서 그가 변론 업무를 원만하게 수행할 수 없다고 판단하였기 때문이었다.

바래르는 열정적이고 일에 대한 욕심이 많았다. 그는 대중에게 충격적

---

19 *Ibid.*, p.214.
20 *Ibid.*, p.215.

인 흥미를 일으키고 법정 토론에서도 대단히 눈길을 끌 수 있는 소송 사건이 자기에게 맡겨지기를 바랐다. 그가 담당한 몇몇 소송 사건의 취의서가 신문에 게재되었으며, 그 당시 드제사르(Desessarts)가 쓴「소문난 소송 사건에 대한 저널(Le Journale des Causes Célèbres)」 등에도 바래르의 취의서와 구두변론 내용들이 게재되어 바래르의 변론은 더욱 사람들의 눈길을 끌었을 뿐만이 아니라, 그의 명성과 함께 일거리가 점점 많아졌다.

## 3. 자선변호사회의 결성과 활동

바래르는 형사사건에서는 물론 민사사건에서도 힘이 없어 핍박받고 무고하게 고발된 사람들을 변론하는 것을 보람 있는 일로 생각하고 기뻐하였다. 사건을 다루면서 그는 대법정이나 상급 법정에서 기본적으로 소홀히 하거나 빠트린 법의 이념을 의도적으로 면밀하게 파악하고 반영하려 하였다. 그는 항상 가난하고 힘없는 시민들에게 생활을 안정시키려고 소유권과 명예를 보장하는 편에 섰다. 따라서 가난한 사람, 핍박받는 사람, 무고한 사람, 과부 등을 업신여기는 일과 고아를 버리는 원인을 밝히겠다는 사명으로 변호사 업무를 충실하게 수행하였다.

그의 무료 변호는 몇몇 변호사, 귀족, 장군 등 그의 열성을 알고 있는 사람들에 의해 홍보되면서 더욱 좋은 반응을 일으켰다. 그러나 무료 변론은 소송 사건이 다양하고 신청자가 많아 도저히 혼자 담당할 수가 없었다. 그리하여 바래르는 가난하고 핍박받는 무고한 사람들의 문제 해결을 위해 힘을 모으려고 구상하였는데, 그것이 바로 자선변호사회(Conférence de Charité)의 구성이었다. 그는 당시 명망 있는 25명의 변호사와 30명의 젊은 변호사들로 자선변호사회를 구성하고자 하였다. 인근 변호사들은 모두가 흔쾌히 수락을 해주었으며, 만장일치로 가결되어 무료 변론의 자선회가 구성되었다. 이 무료 변론 자선회가 조직되면서부터 아주 좋은 반응을 일으켰고, 소문은 날개를 단 듯 널리 널리 퍼져나갔다.

바래르는 제보당(Gevaudan)의 오지와 세벤(Cévenne) 지방의 산중마을에 사는 사람들이 이 자선회의 도움으로 그들의 가족 내에서나 또는 억압자들에 맞서 권리를 보호할 수 있게 변론을 돌아가며 하도록 배정하였다. 사실 그런 오지 마을에 사는 사람들은 설령 소송할 사건이 있을지라도 살림이 빈곤하여 40킬로미터 정도 떨어져 있는 툴루즈 법정에 갈 수 있는 여비나 소용 비용을 마련할 수 있는 형편이 되지 못하였다.

알프레드 수비롱에 의하면, 바래르의 발의로 툴루즈에서 조직된 자선변호사회는 재원이 거의 없었다. 따라서 돈 없는 사람들이 할 수 없는 소송 사건을 그 회원들이 심의하고 나누어 변론을 맡기 위한 회의를 매달 한 번씩 하였다고 한다.[21] 이 무료 변론 자선변호사회의 주요한 업무를 맡은 30명의 젊은 변호사 가운데에는 알베르, 쉬드르, 리카르, 들로르, 마포마래르, 라크루아, 마르카르, 비기에, 타베른, 멜페, 잠, 가리, 뒤루, 포와트뱅, 베리외, 포르, 제스아 같은 사람들이 있는데, 그중에도 젝스(Gex)가 정열적이며 인격이 고매한 변호사로 평판이 나 있어 무료 변론 자선변호사회가 성공적으로 운영되는 데 큰 도움이 되었다.[22]

무료 변론에 대한 신뢰성과 변론의 효과가 점점 커져서 감당할 수 없을 만큼 많은 사람이 몰려들기 시작하였다. 소송 사건 중에도 루이 14세와 그의 고해성사 신부인 제수이트 르틀리에(Letellier)의 자선 및 종교법에 따라서 박해받고 파산한 프로테스탄트들의 후손에게 무료 변론 자선회가 재산을 다시 찾아주었고, 그 프로테스탄트 후손들에게 선행을 하도록 권한 사

---

21 A. Souviron, *Bertrand Barère, 1755-1841: Causerie-Conférence*, p.13.
22 Hippolyte Carnot et David(d'Angers), *Mémoires de B. Barère*, tome 1, pp.224~225.

례도 많았다.²³ 그리고 자선변호사회의 회원 중에서 툴루즈에 거주하는 12명의 저명한 변호사들이 서명한 변호사 의견서와 두 개의 취의서를 하나의 책으로 만들었다. 이 같은 노력으로 자선회는 더욱 힘차게 의욕적으로 변호 업무를 진행할 수 있었으며, 혜택을 받은 사람들로 인해 주위의 사람들로부터 적지 않은 찬사를 받았다.

그러나 그는 자신의 명예에는 거의 관심을 두지 않았으며 여전히 힘없고 누더기 옷을 입은 그의 고객이 합법적인 승자로 인정받게 되도록 하는 일을 계속하였다.²⁴ 이처럼 바래르는 변호사 업무를 성실히 수행하면서 대민 봉사에 여념이 없었을 것 같은데도 아카데미에 계속 응모하는 글을 쓰고 그 밖에 문예 활동도 결코 소홀히 하지 않았다. 그는 대단히 부지런하고 의욕적인 삶을 살았던 것 같다.

그의 열성은 변호사 업무에서는 말할 것도 없고, 아카데미 현상논문 응모에서도 세 번이나 수상하여 명성을 얻었다. 그러한 결과 1789년 5월에 소집된 삼신분의회의 타르브의 의원에 당선될 수 있었으며 외롭고 힘든 길이였지만, 또 하나의 정치적 인생길이 자연스럽게 열린 것이었다.

---

23  *Ibid.*, p.225.
24  *Ibid.*, p.226.

제2부

아카데미와 바래르

제1장

# 프랑스 아카데미의 간략한 역사

## 1. 계몽사상과 프랑스 아카데미

  프랑스의 나폴리 대사였던 카라치올리(Caraccioli) 후작이 소책자 『파리는 외국의 모델, 또는 프랑스의 유럽(*Paris, le modèle de Nations étrangères, ou L'Europe française*)』(1776)에서 "옛날에는 로마풍이었으나 오늘날에는 모두 프랑스풍이다"라고 한 것이나, 『세기의 조락(*Au Décline du Siècle*)』으로 베를린 아카데미상을 수상한 리바롤(Rivarol)이 "고대는 로마의 세계였던 것과 같이 18세기는 프랑스의 세계"라고 말한 것을 생각하면서, 프랑스 지성사의 미로를 크게 세 가지로 생각해볼 수 있을 것 같다.[1] 그것은 대학, 아카데미 그리고 살롱이다. 그런데 이들 모두가 공교롭게도 이탈리아에 근원을 두고 있으며, 좀 더 거슬러 올라가면 고대 그리스와 로마, 그리고 이집트에서 그 원류를 찾을 수 있다.

---

[1] Roland Mousnier et Ernest Labrousse, *Le XVIIIe Siècle; L'Epoque des Lumières 1715-1815*, Paris: P.U.F, 1967, pp.157~158.

라파엘로의 그림 〈아테네 학당〉

그러므로 프랑스 지성을 파악하려면 그리스와 로마를 중심으로 한 고전 시대에 관심을 두고 이탈리아를 중심으로 한 르네상스 시대를 섭렵하지 않으면 불가능할 것이다. 중세 대학의 경우, 12세기 이탈리아에서 설립된 살레르노대학과 볼로냐대학을 모델로 프랑스 파리대학이 설립되었다. 그리고 이후에 영국의 옥스퍼드대학, 케임브리지대학 등이 설립되어 중세 지성사를 근대 지성사로 전환하였다.[2] 프랑스의 아카데미들도 일찍이 플라톤의 아카데미아(Akademia)에 기원을 두고 있다. 그것은 플라톤이 세운 학교의 이름에서 유래하였고, 이탈리아에서 로렌조 드 메디치의 후원과 고전 문명의 부활로 이루어진 르네상스 운동을 통해 재등장하여 프랑스로 이어져 발전한 것으로 보인다. 살롱 역시 고대 그리스 플라톤의 『향연』에 나오는 아고라(Agora)에서 비롯되었는데, 중세에 이르러 이탈리아에서 무젠호프

---

2   서정복, 『소르본대학:프랑스 지성의 산실』, 살림, 2005, 1~95쪽.

(Musenhof)가 등장하였고, 이탈리아 여인들이 프랑스에 시집오면서 함께 가지고 들어와 무젠호프식의 살롱이 개장되어, 프랑스 지식인과 예술가들이 활동하는 사적 소통 공간으로 자리매김하게 되었다. 살롱은 다시 영국에서는 커피하우스가 되어 유럽 문화와 지성을 창출하는 데 큰 역할을 하였다.[3]

프랑스 지성사를 견인하였던 3개의 요소 가운데 필자가 이미 섭렵한 대학과 살롱보다는 르네상스[4] 시대 아카데미의 부흥과 더불어 프랑스에서 아카데미가 어떻게 태동하고 발전하였는지를 파악하는 것은 대단히 중요한 일이다. 특히 이 책의 주인공인 '프랑스 혁명의 고독한 파수꾼'이 법학을 전공하고 이름난 변호사로서 가난하고 힘없는 사람들을 도와주었지만, 그에 못지않게 아카데미 현상논문에 응모하여 수상을 하고, 그 과정에서 정치사상의 기반을 형성하였으며 계몽사상가의 반열에 오른 것도 사실이기 때문이다.

계몽사상이 창출되고 전달되는 방법과 과정은 여러 가지가 있었겠지만, 출판계·살롱·아카데미 등이 주된 역할을 하였다. 이 중에도 서적은 가장 큰 역할을 하였으나, 18세기 초반인 1715~1748년에는 정치적·종교적·사회적 작품이 100편 가운데 2~3편에 불과하였으며, 1748~1770년에는 10편이 넘는 작품들이 나와 양적·수적인 증가 추세를 보였다. 그리고 1770년대 이후 더욱 새로운 주제들로 확대되었다. 이처럼 새로운 주제들

---

3 서정복,『살롱문화』, 살림, 2003, 1~95쪽.
4 Burckhart, *The Civilization of the Renaissance in Italy*, London: Phaidon Press, LTD, 1944, p.104, p.106. 르네상스(Renaissance)라는 말은 1855년 프랑스의 미슐레(Jules Michelet, 1798~1874)가『이탈리아 르네상스 문화』에서 시대 개념으로 사용하면서 역사적 용어가 되었다. 르네상스 시대 화가인 바사리(Giorgio Vasari, 1511~1574)가 『저명 미술가 열전』에서 '부활'이라는 말을 사용한 바 있고, 아널드(Matthew Arnold, 1822~1888)가『교양과 무질서(*Culture and Anarchy*)』(1727)에서 르네상스라는 말을 사용하기도 하였다.

18세기 프랑스의 살롱

은 점차 위대한 계몽사상가들로부터 무명의 계몽사상가들에 이르기까지, 대단한 학자에서부터 익살스럽거나 눈물을 쥐어짜는 이야기꾼들까지 살롱과 아카데미에서 광범하게 다루어졌다.[5]

처음에는 아카데미 프랑세즈도 파리대학처럼 전통을 지키려는 보수성이 강하였으나 18세기 후반에 이르면 각 분야에서 혁신적 논리를 담은 작품들을 많이 내놓았다. 당시 저명한 저술가와 계몽사상가들은 대부분이 살롱이나 아카데미에 소속되어 있었으며 각종 현상논문을 통하여 새로운 사상을 창출하고, 전파하며, 사회개혁과 정치개혁을 고무한 것으로 보인다. 또한 아카데미는 살롱과 달리 당국의 허가와 보호를 받으면서도 특별한 간

---

[5] Daniel Mornet, *Les Origines Intellecuel de Révolution Française 1715-1787,* Paris: Librairie Armand Colin, 1933, p.155.

섭 없이 자율적으로 운영되었다. 게다가 보수와 진보의 그룹이 함께 공존하는 단체로서 계몽사상의 산실이자 전달 기관 중의 하나였으며, 프랑스혁명과 근대국가 이념의 형성에 정신적 지주가 되었던 것으로 보인다.

그러나 안타깝게도 이에 대한 체계적 연구가 소개되고 있지 않은 실정이다. 그러므로 여기에서는 피에르 가소트(Pierre Gaxotte)의 『아카데미 프랑세즈』, 레바논인 수크리 카다이(Choucri Cardahi)의 『아카데미 프랑세즈 소사』, 프랑수아 알베르 뷔이송(François Albert-Buisson)의 『계몽주의 시대 40인』, 소불(Albert Soboul) 외 2인의 『계몽주의 시대사』, 다니엘 모르네(Daniel Mornet)의 『프랑스 혁명의 지적 기원』, 뤼시앙 팽베르(Lucien Pinvert)의 『나자르 드 바이프, 1496~1547』 등을 참고하면서 글을 써야 할 것 같다.

## 2. 이탈리아에서 재생한 그리스 아카데미아

그리스의 아카데미아가 이탈리아에서 재생된 것은, 십자군 원정에 의한 교류도 있었지만, 15세기에 비잔틴 제국(동로마) 학자들이 이탈리아에 왕래하면서 학술 진흥을 자극한 데 원인이 있다. 그 예로 크리솔로라스(Manuel Chrysoloras, 1350~1415)가 이탈리아에 왔고, 콘스탄티노플 출신인 플레톤(Georgios Gemistons Plethon, 1355~1450)은 메디치 가문의 후원을 받아 1440년 피렌체(플로렌스)에 아카데미아 플라토니카(Academia Platonica)를 설립하여 학술 진흥에 힘을 썼다.[6]

15세기 중엽 이탈리아에는 메디치 가문 외에도 밀라노의 비스콘티(Vis-

---

6 Frances A. Yates, *Les Académies en France au XVIe Siècle*, Paris: PUF, 1966, p.1. 아카데미 플라토니카에는 마르실리스 피치노(Marsilio Ficino), 안젤로 폴리치아노(Angelo Poliziano), 지오반니 피코 델라 미란돌라(Giovanni Pico della Mirandole)가 큰 역할을 하였다.

conti) 가문, 교황 율리우스 2세(1503~1513) 등 많은 학자와 예술가들을 후원한 집안과 유지들이 있었던 것으로 알려져 있다. 그리고 밀라노 공화국, 베네치아 공화국, 피렌체 공화국, 나폴리 왕국, 교황령 국가 등 5개 도시국가와 그 외 시에나 공화국, 만토바 후작국, 페라라 공국, 모데나 공국 등도 아카데미와 무관하지 않았다.

원래 아카데미아는 아테네의 영웅 아카데모스(Akademos)[7]의 이름에서 유래하였다. 아카데모스는 아테네를 구한 영웅으로서 아테네 북서쪽에는 그를 모시는 신역이 있었다. 그곳에서 아테네인들이 운동하거나, 신을 위한 축제를 벌이곤 하였는데, 플라톤이 여기에서 제자들을 가르치며 토론하였으며, 이곳을 플라톤의 추종자들이 '아카데미아'라고 부르면서 붙여진 이름이다.[8]

플라톤이 기원전 387년경 그곳에 뮤즈들(Muses)[9]을 위한 성소를 짓고 강의를 시작한 아카데미아는 기원후 529년경까지 존속하면서 플라톤 학파의 교육장으로 활용되었다. 수업은 주로 아카데모스에게 바친 올리브 숲이나 근처 김나지움에서 실시하였다. 교육과정이나 진행 형태에 대해서는 아직도 명확하게 밝혀지지 않았다. 그러나 분명한 것은 학생들을 '아카데마이코이(Akademaicoi)'라고 불렀고, 수업료가 전혀 없었으며 학업에 소용되는 모든 경비는 후원자들의 기부금으로 충당되었다는 사실이다.

아카데미아의 제도는 여러 가지로 파격적이었는데, 예를 들어 입학에 있어서 가문이나 신분을 따지지 않았고, 여자들의 입학도 가능하였다. 플

---

7 스파르타의 쌍둥이 왕자 카스토르와 폴리데우케스가 납치된 어린 동생 헬레네를 구출하기 위해 쳐들어왔을 때 아테네를 위기에서 구한 영웅.
8 Nikolaus Pevsner, *Academies of Art, Past and Present*, Cambridge: Cambridge at the University Press, 1940, p.1.
9 그리스 시대의 음악, 예술의 여신들.

라톤과 그 후계자였던 스페우시포스(Speusippos)의 여자 제자들 가운데에 필레우스 출신 악시오테아(Axiothea)와 만티네이아 출신 라스테네이아(Lastheneia)는 특히 그 시대의 명사로 알려진 인물들이다. 학생들은 자신들을 공동체의 일원으로 생각하였다. 그들은 공동식사, 향연, 축제를 자주 즐겼다. 플라톤은 아카데미아에서 수학과 물리를 가장 중요한 학문으로 생각하였다.[10] 그것은 플라톤이 남부 이탈리아에서 알게 되어 많은 감명을 받은 피타고라스의 영향이 큰 것으로 보인다. 아카데미아에서 연구와 교수는 자유로웠으며, 학교장도 학생들에 의해 선출되었는데, 아마도 그것은 유럽 대학의 전통이 되기도 했다. 아카데미아의 교수법은 자유 토론식이었다. 모든 과정이 자유롭게 진행되었고 자기주장을 분명하게 하였다. 그러나 신기한 것은 모두가 플라톤과 같은 생각을 갖게 되었다는 사실이다. 그렇지 않으면 아리스토텔레스처럼 학교를 떠나는 사례도 종종 있었다.

아카데미아는 중세 후반에 이르러 인문교육의 진흥을 위하여 이탈리아에서 학교 제도로 부활하였다. 그것은 13세기부터 부흥되었던 것으로 전해지고 있으나, 본격적으로 발달한 것은 15~16세기의 일이다. 이 학교 제도는 중세 후반에 발달한 대학들에서 전문인의 양성을 위주로 운영되었던 것으로 고전 고대 전통적인 인문학 교육의 필요성이 인식되면서 생긴 것이다. 그중에도 피렌체 아카데미(Achademiae Florentinae)가 그 대표적인 학교이다. 그것은 언어, 문학, 예술, 종교, 군사 등을 주로 연구하는 사적 기관이었다.[11] 그러므로 플라톤주의(Platonism)는 이탈리아 르네상스와 함께 재생되었으며, 그것은 그리스의 학자들이 로마 가톨릭교회와 교류함으로써 가

---

10   Pierre Aubenque, Jean Bernhardt et François Chateler, *La Philosophie Païenne*, Paris: Hachette, 1972, p.127.
11   [네이버 지식백과] '아카데미아' 항목(『교육학용어사전』, 서울대학교 교육연구소, 1995).

능하였고 초기에는 '피렌체 합창단 아카데미(Chorus Achademiae Florentinae)' 도 있었다. 이어서 아카데미는 이탈리아에서도 그리스에서와 같이 철학자들의 그룹과 철학적 조직체로서 곳곳마다 설립되었다. 그중에도 마르실리오(Marsilio)와 그의 친구들이 아카데미 회원(Academici)이 되었다. 그러나 아카데미는 알퐁소 왕과 파노르미다에 의해 개원되었고, 그가 죽은 후에는 조반니 폰타노(Giovanni Pontano)에 의해 이끌어졌다.[12]

베네치아의 헬레니즘 아카데미(L'Académie helleniste de Venise)는 피렌체 아카데미에 많은 영감을 받았다. 아카데미 회원인 에냐치오(Egnazio)는 폴리치아노(Poliziano)의 제자였고, 아카데미 회원들 가운데 미란돌라(Pico de la Mirandole)의 조카 알베르토(Alberto)가 있었다.[13]

이탈리아 아카데미들은 아카데미아의 분위기를 유지하기 위해 논쟁과 토론을 즐겼는데, 오르티 오리첼라리(Orti oricellari)[14]가 그 대표적인 예라 할 수 있다. 16세기 초에 철학, 웅변 및 정치에 대한 논쟁을 위해 피렌체의 오리첼라리 정원에서 모임을 가진 이 그룹은 하나의 아카데미로 그 자체를 정의하지는 않았지만, 아카데미적 전통에 보조를 맞추었던 것으로 보인다.

오리첼라리에서의 토론은 이탈리아어를 사용하였고, 주로 인문주의의 모호함에 대한 사실을 폭로하였으며 철학적·수사학적 관점에서 이루어졌던 것처럼 보인다. 루첼라이 가문이 소유한 정원이었던 오르티 오리첼라리에서 개최된 논쟁을 반영한 "브루시올리의 대화"는 전통적인 아카데미의 주제로 다루어졌다. 이 당시 문인과 군인들의 대화는 아주 특별히 정치적

---

12 Nikolaus Pevsner, *Academies of Art, Past and Present*, p.3.
13 Frances A. Yates, *Les Académies en France au XVIe Siècle*, p.8.
14 여기에서 가장 격렬한 논쟁은 정치에 관한 것들이었으며, 주로 공화정체의 운명에 대한 주제였다. 마키아벨리도 여기에서 코시모 루첼라이, 차노비 부온델몬티, 필리포 스트로치 에지오 아무디토레 등 인문주의자들과 교류했다.

삶, 군사적인 삶 그리고 명상적 삶 사이에 고전적인 대립이라는 새로운 형태를 취하고 있었다.[15]

피치노는 라틴어 번역으로 플라톤과 그 밖에 신플라톤주의자들의 자료들을 모두 자유롭게 다루었다. 그러나 일반적으로 알려진 사실은 피렌체 아카데미의 플라톤주의는 특별히 르네상스 시대에 속하는 본질이라기보다는, 중세 전통을 역동적인 힘으로 거대한 부분을 끌어낸 것으로 인식된 것이며, 종교적인 것보다 철학적인 것으로 판단된다는 사실이다. 피치노는 젊은 시절부터 중세의 플라톤주의자들을 연구했는데, 마크로비우스(Macrobius, 370~430), 보이티우스(Boethius, 480~524), 이븐시나(Avicenne, 980~1037), 둔스 스코투스(Duns Scotus, 1266~1308), 아우구스티누스(Augustinus Hipponensis, 354~430), 페소도-디오니시우스(Pseudo-Dionysius, 5세기 말~6세기 초) 등이 바로 그들이다.

피렌체의 신플라톤주의는 종교와 철학뿐만 아니라 그들 사이에 있는 종교들을 융합시키고자 하였다. 아주 먼 옛날부터 종교적 지속성에 대한 사상은 기독교주의와 고전고대의 모든 종교 사이의 연계를 형성하면서 피렌체 아카데미의 혼합주의에 기초를 다졌다.[16]

피치노의 『플라톤주의의 역사(L'Histoire du platonisme)』는 페소도-디오니시우스부터 출발하여 교부들, 특히 성 아우구스티누스를 거쳐 플라톤까지 독특하게 연대를 거슬러 올라가며 종교혼합주의를 분석하였다. 피치노는 예술세계에서의 르네상스처럼 플라톤적 철학의 부흥을 생각하였다. 그는 "우리 시대가 황금시대로서 거의 사라지게 된 인문학에 새로운 빛이 되었다"라고 하였다. 그는 문법, 시, 웅변, 그림, 조각, 건축, 음악, 그리고 옛 그리

---

15 Frances A. Yates, *Les Académies en France au XVIe Siècle*, p.9.
16 *Ibid.*, p.4.

스의 오르페우스 칠현금으로 하는 음악의 고전적 연주, 그리고 모든 고대 그리스와 로마의 작가들이 존경했던 것을 완성하면서 지식과 웅변, 신중성과 군사적 예술을 통일하였다. 게다가 그는 그늘 속에 있던 플라톤 철학의 교의에 새로운 빛을 주었다.[17]

한편 미란돌라는 사람들이 피타고라스, 플라톤, 엠페도클레스, 그리고 데모크리토스 등과 같이 신성한 광채를 발견한 그리스인들의 스승으로 이집트인들을 연구하였다고 발표하였다.[18] 또한 철학자 누메니우스(Numenius)는 플라톤이 아테네의 모세와 다를 것이 아무것도 없다고 말한다. 피치노와 미란돌라의 한 제자는 모든 시대와 모든 국가의 종교들은 유폐되고, 신성한 문자도 매몰되었으므로 오르페우스 신비주의 또는 조로아스터교의 논리를 기독교의 전통에 영향을 받지 않고 전개하였다. 이런 풍조는 바로 사람들이 아카데미 프랑세즈의 신학자인 퐁튀스 드 티아르(Pontus de Tyard)의 작품에서 다시 발견할 수 있는 종교적 성향으로 보아도 무방할 것이다.

이탈리아 아카데미가 프랑스에 미친 영향은 16세기 이전 '최초의 칠성파 시인(la première Pléiade)'에 의해 이미 널리 퍼져 있었다. '최초의 칠성파 시인'은 그 이전 시대의 사람들로부터 피렌체 철학을 이어받았다. 리옹에서 피치노의 사상을 전파한 생포리앙 샹피에(Symphorien Champier)는 1539년 사망하였다. 마르그리트 드 나바르(Marguerite de Navarre)는 피치노를 격찬하였던 프랑스인 가운데 가장 열성적인 사람들 가운데 하나로 1549년 사망하였다. 그것은 티아르가 글을 쓰기 시작하였던 시기와 아주 가까운 시기였다. 그리고 모리스 새브(Maurice Scève)가 같은 서클에 속해 있었으며 동시에 티아르에게 강력하게 영향력을 행사하였던 것으로 보인다.

---

17  Marsile Ficin, *Lettre à Paulus Middelburgensis*, Opera Omnia, Bâle, 1551, p.344.
18  *Ibid.*, p.4.

르페브르 데타플(Lefèvre d'Etaplles), 로베르 가갱(Robert Gaguin), 기욤 피쳇(Guillaume Fichet) 그리고 당시 전기 개혁주의자들의 집단은 피렌체의 신플라톤주의에 깊숙이 빠져들었다.[19] 미란돌라는 1485~1486년 파리에 와 있었다. 파리에서 그의 자유주의는 로마에서보다 더욱 잘 받아들여졌다. 파리대학은 파리 사람들의 철학적 전통을 존중하였기 때문에 그에 대한 모든 지원을 제시하였다. 이때부터 프랑스에서 미란돌라의 영향은 대단한 것이 되었다.

르페브르 데타플

사상의 흐름에 대한 인식은 모든 철학과 종교에 앞선 기초 작업으로 '칠성파 시인'이나 아카데미 드 바이프처럼 예술과 더불어 시와 음악의 연구에 전념하는 것이 아주 중요했다. 그것은 르네상스 동안 신플라톤주의와 예술이 서로 긴밀히 관계되어 있었기 때문이다.

고전 고대 지식의 르네상스 사상은 '새로운 탄생'이라는 시대정신 속에서 종교적 재생의 개념과 결합되었으며, 그것들의 기원은 중세의 기독교였다. 결국 신플라톤주의의 종교적 선점과 그와 함께 해온 지적·예술적 활동 사이를 긴밀한 관계로 연결한 지식인들의 노력이 역사적 성과로서 이루어졌다.

그러나 아카데미아의 프랑스 유입은 1525년 프랑수아 1세의 파비아 전투 패배로 인한 것이 아니라 1533년 앙리 2세가 이탈리아 정책으로 메디치

---

19 *Ibid.*, p.5. 가갱의 그룹을 '소아카데미(Une petite Académie)'라고 불렀다.

가문의 카트린 드 메디치와 결혼함으로써 양국의 관계가 개선되고 활발하게 문물이 교류되었던 것을 참고해볼 필요가 있다.

## 3. 장 도라와 칠성파 시인들

15세기 후반 20년은 실질적으로 프랑스의 지적 르네상스 시대로 알려져 있다. 이 세기의 중반부터 파리에서는 피렌체 아카데미에 대해 모르는 사람이 없었다. 그리고 1421년부터 파리에서는 그리스어, 고대 시리아어, 헤브라이어의 교육이 끊임없이 이루어지고 있었다. 또한 이탈리아의 인문주의가 이미 파리에 들어와 있었다.[20]

이러한 시기에 장 도라(Jean Dorat, 1508~1588)는 프랑스의 시인이자 인문주의자로 이름이 나 있었다. 그는 리모주 근처 르도라(Le Dorat)에서 출생하였다. 귀족 가문 출신으로 리모주중학교에서 공부한 뒤 프랑수아 1세 시동들의 가정교사가 되었다. 후일 그는 콜레주 드 코크레(Collège de Coqueret)의 교장 라자르 드 바이프(Lazare de Baïf, 1496?~1547)의 뒤를 이어 교장을 역임하였다. 거기에서 그는 라자르의 아들인 장 앙투안 드 바이프(Jean Antoine de Baïf)를 비롯하여 피에르 드 롱사르(Pierre de Ronsard), 레미 벨로(Rémy Belleau), 퐁튀스 드 티아르 등을 가르쳤다.

이들 젊은 시인 5명은 도라의 지도하에 프랑스어와 프랑스 문학의 개혁을 위한 협의회를 결성하였다. 이들은 조아킴 뒤 벨레(Joachim Du Bellay)와 극작가 에티엔 조델(Étienne Jodelle)을 포함해 구성원의 수를 7명으로 늘리고, 그룹의 이름을 알렉산드리아의 그리스 일곱 시성을 모방해 자칭 '칠성

---

20 Michel Mollat, *Genèse Médiévale de la France moderne XIVe-XVe siècle*, Paris: Arthaud, 1977, pp.242~243.

파 시인'이라고 했다. 도라가 이 그룹의 의장으로 선출된 것은 이들 중 다수를 가르쳤던 당시의 교수와 교장직 그리고 그의 개인적 영향력 때문이라고 볼 수 있다. 그러나 후일 도라에 대해 '칠성파 시인' 가운데 최고로 평가되지는 않는 것으로 나타났는데, 그것은 그의 작품 활동에 대한 양적·질적 평가로부터 나온 결과인 듯하다.

장 도라

장 도라는 제자들에게 그리스어 시와 라틴어 시의 연구에 집중하도록 권고하면서 자신은 두 가지 언어로 끊임없이 작품을 만들어냈다. 그리스어와 라틴어로 지은 그의 시는 무려 1만 5천 편에 달하였다. 따라서 그의 명성과 영향력은 영국, 이탈리아, 독일에까지 이르고 있었다. 그는 1556년 왕립학교의 그리스어 교수로 임명되어 1567년 은퇴할 때까지 10여 년을 충실하게 근무하였으며, 1586년 자신의 그리스어 시와 라틴어 시들을 선별하여 다시 『시집(Poematical)』(1586)을 출간했다.

그러므로 16세기 프랑스 아카데미즘을 대표하는 아카데미 프랑세즈도 콜레주 드 코크레의 장 도라를 중심으로 한 '칠성파 시인'에서 유래하였다고 하는 것은 일리가 있다.[21] 1547년경 파리의 콜레주 드 코크레에 모인 청년들은 인문주의자 장 도라의 지도 아래에서 그리스와 라틴 문학을 연구하는 동안, 프랑스 시의 빈곤을 통감하고 이를 혁신할 운동을 일으키게 되었

---

21 Frances A. Yates, *Les Académies en France au XVIe Siècle*, p.19.

다. 같은 이론과 우정으로 맺어진 이들이 내세운 선언서가 바로 「프랑스어의 옹호와 선양(Défense et prévention de la langue française)」이었다.

역사적으로 보면, 프랑스는 옛날 골 지방으로 기원전 1세기에 로마에 정복되었고, 프랑스어는 이 지방에 들어온 로마 행정가, 군인, 상인, 이주민들이 사용하던 고대 라틴어로부터 발달한 언어이다. 프랑스어로 쓴 최초의 텍스트는 「스트라스부르 서약」(843)이다. 프랑스 중세 초기만 해도 프랑키아(Fráncĩa)[22]는 다른 방언들에 비해 그리 우세하지 못하였다. 왜냐하면 그것은 골족의 문화적 기반과 왕권 강화가 여전히 제대로 이루어지지 못하였기 때문으로 풀이된다. 그러나 카페 왕조(987~1328)가 이곳에 왕국을 세우면서 이 지방의 방언인 프랑키아가 점차 확대되었다. 13세기를 지나면서 타 방언으로 쓰인 문헌들은 점차 자취를 감추고, 프랑키아로 쓰인 문헌들이 점차 많이 출현하게 되었다. 왕권의 확립과 사회문화의 발전에 따라 언어의 순화도 자연스럽게 병행되어갔다. 언어에 대한 최초의 공식적 법령은 프랑수아 1세의 「빌레르 코트레 칙령」(1539) 제111조이다. 이 칙령은 원래 사법 개혁을 목적으로 한 것이었지만 '법적, 행정적인 모든 공문서는 오직 프랑스어만을 사용할 것'을 규정하고, 또 '법원에서의 모든 절차와 진행을 프랑스어로 하도록' 규정한 것이다. 그 후 10년이 채 못 되어 종교와 행정, 법률에 이르기까지 예외 없이 프랑스어가 사용되었고, 심지어는 프랑스어가 별로 사용되지 않았던 주변 지역에서도 이 칙령이 시행되었다. 그러나 여전히 지식인들은 라틴어나 외래어를 사용했고 무학자와 문맹자가 많았

---

22 프랑키아는 프랑스에 이동한 프랑크족의 언어에서 유래된 말이다. 프랑크 왕국(라틴어: Regnum Francorum, 프랑스어: Royaumes francs, 이탈리아어: Regno franco, 독일어: Fränkisches Reich, 영어: Francia kingdom)은 서기 5세기 말 서게르만족의 한 부류인 프랑크족이 서유럽 지역에 세운 왕국이다. 이 왕국이 현재의 프랑스, 이탈리아, 독일을 형성했다.

기 때문에, 프랑스어의 체계화, 규정화, 정화 등이 사회문제로 꾸준히 제기되고 있었다.[23]

이에 비추어 보면, 1549년에 뒤 벨레의 이름으로 발행된 '칠성파 시인' 최초의 작품인「프랑스어의 옹호와 선양」은 풍자적 소논문으로 프랑스 문학의 첫 비평서로 높이 평가되며, 그 내용은 다음과 같다. 제1부 '프랑스어의 옹호'에서는 프랑스어를 깔보고 그리스어, 라틴어를 좋아하는 인문주의자들에 맞서 프랑스어를 옹호한다. 프랑스어로도 그리스어, 라틴어와 같이 위대한 작품을 만들어야 하며 그러기 위해서는 독창적인 모방으로 고대 작품의 본질에 동화해야 한다, 프랑스어는 그럴 가능성을 지니고 있다고 주장한다. 제2부 '프랑스어의 선양'에서는 프랑스 시를 혁신하기 위해 세 가지 방법을 제시한다. 첫째 단시, 발라드(ballade)[24] 같은 중세의 형태를 버린다. 둘째, 고대인이 창조한 자유로운 형식인 오드(Ode), 소네트(Sonnet) 등을 모방한다.[25] 셋째, 학술어, 방언, 신어, 새 어법 등의 창조로 시어를 살찌워

---

[23] 프랑스어를 발전시키는 방법을 첫째, 프랑스어에 적절한 규칙을 부여하는 법적인 언어각서, 둘째, 작가들이 사용한 언어에 대한 재판권, 셋째, 규범적 문법, 사전, 수사학, 시학의 작성이다. 이를 완성하기 위해 루이 14세 시기의 1674년에는 아카데미 프랑세즈에 독점적 사전 편찬권을 부여하였다. 그러나 당시 퓌르티에르조차 자신의 사전을 편찬해내려고 하다가 아카데미 프랑세즈에서 추방당해 1690년 네덜란드에서 출간하였다.

[24] 발라드는 라틴어의 '춤추다'에서 유래한 서양 고전음악의 한 장르이다. 중세와 르네상스기에는 시와 문학 형식으로 14, 15세기 프랑스, 영국, 이탈리아에서 유행하였다.

[25] 오드는 서정시로 기원전 600년경 음악으로 알려진 레스보스섬의 사포(Sapphō)와 알카이오스(Alkaios) 두 시인에 의해 완성되었다. 여류시인 사포는 동성애적 애정을, 알카이오스는 남성적인 행동으로 송시를 노래했다. 남쪽 테오스섬의 아나크레온(Anacreon, B.C. 582?~485)이 뒤를 이었다. 소네트는 14행의 짧은 시로 이루어진 서양 시가로서, 13세기에 이탈리아에서 발생하여 단테와 페트라르카에 의하여 완성되었으며, 셰익스피어, 밀턴, 스펜서에게서 나타난다.

야 한다.[26]

그러나 「프랑스어의 옹호와 선양」의 효과는 그리 크지 않았다. 프랑스 혁명사를 기록한 1794년의 「보고서」에 따르면, 당시 프랑스 인구 2,500만 명 가운데 600만 명이 프랑스어를 전혀 몰랐으며, 특히 남프랑스 지방에서는 단 300만 명의 사람들만이 프랑스어를 말하고 쓸 줄 알았다고 한다. 따라서 프랑스어에 대한 강조는 칠성파 시인, 지식인들뿐만 아니라 프랑스 통치권자와 교육자들의 과제이기도 했다.

물론 '칠성파 시인'들의 모국어에 대한 옹호와 시문의 프랑스어 사용에 대한 동감은 많았으나 본질에 있어 귀족적 정신을 가진 '칠성파 시인'들의 외침은 하나의 학문과 예술, 하나의 품격 있는 교의를 가져왔을 뿐, 고전 고대 문학에 대한 독창적인 업적을 남기지 못한 아쉬운 점을 남겼다. 하지만 일부 업적들은 개인적인 모방을 벗어난 뒤 벨레와 롱사르에게서 나타나며, 또한 롱사르 같은 문인들이 후일 아카데미 프랑세즈의 창립과 더불어 모국어의 정화와 부흥 운동에 적극 나섰다는 사실은 높이 평가되어야 할 것이다.

도라는 이 시대의 명사가 되었고, 그의 영향력은 대단하였다. 라르(Rares)는 16세기 중반 프랑스에서 출판된 몇 가지 중요한 책들에서 "가장 위대한 교수는 그의 후원자로 참여하지 않았지만, 몇 개의 축하 시로써 만족감을 주었던 도라"라고 하였다. 그는 그리스와 로마의 문명에 대한 지식에서 비교할 수 없는 권위를 가지고 있었고, 그의 우월성과 영향력은 수강생들에게 대단한 감명을 준 열정과 강의 내용을 통해 나타났다.

도라가 콜레주 드 코크레에서 문인 동료이자 '칠성파 시인'들에게 강의하려 했을 때, 처음에는 전혀 혁신적이지 않았다. 도라는 1550년까지 10년

---

26 김봉구·박은채·오현우·김치수, 『새로운 프랑스 문학사』, 일조각, 1983, 44쪽.

동안 강의하면서 바로 그곳에서 앙투안 드 바이프, 롱사르, 그리고 그 밖에 많은 학생을 가르쳤다. 결국 그것은 콜레주 드 코크레의 선임 교장 라자르 드 바이프 덕이 아니었으면 불가능했을 것이다.[27] 여기에서 도라는 자신의 시를 통해 '어떻게 사물의 진실을 감출 수 있는지'에 대해 가르쳤다. 다시 말하면 신화학에 대한 비전을 가르쳤는데, 그에 의하면「시인들의 이야기」는 도덕과 자연철학에 대한 진실성을 서술한 것처럼 해석될 수 있고, 그리스도 교리와 조화를 이루는 것처럼 보인다고 밝혔다. 게다가 도라는 신화와 이미지들을 이용하여 그 자체의 고유성을 숨기고 가면을 씌우는 데 익숙하였다.[28]

클로드 비네(Claude Binet)에 따르면, 롱사르는 도라가 그곳에 하나의 아카데미를 세우려 한다는 소문을 듣고, 콜레주 드 코크레에 끌어들였다고 한다. 롱사르는 도라의 아카데미에 뒤이어 세워질 교육기관도 '칠성파 시인'처럼 문인들의 정신적 선구자의 역할을 담당할 것을 의심하지 않았다. 도라의 지도하에 공부하는 학생들은 영웅적으로 말하는 깨끗한 지적 훈련을 받았다. 비네에 의하면, 롱사르는 궁중 생활에서 늦게 밤새 일하는 습관이 생겼으며 자정을 넘어 2시까지 공부하였다. 잠들 순간 그는 앙투안 바이프를 깨웠는데, 그는 잠에서 깨기가 무섭게 무의식적으로 바로 촛대를 잡고 불을 켜는 습관이 있었다. 롱사르는 그리스어와 더불어 그 밖에 다른 학문 연구를 게을리하지 않았으며 도라 선생 곁에서 5년 동안 밤낮없이 노력하였다.

기 드 브뤼에(Guy de Brues)에 의해 프랑스어로 쓰여진『대화(Le Livre de dia-

---

27 Nikolaus Pevsner, *Academies of Art, Past and Present*, p.81. 롱사르는 앙투안 드 바이프보다 여덟 살이나 위였지만 칠성파 시인의 동료인 도라에게서 시와 더불어 사물의 진실을 어떻게 잘 감추는지를 배웠다고 한다.
28 Frances A. Yates, *Les Académies en France au XVIe Siècle*, p.21.

*logues)』*가 1557년 출판되었는데, 그 책에서도 '칠성파 시인' 중 후일 아카데미 프랑세즈의 주역이 될 롱사르와 앙투안 바이프에 관한 내용이 눈에 띄게 인용되었으며, 도라의 아카데미가 크게 반향을 일으킨 것으로 되어 있다. 『대화』 속에서 롱사르와 앙투안 바이프는 자연철학의 추종자로 등장하였으며, 코페르니쿠스 이론에 대해 논쟁을 펼쳤다. 여기에서 아카데미 회원들은 '순수한 문학 문제'에 대해 그들의 흥미에 한정하지 않는다는 생각과 동시에 그것들을 잘 보호해야 한다는 것을 잘 보여주고 있다.

## 4. 아카데미 프랑세즈의 태동과 바이프 가문의 역할

라자르 드 바이프와 그의 아들 장 앙투안 드 바이프가 아카데미 프랑세즈의 태동에 직간접적으로 많은 일을 하였던 것으로 나타난다.

바이프 가문은 프랑스의 발루아 왕조(1328~1589) 시기인 1434년 루아르 강 골짜기 '팽스 또는 팽스 영지(Pins ou la Cour des Pins)에 자리를 잡았다.[29] 그 후 라자르가 이탈리아 대사직을 수행하면서 그는 지롤라모 알레안드로(Girolamo Aleandro)와 바티스타 에그나지오(Battista Egnazio) 같은 박학다식한 그리스통 학자들을 자주 만났고, 아카데미아 데이 필레레니(l'Accademia dei Filelleni)를 계속 유지하기 위해 대형 인쇄업자 알도 마누치오(Aldo Manuzio) 주변에서 종종 모임을 가졌다.[30] 이들의 회합은 주로 이탈리아의 필레레니에서 이루어졌으나 때로는 파리에서도 열렸고 그리스어와 히브리어를 알고 있었던 알레안드로가 파리에서 문인들을 가르쳤다. 따라서 그는 파리에

---

29 Lucien Pinvert, *Lazard de Baïf*, Paris: Ancienne Librairie Thorin et Fils Albert Fontemoing, Éditeur, 1900, p.2.
30 Frances A. Yates, *Les Académies en France au XVIe Siècle*, pp.7~8.

서 그리스어 교육의 실질적인 창립자가 되었다.[31]

여기에서 주목해야 할 것은 앞 장에서 언급한 것처럼 라자르 드 바이프가 콜레주 드 코크레에서 도라의 선임 교장이었다는 사실이다. 그리고 프랑수아 콜레테(François Colletet)가 잘 묘사한 것처럼, 라자르 드 바이프가 포세 생빅토르(Fossé Saint-Victor) 가에 아주 호화스러운 주택을 건축했으며 그것이 후일 아카데미의 모임 장소로 이용되었다는 사실이다.

콜레테는 그가 소년이었을 때, '사람들이 그리스, 로마 문명의 고귀한 상징처럼 보았던 이 훌륭한 분의 저택'을 보았다고 회상했다. 그 저택은 같은 지역인 생니콜라 뒤 샤르도네 교구에 위치하였다. 후일 그곳에 성 아우구스티누스 수도회라는 영국 수도회의 집이 세워졌다. 그리고 방의 각 창문 밑에서 사람들이 그리스의 아름다운 기록문과 시인 아나크레온, 핀다로스, 호메로스, 그리고 그 밖에 몇 사람의 다른 시인들의 시를 크게 읽곤 하였는데, 그것들이 지식 있는 통행인들을 흥미롭게 끌어당겼다고 한다. 그리고 소발(Sauval)에 의하면, 『파리의 역사(Histoire de Paris)』에도 그것은 여전히 고가의 저택이고, 생빅토르 성문과 생마르소 성문 사이의 해자와 더불어 '아름답다'라고 그리스어로 기록되어 있다. 세월이 지나 그것은 영국의 젊은 수녀에게 팔렸고, 수도원으로 만들기 위해 철거되었다. 그것의 위치는 영국의 젊은 수녀가 파리의 옛 지도 위에 그 모습을 남겨놓은 것으로 쉽게 알 수 있다. 17세기와 18세기 파리의 지도를 비교해보면, 1615년 마티외 메리앙(Matthieu Mérian)에 의해 판각된 호화롭고 매우 선명한 지도에서 수도원의 위치를 찾을 수 있다.[32]

라자르에 의해 르네상스 시대의 넓은 장원(Manoir)에 건립된 그 저택이

---

31 *Ibid.*, p.8.
32 Section de la Carte de Paris par Matthieu Mérian, 1615.

바로 프랑스 최초의 아카데미(la première Académie de France)가 되었다.[33] 그것은 바이프 가문, 이탈리아, 콜레주 드 코크레, 아카데미와 연관된 그들의 문예 활동의 보금자리라 해도 과언이 아니다.

바이프의 장원이 대학구에 가까이에 위치하여 있었다는 것, 그것이 도시의 길과 벽에 접해 있고, 그리고 다른 한편으로 생빅토르 수도원 정원의 명상할 수 있는 사저의 담벼락 밖에 있었던 것은 대단히 흥미로운 일이다. 생빅토르 수도원은 중세 내내 플라톤주의의 가장 중요한 근거지 가운데 하나였다. 거기에서 신비적·문학적·철학적 담론이 지속되고 있었으며, 위그 살렐(Hugues Salel)과 리샤르 드 생빅토르(Richard de Saint-Victor)가 가장 귀중한 것을 경험했던 곳이다. 이처럼 아주 훌륭한 수도원 정원은 바이프의 저택에서 돌을 던지면 닿을 거리에 있었고, 그리고 그 구역은 아마도 조용하고 외출하기 싫어하는 성격이었던 라자르에 의해 그의 호젓한 성격과 명상에 유리한 장소로 선정되었을 것이다.[34]

바이프의 저택과 그 뒤로 펼쳐진 정원은 도로를 둘러싸고 있는 중세의 두꺼운 성벽 안쪽에 조성되었다. 다른 한쪽으로 콜레주 드 봉쿠르(le Collège de Boncourt)가 있고 아담하고 조그만 성당이 옆에 있었다.

콜레주 드 봉쿠르의 교장 장 갈랑(Jean Galland)은 롱사르와 긴밀한 사이였다. 그래서 이탈리아 시인들이 파리에 왔을 때는 콜레주의 정원에 있는 집에 종종 유숙시켰다. 그것은 롱사르가 바이프의 저택과 인접한 성 밖에서 거주하였으므로 거리가 멀어 유숙시키기에 불편하였기 때문이었다.

소발은 '외딴 방, 밝은 빛, 그로테스크한 색채' 등으로 그 방이 담론 활동

---

33 Frances A. Yates, *Les Académies en France au XVIe Siècle*, p.22.
34 *Ibid.*, p.24. 저택은 후일 영국에서 광범위하게 일어난 내란을 피하여 조용한 장소를 물색한 영국의 아우구스티누스 자매 수도회(les Soeurs Augustiniennes Angaises)에 의해 매입되었다.

을 위해 매우 적당하게 보였기 때문에 아카데미 회원들의 모임 장소로 잘 이용될 수 있었던 것으로 추측했다. 그는 롱사르가 왕으로부터 그 도시 성벽 안으로 통행로를 뚫는 것을 허락받았다고 덧붙였는데, 이 때문에 바이프는 아카데미 모임에 편리하게 참석할 수 있었다. 롱사르는 아카데미 모임을 자기 집에서 개최하지 않았고 바이프의 저택에서 자주 만났던 것으로 보인다. 그러므로 사람들이 라자르를 프랑스 아카데미의 설립자로 생각하게 하는 헛소문이 난무하였다.[35]

장 앙투안 드 바이프

당시 라자르는 기욤 뷔데(Guillaume Budé)와 동일하게 인기가 있었다. 그는 뷔데처럼 라틴과 그리스 연구에 총력을 기울였다. 번역과 시에서는 그가 뷔데보다는 다소 우위에 있었다. 라자르는 이탈리아에서 가져온 사랑에 관한 책들을 즐겨 읽었고, 그의 아들 앙투안은 결국 아버지가 완성하지 못한 일을 프랑스에서 처리하였다.[36]

여기에서 아버지와 아들, 두 바이프 사이에 아카데미 프랑세즈가 설립되기 전에 지속된 사건들을 좀 더 찾아볼 필요가 있다. 장 앙투안 드 바이프는 베네치아의 프랑스 대사였던 라자르의 사생아로 1532년 베네치아에서 태어났다. 그의 아버지는 아들에게 가능한 한 최고의 교육을 받게 하려고 노력하였다. 그는 어려서부터 샤를 에티엔(Charles Estienne)에게서 라틴어를, 그리고 크레타섬 출신 학자이자 서예가로서 프랑수아 1세를 위해 그리스어 활자를 디자인했던 앙주 베르제스(Ange Vergèce)에게서 그리스어를 배

---

35 *Ibid.*.
36 Lucien Pinvert, *Lazard de Baif*, pp.90~91.

웠다.

앙투안은 자기보다 여덟 살이나 많았던 롱사르와 공동 연구를 시작했다. 클로드 비네는 어려서부터 라틴어와 그리스어를 배운 앙투안이 롱사르를 위해 그리스어 연구를 즐겁게 하였으며, 따라서 동반자가 되는 데 무리가 없었다고 전한다. 앙투안은 쾌적한 연구실을 소유하고 있었고, 애절하거나 축하하는 종류의 짧은 시들을 다수 창작했다. 그리고 스미르나, 모슈스, 테오크리투스, 아나크레온, 카툴루스 등 다양한 작품들을 번역하거나 의역했다. 1570년 그는 작곡가 쿠르빌(Joachim Thibault de Courville)과 함께 왕실의 배려와 재정 지원을 얻었고, 음악과 시 사이의 긴밀한 결합을 수립하려는 목적으로 '시와 음악 아카데미'를 설립했다. 그의 집은 공연하는 콘서트장이 되어 샤를 9세와 앙리 3세가 자주 참석한 엔터테인먼트로 유명해졌다.

아카데미의 입장에서는, 라자르가 프랑수아 1세 시대의 공직자이자 그리스통 학자 세대에 속해 있었고, 그의 아들 앙투안은 다음 시대에 속했으나 아버지와 비슷한 일을 계속 한 것으로 보인다.[37] 게다가 라자르는 파리대학의 그리스어 교수 알레안드로와 협력하였고, 아들 앙투안은 최고의 그리스통 학자였던 도라 교수와 협력한 것이 프랑스 르네상스는 물론 아카데미 프랑세즈의 태동에 대단한 역할을 하였다는 것을 의심할 여지가 없다.

앙투안은 '바이팽(baifin)'이라는 새로운 구절법(句切法)과 압운법(押韻法)을 사용하여 새로운 시형을 창출하였다. 그의 시집으로 페트라르카식의 소네트집 『멜린의 사랑(Les Amours de Meline)』(1552) 이외에 『기분전환』(1573), 『훈계와 속담』(1576) 등이 유명하다. 그리고 1567년에 로마의 희극작가인 프라우투스의 「허풍선이 병사」를 생생하게 개작한 「용감한 사람 타유브라」는 궁

---

[37] Frances A. Yates, *Les Académies en France au XVIe Siècle*, p.21.

정에서 공연된 바 있었고 책으로도 출판되었다. 그는 왕의 총애를 얻어 샤를 9세와 앙리 3세로부터 수당과 성직록을 받았다. 또한 샤를 9세를 설득하여 1570년에 '시와 음악 아카데미'를 설립함으로써, 아카데미 발전과 개혁에 공헌하였다.

앙투안은 다재다능하고 창의성이 풍부한 시인이자 실험가이며, 표음 철자법을 발명해 사용하기도 하였다. 그는 음악가인 티보 드 쿠르빌과 함께 시와 음악을 통합하여 플라톤의 이론을 널리 보급하려 했지만, 시와 음악 아카데미는 오래가지 못한 것으로 전해지고 있다. 그리고 그는 이탈리아의 미켈란젤로를 찬양하는 자문을 프랑수아 1세에게 했고, 왕은 이 대단한 예술가에게 상당한 공을 들였으나, 레오나르도 다빈치와 달리 초대에 응하지 않았다.[38]

좀 더 생각해볼 것은 앙투안과 니콜라스 드니소(Nicolas Denisot)가 프랑스인으로서 무엇 때문에 라틴어의 우수성에 매료되었는지 생각해보아야 할 것 같다. 그것은 아마도 아카데미 드 라 플레이아드의 토론에서 사용한 언어의 영향으로 보인다. 그러나 그것은 공적이 아니고 일종의 사적인 아카데미로서 플레이아드를 생각해야 할 필요가 있다.

한마디로 요약하자면, 프랑수아 1세 시대의 문인으로서 라자르는 이탈리아의 대사직을 수행하면서 이탈리아 그리스 학자들과 교류하여 프랑스 르네상스 운동에 도움을 주었다. 또한 그는 콜레주 드 코트레에서 도라의 선임 교장을 역임하였으며, 훌륭한 저택을 지어 롱사르가 주재하는 아카데미 프랑세즈의 회의 장소를 제공하였다. 그리고 그의 아들 앙투안은 콜레주 드 코트레 장 도라 교장의 제자이면서 '칠성파 시인'의 한 사람으로 많은 문인과 교류하였으며 롱사르와 동문수학하고 함께 문학 활동을 하여 아

---

[38] 미켈란젤로는 프랑스어로 미셸 앙주(Michel Ange)로 불린다.

카데미 프랑세즈의 태동에 크게 도움을 주었다.

따라서 샤를 9세와 앙리 3세의 치세에 사적으로 설립된 아카데미들을 모두 아카데미 프랑세즈의 선구자로 생각해도 무방할 것이라는 결론을 얻을 수가 있다.

## 5. 아카데미 프랑세즈의 입회에 대한 논란

아카데미 프랑세즈는 프랑스 학사원의 분과들 가운데에서 위원들을 선출하였던 것처럼, 회원이 될 후보자들의 어떤 자격 기준을 논하지 않았다. 장 기통(Jean Guitton)에 의하면, 아카데미 프랑세즈는 재능, 저서, 작품, 명성에 의해 회원을 선출한 것이 아니고, '예정된 자격'과 비슷한 잘 알 수 없는 그 무엇인가에 의해 선출하였다고 한다. 왜 객관적인 자료에 의해서 회원들을 선출하지 아니하였을까? 그것은 아카데미 프랑세즈가 실수하거나 죄를 짓지 않고 후보자 선택을 하는 기막히고 신비스러운 착상이 있다고 생각하였기 때문이며, 또한 실패한 후보자가 그들의 영광에 부당한 패배의 사유를 늘어놓는 말들을 막을 수 있다고 생각하였기 때문이다.[39]

초대 회장에는 발랑탱 콩라르가 자연스럽게 40표를 얻어 만장일치로 선임되었으며, 그는 1년간 회장직을 수행하였다. 그러나 회장은 1793년까지 9대밖에 선출하지 못하였다.[40] 콩라르는 아카데미 프랑세즈의 등록 절차에

---

[39] Choucri Cardahi, *Regards sous la Coupole: Histoire et Petite Histoire de l'Académie Française*, Liban: Les Presses de l'Imprimeris St.Paul, Jounieh, 1966, p.ix. 〈Préface de Jean Guitton de l'Académis française〉. 수크리 카다이는 레바논의 법무장관, 파기원 명예재판장이었으며, 2등 레지옹 도뇌르 훈장을 받은 고관이었다. 그는 프랑스를 사랑하고 프랑스에 충성하여 '프랑스의 벗'이라고 불리는 영광을 얻었다.

[40] Pierre Gaxotte, *L'Académie Française*, Paris: Hachette, pp.8~10.

대한 공문을 직접 작성하여 추기경 리슐리외에게 제출하였다. 그러자 "리슐리외는 아카데미 회원 각자가 덕과 리슐리외 추기경의 비망록을 존중하라고 지시하였다."[41]

피에르 가소트의 말과 같이 아카데미 프랑세즈의 위원은 재능 있는 사람보다는 여러 신분 가운데 특별대우를 받는 사람들이 많이 있었다. 그것은 각 시대에 선출된 회원들을 분석해보면 알 수 있다. 프랑스

발랑탱 콩라르

의 문물이 융성하였던 루이 14세 시대에는 코르네유, 라신, 라퐁텐, 부알로, 보쉬에, 플레쉬에(Flechier), 페넬롱(Fénélon), 라브뤼에르(La Bruyère), 생아망(Saint-Amant), 발자크, 라캉, 부아튀르, 보즐라, 스퀴데리, 뷔시 라뷔시옹(Bussy-Rabution), 키노, 퐁트넬, 샤를 페로(Charles Perrault), 드냉, 빌라르 등이었다. 이들 중에 생아망은 프랑스를 어둠에서 끌어낸 낭만적이고 익살스러운 시인으로 알려졌고, 발자크는 프랑스 사무을 재건한 자이며, 부아튀르는 재사이고, 보즐라, 스퀴데리, 뷔시 라뷔시옹, 키노, 퐁트넬은 문법학자였다. 그리고 샤를 페로는 콩트 작가였고, 프랑스를 구원한 최고 원수 드냉과 빌라르까지 회원이었던 것으로 보아 모두 거물급 인사가 모여 아카데미를 운영하였다. 여기에 데카르트, 파스칼, 몰리에르가 빠져 있다. 그러나 데카르트는 홀란드에서 살면서 그가 실패한 파리로 계속 돌아갈 생각을 하

---

41 *Ibid.*, p.11. 콩라르가 제출한 인준에 관한 서류에는 1635년 1월 리슐리외가 서명하였고, 사무총장 중의 한 사람인 샤르팡티에(Charpentier)에 의해 부서가 되었으며, 상시 대법관 세기에(Séguier)에 의해서 국새가 찍혔다. 이 문서도 효력을 얻기 위해서는 고등법원에 등재되어야 하는데, 당시 사법관들이 아카데미 프랑세즈가 당국에 유해한 것으로 처음에는 오인하다가 1637년에 가서야 겨우 공문을 등재하였다.

지 않았고, 파스칼은 수학자로서의 개인적 영광에 만족하였으며, 몰리에르는 당시 희극배우라는 직업에 타격을 가한 검열위원회의 희생물이 되어 있었기 때문이었다.[42]

여기에서 아카데미 프랑세즈에 입회한 회원들의 입회 연설을 통하여 그 내막을 좀 더 살펴볼 수 있을 것 같다. 라브뤼에르는 위대한 코르네유의 조카였던 퐁트넬에게 패배하였는데, 퐁트넬이 입회 연설에서 "재능을 타고난 귀족 가문에서 출생한 행운과 명성으로 다른 사람들을 제치고 올라갔다"라고 한 것처럼, 일단 신분이 명문 귀족 출신이어야 했다. 그다음 1693년 라브뤼에르는 입회 연설에서 라신을 찬미하고 그에게 입회의 우선권을 주어야 한다고 주장하였으니, 아무리 명문 귀족 출신이라도 아카데미 프랑세즈의 회원이 되는 길은 쉽고도 어려운 길이었다.

그러나 1760년 입회 연설을 한 르프랑 드 퐁피냥은 상당히 달랐다. "여러분은 문인과 계몽주의자를 잃어버렸습니다. 우리가 오늘날 문학과 철학에 대하여 가지고 있는 어떤 양식, 진정으로 문학에 정통한 사람들, 진정한 계몽주의자들이 없지는 않지만, 매우 드뭅니다. 자만심이 명분을 만들 수는 없습니다. 만일 우리가 살고 있는 시대에 재능의 남용, 종교에 대한 무관심, 권위에 대한 증오심이 우리 작품의 주된 성격이라면, 여러분!, 후손들이 우리가 잘못된 문학과 무익한 철학만을 가지고 있었다고 단호하게 비난할 것입니다."[43]라고 한 바와 같이 18세기 후반에는 전반과는 달리 회원의 신분보다 회원의 자질과 역할을 요구하는 소리가 높았다.

역대 어떤 왕보다 루이 14세는 아카데미에 대해 세심한 관심을 보였을 뿐만 아니라 개입도 하였다. 그는 아카데미 회원의 선출에서 대단히 신중

---

42  *Ibid.*, pp.21~22.
43  *Ibid.*, pp.28~29.

하게 개입하였던 것이 보이는데, 맨(Maine) 공작이 너무 젊어서 아카데미 회원이 될 수 없다고 거부하였고, 보잘것없는 재능으로 평판이 나쁜 쇼리외프(Chaulieuf)를 퇴출하였다. 그리고 아카데미가 불안하여 게으른 퓌르티에르(Furetière) 신부를 배제하자는 아카데미의 결정에 동의하지 않았다.[44]

또한 모리악(M. Mauriac)은 자기와 그의 몇몇 친구들을 제외하고 아카데미는 노인들과 가장 반동적 성향으로 시대에 뒤떨어진 군인들, 보편적인 문맹자들, 그리고 성실한 문필가들에 대하여 음험한 반대자들로 구성되었다고 비난하였다. 하지만 "그들 가운데 어떤 사람도 그의 면직을 요구하지 않았다."[45]고 하니, 초기에는 일정한 기준도 없이 회원을 영입하였으며, 한번 회원이 되면 특별한 사유가 없는 한 계속 그 자리를 유지할 수 있는 특권도 있었다. 따라서 루이 14세는 퓌르티에르를 면직시키려고 하지 않고, 자신이 어떤 일을 결정하기 곤란하면 항상 결심할 시간이 좀 더 필요하다고 하였던 것처럼, 이 일에 관하여도 그렇게 하여 시간을 끌었다. 그 결과 루이 14세가 퓌르티에르의 퇴출을 결정하기 전인 1688년에 퓌르티에르는 사망하여 문제가 자연스럽게 해결되었다.

그리고 루이 15세와 루이 16세 시대에는 마시옹, 몽테스키외, 미라보, 모페르튀이, 볼테르, 뷔퐁, 달랑베르, 샹포르, 콩도르세, 바이이(Bailly), 플로리 등이 주된 역할을 하였다. 그러므로 루이 14세 시대에는 문필가들, 정치 경제평론가들, 콩트 작가들, 세속적인 신부들, 그리고 비판적 관료들에 의하여 아카데미 프랑세즈가 운영되었던 시대이기도 하였다. 이처럼 아카데미 프랑세즈의 회원영입에서 왕과 권신들의 개입이 빈번하였다. 따라서 그것이 성장하는 과정에서 책략과 궤변이 필요하였으며 또한 우여곡절을

---

44  *Ibid*., p.23.
45  *Ibid*..

겪었다.

이 시대에 아카데미 프랑세즈의 자율성에 제동을 걸었던 사람들은 올리베르 주교, 세기에 차장검사, 에노, 리슐리외, 뤼네 추기경, 트뤼블레 주교 등이 대표적인 인물이었는데, 세간에서는 이들을 반계몽주의자들로 분류하고 있었다. 그리고 앙, 베르나댕 드 생피에르, 뒤보, 에노, 크레비용, 니벨 드 라쇼세, 베르니, 뒤클로, 그레세, 퐁피냥, 라콩다민(La Condamine), 라퀴른 드 생팔레(Lacurne de Saint-Palaye), 비오세농, 마르몽텔, 콩디악, 생랑베르, 가이아르, 니콜라 보제크(Nicolas Beauzèc) 등도 아카데미 프랑세즈의 회원이었다. 이들 중에 퓌스텔 드 쿨랑주(Fustel de Coulanges)로 알려진 뒤보 신부는 프랑스의 기원을 연구한 역사가였고, 크레비용은 비극작가였으며, 니벨 드 라 쇼세는 '부르주아 드라마'의 창시자이며, 베르니는 추기경이자 장관이자 시인이었다. 그리고 뒤클로는 도덕주의자, 낭만주의자, 역사가였으며, 라퀴른 드 생팔레는 고대와 프랑스 고대 언어를 가장 잘 아는 사교계의 명사였고, 비오세농과 가이아르는 신부였다.

그러면 오늘날까지도 우리의 애독자이며 유명했던 루소, 디드로, 보마르셰는 어찌하여 아카데미 프랑세즈의 회원이 되지 못하였었나? 당시 루소는 프랑스에서 스위스 사람으로 취급받고 있었다. 그리고 보브나르그(Vauvenargues)는 파리에서 멀리 떨어진 곳에서 살다가 죽었다. 디드로는 어떤가? 볼테르가 그를 거부하였을 뿐만 아니라 아카데미에 대하여 그가 어떠한 열정도 보이지 않았기 때문에 회원 가입에서 거론이 되지 않았다. 또한 베르길르는 시인의 기질과 재능을 가지고 있었으나 29세에 타계하였으며, 보마르셰는 '모리배'라고 명성이 나 있을 뿐만 아니라 당시 유죄 선고를 받았기 때문이었다.[46] 이처럼 아카데미 프랑세즈는 학자에서부터 건달

---

46 *Ibid.*, p.22.

과 신부에 이르기까지 회원으로 영입하여 불가해한 능력을 보여주었고, 때로는 계몽사상가들이 아카데미의 스승이 되기도 하였다.[47] 그러나 아카데미 프랑세즈가 회원의 영입에 대하여 사람들에게 신뢰를 주지 못한 면이 많았다. 예를 들면 세기에(Séguier)는 불과 여섯 살 반밖에 되지 않았어도 글을 매우 멋없게 쓰는 손자의 가정교사 발레스당(Ballesdens)을 아카데미 프랑세즈의 회원으로 만들려고 밀었다는 비난을 받았다.[48] 이처럼 부정한 인사는 계급과 권력이 만들어낸 신분사회의 관행으로 혁명에 의해서만 사라질 역사의 오점이 되었다.

## 6. 아카데미 프랑세즈의 역할

아카데미 프랑세즈는 다른 어떤 아카데미와도 비슷하지 않았다. 그것은 분과도, 자유회원도, 통신회원도, 외국인도 없었다. 그들은 모이는 날의 '생활어의 목록(la table des mots vivants)'을 정하여 토론하였다. 그리고 매년 몇 명의 수상자를 할당하였다. 그러나 이러한 것이 그들의 역할을 다하는 것으로는 생각하지는 않았다.[49]

성격상 아카데미 프랑세즈는 문인들의 순수한 회의도, 살롱도, 후원회도, 국가의 한 기구도 아니었다. 그리고 고정된 주소도, 규칙적인 프로그램도 없었다. 그러나 지식, 설득력, 지혜, 정치, 사무, 외교, 강론 등의 분야에서 가장 크게 출세한 사람들이 최고의 명예를 인정받을 수 있게 하는 불가해한 그 어떤 것을 가지고 있었다. 아카데미 프랑세즈를 통하지 않고 사람

---

47 Fançois Albert-Buisson, *Les Quarante au Temps des Lumières*, Paris: Librairie Arthème Fayard, 1960, p.73.
48 Pierre Gaxotte, *L'Académie Française*, p.22.
49 *Ibid.*, p.7.

아카데미 프랑세즈

들은 완전한 성공을 할 수 없다는 소문이 파다하였다. 그러나 장 기통에 의하면, 아카데미 프랑세즈는 데카르트 시대에 창설되었어도 결코 데카르트적 합리성이나 명석한 정신이 없었던 것이 특색이라고 한다. 아카데미 프랑세즈는 런던에서 볼 수 있는 관례, 풍속, 의식에 여전히 중점을 두었다. 다시 말하면, 그것은 문법, 구문, 문헌학에 대하여 거의 독일인 같은 충실함, 친절, 이탈리아적인 세련미, 종종 진지한 논쟁 가운데에서 있는 약간의 경박함, 아카데미 프랑세즈가 로드리그(Rodrigue)와 시멘(Chimène) 시대에 찬양되었던 것과 같은 스페인적 자존심 등이 들어 있었다. 요컨대 아카데미 프랑세즈는 그 자체가 생각하는 것만큼 그다지 프랑스적이지 않았다. 특히 아카데미 정신을 이성적으로 정의한다면 그것은 더욱 그러하였다.[50] 따라서 아카데미 프랑세즈가 18세

---

50 Choucri Cardahi, *Regards sous la Coupole: Histoire et Petite Histoire de l'Académie Française*, p. ix. 〈Préface de Jean Guitton de l'Académis française〉.

기 프랑스 사회에 어떤 역할을 하였는지를 한마디로 요약할 수는 없다. 그러나 그것이 의도하였든지 그렇지 않았든지, 재정 지원에 얽매였든지 그렇지 않았든지 어용 기관의 범주를 벗어날 수 없었으며, 당시 관변 학풍을 조성하였으나, 어떤 면으로 보면 계몽 사업을 실시하였던 것만은 분명하다.

아카데미 프랑세즈의 역할은 1748년을 기점으로 18세기 전반부와 후반부로 나누어 볼 수 있다. 우선 전반부에는 퐁트넬, 몽테스키외, 뒤클로 등의 회원들이 활동하고 있기는 하였으나 활동 자체가 대단히 신중하였고, 기존의 질서를 존중하는 보수적 경향이 높았다.

그러나 후반부에는 뒤클로와 달랑베르의 노력으로 아카데미 프랑세즈는 당시 사회를 선도하는 역할을 할 수 있는 기미가 보였다. 회원들 가운데 살롱의 문객들과 교류하는 이들이 늘었으며, 또한 갈리아니, 모를레, 가라, 디드로, 달랑베르, 레이날, 마르몽텔, 뒤클로, 루 등이 살롱의 동호인이자 아카데미 프랑세즈의 동료 회원들이었기 때문에 활동 영역이 상당히 넓고 다양화되었다.

그리고 '프랑스어의 정통성 유지'와 '프랑스어의 정화'이 목표 달성에 국한하지 않고, 철학적인 논문들을 읽기 시작하였다. 물론 정치적·사회적 문제들을 직접 다루지 않고 있었으므로 여전히 학문적이며, 온건한 특성으로 표출되었다.

그렇다고 계몽사상가들이 계속 온건하였던 것은 아니었다. 1760년 르프랑 드 퐁피냥이 입회 연설을 하면서 '냉소적 자유'와 '왕권과 종교의 기초를 동시에 위협하는 오만한 철학'이라고 비판하여 동료들의 작품을 비난하였다. 이에 대해 모를레(Morllet),[51] 볼테르 등이 강력히 대응하여 고식적이고

---

51 『불쌍한 악마』, 『언제』, 『왜』 등으로 문학과 언어에 관심을 두고 있던 계몽사상가들을 아카데미 프랑세즈의 회원으로 끌어들이는데 그중에서 『불쌍한 악마』가 중요한 역할

허영으로 가득 차 있는 허영심보다 정신적 냉소주의가 훨씬 세상에 유익하다고 역설함으로써 공감하는 사람들이 많았다.

따라서 1760년부터 1770년까지 10년간 아카데미 프랑세즈의 신입회원을 위한 14번의 선거에서 무려 9번이나 계몽사상가들이 들어감에 따라 이들이 아카데미 프랑세즈의 다수파가 되어 계몽사상가들의 황금시대를 여는 것처럼 보였다.[52] 이후부터 교훈적 무미건조한 논지를 대신하여 콩쿠르에는 쉴리, 데카르트, 몰리에르, 페넬롱 등에 대한 찬사를 논제로 내거는 변화를 일으켰다.[53]

아카데미 프랑세즈가 한 주된 일은 학술의 진흥과 이를 위한 문인들의 사기 진작이었으며, 때로는 자유사상의 전파에 지대한 공헌을 하였다. 아카데미 프랑세즈의 콩쿠르에 제출하는 논제는 신학자들의 사전 검열을 거치지 않는다는 특혜를 주었으므로 응모자들은 자유롭게 논지를 전개할 수 있었고 소금세, 부역, 총괄청부제, 민중의 야만적 압제자들에 대한 비판을 거침없이 할 수 있었다. 그리고 종교면에서도 매년의 행사 일정에 따라 8월 25일 성 루이를 위한 미사를 거행하는데, 1767년 바시네 신부(l'abbé Bassinet)와 1769년 르쿠스튀리에(Le Cousturier) 신부는 당시 왕의 성스러운 면에 대하여 물론 찬양하였지만, 세속적인 면에서 더욱 훌륭하였다는 것을 강조하였다. 더불어 때로는 성스러운 면이 왕으로서의 뛰어난 면모에 저해하였다는 것을 은근히 표명하였으며, 종교재판이나 십자군 원정의 경건성과 종교적 열광에 대한 찬사를 전혀 하지 않았다.[54] 이처럼 일반 계몽사상가뿐만 아니라 성직자들까지도 당시 종교 문제보다 정치와 사회 문제에 적극성을

---

을 하였다.

52 François Albert-Buisson, *Les Quarante au Temps des Lumières*, p.74.
53 Daniel Mornet, *Les Origines Intelletuel de Révolutioon Française 1715-1787*, p.154.
54 *Ibid.*.

가지고 새로운 이론에 접근하였던 것이 아카데미 프랑세즈의 특징이었다.

아카데미 프랑세즈는 처음 시작할 때는 순수하게 문학 애호가들이 자발적으로 모인 것이었지만, 국어와 문학에 통제를 가하려는 리슐리외의 의욕적인 개입에 따르지 않을 수가 없었다. 따라서 그의 사전·문법·수사법·작시법의 편찬에 대한 요구를 자신들의 사업 목적으로 받아들여야만 하였다. 그 첫 작업으로 1694년 아카데미 프랑세즈는 자신의 목표를 구현하기 위한『아카데미 사전(Le Dictionnaire de l'Académie française)』을 발간하였다.[55] 이 사전을 1694년 8월 24일, 즉 성 루이 축일 전야에 루이 14세에게 헌정하기 위해 회장 투레이(M. de Tourreil)가 사전편찬위원장의 자격으로 베르사유에 갔다. 사전이 편찬된 후, 언어의 변천과 더불어 개정을 거듭하여 1718년 제2판, 1789년 제5판, 1935년에는 제8판을 출간하였다.

보즐라(Vaugelas)가 살아 있는 동안 사전 편찬 사업은 부지런히 진행되었다. 그가 1650년 사망한 후에는 더 이상 진행되지 않다가 1694년에야 비로소 매우 아름답게 속표지를 장식한 두 권의 책이 완성되었다. 그런데 그 사전은 단어들이 어군으로 분류되었고 당시 언어학이 완성되어 있지 못하였던 관계로 사용하기에 대단히 불편하였다. 그러나 1718년판, 1740년판, 1762년판은 알파벳 순서로 정리되었고, 풍부한 예시가 포함되어 이전의 사전과는 상당히 구별되었다. 특히 1762년판은 개정 작업을 한 흔적이 뚜렷하며, 언어가 명료·고상·간결함으로 세련미가 최고조에 이르렀을 때의 언어의 상태를 기록한 것으로 평가받고 있다.[56]

『아카데미 사전』은 1694년 '철학'에 대한 말의 전통적 두 가지 의미를 등

---

55 Robert Mandrou, *La France aux XVII et XVIII Siècles*, Paris: Presses Universitaires de France, p.58, p.201.
56 Pierre Gaxotte, *L'Académie Française*, p.24.

록하였다. 하나는 '고유한 의미'이고, 다른 하나는 '도덕적 의미'였다. '고유한 의미'는 학문 연구에 응용하고, 그리고 원인과 그것들의 원리에 의해서 그 효과를 알려고 연구하는 의미이며, '도덕적 의미'는 조용한 삶을 이끌고 일의 어려운 상황에 따른 것과는 별도로 자발적으로 '물러난 현인'을 역시 철학자로 부르는 바로 그러한 의미이다. 그러나 아카데미는 동시에 어휘와 풍속의 변화를 인준하였다. 『아카데미 사전』은 정신의 자유에 의해 시민 생활의 과제와 일반적인 책무를 우선시하는 사람을 가끔 절대적으로 평가하였다.

또한 『아카데미 사전』은 1762년 무신앙의 진보를 인정하면서 "시민 생활과 기독교인의 생활에 대한 책무"를 첨부함에 의해 철학의 정의를 명백하게 하였다.[57] 그리하여 기원에서부터 이 세기까지의 맥락을 자유사상가와 철학자 사이에서 만들었다. 그러나 이러한 의미에서 본다면 17세기 말에 분명히 철학은 기독교인과 '가문·태도·교양이 뛰어난 신사'를 싫어하였던 것으로 보인다. 18세기 중엽에는 신봉자의 적수를 경멸적으로 지칭하면서 철학은 자유사상가의 비판 정신과 '가문·태도·교양이 뛰어난 신사'의 사회적 가치를 동시에 수용하고, 문제화하지 않았다.[58] 18세기 저술가와 사상가들 가운데 이른바 보수와 진보의 사상적인 이원성이 분명하게 나타난 것은, 바로 그러한 이유 때문이다.

1713년 아카데미 프랑세즈는 회원들에게 사전이 완성되면 다음에는 무슨 일을 해야 좋을 것인지에 대하여 질문하였다. 이때 페넬롱의 답변은, 『아카데미에 보내는 편지(*La Lettre de l'Académie*)』가 대단한 호평을 받았으므로

---

57 Albert Soboul, Guy Lemarchand et Michèle Fogel, *Le Siècle des Lumières*, Tome 1, Paris: Presses Universitaires de France, 1977, p.387.

58 *Ibid.*.

그것을 출판하자는 것이었다. 랑송은 "그의 의견은 너무도 비상하고 정곡을 찌르는데, 당시의 웅변이 그에게는 너무도 스콜라 철학적인 것같이 보이고, 시는 너무나도 재치가 넘쳐 흐르며, 비극은 너무나도 화려하고, 역사는 너무나도 유치하고 오류가 많은 것처럼 보인다는 것이었다. 심지어 역사에 관하여 그리고 있는 생각이 어찌나 완벽하던지 그러한 역사서술이 실현되려면 티에리(A. Thierry)와 미슐레를 기다리지 않으면 안 될 것이다."[59]라고 하였다.

그러면 역사는 어떻게 서술되어야 할 것인가? 역사에 관한 계획을 보면, 역사는 공정해야 하고, 철학적이어야 한다, 극적이어야 한다, 명료하고 허식이 없는 문체로 씌어져야 한다, 구성 · 균형 · 통일의 면에서 역사는 예술작품이어야 한다[60]고 하여, 반실증주의 역사가들인 크로체와 콜링우드의 역사관과 유사한 이론을 제시하였다.

한편 루이 15세 말기에 이르러 아카데미는 회원들이 정치에 깊게 관여하다가 위험에 빠졌다. 특히 브리엔(Lomenie de Brienne)이 데기옹 공작을 중상하는 연설을 하였고, 브로스(Bross)는 볼테르와의 이권 문제로 대법관 모포의 노여움을 사서 어려움을 겪었다. 물론 퐁파두르 부인이 문인과 학자들을 애호하였으나 당국의 감시와 탄압을 완전히 해소할 수는 없었다.

그러나 아카데미 프랑세즈는 18세기 전반까지도 보수적인 성향을 농후하게 가지고 있어 무기력하다는 평까지 받고 있었던 것과는 달리 18세기

---

59 G. Lanson et Tuffrau, *Manuel Illustré d'Histoire de la Littérature Française des Origine à l'Epoque Contemporaine*, Paris: Classiques Hachette, 1957. p.336.
60 *Ibid.*, 여기에서 "참다운 역사가는 어떤 시대, 어떤 나라에도 속하지 않는다. 참다운 역사가는 자질구레한 사실들을 과감하게 묵살하고, 관련성을 찾아내도록 노력해야 한다. 참다운 역사는 역사적 색채를 존중하여야 한다. 인민을 획일적으로 그리지 말아야 한다. '인민들은 끊임없이 변화하고 있다.'라고 하여 참다운 역사가와 역사에 대한 말을 하였다.

후반에는 이미 계몽사상가로 알려진 퐁트넬, 몽테스키외, 뒤클로, 볼테르, 콩도르세 등이 회원으로 활약함으로써 진보적인 면을 나타냈다. 그리고 달랑베르는 10년 이상을 아카데미 프랑세즈의 서기로 활약하였다. 또한 그가 서기가 된 이후 아카데미 프랑세즈에서 반아카데미파들을 내쫓는 쾌거도 있었다.

그리고 튀르고(Turgot)가 장관이 되었을 때 아카데미 프랑세즈는 사람들이 몰려들었다. 이때 그는 뒤퐁 드 느무르, 모를레, 드 배네스(De Vaisness), 콩도르세, 쉬아르(Suard)에게 관직을 얻어주었고, 이들을 지베르 공작(le comte de Guibert)의 참모부에 들어가도록 주선하였다.[61] 이들 계몽사상가의 영향 아래에서 아카데미는 새로운 시대정신에 눈을 뜨고 있었다.[62]

게다가 루이 16세의 즉위는 '백과전서파'들에게 힘을 주었다. 그리하여 드릴(Delille), 쉬아르, 말제르브, 라아르프, 샹포르, 콩도르세, 바이이가 아카데미 프랑세즈의 회원으로 연이어 선출되었으며, 1782년에는 몽티옹(M. de Montyon)의 재산 기증으로 수상 제도가 마련되었다. 수상은 이제 찬사와 개탄을 평가의 기준으로 삼았다.

## 7. 지방 아카데미의 특성과 역할

지방 아카데미의 설립 목적은 대체로 '언어를 완성하고 취미를 기르고 정신을 연마할 수 있는 모든 일에 종사함'으로 요약된다. 그런데 가장 일반적인 관심사는 과학과 그 응용에 있었다.[63] 지방 아카데미가 설립될 당시

---

61  Pierre Gaxotte et Jean Tulard, *La Révloution française*, Paris: Fayard, 1975, p.68.
62  이광주, 『유럽사회:풍속산책』, 까치글방, 1992, 247쪽.
63  위의 책, 248쪽.

과학은 사람들의 생활을 행복으로 이끄는 수단으로 생각되었으므로 토론 주제가 거의 모두 농업, 광산업, 물리학, 생리학 등으로 한정되어 있었다. 따라서 18세기 전반에는 무종교 사상과 정치토론들이 파리를 제외하고는 어느 지방이나 미미한 상태에 있었다. 그것은 지방 아카데미들이 아카데미 프랑세즈만큼 계몽적이지 못하였던 데도 그 원인이 있었다. 또한 지방 아카데미들은 아카데미 프랑세즈보다 뒤늦게 출발하였던 것도 중요한 원인이라 할 수 있다.

사실 아카데미 프랑세즈에서 비롯된 계몽의 물결을 타고 파리를 비롯한 프랑스 각지에 많은 아카데미가 우후죽순처럼 생겨났다.[64] 지방 아카데미는 주로 귀족, 사법 관리, 성직자들을 비롯하여 특권층의 지식인들이 주동하여 설립하였다. 그것은 당국의 인가증을 얻어야만 했다. 그러니까 원래 그들은 비교적 전통사상에 대한 저항의 중심에 있었던 인사들이었다. 그러나 전통에 대한 존중과 사랑은 아주 명백한 것이며 때로는 설립 헌장에까지 명시되어 있다. 심지어 몽토방 아카데미에서는 콩쿠르의 공모 서류에 "원고는 마치 아카데미 프랑세즈에 보내는 것처럼, 신학박사 두 명의 서명을 받을 것, 그리고 예수 그리스도에게 드리는 짧은 기도로 마무리 지을 것을 요구하였다."[65]

그렇다고 아카데미가 획일적으로 이와 같은 것을 요구한 것이 아니었다. 쉐르브르(Cherbourg) 아카데미 협회의 좌우명은 '종교와 명예'였고, 카앙(Caen)의 아카데미에서는 매년「루이 14세에 대한 찬사」를 주제로 하였으며, 루앙의 성모무염시태 아카데미에서도 볼 수 있듯이 주제의 절반 이상이 '신앙심'에 관한 것이었다.

---

64 Daniel Mornet, *Les Origines Intelletuel de Révolutioon Française 1715-1787*, p.175.
65 *Ibid.*, p.177.

17세기 말 지방에는 이미 최소한 6개의 아카데미가 있었지만, 확실한 것은 이들이 왕위나 교회를 위태롭게 할 생각을 하지 않았다. 그러나 계몽주의적 자유사상이 지방에 점차 침투되자마자 곧바로 이들 아카데미가 그 역할을 시작하였다. 이들의 역할에 대한 정확하고 설득력 있는 통계를 제공할 수는 없지만, 해마다 아카데미의 수가 증가한 것을 보면 이들의 세력은 상당하였다는 것을 알 수 있다. 그것은 "17세기 말경에는 6개였던 지방 아카데미가 1748년경에는 20개, 그리고 20년 뒤에는 약 40개로 증가했으며, 70년 이후에는 더욱 증가하였던 것을 알 수 있다."[66]

　그러나 지방 아카데미들은 1741년에 설립된 아카데미가 1753년에 없어지고, 1781년에 새로운 아카데미가 재조직된 사례들이 많았다. 아라스의 아카데미는 1737년부터 있었으나, 초기에는 거의 독서회에 불과하다가 1773년에야 아카데미로 설립되었다. 툴루즈의 과학 아카데미는 1729년에 설립된 것이 분명하지만 설립 허가증이 주어진 것은 겨우 1746년에 이르러서였다. 앵(Ain)의 아카데미는 1756년부터 1757년까지 2년간 지속되다가 1783년에 재구성되었다. 옥세르의 아카데미는 1772년 해체되었다.[67] 이처럼 아카데미의 흥망성쇠가 매우 심각하였으므로 사람에 따라서 지방 아카데미가 상당히 어려움이 많고 부진하였던 것으로 보았을 수도 있을 것이다. 그러나 지방 아카데미에서 중요한 것은 1770년 이후에는 수적으로 상당히 증가하고 있었다는 사실이다. 지방 아카데미들이 수적으로 증가한 것은 어떤 이유에서일까? 그것은 지방의 명사들도 아카데미 프랑세즈 회원들 못지않게 상당한 명예와 권위를 사랑하고 있었기 때문이었다.

　하지만 비록 명사로 불리더라도, 아카데미의 회원으로 소속되는 것과는

---

66　*Ibid.*, p.176.
67　*Ibid.*.

명예에서 대단한 차이라고 생각하고 있었기 때문에 경쟁이 치열하였다. 당시의 관례로도 이름이 나 있는 저술가들도 성명 밑에 보르도 아카데미 또는 몽토방 아카데미 회원이라고 밝힌 것을 보면, 아카데미 회원으로서의 자부심이 대단하였던 것으로 생각된다.

일반적으로 아카데미의 설립 목적이 문예와 학술의 진흥이었으므로 아카데미에 대한 문인들의 관심은 콩쿠르에 있었다. 파리는 물론 지방 아카데미들도 신문이나 잡지를 통하여 콩쿠르를 개최한다는 광고를 대대적으로 하였다. 특히 『메르퀴르』는 1750년 이후에 거의 매호 거르지 않고, 아카데미 콩쿠르를 홍보하였다. 이 신문이 1759년부터 '아카데미'라는 특별한 난을 설정하였던 것으로 보아 아카데미의 인기도를 짐작할 수 있다. 한편 지방의 게시판이라고도 할 수 있는 '광고 · 게시 · 기타 통보지(Les Annonces, affiches et avis divers)' 등도 역시 아카데미의 기사를 소중하게 다루었다. 문인들 대부분은 콩쿠르를 통하여 아카데미가 수여하는 상들을 아주 갈망하였으며, 수상한 문인들은 명예를 동시에 얻었다.

예를 들면, 장 자크 루소는 1750년 디종의 아카데미에서 내건 현상논문 "학문과 예술의 부흥이 습속의 순화에 도움이 되는가?"에 「학문예술론」으로 응모하여 금상을 받은 후 이름이 없던 그가 문단에 나가는 유명 인사가 되었다. 그리고 베르트랑 바래르도 1787년 툴루즈 아카데미에 「제네바 시민, 장 자크 루소에 대한 찬사」로 응모하여 수상한 후 1789년 타르브의 삼신분의회의 의원으로 당선되었다.[68] 이처럼 아카데미는 문인에게 명예를 주고, 당선된 작품을 여러 사람에게 읽게 하는 위력을 가지고 있었다.

---

68 Jean-Jacques Rousseau, "Discours sur les Sciences et les Arts", *Jean-Jacques Rousseau Oeuvres Complètes*, Dijon: Edition Gallimaard, 1966, pp.1~57. cf., Bertand Barère, "Eloge de Jean-Jacques Rousseau, Citoyen de Genève", *Eloges Académiques*, Paris: Chez A.A. Renouard, M.DCCC.VI, pp.221~282.

그러면 아카데미의 역량이 어느 정도였을까? 아카데미들의 활동은 대단하였다. 브장송 아카데미는 연간 100편가량의 논문을 접수하였다. 고솜(Gosseaume)이 쓴 『루앙의 과학·문학·예술 아카데미의 업적 분석 개요』에는 1744년에서 1750년까지 약 180편의 논문, 1751년에서 1770년까지 약 400편, 1771년에서 1780년까지 약 430편, 1781년에서 1789년까지 약 400편이 접수된 것으로 소개되어 있다. 1785년 『리옹신문』이 1758년 리옹 아카데미가 설립된 이래 수여한 모든 상의 목록을 보여주는데, 총 163개에 이르고 있다.[69] 1750년대 이후부터 수상한 건수가 그 이전에 비하여 현저하게 증가하였다.

문예협회에서 출발한 아카데미는 18세기 전반까지는 무비판적이며 박식을 자랑하는 인문주의자들에 의해 주도되었다. 이 당시 아카데미에 모인 사람들은 한결같이 웅변과 시를 애호하는 재사들로, 아카데미는 이른바 미사여구를 창출하는 수사학의 실습생이나 미학과 문학을 주제로 한 모임에 지나지 않았다. 그러나 18세기 후반기부터는 상당수의 아카데미가 과학 아카데미로 탈바꿈하면서 점차 과학적이며 경제적인 아카데미로 그 성격이 바뀌었다. 이때부터 아카데미는 지방의 역사뿐만 아니라 지방의 농업, 산업, 도시 생활 등 모든 분야에 관심을 두었으며, 물리학, 화학, 박물지 등이 토의되는 등 지방의 번영과 발전에 관련된 문제를 모두 다루었다.

그러므로 18세기 후반부터 아카데미는 문학 분야는 쇠퇴하고, 실험정신에 충만된 지적·과학적 발명과 논쟁의 요람으로 전환하는 경향이 나타났다. 그러한 예로서 메츠 아카데미에서는 논문들 가운데 수사학, 시학, 문학에 관한 것은 100분의 1도 되지 않았으며, 일반 도덕에 관한 논문도 극소수인 것으로 집계되었다. 루앙 아카데미에서는 과학의 승리가 그리 대단하지

---

69  Daniel Mornet, *Les Origines Intelletuel de Révolutioon Française 1715~1787*, p.177.

는 아니하였지만, 과학 논문의 수는 문학 논문의 두 배 가까이 되었다. 앙제 아카데미에서도 1747년 이전에는 소론, 서정단시, 우화, 애가, 운문 번역판만 있었는데, 1747년 이후로는 전기, 자연의 역사, 호흡, 자연법 등에 관한 소논문들이 많이 제출되었다. 카앙 아카데미에는 1750년부터 과학 분야의 논문이 다소 있었으나 1759년부터 1771년까지 수상 논문의 주제들은 「위에(Huet)에 대한 찬사」를 제외하고, 모두 역사, 농촌경제, 상업, 법학에 관한 것들이었다.[70]

그리고 철학에 관한 논문도 18세기 중엽 이후부터 종종 나왔다. 1742년 디종에서는 자연법에 관하여, 1760년에는 리옹에서 영국 철학에 관하여, 1770년에는 브장송에서 18세기 당시 철학의 영향에 관하여, 같은 해 칸에서는 광신주의를 토론하였다. 그러니까 1770년 이전에는 루소의 논문을 제외하고는 철학 논문은 거의 제출되지 않았다.

그러면 아카데미에서 철학 문제를 왜 일찍부터 다루지 않았을까? 철학에서는 정치적·종교적·사회적으로 관용될 수 없는 위험한 이론들이 제시될 가능성이 아주 높았기 때문이다. 따라서 디드로, 엘베시우스 등의 철학서가 비밀리에 간행되거나, 외국에서 출판되어 국경을 비밀리에 통과하여 유통되었다. 그리고 문제가 될 수 있는 논제를 아카데미에서는 공개적으로 다룰 수가 없어 철학이 주제가 되지 못하였던 점도 있었던 것으로 풀이된다. 그러니까 아카데미의 토론 주제가 늘 환영받은 것은 결단코 아니었다.

---

70  *Ibid.*, p.179.

## 제2장
# 바래르의 아카데미 콩쿠르 응모작

## 1. 아카데미에 미친 변호사

18세기 프랑스는 정치, 경제, 사회, 문화, 종교, 자연과학, 교육 등이 발전하고 있었으며 이에 관한 새로운 자료들이 쏟아져 나와 이른바 문화의 꽃이 만발하는 계몽의 시대였다. 바래르가 비록 타르브라는 시골에서 태어났으나 교양 있는 가문이었으므로 유년 시절부터 좋은 책들을 많이 읽었으며 인문학에 대한 소양을 어느 정도 갖추고 있었다.

어린 시절 그는 『플루타르크 영웅전』에 감탄하여 마음의 열기를 강력하게 덥히면서 내성적이고 위축되어 있었던, 그의 마음이 외향적이며, 애정 어린 감정으로 발산하도록 마음 문을 열어놓게 되었다. 그리고 상상의 존재들을 사랑할 필요성을 느끼며 동시에 그 필요성이 자신의 생애에 대한 매력과 폭풍을 만들어내고, 바로 그것이 특정적·영웅적 전설 같은 멋을 그에게 형성하게 한 것이었다.[71]

---

71 Bertrand Barère, "Eloge de Jean-Jacques Rousseau, citoyen de Genève", *Eloges*

계몽사상가들에 의해 발행된 출판물은 여러 계층의 독자들을 수용하였으며, 사회사상의 진보에 따라 프랑스 혁명이 발발하기 바로 직전 출판물 검열이 혹독하게 실시되었다. 예를 들면 보캐르(Beaucaire)의 장터에서는 종교와 미풍양속에 반대되는 저서 203권이 압수되었다.[72] 그러나 혹독한 검열이 서적의 유통과 구매력을 저지할 수는 없었다.

그에 대한 예로서, 님(Nimes)에서는 종교와 국가를 전혀 존중하지 않고 풍속을 해치는 많은 서적이 팔리고 있었다. 툴루즈와 몽플리에서도 행상들이 당시 종교와 풍속에 역행하는 모든 종류의 소책자들을 팔고 있었다. 이 책들을 싼값으로 팔았으므로 젊은이들이 앞을 다투어 샀다.[73] 그리고 카오르(Cahors)의 신학생 마르미에스(Marmiesse)는 1767년 자기 형이 보르도에서 가져온 책가방 속에 무엇이 들어 있나 궁금하여 열어보니 그 속에 루소의 『에밀』과 『사회계약론』 등이 들어 있었다. 또한 보르도 지사 뒤프레 드 생모르(Dupré de Saint Maur)의 서재에 몽테스키외의 『법의 정신』, 루소의 『사회계약론』, 디드로의 책들이 꽂혀 있었고, 라발(Laval)에서는 변호사 살몽(Salmon)과 푸라 드 라 마들렌(Pourat de la Madeleine)의 서재에 벤(Bayle)의 『역사적 비평적 사전』과 『마호메트의 이야기』, 몽테스키외의 『법의 정신』 등의 책들이 있었다고 한다. 이런 사례들로 미루어 계몽 서적의 유통이 활발하였으며 독자들이 많았던 것을 알 수 있다.[74]

한편 볼네(Volney)가 렌에서 『인민의 파수꾼』을 창간하고, 투레가 루앙에서 『선량한 노르망디인에 호소함』, 미라보가 엑스에서 『프로방스인에 호소

---

*Académiques*, Paris: Chez A.A. Renouard, M.DCCC.VI, p.227.
[72] Daniel Mornet, *Les Origines Intelletuel de Révolution Française 1715-1787*, Paris: Librairie Armand Colin, 1933, p.39.
[73] *Ibid.*, p.186.
[74] *Ibid.*, pp.187~188.

함』, 로베스피에르가 아라스에서 『아라스인에 호소함』, 아베 시예가 『특권론』에 이어 『제3신분이란 무엇인가?』, 카미유 데믈랭이 『프랑스 인민의 철학』을 발표하여 정치와 사회의 개혁적인 분위기를 고조시키고 사람들을 선동하는 분위기를 만들고 있었다.

게다가 궁중에서는 1750~1770년 사이에 국왕과 궁정을 분열시키려는 두 파벌이 뚜렷이 나타나고 있었다. 그 하나는 왕비, 태자, 공주들이 중심이 된 교황지상주의의 반동적인 파벌이었고, 다른 하나는 퐁파두르 부인, 다르장송, 슈와젤, 말제르브 등 작가 애호파였다. 후자는 앙시앵 레짐이 해체되어야 한다고 생각하였다.

이러한 시대에 바래르도 막시밀리앙 로베스피에르, 브리소, 생쥐스트 등 미래의 혁명가들과 마찬가지로 학창 시절부터 문인으로 활동하고자 하는 생각을 늘 가지고 있었다. 당시 의식이 있는 대학생이나 젊은이들은 일반적으로 모두 영광을 얻고 자기의 생각을 널리 알릴 수 있는 길이 바로 그 길이라고 믿고 있었다. 이들은 학창 시절부터 그리스와 로마의 고전과 더불어 루소와 몽테스키외의 작품을 읽고 흥분하고 정의감에 사로잡혀 두 주먹을 불끈 쥐거나 부르르 떨면서 책상을 후려치는 것처럼 바래르도 미래의 혁명가답게 그리스와 로마의 공화주의적 고전과 18세기 새로운 사상, 즉 계몽사상에 심취되어 투사가 된 것처럼 흥분하곤 하였다.

그러한 꿈이 식을 줄을 몰라 변호사의 과중한 업무에도 아카데미 콩쿠르에 계속 투고했던 것으로 보인다. 그가 변호사와 문필 활동을 병행한 것은, 살롱과 아카데미를 중심으로 문인, 법률가, 작가, 예술가 등이 활발하게 교류하면서 활동하던 시기였다. 18세기 파리만 해도 살롱이 800여 곳이나 있었으며, 매주 2회 이상 작가와 예술가들의 발표회가 열리고 있었다.[75]

---

[75] 서정복, 『살롱문화』, 살림, 2003, 1~100쪽.

그리고 왕립 아카데미부터 출발한 아카데미들이 지방에까지 설립되어 콩쿠르를 개최하였고 이에 문인과 작가 그리고 예술가들이 현상논문에 응모하여 시대를 바꿀 수 있는 탁월한 논문들을 많이 제출하였다.

당시 바래르는 고상하지만 자유롭고 열성적이었기 때문에 사실 변호사 생활이, 어떤 면에서는 그에게 길고 다소 부담스럽고 고통스러운 시간이었을지도 모른다. 그는 이 지루한 틈새를 활용하여 사람들의 시선을 집중시키고 마음을 감동하게 하는 글쓰기를 좋아하였다.[76] 그는 고향 타르브에서 변호사로서 명성을 날리면서 자연스럽게 사회와 정치제도의 평론가로 변신하기 시작하였다. 그는 직업상의 의무로 저술 활동에 구애받지 않았을 뿐만 아니라 인접한 지방 아카데미들이 조직한 여러 곳의 아카데미 콩쿠르에 응모하면서 역사적 인물들에 대한 평가와 더불어 자신의 견해를 유감없이 피력하였다.

바래르는 1781년부터 1788년까지 아카데미 콩쿠르에 응모하여 여러 번 수상하면서 명성을 얻고 자신의 권위를 선양하였다. 드디어 그는 툴루즈와 몽토방 아카데미의 회원으로 선출되는 영광을 얻었다.

바래르가 아카데미 콩쿠르에 제출하였던 논문은 「루이 12세에 대한 찬사」(1782), 「J.B. 퓌르골르에 대한 찬사」(1783), 「대법관 피에르 세기에에 대한 찬사」(1784), 「장 자크 드 르프랑 드 퐁피냥에 대한 찬사」(1787), 「루이 12세의 대신, 조르주 당부아즈에 대한 찬사」(1785), 「제네바 시민, 장 자크 루소에 대한 찬사」(1787), 「샤를 드 스공다, 바롱 드 라 브래드 에 드 몽테스키외에 대한 찬사」(1788) 등 7편이나 된다.[77]

---

76 Léo Gershoy, "Bertrand Barère de Vieuzac: un médiateur de la Révolution", *Annales Historiques de la Révolution française*, n.163, janvier-mars 1961, p.6.

77 M. Bertrand Barère, *Éloges Académiques*, Paris: Chez A.A. Renouard, 1851, pp.1~528.

그는 1788년 툴루즈 아카데미의 간부로 선출되기까지 정말 많은 책을 읽었으며 글을 많이 썼다. 프랑스 후기 계몽사상가라고 해도 과언이 아닐 정도로 문필 활동을 많이 하였다. 이폴리트 카르노와 다비드 당제에 의하면 바래르가 문인으로 성공할 수 있는 용기를 준 논문이 「루이 12세에 대한 찬사」라고 한다.[78] 이 논문은 '인민의 아버지'로 이름난 루이 12세(1462.6.27~1515.1.1)에 대한 찬사로 1782년 툴루즈 아카데미에 제출한 논문이다. '인민의 아버지'는 샤를 8세를 공격하다가 투옥되기도 하고 이탈리아와의 전투에서 영국과 에스파냐의 연합군에 패배하여 포로가 되어 고역을 치른 적도 있으나 농민을 보호하고 타이유세를 경감하는 등 내치에 성공하여 백성들로부터 받은 성군이라는 칭호이다.

바래르의 논지는 필리프 4세, 앙리 4세, 루이 14세의 업적은 모두 찬양되었으므로 루이 12세도 찬사를 받아 마땅하다는 것이다. 그의 사상과 사회적 안목이 어느 정도 성숙한 시기라고 할 수 있는 26세 때 쓴 논문이었지만, 그가 위대한 왕으로 만들고자 한 「루이 12세에 대한 찬사」는 안타깝게도 그해에 수상을 하지 못하였다. 당시 프랑스 사회에서 언급되지도 않았으며 1782년 콩쿠르에 다시 응모하였으나 역시 수상하지 못하였다.[79]

그런데 코이치 야마자키(Koichi Yamazaki)의 「프랑스 혁명 이전에 발표한 바래르의 논문(Un Discours de Barère prononce avant la Révolution)」을 보면, 이 논문이 비록 수상은 하지 못하였으나 출판은 되었다고 한다. 「루이 12세에 대한 찬사」가 출판됨으로써 바래르는 저술 활동을 계속할 용기를 얻었다.

다음 해 툴루즈 아카데미가 '항해술이 유익성보다 유해성이 있는지 그렇지 아니한지?'라는 주제로 현상논문을 모집하였다. 바래르는 주저 없이 당

---

[78] Hippolyte Carnot et David(d'Angers), *Mémoires de B. Barère*, tome 1, p.31.
[79] Arman Praviel et J.R. de Brousse, *L'Anthologie des Jeux Floraux(1324-1924)*, p.92.

선을 기대하면서 논문을 제출하였다. 그는 항해가 인민들의 풍속에 해독을 끼쳤다는 것을 고대와 근대 세계의 많은 예를 들면서 증명하였지만, 수상도 출판도 하지 못해 실의에 빠졌다. 그 와중에도 같은 해에 툴루즈 고등법원의 변호사였던 장 밥티스트 퓌르골르에 대한 찬사를 주제로 한 콩쿠르에 응모하였으나 역시 실패하였다. 그는 바래르가 조직했던 자선변호사회의 원로 변호사였다.

끈질긴 노력 끝에 드디어 1784년은 바래르의 해가 되었다. 몽토방 아카데미가 대법관 피에르 세기에(1588~1673)에 대한 찬사를 주제로 한 현상논문을 공고하였고, 바래르는 이에 응모하여 마침내 수상을 하였다. 그리고 다음 해 같은 아카데미에 「루이 12세의 대신, 조르주 당부아즈에 대한 찬사」로 도전하였다. 당부아즈는 루앙의 대주교였으며 루이 12세의 장관 겸 추기경을 역임한 인물이다. 바래르는 여기서는 당선되지 못하였다. 그리고 2년 후 1787년 몽토방 아카데미에서 「장 자크 드 르프랑 드 퐁피냥에 대한 찬사」로 수상을 하였다. 아카데미 콩쿠르에 여러 번 도전하여 두 번째 받은 영광의 수상이었다.[80]

툴루즈 아카데미는 루소가 죽은 후 8년 만에 「제네바 시민, 장 자크 루소에 대한 찬사」를 내걸었다. 1786년 제출된 작품들이 아카데미의 의도에 흡족하지 못하다는 이유로 수상자를 정하지 않고 다음 해 같은 주제로 콩쿠르를 개최하였다. 수상자는 제수이트인 샤(P. Chaz), 보르도고등학교의 베샤드 카조(Bechade-Cazeaux), 베르트랑 바래르까지 세 사람이었다. 당시의 심사평은 이들의 공통점이 루소에 대해 과장되고 진부한 옹호들로 가득 차 있다는 것이 일반적인 견해였다.

---

[80] Koichi Yamazaki, "Un Discours de Barère prononce avant la Révolution", *A.H.R.F.*, no.262, Octobre-décembre, 1985.

바래르 논문의 특징은 어떠하였나? 그는 루소의 『인간불평등기원론』 『에밀』『고백』 등을 근거로 논지를 전개하였으며, 특히 루소의 자연법 사상을 찬양하였다. 제1부와 제2부로 나누어 주로 루소의 작품 소개와 더불어 그 작품이 주는 특징을 찬양하였다. 1762년 루소가 『사회계약론』과 『에밀』을 동시에 출간한 것을 기점으로 이전의 생애와 작품을 통해 제1부를 썼고, 제2부에서는 그 후의 생애와 작품을 다루었다. 그는 루소를 당대의 볼테르, 몽테스키외 등과 같은 계몽사상가들과 비교하여 찬양하였다. 바래르의 논문이 비록 3위였으나 우수한 논문으로 인정되어 샤와 베샤드 카조의 작품들과 함께 아카데미 전집에 수록되는 영광을 얻었다.[81] 아르망 프라비엘과 J.R. 브루스에 의하면, 바래르의 논문은 3등으로 당선되었고 탁월한 논문이라는 평가를 받지는 못하였지만, 사람들은 그의 작품이 모범적인 작품으로 알고 있었다. 그의 경쟁자들은 풍부한 개념, 견고한 분석, 독자적인 판단, 명확한 문장, 단호함과 우아함에 매료되어 많이 인용하였다. 바래르의 「제네바 시민, 장 자크 루소에 대한 찬사」는 루소의 생애, 작품, 그리고 그의 논리에 대한 모순을 매우 인상적으로 지적한 것이 특징이었다.[82]

다음 해 그는 보르도 아카데미에 「샤를 드 스공다, 바롱 드 라 브레드 에 드 몽테스키외에 대한 찬사」를 제출하였으나 당선되지 못하였다. 같은 주제로 1782년부터 계속 현상논문으로 내걸어 미래의 혁명가가 될 장 폴 마라(Jean Paul Marat) 등 무려 28명의 문인이 참가한 이 콩쿠르에서는 안타깝게도 수상한 사람이 아무도 없었다. 이 콩쿠르는 프랑스 혁명정부에 의해 보르도 아카데미가 폐지된 1790년까지 계속되었다.

---

[81] Arman Praviel et J.R. de Brousse, *L'Anthologie des Jeux Floraux(1324-1924)*, p.93.
[82] *Ibid.*.

## 2. 바래르의 아카데미 현상논문에 대한 평가

바래르는 아카데미 현상논문 응모에서 세 번 수상의 영광을 거두었다. 하지만 아카데미의 경력에서 그가 명성을 날린 것은 마침내 툴루즈 아카데미의 간부로 선출되었고, 1788년 3월 2일 발표한 입회 연설문 때문이다. 고이치 야마자키에 의하면 바래르의 연설문은 여러 번 신문과 잡지 등에 언급되었다. 그의 연설문을 달드기에(J.B.A. d'Aldeguier)가 『툴루즈 시사 (Histoire de la Ville de Toulouse)』(1835)에서 재인용하며 찬사를 아끼지 않았다. 입회 연설에서 바래르는 스토아학파의 철학과 아카데미의 철학도 아니고 학교 철학도 아니며, 모든 자료를 찾지 않고도 이해하고 설명하면서 그의 의도한 바에 직접 접근할 수 있다는 철학적 혜택을 상기시켰다. 그의 철학은 쓸데없는 선입관을 파괴하고 유익한 덕을 명백히 나타내며 좀 더 좋은 사회에 살도록 인간의 조건을 돌려주는 철학이었다.

그것은 몽테스키외의 정치적 열변, 장 자크 루소의 도덕적 열변, 엘리 드 보몽과 랭게의 재판에서 토해낸 열변으로 주장한 철학과 같은 것으로서 고문을 폐지하고, 프로테스탄트들에게 시민권을 돌려주며 피고들에게 변호인을 두자는 것이었다. 이 연설문은 자신들의 선입견을 그대로 고수하고 있던 행정관료들이나 귀족들에게는 이상하게 보이는 것이었다.[83] 하지만 바래르의 아카데미 입회 연설은 더욱 널리 유포되었으며 철학사상을 기초로 하여 작성된 가치 있는 연설로 평가되었다. 게다가 몇 가지 흥미로운 것은 그가 연설문에서 시의 시대는 지나갔고 이제 웅변의 시대가 도래하였다는 것을 툴루즈 문학 아카데미 회원들 앞에서 선언한 것이었다.[84] 그리고

---

83 Koichi Yamazaki, "Un Discours de Barère prononce avant la Révolution", *A.H.R.F.*, no.262, Octobre-décembre, 1985, pp.501~502.
84 Bertrand Barère, "Discours prononces dans l'Academie des Jeux Floraux à la réception

역사 이론과 철학 개념에 대해서도 함께 전개하였다.

레오 게르쇼는 바래르의 '찬사'들에 대해 그의 견해는 어떤 자유주의의 빛을 띠고 있다는 것을 보여주고 있다고 논평하였다. '찬사'들은 이목을 끌지는 않았지만, 바래르는 사상과 표현의 자유 편에 있었다는 것, 부당성과 잔학성을 공격하고자 하였다는 것, 극빈자, 허약자, 노동할 수 없는 불구자, 노인들을 위한 정부의 선처를 공공연하게 권장하였다는 것이다. 그는 세습적인 특권계급, 종교적 불관용, 경제적 자유를 방해하는 자들에 대한 자신의 적개심을 더 이상 감추지도 않았다.[85]

한편 아르망 프라비엘과 J.R. 브루스에 의하면, 바래르는 루소의 생애, 작품, 논리의 모순성을 매우 인상적으로 강조하였다. 그의 엄격하고 신랄한 비판 가운데 우리에게 회의주의적 열광자, 동정적 염세주의자, 독설적 계몽사상가, 혁명적 애국주의자의 모습을 보여주었고, 그가 부인하였던 그의 나라와는 달리 법을 옹호하고 재판을 경멸하는 데 헌신한 루소의 생애를 크게 부각하였다. 결론에서는 루소를 프랑스 혁명의 사도이자 고무자라는 당위성을 부여하고 찬사를 아끼지 아니하였다.[86]

그는 루소가 자유도시 제네바에서 탄생하였으며 – 그 나라가 바로 공화국이다 – 그가 그렇게 많은 정력과 열정으로 자기의 작품을 쓴 것을 사회적 환경으로 풀이하였다. 또한 루소가 일찍이 『플루타르크 영웅전』을 그의 생애에서 제일 먼저 읽었으며 그 또래 아이들은 그 책을 읽을 줄 몰랐다는 것을 덧붙여 루소가 또래 아이들 가운데서 특출하였다는 것을 강조하였다.

---

de M.Barère de Vieuzac membre de plusieurs académies", le 2 mars MDCCLXXX-VIII, p.502.
[85] Léo Gershoy, "Bertrand Barère de Vieuzac: un médiateur de la Révolution", *Annales Historiques de la Révolution française*, n.163, janvier-mars 1961, p.7.
[86] Arman Praviel et J.R. de Brousse, *L'Anthologie des Jeux Floraux(1324-1924)*, p.93.

그는 루소가 고전에 대한 이해와 깊은 연구를 함으로써 설득력과 공화주의자의 힘을 모두 동원할 수 있었다고 평가하였다.[87]

그리고 바래르는 루소가 『성서』를 자주 읽었던 것을 상기시키고, 『폴란드 통치론』, 『영구평화론』, 『사회계약론』, 『인간불평등기원론』, 『누벨 엘로이즈』, 『에밀』 등 루소의 저서 내용을 인용하면서 볼테르와도 비교하였다. 이로써 젊은 시절 그의 독서량을 짐작할 수 있다. 그리고 바래르는 「샤를 드 스공다, 바롱 드 라 브레드 에 드 몽테스키외에 대한 찬사」에서 몽테스키외를 행정가, 문필가, 법학자, 정치가, 역사가, 법률가 등으로 찬양하고, 『페르시아인의 편지』와 『법의 정신』을 분석하여 인용하는 격조 높은 논문을 작성하였다. 여기에서 그는 솔론, 피타고라스, 플라톤, 에우독소스, 아리스토텔레스, 키케로, 소크라테스, 테미스토클레스, 사시(Sacy) 등의 그리스와 로마의 학자, 정치가뿐만 아니라 철학자 데카르트, 웅변가 마시옹(Massillon), 코생, 윤리학자 몽테뉴, 파스칼, 역사가 보쉬에, 에노(Hénault), 법률가 로피탈(l'Hôpital), 세기에(Séguier), 다그소도 인용한 것으로 보아 상상할 수 없을 만큼의 엄청난 독서를 하였던 것으로 보인다. 또한 절대군주론자 보댕, 공공의 권리론자 파스키에(Pasquier), 성직권 옹호자 피투(Pithou), 통치권에 대한 이론가 코팽, 법원의 의무에 관한 연구가 라로슈(Larroch), 공직의 본질 연구가 루아조, 로마법의 연구가 포티에(Pothier) 등 수많은 학자, 정치가 문인들에 관한 독서로써 자신의 사상을 성장시켰던 것을 알 수 있다.

특히 바래르는 몽테스키외와 루소에 대한 찬사를 쓰면서 그리스와 로마 공화주의론자의 덕을 배웠고, 계몽사상가들의 작품에서 이상국가의 원리

---

[87] Bertrand Barère, "Discours prononces dans l'Academie des Jeux Floraux à la réception de M. Barère de Vieuzac membre de plusieurs académies", le 2 mars MDCCLXXXVIII, p.96.

를 터득하였으며, 자신이 그것을 실현하겠다는 사명 의식을 가지고 정치에 뛰어들었던 것이 분명하다.

「샤를 드 스공다, 바롱 드 라 브래드 에 드 몽테스키외에 대한 찬사」를 쓰기 전에 이미 바래르는 그의 친구 타베른(Taverne)과 함께 많은 책을 읽었다. 그는 덕이 있고 교육을 잘 받은 바래르의 소중한 친구이며, 당시 명성을 날리고 있는 변호사의 아들로 바래르처럼 법률과 문학에 전념하고 있었던 사람이다. 또한 타베른은 공권에 대한 보다 높은 차원의 연구를 하도록 바래르를 인도한 친구이다. 그들은 매일 밤 타키투스, 몽테스키외, 베카리아(Beccaria), 마키아벨리, 그라비나(Granvina), 그리고 베이컨에 대하여 읽고 토론하고 발췌하였다. 매주 3~4일 정도의 시간을 정치 연구에 할애하기도 하였다.[88]

바래르가 고백하였던 것처럼, 타베른은 친구이자 연구에 큰 도움을 준 은인이기도 하였다. 바래르는 고대의 역사책 속에는 폭군과 독재자밖에 보지 못하였다고 한다. 그리고 「샤를 드 스공다, 바롱 드 라 브래드 에 드 몽테스키외에 대한 찬사」를 작성하면서 사람들이 아직 보지도 경험하지도 못하였던 것들에 대해 감탄하면서 "몽테스키외의 무덤 주위에 전 세계가 경탄하고 사은을 외치는 가운데 어떤 찬사가 자기의 무기력한 목소리를 들리게 할 수 있을까요?"라고 자문하며 겸손한 마음으로 조국으로부터 시민의 월계관을 받아 마땅할 사람으로 추천하였을 뿐만 아니라 세계에 새로운 지식과 철학을 전한 대단한 인물로 평가하였다.

---

88 *Ibid.*, pp.226~227.

# 아카데미 찬사집

베르트랑 바래르

죄플로로 아카데미 회원
몽토방 문학 아카데미 회원
툴루즈 과학 · 비명 · 문학 아카데미 회원

차세대의 교육은 더 이상 세상에 존재하지 않는 사람들을 찬양하는 사람의 가장 근본 목적이 되어야 한다.
—『플라톤의 이탈리아 여행』1권, p.282

# 루이 12세에 대한 찬사[1]

인민의 아버지로 알려진, 프랑스의 왕 루이 12세
1782년 툴루즈 아카데미에 제출된 논문.
툴루즈 아카데미 전집에 수록되어 있음.

"루이 12세는 종종 용서를 잘했고, 사랑으로 다스렸으며,
인민의 눈물을 닦아주었다."

— Volt. Henr

 루이 12세는 청렴하고 엄격한 재판관이며, 그의 판결은 완벽했습니다. 다시 말하면 그는 그 시대와 진리에 의해 세워진 법관이었습니다. 정열에서도 가까이할 수 없고, 인간의 정념에서도 최고이며, 모든 권위로부터 독립된 그는 왕들의 범죄와 잘못에 대해서처럼 국민의 불행과 부정한 행위에 대해서도

---

[1] M. Bertrand Barère, *Éloges Académiques*, Paris: Chez A.A. Renouard, 1806, pp.1~58.

재판했습니다. 역사는 통치하는 사람들 모두에게 한자리를 주었습니다. 열렬한 찬사가 그들의 동상을 세우게 합니다. 교만함이 그들의 무덤 속까지 슬며시 들어갑니다. 화려한 명성들을 모두 일소하고, 그리고 인민의 권력을 빼앗은 왕의 망령을 판결하는 것은 후손의 몫입니다. 독재자들에 대한 기억을 일소하는 것과 훌륭한 왕들에 대한 회상을 위해 기념물을 세우는 것은 후손들의 몫입니다.

결국 18세기는 루이 12세에 대해 회상하는 찬사를 드렸습니다. 여러 세대가 흘러갔습니다. 동시대인들에 대한 열정도 사라졌습니다. 그리고 우리는 이 왕에 대한 후손의 의견을 집중시키기에는 실제로 먼 거리에 있습니다. 또한 그의 덕성, 약점, 훌륭한 원칙 그리고 잘못을 예로 든 지식을 우리가 받아들이기에는 실제로 여전히 먼 거리에 있습니다.

우리는 절대로 찬사라는 말을 남용해서는 안 됩니다. 아카데미는 틀림없이 하나의 완전한 인간이나 하나의 완성된 왕에 대한 찬사를 요구하지 않습니다. 그러나 가끔은 우리들의 비난을 받을 수 있지만, 줄곧 우리들의 존경을 받을 만하고 인민으로부터 사랑을 받을 만한 친구이자 자비로운 왕으로서 인정될 수 있는 가치를 요구하고 있습니다. 왕이 외부에서 서시른 잘못은 내부 행정에서의 친절로서 지워졌습니다. 왕의 시행착오조차 공익 또는 국가의 영광을 목표로 했다는 것이었습니다. 왕은 정치적으로 위대한 정치가는 아니었지만, '인민의 아버지'가 된 가장 값진 영광을 얻은 것입니다.

가장 가치 있는 설득력은, 오늘날 인간을 가장 사랑했던 사람들 가운데 한 사람을 찬양하면서 인민을 교육하고, 단지 인민의 이익과 권리에만 관심을 가졌다는 것입니다. 이성과 계몽의 시대에, 왕에 대한 최대의 찬사는 인민을 행복하게 한 것입니다. 그리고 앞으로 통치는 왕들이 정복하기를 즐겼던 것처럼 전례를 이용해야만 합니다. 그러므로 루이 12세에 드리는 공적 사은은 나쁜 왕들에 대한 풍자보다 우리들의 사랑과 감사의 기념물이 되는 것이므로 그의 명예를 드높이고 우리의 판단을 확고하게 하는 데 도움이 될 것입니다. 왕의 생애에서 그의 명예를 흐리게 하는 말과 비난을 받을 만한 행동의 지탄에 두려워하지 맙시다. 왕에 대한 찬사를 쓰면서 역사가 그에 대해 제기했던 고발과 비난을 재연하는 것에 대해 두려워하지 맙시다. 루이 12세는 항상 진실을 사랑했습니다. 그에 대한 찬사에는 진실로 충만되어 있어야 합니다.

오늘날 프랑스가 존경하는 이 군주를 어떤 시대에서, 어떤 혁명에서 다른 것을 우리가 보았습니까? 하늘은 그에게 전제주의적이고 냉혹한 통치로, 그러나 프랑스 정부와 인민의 행복에 이익이 될 수 있게 통치하도록 하였습니다. 그의 유년 시절은 타락한 궁중의 부패에 대항하여 덕이 많은 어머니의 경계심으로 지탱되었습니다. 샤를마뉴 대제 이래 유일하게 힘과 재능을 동시에 가지고 있었던 루이 11세만이 강직하고 강인한 정치에 의해, 그리고 봉건 체제에 의해 위축되고 비굴해진 왕권을 바로 세웠습니다. 인민들은 자신들을 억압한 그의 위대함에 복종해야 했습니다. 다시 말해 이 왕은 벌을 받지 않고 모든 왕권을 행사하였으며, 오만한 귀족들이 참여한 영원한 투쟁을 종식하였고, 고대 이래 피로 물든 잔해 위에 새로운 군주정을 세웠습니다. 그는 군사력을 증강하고 법을 무시함으로 왕국을 질겁하게 하였고, 그리고 과중한 세금으로 왕국을 고갈시켰습니다. 사람들은 왕의 곁에서 인민에 대한 사랑과 인민을 행복하게 하여 그의 통치를 영원불멸하도록 만들 젊은 왕자가 자라나는 것을 보는 동안, 상실된 프랑스가 보상받을 수 있으리라는 것을 알았고, 그리고 절대주의적 통치의 폐단들로부터 프랑스가 위로받을 것을 알았습니다. 이 왕자가 바로 루이 드 오를레앙(Louis de Orléans)이었습니다. 그는 아직 요람 속에 있을 때, 아버지를 잃었습니다. 그러나 현명한 어머니의 부드러운 사랑이 그의 생애를 보살펴주었습니다.

이제 아카데미는 왕위에 올라 프랑스를 행복하게 만든 루이 드 오를레앙 공작을 여러분에게 상기시키려 합니다. 그의 젊은 시절은 그렇게 오만하고 이기적이었습니다. 그는 젊은 시절부터 한때 우리의 시선을 끌 만큼 통치에 영향을 주었습니다. 아들에 대한 찬사에서 인용될 가치가 있는 인물인 마리 드 클래브(Marie de Clèves)는 완전히 왕자의 교육에 전념했습니다. 왕자는 우리의 생활에서 점잖지 못하다고 경멸하는 달리기와 각종 토너먼트 경기 등 고전적 놀이를 통해 힘을 키웠습니다. 만약 그에 대한 이야기를 교육적으로만 본다면, 사람들은 그가 부드럽고 인간적이며 덕이 많은 사람이라고 말해야 할 것입니다. 사람들은 그가 풍속을 높이 평가하고 정의를 사랑하며 종교를 숭배했다고 말해야 할 것입니다.

반대로 왕위 계승자인 샤를은 오를레앙 공작과 비교가 되었는데, 그것은 그가 받은 취약한 교육과 그가 왕위에서 밀려난 불리한 조건에 의해 비교되었습니다. 오를레앙 공의 유년기 교육을 망치려고 했고, 과일에 독을 바르고자 했으며 그의 편안한 젊음을 함정에 빠트리려고 하였던 정치적인 암수에 대한 것은 다루지 않는 것이 좋겠습니다. 전제주의에 씌워진 베일을 벗어던집시다. 전제주의는 불구의 공주와 단 하나의 허약한 자손을 결혼시킴으로써 지배적인 가문의 지체를 질식시키고자 했고, 그리고 계승자들에게 주는 어떤 희망도 남기지 않았습니다! 만약 젊은 공작이 왕들 가운데 한 분의 딸과의 청혼을 받아들이도록 강요받았다면, 젊은 시절부터 부패한 사람들은 일시적으로 성공한 사람보다 가진 것이 적을 수밖에 없을 것입니다. 그 원칙적인 힘과 정신의 탁월함은 그들의 사악한 노력을 이겨냈을 것입니다.

전제주의와 맹목적인 신앙 속에서 루이 11세는 독재적이고 권력을 갈망하는 한 부인의 섭정 아래 강력한 왕국의 주인이 된 13세의 허약한 샤를을 아들로 남기고 무덤에 묻혔습니다. 이 순간부터 모두가 오를레앙 공 쪽으로 돌아섰습니다. 옥좌에 충실할 것이고, 프랑스를 위해 유익한 왕자로서 이미 명성이 나 있던 그가 갑자기 반역과 도당의 주체가 될 것입니다. 그래서 그러한 것들은 국가에 대해 충돌과 불행밖에 만들지 않았던 섭정들과 소수파들에게 불행한 영향을 주었던 것입니다. 왕국의 소란스러운 신분제의회 가운데에서 불화와 내란의 불꽃이 붙고 있었습니다. 그래서 루이는 인민의 아버지가 되어야만 했던 운명이었지만, 인민에 대한 재앙의 존재로 시작되었습니다. 결국 그는 왕과 조국에 대항하는 전쟁을 했습니다. 그의 생애에서 불명예스러운 이러한 사실을 서둘러 없애버리지 맙시다. 마치 샹티유(Chantilly)의 명성이 블레노(Blenau)의 승리자들, 그리고 에스파냐인들과 함께 체결했던 그의 신의 없는 가톨릭 동맹으로 더럽혀진 여러 페이지의 문서들, 즉 대(大)콩데 공의 영광을 그 책에서 제거한 것처럼 없애버리지 맙시다.

이 광란의 순간은 3년간의 감옥 생활에 의해 속죄될 것이지만, 섭정의 증오가 극도로 치솟았습니다. 자유를 잃고 영어의 몸이 된 대단한 사람이 그의 잘못을 생각하고 그의 조국에 대해 잘못된 사실을 느끼며, 그것들을 만회할 계획을 하게 된 것이, 바로 이 긴 감옥 생활이었습니다. 프랑스여, 그대는 어떤 능력으로 이 재난의 순간들을 건져내려 합니까! 왕위 상속자는 불행을 통해 배우고, 그리고 권력의 사용에 대해 숙고했습니다. 그는 정의를 수립하고 자비를 베풀었습니다. 그는 통치하는 것을, 배우기 위해 참는 것을 배웠습니다.

우리들의 마음에서 그가 출소하는 것을 보는 것이 기다려졌습니다. 불운으로부터 유익한 경력을 쌓은 것은 이제 충분합니다. 안심합시다. 샤를은 친정을 시작했으며, 오를레앙 공은 자유를 찾았습니다. 그것은 정치가 커다란 봉토들 가운데에서, 하나를 프랑스에 통합시킬 필요가 있었던 바로 그 순간과 같았는데, 그 소유자들은 반란군보다도 야망이 적었으나 존경을 받았던 군주들을 두려움에 떨게 하고 있었습니다. 오를레앙 공이 자신의 자유의지로 가장 먼저 행사할 것은 그의 가장 값진 정열을 국가에 관대하게 헌신하는 것이었습니다. 그는 왕에게 안 드 브르타뉴(Anne de Bretagne)를 보내고, 역시 그의 가슴이 찢어지는 것을 느끼면서 조국의 평화와 번영을 공고하게 하였습니다.

단지 왕위를 위한 야망이 정당화될 수는 있었지만, 정치적 안정에는 비난받을 수 있는 전쟁이 바로 여기에서 시작되었습니다. 프랑스의 명예는 이탈리아에서 모호해질 것입니다. 샤를은 이탈리아 왕국을 폭포처럼 신속하게 급습했습니다. 라폴로(Rappollo)와 노바르(Novarre)가 루이의 소중함에 감탄했습니다. 그러나 그것은 행복의 시작에 불과했고, 이윽고 참담한 실패와 패주에 의해 행복의 시작은 끝이 났습니다. 그러함에도 불구하고 군주에게 있어서 완전히 운명적인 것이 되었던 이 전쟁은 오를레앙 공의 명예와 인기에 대한 첫 번째 시기가 되었습니다. 노르만 정부와 왕의 우정은 그의 용기와 봉사의 대가였습니다. 시기심은 그의 용기와 봉사에, 전율을 느끼게 했고 젊은 왕자의 적들을 각성하게 하였습니다. 인민들은 그의 정부에서 왕권을 위협하고, 그리고 거기에서 군주로서 명령하는 그를 고발했습니다. 오, 부당함과 시기심을 저지하는 승리여! 인민들은 순진한 샤를이 오를레앙 공을 멀리하는 것과 그가 역경 중에서 명예를 돌려준 궁중으로부터 유배를 가는 것을 보았습니다.

 차례로 총애를 얻고 총애를 잃는 것은, 루이가 궁중의 안정, 운명의 변천, 평판의 유동성, 인간의 부정과 재산 등에 대해 더욱 강하게 밝히려고 하는 것입니다. 국가의 기구가 얼마만큼 행복을 만들어낼 것입니까! 루이는 왕들의 주변에 둘러친 위험과 명성에 대해 생각하였습니다. 그는 아첨꾼들의 중상모략에 대항하여 마음으로 무장하였습니다. 지난날의 불행이 그의 뇌리를 스쳐 갔습니다. 세상 모두가, 심지어 그의 길고도 힘든 영어의 생활까지도 그의 뇌리를 스치는 대상이 되었습니다. 결국 왕자들의 아주 고귀한 선생님이 아니라, 루이의 불행이 좋은 섬이 되어 그를 '내왕(un grand roi)'으로 만들었습니다. 오, 농부여! 오, 시골의 인민이여! 그대들이 사랑받지 못한 이 궁정에서 그대들에게 알린 빈틈없는 이와 같은 행위와 어느 날 그대들이 그의 왕위를 인정한 특별한 옹호에 대해 잊지 않았을 것입니다. 사람들은 농부를 천대하였던 집안의 한 귀족에게 준 이 교훈이 귀족들의 귀에 거슬리고 오만하게 너무 자주 들리게 하는지를 알지 못하였습니다. 만약 그대들이 빵을 그렇게 필요한 것으로 생각하였다면, 그의 식사로 빵을 더 이상 제공하지 않은 것에 대해 불평하였던 귀족에게 오를레앙 공은 "어째서 그대들에게 빵을 준 인민들을 그렇게 천대한 그대가 어떻게 조금이라도 이성적인 사람이라고 할 수 있습니까?"라고 대답할 것입니다.

 그러나 오를레앙 공이 유배의 시련과 원인불명 속에서 신음하며 떨고 있는 동안 행복한 통치가 프랑스를 위해 준비되고 있었습니다. 샤를은 이탈리아에서 실수로 얻은 그의 상속자와 조세로 고갈된 하나의 왕국을 남기고 갑자기 죽었습니다. 사람들은 오를레앙 공에게 그의 즉위를 알리려고 블루아성으로 갔습니다.[2] 평범한 사람을 위해 얼마나 좋은 순간입니까! 실총한 상태에서 복수에 대한 열망, 권력에 대한 욕망, 군주의 권리에 대한 자만심 등으로 그는 기쁨으로 돌아섰고, 그리고 아마도 착란에 빠지게 되었을 것입니다. 오를레앙 공은 오랜 기간 슬펐습니다. 그는 샤를의 유해 앞에서 눈물을 흘리고, 그를 회상하면서 찬사를 보냈습니다.

왕국은 질서 회복이 급선무였습니다. 인민은 명령해야 하는 왕을 찾으려는데, 그가 궁중으로부터 멀리 있다는 것이 바로 문제였습니다. 인민이 새로운 군주를 찾는데, 불행한 장소인 유배지에 바로 그가 있다는 것이 문제였습니다. 루이 12세는 왕위에 올랐습니다. 그리고 칙령도, 조세도,[3] 존엄한 의식의 낭비도 없이 나라를 경영했습니다. 그러한 왕의 눈으로 보면, 이날 하루는 행복한 날이어야 했습니다. 그가 요구한 가장 첫 번째 조세는 바로 인민의 사랑이었습니다. 그러한 것이 루이 12세의 통치의 시작이었습니다.

만약 샤를의 죽음이 위대하고 관대한 영혼에 들 수 있었다면, 그의 죽음은 오를레앙 공의 적들에 대한 복수의 신호가 되었을 것입니다. 왕을 둘러싸고 있던 이러한 아첨꾼들의 무리는 샤를의 마음속에서 루이를 핍박했던 사람들

---

2 마키아벨리는 샤를 8세가 죽은 이후 오를레앙 공이 프랑스에 대항해 군대를 일으켰기 때문에, 왕위를 계승할 수 없고 왕위에 대한 권리를 상실했다고 말하고 있습니다. 프랑스인들에 관하여 항상 부당한 이 저술가는 에노 의장에 의해 반박을 당했습니다. 만일 마키아벨리가 말한 견해가 채택되었다면, 프랑스 역사에 훌륭한 두 명의 왕, 즉 루이 12세와 앙리 4세가 없었을 것입니다.
3 샤를 8세의 장례도, 루이 12세의 대관식도 인민들에게 폐를 끼치지 않았습니다. 『루이 12세의 역사』의 저자는 그의 책 제2권 40페이지에서 루이 12세는 자비로 이러한 의식들의 비용을 지출했다고 말했습니다. 관례에 따라 축제를 위해서도 그리고 행복한 왕의 즉위식을 위해서도 인민들에게 어떠한 세금도 거두지 않았습니다.

에게 타격을 가하고 추방하도록 루이에게 조언하였을 것입니다. 그는 '용감한 라트리무이유(le brave Latrimouille)'에 대항해 자애심을 불러일으켰으며, 그와 싸웠고 그를 감옥에 보냈습니다. 프랑스의 왕 루이 12세는 "오를레앙 공의 싸움에 복수하지 말라"라고 대답했습니다.

이 통치의 시작에서 프랑스의 상태는 어떠했었습니까? 유럽의 상태는 어떠했습니까? 위대한 혁명의 세기는 아직 도래하지 않았습니다. 야망은 아메리카에 피로 물든 무기를 주지 않았습니다. 유럽은 그 자체가 분열되도록 강요당했습니다. 그리고 광란의 연극은 유럽 국가들에서 가장 아름다운 것이 되었으며 본질이 가장 행복해지기 위해 형성된 것처럼 보였던 것은 감미로운 이탈리아였습니다. 유럽의 지배력은 그들의 영향력을 펼치려고 서로가 우위를 측정하며 다투었던 것이 바로 그곳에서였습니다. 오직 전술만은 대단히 진보했습니다. 그렇지만 유럽의 일반적인 치안 유지는 봉건적인 전쟁의 중단으로 개선되었습니다. 비록 사람들이 전투에 대한 무시무시한 습관을 여전히 포기하지 않았을지라도, 왕들에 의해 차례차례로 금지되었고, 그리고 왕들의 임석으로 허용되었을지라도 말입니다. 다시 말하면 교황들에 의해 저주받았고 주교들의 충고를 받았으며 프랑스 고등법원의 명령을 받았고 에스파냐, 이탈리아, 독일에서는 형식 절차에 따라 규제되었습니다.[4] 인민들은 새로운 군사헌법으로 엄청나게 필요한 세금이 없어져 안도의 숨을 쉬기 시작했습니다. 나폴리 원정 이후 왕자들 모두 그들이 항상 보조를 맞추어 증강된 군대에 의해 위협적이고 파괴적인 상태를 유지했습니다. 유럽에서 과격한 전쟁 상태는 자연적인 상태가 되었던 것입니다. 인민들은 시민적 자유권을 알기 시작하였습니

---

[4] 1522년 카를 5세는 에스파냐에서 결투재판을 허락했습니다. 적수 두 명이 황제 앞에서 논쟁하였습니다. 프랑스의 역사는 우리에게 1547년 앙리 2세 치세 가운데서 행하여진, 유명한 자르낙(Jarnac)과 샤테뉴라이(Chateigneraye)의 결투를 제시해줍니다. 1571년 엘리자베스 치세의 영국에서도 공동변론재판소 재판관의 감독 아래에서 결투재판을 하도록 명령하였습니다(로버트손, 『카를 5세』).

다. 성전을 더럽힌 미신적이고 야만적인 소송 절차를 취소한 정의는 문명화된 기반과 이상적인 것이 적고 더욱 인간적인 원리 위에 수립되었습니다. 그러나 농업은 필요한 만큼만 장려되었습니다. 이탈리아와 네덜란드에서 번창한 상업은 인민들의 편견으로 축소되기 시작하였습니다. 나침반의 발견에 따라 담대해진 항해는 에스파냐에서 범죄와 풍요를 준비했습니다. 산업은 아직 요람 상태에 있었습니다. 사치는 조잡하고 돈만 많이 들었습니다. 도시의 치안 상태는 무시되었습니다. 인쇄술은 초보 상태에 머물고 있었습니다. 과학은 알프스산 너머에서 받아들였는데 불완전했고 정교하지 못했습니다. 예술은 겨우 토스카나에서만 알려져 있었습니다. 그리고 오직 이탈리아인들만이 재능과 상업의 제국을 경영하고 있었습니다.

프랑스에서 왕들은 더 이상 그들의 영지의 수입으로 생활하지 않았습니다. 루이 11세의 조세로 고갈된 인민들은 샤를 8세가 무참하고 신속한 공격에 대비해 조세를 올리는 것을 보았습니다. 인민들은 세금 또는 전쟁에 의한 파괴로 질식하였습니다. 농업은 침체되었고, 경작자들은 병사들의 뜻에 맡겨졌습니다. 우리의 해군이 가진 배는 오늘날 한 도매상이 가진 배의 수만큼도 되지 못했습니다. 우리의 항구는 황폐되었고, 외국 무역은 미미하고 보잘것없었습니다. 입법부는 로마법, 왕의 칙령, 야만스럽고 서로 다른 관습과의 이상야릇한 혼합을 제시했습니다. 성 루이(루이 9세)의 계획은 전통의 봉건법과 혼동된 이러한 무리로 인민들에게 혐오감을 일으키게 할 수 없었습니다. 기록된 법으로 칙령을 내리면서 샤를 7세는 왕국에서 그가 결국 현명하고 통일된 입법에 대한 강력한 장벽이 높아지는 것을 예견하지 못했습니다. 사법 행정은 늘어나는 소송 절차와 돈이 많이 드는 형태에 의해 지연되고 모호해졌습니다. 재판소는 수적으로 적어졌거나, 또는 연중에 폐장되었습니다. 마침내 법원은 잘못되고 위험한 무리로 꽉 차 있었습니다. 그러나 그들은 여전히 매관매직은 하지 않았습니다.

과학은 역시 소홀하게 취급되었습니다. 인쇄소는 폐지되었으며 인쇄업자들은 마술사로 고발되었습니다. 오늘날 프랑스에서 그렇게 자연스러운 것이 된 철학은 어떠한 지식도 주지 못했습니다. 사치는 금속품에 대해서만 진보하였습니다. 그 밖에 다른 예술은 우리에게 여전히 위험할 만큼의 결핍을 나타내지 않았습니다. 여러 가지 것들 가운데 가장 첫 번째가 소홀히 되었을 때 사람들은 무엇을 하였을까요?

 루이 12세가 즉위한 것은 바로 이러한 상황에서였습니다. 루이 12세가 프랑스에 행복을 돌려주었고 훌륭한 입법을 했으며 프랑스의 부를 신장했고 인구 증가와 정치적 영향력을 증대시켰던 것은, 바로 유럽이 이처럼 야만 상태에 있었을 때였습니다. 역사가 우리에게 루이 12세를 '농업의 후원자'와 '정의의 친구'로 묘사한 것은 바로 루이 11세의 어마어마한 조세와 샤를이 과다 징수한 경비로 준비된 대외 원정 후였습니다. 그가 세금을 탕감하고 거의 잊게 한 것은 바로 전쟁의 낭비성, 즉 정복에 대한 편집증을 통해서였습니다. 루이 12세의 통치사는 우리에게 통치에 대한 위대한 방법도, 아주 해박한 행정의 관점도 제시하지 못했습니다. 그러나 그의 통치 시대는 프랑스가 가장 행복한 시기들 가운데 하나였습니다. 그러면 행복한 인민이 되기 위해서 그렇게 위대한 재능이 필요했을까요?

 프랑스와 그의 왕을 진실로 사랑한 한 현명한 장관, 그리고 쉴리(Sully)가 가지고 있었던 덕을 몇 가지 가지고 있었던 그 장관은 「루이 12세 대한 찬사」에서 상기될 만한 가치가 있었습니다. 오직 성직록을 받은 바 있는 사람으로 그렇게 많이 찬사받았던, 그러나 가장 위대한 것을 가지려는 불행한 야망에 대해 항상 헌신하고 있었던 당부아즈(D'Amboise)는 샤를 8세 시대에, 노르망디에서 오를레앙 공과 협력하여 성직과 군대의 행정에서 동시에 위대한 재능을 펼치고 있었습니다. 왕의 사랑을 받고 있었던 이러한 행복한 시도는 그가 장관이 되면서 왕국의 명예와 행복을 만드는 희망을 불러일으켰습니다. 왕들은 그들의 장관들을 간신이든 또는 총신이든 지나치게 자주 바꾸지 않았습니다. 루이 12세는 친구가 하나 있어 더욱 행복하였습니다. 그러니까 우정을 느끼는 것과 왕에 가까이 가기 위해 가끔 그가 궁중의 뜰을 감히 지나가는 것을 보는 것은 훌륭한 군주의 행운이었습니다. 루이 12세에게는 당부아즈가 있었습니다. 앙리 4세에게는 쉴리가 있었습니다. 군주가 알고 있고 의무를 수행할 능력 있는 사람들과 함께 왕권에 대한 의무를 나눌 때, 군주는 그의 신하들에게 어떤 값진 선물을 해야 하는 것입니까! 아! 만약 왕들이 그들의 통치에서 저질러진 잘못에 대한 유일한 증인이라면, 다시 말해 만약 왕들은 인민들의 시선을 집중시키는 불행을 그들이 장관들을 잘못 선택하여 일어난 불행이라고 후세 사람들에게 대답한다면, 후손들은 당부아즈를 선택한 루이 12세에게 칭찬으로 어떤 감사를 해야 하지 않겠습니까!

   여기에서 하나의 방대한 활동무대가 열립니다. 재정은 텅 비었고, 여러 지방이 빈곤과 황폐로 허덕이고 있었습니다. 법률은 엄격하지 않았고, 그리고 인민들은 거의 모두 재판할 수가 없었습니다. 세금이 많은 방법으로 인민들을 억압하였습니다. 군인들은 복종하지 않았고 전쟁할 때보다 평화 시에 더욱 무서웠습니다. 들판은 황폐되거나 경작되고 있지 않았습니다. 결국 모든 부문의 행정은 소홀히 되고 있었고, 무익한 소모전으로 끝난 나폴리 원정으로 모든 자원은 고갈되어 있었습니다. 루이 12세는 광범위하고 주의 깊게 이 무서운 장부들을 살펴보았습니다. 활기 없는 행정을 소생시킬 필요와 고갈된 재정을 회복할 필요가 있었습니다. 왕들 대부분이 무엇을 하려고 했겠습니까? 새로운 세금을 설정하고, 그것으로 온갖 종류를 만들며 모든 상품 속에다 세금을 감추고 모든 생활필수품에다 세금을 슬그머니 넣는다는 것을 의심할 여지가 없었습니다. 루이 12세는 그 밖에 다른 방법을 찾았습니다. 즉 그는 절약으로 수입을 보충하려고 했습니다. 그는 사회의 안녕질서로 부를 축적하려고 했습니다. 그는 세금을 결코 새로 만들지 않고 많은 세금을 폐지했으며, 아직은 감세하는 것 이상 더 바른 것은 없다는 주장이었습니다. 통치 말기에 이르러 그 밖에 모든 다른 세금 이상으로 증액되었던 타이유세는 매년 감소되었습니다. 토지개혁으로 확대되었던 조세와 인민들 가운데 최소한의 부자들 일부에게 부과한 조세는 거의 무의미하게 되었습니다. 세금 징수는 간단하고 직접적이며 결코 괴롭히는 일이 없었습니다. 징세 청부인들의 군대는 그때까지 도시의 방책으로 몰려들지 않았고, 재정상의 조치도 시민들을 불안하게 하지는 않았습니다.

사실 나라의 행정은 복잡하지도 돈을 많이 쓰지도 않았습니다.[5] 궁정에도 사람들이 많지 않았고 사치도 하지 않았습니다. 왕 주변에 있는 왕자들과 귀족들은 그들의 영지에서 생활하고 있었습니다. 정치의 불안과 변화로 궁중에 외국 대사들의 영구주택을 기본적으로 제공하지 못하고 있었습니다. 평상시에 두 장관은 재정을 주관했고 법률에 대해 신경을 썼습니다. 해외무역은 거의 알려지지 않았고 그것을 보호하는 해군과 그들을 받아들이는 항구들은 더 이상 유지비를 요구하지 않았습니다. 식민지도 없고 상업도 없는데 어떻게 해군을 만들었을까요? 사람들은 아직도 바다 위에다 왕권을 두는 것을 상상하지 않았습니다. 그리고 지중해에서는 몇 척의 갤리선이면 충분했습니다.

그래서 루이 12세는 거의 모든 관심을 나라와 인간을 번성하게 하는 기술, 상업의 원동력이 되며 공적 번영의 기본이 되는 농업에 집중하였습니다. 수확물과 경작지를 늘리기 위해 그는 곡물 가격도 곡물로 된 축제도 제도화하지 않았습니다. 그는 타이유세를 경감하였고, 그래서 농업은 이윽고 번성하였습니다. 농민들을 부유하게 하는 생각이 왕에게 얼마나 값진 것입니까! 왕이 농민들의 행복에 대해 말했던 것처럼 말입니다! 사람들은 왕에게서 종종 되풀이되는 말을 들었습니다 : "선한 목동은 그의 가축들이 너무 살찌는 것을 알지 못한다." 루이 12세 이후 선한 왕 앙리 4세가 한 말이 바로 그러한 것으로 더

---

[5] 쉴리에 따르면 1514년 루이 12세의 치세에서 수입은 7,650,000 리브르에 달했습니다. 마르크 돈은 11 리브르와 같습니다. 마르크 순금은 130 리브르와 같습니다. 그리고 이 금액은 현재가로는 대략 36,000,000 리브르와 같습니다. 그러나 그 금액은 식료품에서 갑자기 발생한 실제 가격의 등귀 때문에 결국 보다 심각한 소비에 부응했습니다.

욱 인기 있는 용어들 속에 아직도 존속하고 있습니다.

결국 '인민의 아버지(le père du peuple)'는 우리에게 가톨릭동맹에 대한 승리자로 끊임없이 상기됩니다. 그리고 루이 12세에 대한 찬사는 앙리 4세에 대한 찬사가 됩니다. 둘 모두의 군대는 한순간 그들의 조국을 위하여 무장하였고, 그리고 항상 그 두 왕은 백성의 아버지였습니다. 두 왕은 모두 불운한 생활 속에서 성장했으나 왕들의 모델이 되었습니다. 두 왕 모두 그의 장관들의 친구였고 농민들의 보호자였습니다. 두 왕 모두는 단순하게 같은 이유로 정치적 분열로 치달았습니다. 결국 두 왕은 우리의 역사 속에 기록되었으며, 우리들의 가슴속에 녹아 있습니다.

그러나 루이 12세가 농촌에 대해 취한 완화 정책은 무익한 것이 되었습니다. 병사들의 방종과 탐욕이 극심했습니다. 만약 경작자가 소유지에서 수입의 안전성과 가족의 휴식에 대한 확실성을 갖게 되지 못한다면, 세금 감면을 무엇에 쓸 것입니까? 루이 12세는 제일 먼저 이러한 무질서가 얼마나 위험한 것인지를 깨달았습니다. 그는 규율을 다시 수립했고 엄한 칙령을 내렸습니다. 5명의 헌병이 사형 판결을 받고, 농촌의 주민들은 조용해졌습니다. 오, 루이 12세여! 오, '인민의 아버지'여! 루이 왕께서는 왕의 계승자들에게 어떤 유익한 교훈을 주셨습니까! 루이 왕, 그대는 그렇게 불행하고 그렇게 필요했으며 그렇게 제국의 왕들을 흥미롭게 할 만한 이 계층의 불행한 모습에 감동하였습니다. 다시 말하면, 그대는 왕들의 고통을 완화했으며, 농촌에 풍요와 행복을 나누어주었습니다. 오늘날 우리로 하여 그대를 찬양하는 것은 인류의 이름으로 감사드리는 것이오니 받아주시옵소서!

이러한 군사적 규정들은 공공의 번영을 예고했습니다. 루이 12세가 예고도 없이 법률을 개정했을 때, 한적하고 풍요로운 농촌에서는 주민들이 환호하는 외침이 울려 퍼졌고, 공매시장에 잉여 곡물을 속히 진열하도록 가족의 식량을 계산했습니다. 그것은 국내 상업을 망치는 것이었습니다. 그것은 또한 장래에 대해 전혀 준비하지 않는 것이며, 풍요 속에서 궁핍을 불러들이는 것이었습니다. 이미 여러 번 느끼게 했던 이러한 재앙은 인민들에게도 행정가들에게도 교육하지 않고 있었습니다. 사람들은 행복한 결과를 제외하고 자유에 대해 아무런 생각도 하지 않고 있었으나,[6] 루이 12세는 이러한 행정 분야에 대해 그의 시대와는 다른 견해를 가지고 있었습니다. 법률과 재판소에 대해 그가 위대한 생각을 하고 있었는지 아닌지를 살펴보는 것이 더욱 좋을 것입니다.

이처럼 중요한 내용은 루이 12세가 왕관을 받으면서 그의 견해로 제시되었습니다. 동시에 그는 사법부의 행정은 왕들의 가장 아름다운 특권과 가장 확실한 보호에 달려 있다는 것을 인정하였습니다. 그 당시 프랑스는 모든 지방에서 법률의 등록을 감시하고, 그리고 군주재판권을 인민들에게 돌려주는 권위 있는 원로원을 가지고 있지 않았습니다.[7] 재판소는 메달이나 화폐의 각인들을 만드는 장소로 전향되고 있었습니다. 다른 재판소들은 일 년에 어느 한 기간만 개정하였습니다. '루앙의 최고법정'은 인간들 가운데에서 마치 찬탈, 범죄, 수난 등이 한순간 멈췄던 것처럼 두 달 동안만 개정되었습니다. 북프랑스에 있었던 원님 '바이리프(baillifs)'와 남프랑스에 있었던 원님 '세네쇼(sénéchaux)'들은 무인들이었는데, 그들은 법률학에 대해서는 어떠한 생각도 하지 않았습니다. 고위 신분 중에서 무지한 사람이 자민심을 믿는 귀족들로서

---

[6] 곡물 거래에는 얼마나 많은 생산 체제와 얼마나 많은 규정들이 있었던가! 사람들은 상업의 슬로건인 자유를 결코, 생각하지 않았습니다. 콩디악(M. l'abbé de Condillac)은 「상업과 정부에 관한 논문」에서 "곡물 거래가 완전히 자유로울 때, 곡물의 양과 부족이 모든 시장에서 분명하게 나타난다. 그때 모든 물건이 그들의 실제 가격을 잡고, 그리고 풍요가 도처에 똑같이 확산된다."라고 하였습니다. 사람들은 현명한 정부에서 곡물 거래의 자유를 선택하는 것을 지체하지 않았습니다. 우리들은 튀르고에게 이러한 이익의 목적이 되는 훌륭한 법을 요구하였습니다. 그것은 1774년 9월 13일 참사회의 결정이며 감사하는 마음으로 수정 없이 9월 19일 파리고등법원과 모든 의회의 각실 그리고 그 후 즉시 모든 고등법원에 등기된 국왕의 공문서로 배포되었습니다.

[7] 그 당시에는 왕국에 다섯 개의 고등법원만이 있었는데 파리, 툴루즈, 그레노블, 보르도 그리고 디종의 고등법원들이었습니다.

단지 사법권만을 행사하였던 것은 바로 봉건 정치에 얽매인 악습의 잔해였습니다. 루이 12세는 이런 모든 악습을 신속히 개선하려 했습니다. 노르망디를 군주재판소로 접수하고 항상 그들의 이의제기 창구를 열어놓았습니다. 프로방스도 이윽고 노르망디와 똑같은 권리를 행사하게 되었습니다. 그리고 훌륭한 그 법안에서 로피탈(l'Hôpital)은 더욱 행복한 제도를 생각할 것이고, 프랑스의 북부와 남부의 원님들이 점진적으로 시행하도록 명령할 것입니다.[8]

이처럼 유익한 개혁은 여전히 사법부를 만족하게 하지 못했습니다. 사법부는 절차 문제로 왕을 향해 머리를 곤두세우며 일어났습니다. 비용을 많이 들이고 쓸모없게 만들어진 형식의 혼동된 것들로밖에 보이지 않는 사법 질서를 보는 것은, 바로 이상하고 파멸적인 광경입니다. 거기에서 개혁적인 손을 대는 것은 루이 12세에게는 아주 가치가 있는 것이었습니다. 엄격한 규정들은 그의 완곡한 표현 속에서 억지를 부리지 못하게 했고, 탐욕을 제거했으며 그리고 소송 절차를 보다 신속하고 보다 정확한 진행을 하게 했습니다. 그러나 이러한 혜택은 비록 인민이 그러한 요구를 중지시키지 않더라도, 우리 가운데 재판을 받아야 하는 운명에 매인 불가피성에 의해 다음의 치세로 결코, 넘겨지지 않았습니다.

루이 12세는 재판소를 창설하였으며 재판제도를 바로잡았습니다. 그는 사법관들을 양성했습니다. 그는 법전을 만들고자 했습니다. 이러한 입법제도의 개혁을 이 시대에서 얻어진 견해와 지식이라고 판단하지 맙시다. 우리는 루이

---

[8] 1498년의 법 제48조에 의하여 루이 12세는 판사들의 무지에 대하여 학위의 필요성을 제기하였습니다. 이러한 현명한 예비도 곧 무용하게 되었는데, 왜냐하면 남부의 원님들과 북부의 원님들이 그 학위를 취득했기 때문입니다. 마찬가지로 똑같은 악덕이 법관들에게도 존재했으며 그때에 샤를 9세의 치세에서 그의 유명한 총재 로피탈은 이 귀족 학사들에게서 사법행정을 빼앗았으며, 그들의 대리자들에게 그것을 행하도록 하였습니다. 이 시기는 법복귀족과 대검귀족이 차별화된 시기입니다. 제도에 대하여 로피탈에게 감사해야만 하는데, 왜냐하면 그 제도는 힘이 법의 해설자가 되지 않도록 했기 때문입니다.

12세의 시대에 대해 회상합시다. 그리고 법전이 편찬된 시대에 대해 그 위대하고 현명한 법전에 대해 감탄합시다. 그 속에서 루이 14세는 루이 12세 시대 속에서 훌륭한 칙령의 계획과 원리를 발견하였습니다.

루이 12세가 블루아성에서 작성하였던 것[9]은 그의 통치를 영원불변하게 하기에 충분하였습니다. 역시 그것은 우리들의 입법에 필수적인 부분이 되었습니다. 그 실용론, 즉 갈리칸 교회의 성벽이 기운을 다시 찾게 되었던 것은, 바로 이 법의 활용에 의한 것이었습니다. 문인들을 고무하고 그들에게 보상을 주기 위해 각자의 수준에 따른 이러한 혜택과 특권을 확인하고 상술하는 것이 바로 거기에 있습니다. 사람들은 거기에서 고대의 한 단편에서처럼 엄숙하고 종교적인 형식으로 축성된 사법관의 자리에 있는 고귀한 사람들을 공개적이고 자유롭게 선출하는 것에 대해 감탄하였습니다. 인민은 계약들 속에서 증언의 채택, 모든 재판소에서 추구한 규정, 개정된 재판 형식, 단단한 공적 신뢰를 보았습니다. 인민은 특히 그들의 위험스러운 진보에서 봉건 전제군주에게 가해진 억압, 즉 부역세, 조세, 타이유세를 발견하는 것을 좋아하였습니다.

재판을 위한 루이 12세의 사랑에 대한 이 불멸의 기념물을 살피면서, 특히 인민들은 의심할 바 없이 그러나 그렇게 많은 인민을 희생시켰던 불완전한 상태 속에 있었던 아주 흥미로운 부분에 전념한 그를 보았습니다. 인민들은 형사재판의 첫 번째 단계에 관심이 있었습니다. 중죄인의 처벌과 범죄 수사는 루이 12세로 하여금 현행 법전의 기본과 형태를 만들 수 있게 했던 입법에 대한 견해를 불러일으켰습니다. 그렇습니다. 사회가 형사재판의 원칙적인 형식을 받아들였던 것은 바로 루이 12세의 도움이었습니다. 조상들의 미신적이고 야만적인 시련 후에 진보의 일부를 나타냈던 것이 바로 루이 12세였습니다.

사람들은 의심할 바 없이 고문 기구와 소송 절차의 비밀을 거기에서 발견하고 전율을 느꼈습니다. 그러나 우리의 철학자와 지식인들은 오랫동안 이러한

---

9   루이 12세의 치세 원년인 1498년 3월에 블루아에서 작성된 법령.

야만적인 두 기념물을 파괴하기 위해 무익한 노력을 해왔습니다. 고문을 받지도 폐지하지도 않고, 형사소송에 대한 은밀한 교육을 금지하지도 않은 그에 대해 비난하지 맙시다. 거의 4세기 동안이나 세월이 흘러갔으나, 그러나 고대인과 근대국가의 본보기가 있음에도 불구하고, 우리가 항상 입법에 감탄하였던 더욱 완전한 법률로는 여전히 우리를 교육할 수 없었습니다.[10] 어떤 법은 일부 고문을 폐지하였습니다. 이처럼 부정확한 발명은 철학자의 외침으로 사라졌습니다. 그러나 우리는 죄에 대한 공평한 수사보다는 오히려 고발에 대한 겉으로 나타나지 않는 음모와 같은 형사소송 절차에 있는 무시무시한 악을 아직도 보지 못했습니까?

    루이 12세는 계속해서 개혁을 추진했습니다. 그는 신 자체에 대해서조차 무례한 것만큼 역시 사회에 대해 위험한 편견을 가지고 군림했습니다. 이 세기에 한 간악한 인간은 제단에 불을 질렀으나 종단의 형벌을 받지 않고 넘어가는 것 같았으며, 루이 12세는 왕국의 확대에서 '불가침권'을 폐지하는 용기를 가지고 있었습니다. 사회의 이름으로 이러한 은혜를 알리는 것은 계몽사상가의 몫입니다.

    루이 12세 시대의 정신을 바탕으로 그의 우월성을 고찰하면서, 사람들은 사치가 그렇게 자제되고 있었던 시기에 사치단속법을 선언한 그를 보고 놀랐습니다. 그는 금·은·동 세공품 제조업자와 판매상을 추방했고, 결국 위험이 아주 적은 사치와 유일한 국가 경영 산업 분야에 대해서도 꼬치꼬치 따졌습니다. 사람들은 법망을 피해 베네치아에서 사치품을 사들였습니다. 그러나 이러한 산업의 손실은 이윽고 입법가들을 설득하였는데, 그들은 우리의 관행과 풍습이 무용지물로 돌아가야만 하는 것처럼 보이는 것, 그리고 군주의 모범이 오로지 보충될 수 있는 법들을 폐지하는 것을 부끄러워하지 않았습니다.

---

[10] 로마인들은 소송 절차들을 공개하였습니다. 그러한 공개가 영국에서는 법령으로 정해졌습니다.

이러한 법률 가운데에서, 역사가 명예롭게 하지 않았던 것을 정의와 중용으로 존경할 만한 하나의 기념물이 높이 세워졌습니다. 우리가 모든 국민을 소집하는 이유가 바로 여기에 있습니다. 여러분, 즉 인민들, 사법관들, 그리고 손에 인간의 운명을 쥐고 있는 여러분 모두는 그것을 들을 필요가 있습니다. 인민 여러분, 그것이 그대들의 권리입니다. 사법관 여러분, 왕을 가르치는 것은 바로 그대들의 의무입니다. 역사는 루이 12세가 왕위에 오르면서 공포한 이 유명한 법을 그대들의 기억에서 결코, 지워지지 않게 할 것입니다! "루이 12세는 이 유명한 법령을 모든 재판소에 기록하여 보존하게 했으며, 그는 법령에 반대되는 명령과 유혹의 과일을 제시할지라도 항상 왕국의 기본법에 따라 재판하도록 고등법원에 권고하였습니다. 그리고 언제인가 그가 감히 빗나가는 명령을 한다면, 이 칙령을 그에게 제출하도록 그들에게 명령하였습니다". 왕위와 그를 둘러싸고 있는 유혹 사이에 마침내 방벽을 세우고, 그리고 왕과 인민 사이에 정의와 법을 설정한 그는 어떤 왕이었을까요! 아! 얼마나 많은 훌륭한 법의 저자가 증거도 없고 종종 죄도 없이 거의 매일 사로잡힌 바 되어 왕권 또는 오히려 전제주의의 질타에 대해 두려워하여야 했고, 그리고 시민의 가슴속에 두려움을 주었을까요! 루이 12세의 명예에 관해 말할 때는 그것을 말할 필요가 있습니다. 그는 법과 재판소 이외 다른 복수자들을 전혀 알지 못했습니다.[11]

루이 12세가 결국 왕국의 행정을 관장하고, 그리고 왕들이 인민들에게 정

---

[11] 세셀(Seissel)은 "그는 재판의 형식과 권리로서가 아니라면 어떤 사람의 육체나 재산에 대해 징벌하거나 박해하지 않았다." 생즐래(Saint Gelais)는 "그는 일찍이 한 번도 불시의 재판으로 어떤 이를 죽인 적이 없다. 그 사람이 저지른 어떤 범죄 행위가 무엇이라 할지라도 그리고 그것이 자신에 대항한 것이라 할지라도, 오히려 그는 모든 이러한 죄인들이 판사들에 의해 처벌되기를 원하였다."라고 말하였습니다. 루이가 자신의 직무를 수행했던 그 시대에, 그는 왕국의 한 대영주가 하인의 왼팔을 부러뜨렸다는 것을 알게 되자마자 직접 팔에 붕대를 하고 고등법원에 가서 이 영주에 대해 체포령을 내리도록 하였습니다.

의와 법률을 만들어줄 수 있도록 전념하는 동안, 그의 마음속에 자신의 결혼을 파기시키려는 욕망과 함께 정복에 대한 열정이 들어왔습니다. 그때 에스파냐 출신의 쉐르 드 생피에르(Chaire de Saint-Pierre) 신부가 결혼을 주재하고 있었는데, 역사가들의 펜은 모든 범죄에 대해 회상하게 하는데, 이름을 대기에 충분한 한 교황에게 저주스러운 기억을 돌렸습니다. 알렉산데르 6세는 로마에서 교황으로 군림하고 있었습니다. 그는 품행에 대한 추문이 있음에도 불구하고 교황의 권위를 유지하고 있었으며, 여러 나라의 왕들은 그와 동맹하려고 했습니다. 루이 12세는 이탈리아에서 돋보이는 권리를 가지고 있었으나, 결혼 관계로 파탄이 났습니다. 그는 교황과 서둘러 연합하였습니다. 샤를 8세의 미망인은 오를레앙 공에 대해 느꼈던 감정을 루이 12세에 대해서도 느끼고 있었고, 그리고 정계에서는 여전히 브르타뉴를 프랑스에 통합하기 위해서 그렇게 많은 전쟁을 일으켰던 루이 12세에게 사랑으로써 협력하였습니다. 사생아인 체사레 보르자(César Borgia)에게 유리한 야심을 품은 알렉산데르 6세는 사람들이 그에게 요구한 이혼에 대해 곤란하게 되지 않았고, 그리고 교회의 은혜에 보잘것없는 대가를 내놓았습니다. 만약 왕자들의 결혼이 인민의 운명을 결정하는 것이 사실이라면, 만약 왕자들이 전쟁을 끝내고, 개혁을 예고하였던 것이 사실이라면, 정계에서는 루이의 이혼을 필연적인 것으로 만들고 그것을 기반으로 종교계에서는 그렇게 많은 눈물을 흘렸을 것입니다. 잔 드 프랑스(Jeanne de France)는 결혼한 후 22년 만에 버림받았습니다. 안 드 브르타뉴(Anne de Bretagne)는 옥좌에 다시 올랐습니다. 그러나 우리는 역사가 루이 12세에 대한 회상에 하나의 결점으로 나타낸 사실에 대해 더 이상 오랫동안 머물지 맙시다.[12] 그리고 프랑스를 위해 만들어낸 대단한 덕행에 대해 종교에서 만든 이

---

12 이혼당한 공주의 아버지인 루이 12세가 그들에게 베풀어준 혜택을 잊지 않은 파리 사람들은 왕의 이혼을 소리 높여 비난하였고, 그것에 대한 자신들의 불만을 공공연하게 드러냈습니다: 설교자들은 또한 자신들의 설교에서 왕의 이혼을 비난하였습니다 (『루이 12세의 역사』 제1권, p.115).

러한 모욕을 용서합시다.

    루이 12세는 이름뿐인 왕권을 가지고 싶지 않았습니다. 그는 나폴리 왕국에 샤를의 권리를 재건하고자 했고, 밀라노로부터 찬탈자들을 추방하고자 했습니다. 전쟁하는 광경을 좋아하는 대주교는 그를 자극하였습니다. 베네치아로 그를 불렀습니다. 티아르(la thiare)에 야심을 품고 있는 당부아즈는 이탈리아로 루이 12세를 데리고 갈 계획들에 대해 논박할 힘이 없었습니다. 사람들은 이웃 강국들과 함께 평화를 보장하고자 하였습니다. 전쟁을 수행하기 위해서는 국고와 남자들이 필요하였습니다. 하지만 그 당시 사람들이 마을에서 10분의 1이 죽었습니다. 돈을 빌리는 길은 보이지 않았고, 정부는 희망에 대한 환상과 공적 신뢰로부터 받을 수 있는 크고 비참한 도움을 여전히 생각하지 못하고 있었습니다. 그대들은 아마도 인민들에게 조세를 그리고 지방에서 병사들을 징발할까 두려워하였을 것입니다. 그대들은 쟁기에서 농민들을 뽑아낼까 두려워하였을 것입니다. 그렇지만 그런 것이 아니었습니다. 루이 12세가 쟁취하려는 것은 바로 그의 세습재산이었고, 그가 복수하려는 것은 바로 그의 가족에 대한 것이었습니다. 그의 싸움은 그를 프랑스 국민에게 이상하게 보이게 하였습니다. 또한 다른 군주들이 조세를 올려도 된다고 생각하는 순간에도 그는 조세를 탕감하였습니다.

    그대들이 가장 영예스러운 모든 타이틀을 얻은 것은 바로 이 위대한 왕[13]의 시대였습니다. 아첨꾼들이 자만심과 야망으로 미화했던 사람들을 지워버린 이 고귀한 이름을 그대들이 받아들인 것은 바로 그때였습니다. 조국이 그대들에게 위대한 사람들에 대한 가장 아름다운 사은의 기념물을 세우게 하였던 것도 바로 그때였습니다. 그래서 '인민의 아버지'라는 이름이 가장 첫 번째로 선포되었습니다.

---

13  이 전쟁을 시작하면서 루이 12세는 세금을 경감하였습니다. 이러한 관용과 이러한 경제는 그에게 '인민의 아버지'라는 이름을 부여하도록 하였습니다(『보편사』).

이처럼 공공의 행복에 유익한 시대가 정의와 후손에게 슬픈 개혁의 시대로 바뀔 수도 있는 것은 무엇 때문입니까? 전쟁 선포와 조세 탕감을 하는 그렇게 보기 드문 광경을 보여준 같은 해에 또한 매관매직의 예를 보여줬습니다.[14] 다음의 통치에서 법복귀족의 위엄으로 확대된 금을 훈장으로 바꾸는 비뚤어진 예는 우리들의 가장 신성한 제도를 부패시켰고, 인민들에게 부담을 증가시켰으며, 정의의 법정을 문란케 하였으나, 이러한 증여는 하나님에 의해 종교 다음으로 가장 크고 가장 필요한 개화된 국가들에서 행해졌습니다. 그러나 '인민의 아버지'가 이러한 예에 대한 위험스러운 영향을 예견하고 있었다는 것을 생각해봅시다. 그렇지 않습니다. 그는 그러한 것을 전혀 예측하지 못했습니다. 그는 그처럼 위험한 영향을 결코, 원하지 않았습니다. 그의 마음과 성격은 우리로 하여 그러한 것에 대해 의심하게 하고 있지 않았습니다. 만약 역사가 우리로 하여 그가 그 후에 그것을 알아차렸다는 것을 이해하게 한다면, 역사는 우리로 하여 그가 일종의 정치적인 뉘우침을 하고 있었다는 것과, 그가 서거할 때까지 이러한 운명적인 법을 철회하려는 확고한 계획을 하고 있었다고 또한 이해하게 할 것입니다. 그러나 그러한 점이 항상 없었다고 생각하지 않았습니까? 낭비벽이 있는 프랑수아 1세는 그의 뒤를 따르지 않았습니다.

마침내 루이 12세는 그의 군대와 함께 이탈리아에서 지냈습니다. 그대들은 성공한 것만큼 역시 신속하게 역전되는 불운을 되새겨 이야기해보십시오. 밀라노와 제노바의 국가들을 쟁취한 것만큼 역시 순식간에 상실하였습니다. 그대들은 오만한 뤼도비크(Ludovic)를 포로로 잡고, 그리고 제노바를 회복하면서 그의 깃발 아래 승리에 집착한 루이 12세를 생각해보십시오. 그러나 그대들은 나폴리를 쟁취하고 분배하기 위해 시기심 많은 페르디난도와 결합하도록 강

---

[14] 루이 12세는 왕실 관직들을 팔았습니다. 루이 12세 이후 프랑수아 1세는 파리 고등법원 20개의 의원직을 팔았습니다. 다음 해 그는 지방의 고등법원에 있는 30개의 의원직을 팔았는데, 곧 이 직책들은 모두가 재정에 대한 투자가 되었습니다.

요받은 그를 동정하여주십시오.

승리에 대한 자만심이 루이 12세로 하여금 신민들에 대한 사랑을 결코 잃어버리게 하지 않았습니다. 가장 강력한 정신이 영광으로 흡수된 순간에 제노바의 정복자는 그의 사랑하는 인민들을 다시 볼 필요를 느꼈습니다. 그는 프랑스로 돌아왔고, 그리고 부르고뉴를 방문했습니다. 이 여행은 하나의 승리였습니다.[15] 그대들은 여러 도시에서 그의 발 앞으로 달려 나와 그가 가는 길에 꽃을 뿌리는 군중들을 보십시오, 그리고 농촌의 주민들이 그들의 일손을 놓고 이처럼 모인 것과 그들의 친절한 광경을 보십시오. 왕의 주변에 모여들어 모두 하나 되어 울려 퍼지는 환호성과 수많은 사람의 축복하는 소리를 들으십시오. 왕이 진정한 영광을 느낀 것은 바로 거기에서였습니다. 왕이 그의 명성을 모두 들은 것은 바로 거기에서였습니다. 사람들은 계속해서 '인민의 아버지'의 이름을 반복하였고, 그리고 '인민의 아버지'는 눈물이 흐르는 것을 참을 수 없었습니다! 루이 12세에게 얼마나 좋은 날이었을까요! 그의 마음에 얼마나 즐거운 날이었으며 다른 왕들에게는 얼마나 교훈이 되었겠습니까! 하지만 그것이 사람들이 한 인간에게 드리는 찬사였을까요? 그것은 사람들이 하나님에게 드리는 한 의식이었을까요? 인민들은 흥분된 상태 속에서 더 이상 왕을 떠

---

15 여기 가르니에(Garnier)가 보고한 것이 있습니다(『프랑스사』 제22권, p.535 이하). "그가 어느 한 지방을 지나갈 때에, 농민들은 일손을 놓고 길을 꽉 메웠으며, 녹색 나뭇잎을 그에게 뿌려주었고, 환호의 분위기를 울려 퍼지도록 해주었습니다. 농민들은 한 장소에서 루이 12세를 본 후에 한 번 더 그를 자세히 보기 위해 숨차게 뛰어왔습니다. 그가 머무르는 마을에서 그는 많은 시간 동안 집 밖을 나올 수 없었는데, 그 집 앞에 군중들이 너무 많이 몰려와 있었기 때문이었습니다. 그의 신발, 그의 옷, 그의 동물들을 만질 수 있게 된 사람들은, 그들이 어떤 성물에 대해 표시했을지도 모르는 그토록 대단한 신앙심으로 경의를 표했습니다. 반대로 열성을 표하지 않은 사람들은 다른 사람들에게 비난받았습니다. 루이 12세에 대해 다음과 같이 쓰여 있습니다. '우리 가운데 사법을 존속시킨 분, 우리의 수확을 풍부케 하신 분, 근위병들의 약탈로부터 우리를 보호해주시는 분 그리고 처음으로 평화와 화합의 단맛을 우리에게 맛보게 해준 분이 바로 루이 12세이시다.'"

나고 싶지 않았습니다. 왕에 대한 미신적인 사랑으로 인민들은 그의 옷을 만지고 싶었습니다. 그리고 이날 의미 있는 위대한 격언을 주었습니다. "훌륭한 왕은, 지상에서 하나님의 상징이 될 것이다."

루이 12세는 바로 이 여행을 통해 혼란과 박해를 진정시켰고, 종교가 평화와 안정을 찾도록 만들었습니다. 보두아 사람들[16]은 이교도로 고발되었고, 그들의 개종에 대한 욕심보다 재산을 더욱 탐낸 영주들에 의해 처형장으로 끌려갔습니다. 루이 12세는 리옹에 도착하였습니다. 보두아 사람들은 왕의 무릎을 껴안고 정의를 요청하였습니다. 광신적인 박해자들과 그 아래에 있는 폭군들이여, 그대들의 왕으로부터 피비린내 나는 칙령을 기다리지 마십시오. 루이 12세가 의견을 바꾸고 틀린 것을 파기하기 위해 무기를 사용할 것을 기대하지 마십시오. 루이 12세는 징벌하는 것보다 불평하는 사람들에게 대항해 손에 무기를 들지 않습니다. 난폭한 방법을 그에게서 기대하지 마십시오. 루이 12세는 존경할 만하고 학식 있는 고위성직자들을 인민들에게 파견했고,[17] 그들은 인민들에게 부드럽게 권고하였고 친절하게 설명해주었으며 자유롭게 질문하게 하였습니다. "고위성직자들은 사람들이 폐하의 인민들을 중상하였다"라는 것을 루이 12세에게 말했습니다. "고위성직자들은 인민의 신앙과 함께하고, 그리고 마음속에서 그들의 불행조차 그들을 견고하게 합니다." 루이 12세는 서둘러 모욕을 중지시켰습니다. 그는 이러한 불운에서 평화와 행복을 되찾았습니다. 만일 그가 항상 역시 그렇게 현명한 왕자들이 있었다면, 사람들은 얼마나 행복했고 프랑스는 얼마나 행복하였겠습니까.

프랑스군이 페르디난도를 지원하자 나폴리가 정복되었습니다. 이 불행한 왕이 도망하려는 곳이 어디였을까요? 그것은 바로 루이 12세의 궁중이었습

---

**16** 광신이 알프스의 소굴에까지 괴롭혔던 것은 바로 이 알비 사람들의 불행한 후손인, 도피네 지방의 보퓌트와 프래지니에르의 골짜기에 사는 주민들이었습니다.

**17** 시스테롱(Sisterons)의 주교, 파샬(Paschal) 각하는 오를레앙대학을 총지휘하는 박사이고 종교재판의 판사입니다(『루이 12세 역사』 제1권, p.229).

니다.[18] 그래서 결국 적은 그의 정복자의 집에서 구원처를 발견하였고, 그리고 프레데릭은 친절한 유럽에서 참신앙과 루이 12세의 관대함에 대한 가장 큰 증인이 되었습니다. 기억할 만한 시대, 바로 그때 루이 12세는 이탈리아에서 큰 지방들 가운데 속한 나폴리의 왕이자 밀라노의 공작이었고, 조세가 없으며 행복하고 번영하는 한 왕국을 거느리고 있었습니다! 만약 루이 12세가 보다 정치적이고 그의 가장 큰 적인, 신의 없는 한 왕자와 그의 군대를 연합하지 않았더라면, 이처럼 아름다운 날들은 계속되었을 것입니다.

에스파냐군과 프랑스군은 그들 자신을 향하여 그들의 군대를 돌렸습니다. 그들의 승리의 무대는 그들의 무덤이 되었습니다. 정복지의 분배는 그것을 찢기 위한 구실이었습니다. 루이 12세는 산맥을 통과했습니다. 바로 밀라노에서 루이 12세가 전쟁의 와중과 군인들의 소요 가운데서조차 새로운 신민들의 행복에 몰두하는 것을 보았습니다. 사람들은 전쟁의 역경과 정치의 계략 가운데에서도 인간으로 하여 영감을 일으키게 하는 법률을 만들고 시민의 권리를 존중하는 군주들에게 찬사를 드려야 합니다.[19]

루이 12세는 이탈리아에 행정과 경제에 대한 그의 견해를 전달하기 위해 가게 된 것처럼 보였습니다. 사람들은 루이 12세의 유능한 재능이 왕국의 제한 속에서 사방이 둘러싸인 것처럼 있다고 말했었습니다. 밀라노에 도착한 그는

---

18 나폴리의 왕 프레데릭은 우선 이스키아섬(나폴리만의 화산도)에 은거하였습니다. 그러나 이러한 체류에 싫증이 난 그는 프랑스로 피신하였는데, 그곳에서 루이는 그에게 3만 에퀴의 연금을 주었습니다. 그런데 루이는 나폴리 왕국에서 자신의 정복지를 잃은 후까지도 프리데릭에게 연금을 지불하였습니다. 이러한 아량으로 프레데릭은 자신의 역경에서 은신처로 사용하기 위하여 앙주 공국 혹은 생즐래에 따르면, 메인 공작령을 루이 군주에게 보태주었습니다(《루이 12세의 역사》 제1권, p.240).
19 결국 우리는 아메리카 전쟁의 혼란 속에서 1779년에 노예나 노예 재산의 상속 불가능에 관한 법령이 공포되는 것을 알았습니다. 다시 말하면 1780년에는 폐지 법령과 파리에 인민 교도소 설립 법령이 공포되는 것을 보았습니다.

고등법원을 하나 만들었고, 좋지 못한 참사원 한 사람을 면직시켰습니다.[20] 군대의 폭력을 억압하고, 그리고 조세를 탕감했습니다.

바로 그곳에서 이탈리아의 왕자들인 그대들이 그대들에게 대항하여 로마니아 지방의 봉토를 정복하기 위해 모든 범죄를 이용했던 체사레 보르자의 폭력과 술수를 불평하였습니다! 바로 그곳에서 그대들이 그대들의 복수자와 이탈리아의 독재자로서 그에게 탄원하였던 것입니다! 루이 12세가 정치적으로 교황과 보르자의 잔인성을 좋아했다고 기록한 사람들은 그의 대답을 이해했을 것입니다. "그들에 대항하는 전쟁은 투르크에 대항하는 십자군의 신성함과 아주 같을 것입니다"라고 그는 기록하였습니다. 이러한 관대한 보호는 무용한 것이 되었고, 에스파냐군은 승리했습니다. 세미나르(Seminare)와 세리뇰르(Cerignolles)의 시절은 프랑스군의 모든 패배로 표시되었습니다. 그러나 루이 12세는 이탈리아로 들어가 페르디난도와 같은 배신자들에게 복수하고자 하였습니다. 그러나 재정이 고갈되었습니다. 징세를 조작하는 것 이외에 관직을 매매하는 것밖에 남아 있지 않았습니다. 조세 신설의 필요성은 루이 12세를 괴롭혔습니다. 그러나 그것은 긴박하였습니다. 명예와 복수에 대한 열망이 극도에 달했습니다. 그래서 그는 개인적인 전쟁을 위해 인민들을 짓밟으려고 하였습니다. 참사회에 들어가봅시다. 사람들은 기여금에 대해서 말합니다. 루이 12세는 "나의 인민들에게 짐이 되지 않는 세금은 증액할 수 있도록 해주시오."라고 말하였습니다. 깊은 슬픔을 동반한 이 말들은 회의에서 하나의 혁명을 일으켰습니다. 모든 사람들의 정신 속에는 절약을 생각하고 있습니다. 장관들의 마음속에는 인정이 들어 있습니다. 사람들은 단지 한 번에 10만 에퀴를 징수할 것으로 결정하였습니다. 루이 12세는 그것을 배웠으나, 그러나 고

---

20 뤼송의 주교이자 밀라노 공국의 루이 12세의 총재인 사시에르주(Sassierge)는 그의 부정 행위들에 대한 불평으로 면직되었고, 자신의 주교구로 돌려보내졌습니다(『루이 12세의 역사』, 제1권, p.259).

통을 억누를 수 없었습니다. 그는 울면서 칙령에 서명하였습니다. "만약 거기에서 나에 대한 필수품이 축소된다면, 나는 그 회의를 용서하지 않을 것이라고 단언합니다. 하나님은 나의 신실한 증인이시고, 그리고 나는 나의 가난한 인민들에게 보상할 것입니다, 그렇지 않으면 나는 죽지 못할 것입니다." 오, 인민들의 존귀한 사랑이여! 왕들의 마음을 뜨겁게 만드시오. 오직 그대들만이 전쟁의 재난과 조세의 굴욕을 피할 수 있습니다. 오직 그대들만이 인간의 권리를 느낄 수 있습니다!

 기대하였던 조세가 가까스로 징수되었습니다. 눈물도 불평도 소용없었습니다. 그가 국고를 여는 것은 바로 인민에 대한 사랑이었습니다. 루이 12세는 일단 에스파냐와 이탈리아를 공격했습니다. 군대와 함대가 나폴리와 발랑스 사람들을 놀라 질겁하게 했습니다. 그러나 아무도 전진하지 않았습니다. 루이 12세는 군대를 지나치게 분산시켰습니다. 나폴리 왕국은 그에게 돌아오지 않고 영구히 상실되었습니다.

 그렇게 많은 재난과 배신자들 그리고 쓸데없이 낭비한 그렇게 많은 피와 돈은 루이 12세의 마음에 가장 생생한 기억을 만들었습니다. 그렇게 고귀한 이 왕은 새로운 위험으로부터 위협을 빚있습니다. 이미 격렬힌 열병이 그의 인생을 절망하도록 만들었습니다. 아! 그렇게 참신한 눈물과 그렇게 지속된 기도라면, 하늘의 노여움을 가라앉히고, 그리고 죽음도 물리칠 수 있었으며, 루이 12세를 무덤에서 탈출시킬 수 있었을 것입니다. 비통함은 모두에게 있었습니다. 성당은 가득 찼으며 인민들은 제단을 끌어안고 하나님께 그들의 아버지를 구해달라고 하였을 것입니다. 인민들의 기도가 상달되었습니다. 루이 12세는 죽음의 손아귀에서 빠져나왔고, 프랑스가 여전히 행복해질 수 있다는 희망을 품게 하였습니다. 아! 이 사건은 우리에게 사람의 마음을 감동하게 하는 어떤 기억을 되새기게 할까요! 당시 대단히 사랑받은 왕에 대한 기억을 위해 인민들에 의해 주어진 흥미, 고통, 환희와 같은 표시를 여기에서 누가 회상하지 못하겠습니까! 지상의 왕들이여, 그대들의 승리를 그러한 성향으로 보아 증언할 가치가 있다고 생각하십니까? 인민들의 사랑 곁에서 피로 얼룩진 그대들의 영광은 무엇입니까!

　인민들이 루이 12세의 회복기에 과도하게 즐기는 동안, 추악한 장면이 모두의 마음을 괴롭혔습니다. 그러므로 왕에 대해서조차 덕은 질투와 악행의 공격에 대해 안전하게 보호되어 있지 못한 것이 사실입니다. 오, 믿을 수 없는 행동입니다! 오, 궁중 사람들의 부정이 극도에 달했습니다! 루이 12세의 경제와 왕들 사이에서 그렇게 고귀한 덕을 사람들은 감히 방탕하고 거친 장면이라고 조소했습니다! 사람들은 감히 루이 12세를 공공의 조소,[21] 심지어 그의 궁중에서조차도 조소거리로 내놓았습니다! 루이 12세는 그러한 것을 알고 있으면서 "나는 나의 인민들이 나의 과소비에 대해 눈물을 흘리는 것보다 나의 조신들이 나의 탐욕에 대해 비웃는 것이 더욱 좋다"라고 말하였습니다. 그것은 루이 12세가 사악한 무리의 풍자를 인민들의 행복한 광경에 의해 위로받기 위한 것이었습니다.

　개인적인 적들에게 그렇게 관대한 루이 12세는 국가의 적에 대해서는 냉혹하였습니다. 이탈리아는 알렉산데르 6세에게 양도되었고, 율리우스 2세는 그의 조국 제노바에서 폭동을 일으켰습니다. 루이 12세는 알프스산을 다시 통과하였고, 제노바군과 싸웠으며 그들을 패배시켰습니다. 모두가 본직으로 복귀하였고 제노바 공화국의 소요는 정복자의 관용을 간청하게 되었습니다.[22]

---

21　루이 12세는 신분의회에서 몇몇 특권계층들에 의해 그리고 어떤 무례한 측근들에 의해 '평민의 왕'이라고 불리어졌습니다. 여러 신하와 국가의 착취자들에게 이 말은 '인민의 아버지'라는 명예롭고 감동적인 칭호로 변형된 것이었습니다.
　징세관들과 조신들이 가지고 있는 교활한 의도와 아울러 자신이 표적이 된 암시와 공공 사건들에 관한 외설을 알고 있던 루이 12세는 어떤 불평도 하지 않았습니다. 그러함에도 불구하고 "사람들은 파리에 있는 극장 한복판에서 금을 삼키게 함으로써 병을 고쳤던 환자의 형상을 가지고" 인민의 후원자라고 하게 하는 무례함을 보였습니다. 오, 군주의 그것보다 더욱 흐뭇하고 자비로운 탐욕이 있을까요!

22　사람들은 루이 12세가 제노바의 마을에 들어가면서 그곳 사람들에게 그들과 분쟁을

승리의 함성 가운데 어떤 새로운 광경이 우리들의 시선을 강타하였습니까! 그래서 역시 왕들과 외국들은 루이 12세의 덕에 경의를 보냈고, 루이의 궁중은 왕들을 만드는 학교가 되었습니다. 필리프(Philippe)[23]의 아들(카를로스 5세)의 관대한 후견인 루이 12세는 같은 시기에 발루아 공(duc de Valois, 프랑수아 1세)을 교육하게 하였으며, 그는 통치 초기에 프랑스에 불길한 재능을 양성한다는 것을 생각하지 않고 있었습니다. 결국 같은 궁중에 두 경쟁자가 숨어 있었습니다. 같은 사람이 유명한 두 왕을 만들었습니다. '문인의 아버지'와 '파비아의 정복자'를 동시에 만들었던 것은 루이 12세에게 어떤 운명이었을까요![24]

베네치아는 이탈리아의 위쪽에 있으면서 프랑스에 대한 반감을 간파하였습니다. 이 공화국의 자만심은 루이 12세의 무력에 용감히 맞서는 것 같았고, 보르자의 수치스러운 후임 문제를 대담하게 이용하고 있었습니다. 루이 12세는 그로 하여 그것에 대해 참회하게 하려고 오래전부터 생각했습니다. 그리고 교황의 지위보다 더욱 감투를 쓰려고 한 율리우스는 유럽 전체에 하나의 동맹계획을 이미 그렸습니다. 이 유명한 동맹과 정치사에 대한 자부심으로 조약을 체결한 것은 바로 캉브레(Cambrai)였습니다.

동맹국들은 루이 12세에게 이 전쟁에서 가장 첫 번째 일들을 하게 하였습

---

해소하면서 용서를 구하였던 그 교묘한 방식을 잊어버릴 수 없었을 것입니다. 그는 소신 있게 자신 옆에 군대를 배치하였습니다. 그것이 바로 자신의 무리를 에워싸는 꿀벌들의 왕으로 만들었습니다(의장, 에노).

23 필리프의 의도에 따라, 왕은 카를 5세 이래로 플랑드르 국가들에 의해 명백히 오스트리아 샤를 대공의 후견인으로 추대되었습니다(의장, 에노).

24 메즈레(Mézeray)는 "루이 12세가 인민들에게 그렇게 훌륭한 교육을 제공하였는데, 그것은 '그가 프랑스의 이익을 위해 필요하였던 것보다 더욱 인민들을 유식하게 하였다'고 말하였습니다. 루이 12세는 자신을 계승하게 될 프랑수아 1세의 불타는 듯한 젊음, 윤택함, 오만한 야심에 대한 전조를 자신에게 보여주는 재난들에 대해 안심할 수 없었습니다. 아! 루이 12세는 고통스러운 시선으로 이 왕자를 바라보면서 정신적 고통 속에서 '아! 우리는 헛된 노력을 하고 있구나. 이 아이가 모든 것을 망칠 것이다'라고 말하였습니다.

니다. 루이 12세는 출발하였습니다. 군대는 불리한 지형에 위치해 있었습니다. 군대는 왕에게 어디에서 야영할 것인지를 물었습니다. 루이 12세는 "적들의 배[腹]를 깔고 자야 한다"고 대답하였습니다.[25] 전투는 시작되었습니다. 그 유명한 바이아르(Bayard)는 혁혁한 공을 세웠습니다. 루이 12세는 승리하였고, 그리고 율리우스에게 로마뉴(Romagne)를 주었습니다. 목격자는 이 전쟁에서 침묵을 지켰습니다. 결국 로마(Rome, 교황청)는 다음을 위해 프랑스 왕에게 그의 영지를 내주어야 했습니다.

이기주의자들의 도시, 베네치아는 그에 속한 그 밖에 다른 여러 도시가 파괴된 잔해 위에 자존심의 깃발을 세웠습니다. 파괴는 지중해 지방을 휩쓸었고, 왕의 독점권은 그의 명성을 찬란하게 하였습니다. 루이 12세는 상업과 바다의 자유를 위해 그의 승리를 이용하였습니다.

유럽의 역사는 비슷한 세기와 시대를 서술하는 것을 좋아하는 것 같지 않습니까? 인간 정신처럼 정치도 연결되거나 계승되는 혁명이나 충격이 있었던 것 같지는 않습니까? 정치는 아마도 신의 섭리처럼 역시 복수의 순간을 가질 것입니다.

정치가 사람의 마음을 끄는 어떤 뚜렷한 인상을 주는 유사성을 되살아나게 하겠습니까! 정치가 우리에게 같은 방향의 어떤 흥미를 주겠습니까! 프랑스가 항해와 상업의 자유를 보장하고자 하는 그 밖에 다른 한 시대에 대해 보지 않으시겠습니까? 또한 우리가 그 밖에 훌륭한 도시나, 식민지에 있는 이기주의자 그리고 바다 건너에 있는 전제주의자를 보지 않으시렵니까? 역시 그곳에는 더욱 어마어마한 원정이 없을까요? 그리고 더욱 잘 단합되기 때문에 의심할 여지없이 더욱 행복하게 더욱 결단력이 있을 것입니다.

---

25  1509년 5월 14일 밀라노의 아냐델(Agnadel) 전투에서 그는 경탄할 만한 용기와 대담성으로 그가 가지고 있는 재능 자체를 의심하게 했습니다. 그토록 큰 위험에 빠지지 않도록 애원했던 사람들에게 그는 '두려움을 가진 사람들은 내 뒤로 피하라. 나는 그들을 잘 보호할 줄 안다'라고 말하였습니다.

그러나 예견치 못한 갑작스러운 어떤 변화가 프랑스를 위협하겠습니까? 루이 12세에 의해 맺어진 캉브레 동맹은 모든 베네치아군과 모든 로마의 증오와 함께 그에게 대항하여 방향을 돌렸습니다. 우리는 그대들에게 전쟁의 장면도 갑자기 변한 그의 흥미도 소개하지 않을 것입니다. 우리는 그대들에게 라 바스티드(Labastide)와 라벤(Ravennes)의 대단한 승리도 결단코 설명하지 않을 것입니다. 아! 얼마나 많은 병사가 이 유명한 라벤의 승리로 인하여 루이 12세로 하여금 비용을 들게 하였는지 알았고, "우리의 적들에게 비슷한 승리를 하라고 기원하였습니다."라고 소리쳤습니다. 이 모든 월계관은 노바르(Novarre)와 기느가스트(Guinegaste)[26]에서 모욕당하였습니다. 프랑스여! 무엇이 그대의 수호신이었습니까? 그대의 하나님은 불우한 운명에 그대를 맡겼습니다. 그는 적의 면전에서 모욕당하였습니다.

그러나 그것은 불행의 씨앗은 아니었습니다. 하늘은 조국의 상처와 존경하는 아내의 무덤에 눈물을 흘리는 그에게 똑같이 유죄 판결했습니다. 왕비가 죽었습니다. 루이 12세의 고통을 평가하는 것은 바로 감수성 있는 마음에 달려 있습니다. 안 드 브르타뉴를 후회스럽게 하는 것은 바로 종교와 풍습에 있었습니다.[27] 이 지나친 악의로부터 프랑스와 프랑스의 왕을 위한 위로가 여전히 나올 수 있습니다. 영국은 처음으로[28] 프랑스의 왕위에 공주들 가운데 하나를 즉위시키려고 아첨하게 되었습니다. 루이 12세는 안 드 브르타뉴를 애도

---

26  기느가스트 근처에서 1513년 8월 18일에 일어난 전투. 사람들은 그것을 '박차전'이라고 불렀습니다. 왜냐하면 이 전투에서 프랑스인들은 검보다는 이 박차를 더 많이 사용했기 때문입니다(Mézerai, *Abrégé chron*, 제4권, p.468).

27  브랑톰(Brantôme)은 그녀가 궁정에서 사람들에게 덕을 베풀기 시작했다고 말했습니다. 그녀는 리옹의 성프란체스코회 수도자들을 위해 수도원을 설립하였고 성 프랑수아르폴회 수도사들에게는 브르타뉴에 있는 자기 저택을 주었습니다(『루이 12세 역사』, 제3권).

28  마리 당글르테르(Marie d'Angleterre)는 제3가문에서 프랑스의 왕비가 된 유일한 영국 공주입니다.

하였을 것입니다. 그러나 그는 인민들에게 평화를 주고 왕위 상속을 하고자 하였습니다. 그는 기느가스트의 정복자의 누이인 마리와 결혼했습니다. 왕비가 프랑스에 도착하였습니다. 국가는 바로 이 평화의 천사를 열광적으로 맞이하였습니다. 토너먼트식의 마상시합과 성대한 축제는 왕의 결혼식을 더욱 아름답게 했습니다. 오, 나의 조국이여! 그대는 조상의 무덤을 꽃으로 장식했습니다! 그대는 여전히 즐겁게 지냈습니다. 그리고 그는 아주 사랑하는 왕비의 팔에 안겨 서거하셨습니다! 그는 결혼 후 겨우 두 달 반만 살았습니다. 그는 1515년 1월 1일에 죽었습니다.[29] 프랑스 인민이여, 그의 마지막 말은 그대에게 축성될 수 있습니다. 그의 마지막 소원은 인민들의 행복을 위한 것이었습니다. 루이 12세는 허약해짐을 느끼면서 발루아 공을 데려오도록 하였습니다. 루이 12세는 "나는 죽는다"라고 그에게 말하였습니다. "나는 그대에게 우리 백성들을 부탁한다." 선정을 베푼 왕 루이, '인민의 아버지'[30]는 서거하였습니다. 포고 사항을 공고하는 사람들은 바로 이렇게 참담한 사건을 알렸습니다.

---

29 『바이아르 기사의 사가』는 "그 훌륭한 왕은 그의 부인 때문에 삶의 모든 방식을 바꾸었다. 왜냐하면 8시에 식사를 하던 그가 정오에 식사해야 했고, 저녁 6시에 잠자리에 들었으나, 종종 12시에 잠을 잘 수밖에 없었기 때문이다"라고 말하였습니다.
기샤르댕(Guichardin)이 한 말이 있습니다.(『이탈리아의 역사』, 제12권, p.81, 제2권 플로렌스 출판). '프랑스의 왕 루이 12세가 열여덟 살의 젊고 아름다운 부인과 사랑놀이에 흠뻑 취해 있을 동안, 그는 자신의 나이를 잊고 있었습니다. 열병으로 초췌해지고 허약한 기질이며 맥이 풀린 그는 거의 갑작스럽게 죽었고 자기의 죽음으로 1515년의 첫날을 영원하게 하였습니다. 그는 키가 중간 정도였고 얼굴은 컸으며 눈은 푸른색이었습니다. 시선은 평온하고 침착했으며, 몸은 허약하나 정신은 강했습니다. 안색은 황달기가 있었고, 그는 본래 기질상으로 여자들에 대해서는 관심이 없었습니다. 그는 공평하고 자기의 인민들을 매우 사랑하였던 왕이지만, 그의 치세 이전에도 왕위에서도 결단코, 행복도 불행도 누리지 못한 왕이었습니다.

30 플뢰랑주(Fleuranges) 원수의 『회상록』; 의장 에노(le président Hénault), 가르니에, 모든 프랑스 역사가들은 그를 '인민의 아버지'라고 불렀습니다.

역사와 역경에 관한 연구는 우리의 조국을 위해, 이전에 프랑스를 다스렸던 더 좋은 왕을 만들어냈을 것입니다.

루이 12세의 마음은 트라강(Tragan, 트라야누스)의 생애를 읽으면서, 이러한 위대하고 놀라운 미덕에 대한 사랑에 희망을 걸었는데, 왕들의 마음속에서 길러진 이 미덕은 행복하고 평화로운 날들을 땅 위에 끌어온 것으로서, 사람들은 그것들이 없다면 단지 우리가 그곳에서 매우 믿을 수 없는 그림을 그렸던 매우 민감한 마음들 속에서만, 이처럼 행복하고 평화스러운 날들이 존재하였다고 믿었을 것입니다.

루이 12세는 얼마나 훌륭한 왕인가! 지난 3세기 동안 그에 대한 회상으로 흘린 눈물이 멈출 줄을 몰랐습니다. 전제정치로 예정된 피에 물든 날들 속에서 비탄에 잠긴 인민들이 이처럼 정의롭고 선한 사람의 전기를 읽으면서 자신의 고통을 잊었습니다. 그의 조상들이 누렸던 행복은 그로 하여 괴로움을 잊도록 하였습니다. 그리고 그러한 것은 진정으로 인민을 사랑했던 한 선한 왕의 영향이며, 그는 여전히 그의 뒤를 이은 자손들을 통치하고 있다는 것입니다. 시대의 특성에 따라, 그는 모든 나라와 모든 세기의 왕이 되었습니다. 사랑은 숭배로 바뀌었습니다. 그의 미덕에 대해 경배하면서 사람들은 그다음 세습자들의 악덕을 잊었습니다. 그리고 신기한 환상을 갖는 짧은 순간들은 삶에 즐거움을 쏟아놓았는데, 그의 모든 마음이 그 즐거움을 느낀 것은 아니나, 그 즐거움은 이러한 달콤한 생각을 품고 있는 사람들에게 가장 순수한 행복을 맛보게 해주었습니다. 왜냐하면 우리에게서 행복을 빼앗는 것은 전제군주들에게 속해 있지 않기 때문입니다.

루이 12세는 인민이 행복하기를 원하였습니다. 루이 12세는 마지막 숨을 거둘 때까지 인민의 행복을 소중히 여겼습니다. 루이 12세는 신의 특권인 열정보다 더 항구적인 열정, 즉 모두의 마음속에 기쁨과 행복을 쏟을 열정을 결코 느끼지 못하였습니다.

루이가 1506년 자신의 명령으로 소집된 신분의회에 등장했을 때, 그때는 하늘이 이처럼 훌륭한 왕의 생을 아름답게 꾸미길 원하였던 순간만큼이나 얼마나 좋은 순간이었습니까! 삼신분의회는 우리에게 국가의 입법권 행사에 관한 어떠한 증거도 제시하지 않았습니다. 오, 위대한 신들이여! 누가 감히 이 고상한 마음에 그들의 생각과는 다른 법률들을 강행하였겠습니까? 왕의 옥좌 주위에 모인 우리의 행복한 조상들은 그를 축복하고 그에게 경배할 줄만 알았습니다. 신이 거기에 나타나는 순간 우리 조상들은 모이고, 그곳은 바로 성전이 되었습니다.

바로 그때, 그의 옥좌 앞에 엎드린, 신분의회의 의장이 왕에게 말하기를, "폐하, 이 순간까지 바로 고쳐야 하는 불평의 원인과 인민의 정당한 불평들만을 폐하의 선왕들에게 보고하였던 신분의회는 나에게 '우리는 폐하에게 감사만을 바쳐야만 한다'라고 말하도록 명령하였습니다."

단 한 분의 업적으로 모든 사람의 행복이 이루어졌습니다. 폐하, 바로 폐하 덕분으로 인민들 모두가 행복을 누리고 있습니다. 그 한 분의 행위는 인민 모두에게 은혜가 됩니다. 최고존재의 발 앞에 엎드린 그들은, 왕에게 자기들의 날들이 유지되기 바라면서, 기원할 유일한 소원만을 가지고 있습니다. 바로 이것이 그들이 성전들에서 간청할 은혜인데, 그 성전들은 이제부터 더 이상 불행에 은신처를 이용하지 않았습니다. 왜냐하면 폐하의 제국 아래에서는 더 이상 불행한 사람들이 없을 것이기 때문입니다.

인민의 의지를 직접적으로 전달해주는 대변자인 신분의회의 만장일치에 의한 소원은 오래전부터 빈민의 집에서조차 폐하가 받았던 칭호를 폐하에게 주는 것입니다. 폐하가 왕이 되며, 폐하가 그토록 행복하게 만든 '인민의 아버지'가 되십시오. 신분의회는 폐하에게 나의 목소리를 통하여 '인민의 아버지'라는 칭호를 주었습니다. 그들에게 기원할 한 가지 소원이 남아있는데, 그것은 바로 폐하에게서 폐하를 닮은 한 아들이 태어나는 것을 보는 것입니다. 그리고 만일 이러한 행복이 그들에게 주어지지 않는다면 그들은 폐하의 유일한 딸이 왕위를 계승해야만 하는 군주로 적합하다고 요구할 것입니다."

눈물 때문에 여러 번 그 의장은 말을 중단하였습니다. 군중의 환희에 찬 외침과 흥분으로 의장은 말을 잇지 못하였습니다. 그렇게 선한 왕은 감동하여 답을 할 수 없었습니다. 그는 이전에 세상에 결코, 없었던 가장 순수한 행복을 누리고 있었던 것입니다.

  왕은 아첨 비슷한 연설을 받아쓰게 하지 않았다는 것을 느꼈습니다. 왕은 그에게 이처럼 사랑스런 명칭이 주어졌고, 그리고 그가 그러한 명칭에 대한 가치를 가지고 있었으며 삼신분의회가 그에게 명예를 줄 것이라고 느끼고 있었습니다.

  국새상서(Chancelier)는 왕을 위해 그처럼 사랑스러운 명칭을 접수했으며 인민에게 감사하였고, 그리고 삼신분의회는 해산되었습니다.

  여기에 앙리 4세가 소집하지 못하였던 우리들의 신분의회는 틀림없이 왕의 명칭이나 왕의 덕보다 훨씬 아름다운 명칭에 의해 보상을 받았던 단 한 번이 있었습니다. 이 탁월한 왕은 죽었습니다. 끝없는 행복은 그 밖의 다른 조국의 분할로 되었습니다. 프랑스의 분할은 루이 12세와 함께 종료되었습니다.

  죽음에서 그렇게 진실한 눈물을 결코 흘리게 한 왕이 없었습니다. 백성 모두는 아버지이자 친구를 잃었습니다. 이 귀중한 역사를 읽으면서, 루이 12세가 생을 끝마친 순간에 이르렀을 때 사람들은 그처럼 애처로운 증거들을 보면서 바로 그때 고통을 진정시킬 수 없는 얼마나 찢어지는 고통을 느꼈을까요! 인민에게 왕의 죽음을 알리는 사람들이 파리의 거리를 돌아다니며 외쳐댔습니다. "훌륭한 왕 루이, '인민의 아버지'가 돌아가셨다." 똑같은 감정으로 활기찼고 똑같은 고통으로 타격받는 이 넓은 도시는 이 비통한 외침에 절망의 절규로서밖에 대답하고 있지 못하였습니다.

  왕의 죽음에 대한 추도사를 발표하는 것은 불가능하였습니다. 슬픔의 오열이 웅변가를 질식시켰습니다. 그에 대한 격렬한 추모심은 눈물을 흘리고 있었던 웅변가의 탁월한 설득력에 인민들은 왕의 명성을 계속 듣고 있을 수가 없었습니다. 그러나 재주도 지혜도 감성도 없는 당시의 역사가들(당통, 생즐래, 새셀, 고드프루아 출판사, 1622)은 왕의 정신에 대한 영향을 증명도 하지 않고 그렇게 아름다운 한 인생을 기록할 수는 없었습니다. 그의 아름다운 인생이 역사가에게 그에 대한 역사를 쓰도록 자극하였습니다. 역사가들은 재주도 지혜도 감성도 없음에도 불구하고 생기를 얻었습니다. 인민들은 눈물로 그들의 역사책을 흠뻑 적시었다는 것을 느꼈습니다. 그 당시는 그것들을 말릴 수가 없었습니다. 이 대한 왕의 생애에 대해 읽으면서 프랑스 사람들은 감동을 받았고, 그 책을 품에 꼭 껴안고 왕이 마지막 숨을 거둔 것을 생각하였습니다.

왕의 유해는 한 영묘(靈廟)의 공허한 장식 아래에서 쉬고 있습니다. 그러나 그는 역사 속에 그리고 프랑스인의 마음속에 있습니다. 억압, 전제주의, 공적 재변의 시대에서 몇몇 시민들은 그들을 덮고 있는 돌에 그들의 눈물을 뿌리려고 하였습니다. 여기에 왕의 영묘가 있습니다! 고대의 석관묘는 바로 전제주의자들의 무덤 위에 세워야 합니다. 아첨꾼과 거짓말쟁이가 여전히 그들의 잔해 위에 글로 짜임새 있게 표현하기 위해 손에 정을 가지고 대리석을 쪼아 울리는 것이 바로 거기에 있습니다.

나는 이 운좋은 통치에 대해 아주 상세하게 말했는데 그러나 나는 멈출 수가 없었음을 느낍니다. 이 운좋은 통치는 우리들의 역사 속에서 유일한 것이 되었고 이후부터 우리는 그에게 드리는 애석함밖에 없을 것입니다.[31]

그러나 루이 12세의 무덤 앞에서 등을 돌립시다, 그리고 그가 문인들에게 베풀었던 보호에서 위로를 찾습니다. 이제 인민들의 재앙인 정치적 싸움 이야기는 그만둘 시간이 되었습니다. 우리가 친절하게 제국을 피로 물들인 혁명을 서술하지 않고 항상 인간성에서 비참한 승리를 찬양해야만 하는 것은 바로 철학의 시대에도 학문의 성전에 없는 것이기 때문입니다.

국가들의 영원한 충돌 가운데서, 정복 가운데에서, 그리고 군대의 영광 가운데서 과학과 문학은 어떻게 해야 합니까? 루이 12세가 여러 시대의 명예와 통치에 대한 주석도 경멸하였습니까? 이성을 기르고 군주들에게 영광을 주고 인민들을 교화하면서 그들의 풍속과 정치를 완화하는 유용한 사람들을 경멸했습니까? 아닙니다. 왕은 모든 종류의 영광을 고양하기 위해 탄생했습니다.

---

31 『신분의회에 대한 회상록』에서 발췌.

시대의 야만성에도 불구하고 장서를 풍부하게 하려고, 고대의 훌륭한 작품들을 찾고, 그리고 인쇄소의 불완전함에도 불구하고[32] 출판에서 먼지 속에 잃어버린 수사본에 생명을 회복한 루이 12세를 보십시오. 블루아성에서 밀라노의 공작들과 나폴리 왕들의 장서들을 모으고, 그곳에 페트라르카와 그뤼튀즈(Gruthuse)의 책들을 옮겨놓았으며 그리고 마침내 유럽에 있었던 인간 지식의 가장 큰 수장고를 만든 그를 보십시오.[33]

곧 루이 12세는 아첨꾼들을 고려하여 그의 출신보다는 학식에 의해 여전히 돋보이는 장 드 라스카리(Jean de Lascaris)에 애착을 느꼈습니다. 그 후 곧 그는 언어에서 그렇게 능란한 지롤라모 알레안드로(Girolamo Aleandro)에게 특혜를 주어 파리로 끌어들였습니다. 역사에 폴 에밀(Paul Emile)과 시에 카스틸리오네(Castiglione)를 언급한 것이 바로 그였습니다. 그는 도처에서 경쟁심을 일깨웠습니다. 그는 모든 장르에서 그리고 모든 재능에서 길을 열었습니다.[34]

학문과 예술이 명성을 영원하게 전했던 것은 아우구스투스나 루이 14세의 찬란한 시대가 아니었습니다. 그러나 인간 정신이 프랑스에서 야만성을 벗겨내고자 하였던 것은 바로 루이 12세 시대였습니다. 학문과 예술이 알프스산맥을 넘고자 하였던 것처럼 보이는 것도 바로 그 시대였습니다. 그리고 모두가

---

32 마이앙스(Mayence)의 세 인쇄업자 마르탱 크랑(Martin Krants), 윌리 제리우스(Ulrie Gerius), 그리고 미셸 프리뷔르제(Michel Friburger)가 1470년경 파리에 이 기술을 가져왔습니다. 그들은 즉시 마법 혐의로 고발되었고, 그들의 책은 압수되었습니다. 이러한 고발은 계속되지 않았는데, 왜냐하면 재능 있는 루이 11세는 프랑스가 인쇄 금지로 인하여 명예가 실추되는 것을 원하지 않았기 때문입니다(『통사』).
33 왕립도서관에 대한 역사적 비망록(가르니에, 『프랑스사』 제22권, p.542).
34 루이 12세는 라스카리를 베네치아 대사로 임명하였습니다. 이 학자는 수사본의 교정으로 콘스탄티노플 황궁에 원래 없어서는 안 될 사람이었습니다. 루이 12세는 금 500에퀴의 연금을 알레안드로에게 주었습니다. 1509년 왕은 사료편찬관으로 삼기 위하여 이탈리아에서 폴 에밀(Paul Emile)을 데려갔습니다. 프랑스에 도착한 카스틸리오네는 자신이 쓴 『궁정인』 일부를 왕과 발루아 공에게 소개하였고, 그들은 그를 격려하였습니다.

프랑수아 1세의 통치를 알렸습니다.

그대들은 우리 시대를 장식한 훌륭한 사람들입니다. 만약 그대들이 훌륭한 통치를 준비한 루이 12세의 가치를 받아들이지 않는다면 그대들은 정의롭지 못한 사람들이거나 배은망덕한 사람들일 것입니다. 루이 12세가 어떤 취미와 우직함으로 문학을 보호하지 않았겠습니까? 그가 역사에 대해, 그리고 국가의 특성에 대해 어떤 판단도 가지고 있지 않았습니까? 그는 종종 말하기를 "그리스인들은 사소한 일을 만들었으나, 표현의 숭고함으로 위대하고 영광스런 업적을 이룩하였다. 프랑스인들은 아름다운 행동을 많이 만들었으나, 그것들을 기록할 줄 몰랐다. 로마인들은 영광스러운 군대로 많은 위대한 업적을 이룩하였고, 그것들을 기록하고 그것들을 훌륭하게 이야기할 줄 알았던 것은 모두 인민들의 군인들이었다."[35]라고 하였습니다.

그렇게 판단한 군주가 어떤 분별로써 학자들을 고무하고 문인들을 사랑하지 않았겠습니까! 만약 야망과 정치가 루이 12세로 하여금 전념하지 못하게 하고 있었다면, 그가 무엇을 하지 못하였겠습니까! 특히 철학으로 성숙한 시대에 그가 무엇을 하지 못하였겠습니까! 어떤 치세의 문학적 영광이 그렇게 쉽게 얻어지겠습니까! 오래전부터 이성이 다듬어지고 있을 때, 등대와 같이 점점 멀리멀리 위치한 아카데미들은 인간 정신의 다양한 길을 조명하였습니다. 국가가 유용한 목적을 향해 재능 있는 몇몇 사람들의 충동을 받아들였을 때, 그리고 철학이 왕위를 향해 웅비하게 한 것은, 그것이 바로 항상 소생하는 광채로 왕위를 보호하려고 던진 하나의 저항할 수 없는 계몽의 물결입니다.

그러나 그것이 바로 몽매의 장애물을 제거할 필요가 있을 때이며, 언어가 형성되기 시작하는 것이고, 인쇄소가 모든 진실성의 옹호자가 될 때라는 것입니다. 이처럼 행복한 소요에서는 바로 인민들에게 원하는 수장이 필요하다는 것이며, 그들을 계몽할 줄 알아야 한다는 것입니다. 그것은 학문에 대한 장

---

[35] 『루이 12세 역사』 제3권, p.462. 가르니에, 『프랑스사』, 제22권, p.542.

려와 보상입니다. 학자들에게는 혜택과 명예를 주어야 합니다. 왕들이 그들의 영향에 의해 계몽된 후손의 진실한 존경과 사은을 받을 만한 가치가 있게 되는 바로 그때입니다. 왕들이 인민들의 시대에서 명예로운 시대를 만드는 것도 바로 그때입니다. 왕들은 그들의 시대를 창출하였으며, 인민들의 시대는 미래 속에 왕들을 존속시킬 것입니다. 그러한 분은 샤를 5세와 앙리 4세 사이에서 우리들의 역사 속에 있는 바로 이 군주였습니다. 그러한 분은 바로 이 왕이었는데, 그의 현명함과 입법은 참사회, 상원, 국민의회에서 찬사들로 발견되었으며,[36] 모든 연령의 사람들이 그의 명성을 찬양하였습니다. 사람들은 감동 없이 우리들의 역사로부터 이 시대를 편력할 수 없습니다. 이 시대에서 인민들은 그렇게 행복했습니다. 사람들은 신성한 존경 없이 '인민의 아버지'라는 이름을 부를 수 없습니다. 훌륭한 왕들은 일종의 우상 숭배를 불러일으킵니다.

---

36 "오늘날에도 여전히 드 투 씨(M. de Thou)는 다음과 같이 말합니다. 즉 국왕참사회에서 또는 고등법원에서 혹은 왕국의 신분의회에서 공익과 통치의 개혁이 관련되면, 인민들은 루이 12세와 그의 현명한 법령들에 찬사를 보냅니다."
인민들은 어느 날 왕의 면전에서, 동양 황제들의 전제주의와 바자제트(Bajazet) 2세라는 유일한 이름으로 가장 용맹스러운 회교도들을 전율하게 만든 힘에 대한 지각 없는 찬양의 증거들을 제시하였습니다. 루이 12세는 다음과 같이 대답하였습니다. "나는 그보다 훨씬 더 강력하다. 왜냐하면 정의와 법이 의도하는 것만을 원하면서 나는 내가 원하는 것 모두 할 수 있다고 확신하기 때문이다." 군주의 의무와 권위에 더하여 가장 깊은 사고와 가장 고귀한 감정을 포함하여 감탄할 만한 대답이 아니겠습니까!

# J.B. 퓌르골르에 대한 찬사[1]

J. B. 퓌르골르, 툴루즈 고등법원의 변호사
툴루즈 고등법원에서 자선변호사회의 종결을 선언한 연설문.
1783년 9월 6일 토요일 인쇄를 명령받음.

"그를 낳은 조국은 그를 환영하는 것만큼이나 친근하다."

— 키케로

### 머리말

나는 이 논문을 자선변호사회(La Conférence de Charité)[2]에서만 읽는 것으로

---

1  M. Bertrand Barère, *Éloges Académiques*, pp.59~106.
2  그것은 이 찬사의 저자에 의해 툴루즈 고등법원에서 근무할 당시 설립한 자선 시설입니다(1782년 제즈 씨에 의해 발표된 개원연설문을 보십시오).
   자선 시설은 가장 유명한 16명의 원로 변호사, 고문, 작가, 또는 소송 당사자들로 구

작성합니다. 그리고 그것을 인쇄하지 않기로 하고 연중 작업으로 종결합니다. 자선변호사회의 변호사들은 인쇄할 것을 심의하였습니다. 변호사들은 나의 뜻에 따르지 않고 반대하려는 확고부동한 생각이 더욱 있었을 것입니다. 나는 선배 변호사들을 존경하므로 이 작품의 단점에 대해 무분별하게 만들지 않고, 이 절실한 초대에 응합니다. 이 작품은 박식하고 덕이 있는 퓌르골르의 은덕이 될 수밖에 없습니다.

공적 찬사의 영광을 받은 유명인사들 가운데서 법률가 한 사람이 가까스로 우리의 눈에 나타났습니다. 우리는 전사, 장관, 입법가, 문인들을 차례차례로 찬양하였습니다. 그러나 이처럼 다양한 문학상의 명예는 인생을 공익에 영구

---

성되었습니다; 다시 말하면 보고서, 진술서를 작성하는 책임을 맡은 16명의 젊은 변호사들로 구성되었습니다. 그리고 아주 가난하거나 또는 불우한 소송인들의 공적 변호는 민사소송일 수도 있고, 형사소송이 될 수도 있을 것입니다. 이러한 박애적 기구는 복지, 자유, 그리고 가치가 있는 몇몇 인민들과 불운한 가정에 명예를 회복시키게 했습니다. 그것은 1790년 고등법원이 폐지될 때까지 지속되었습니다.

당시 프랑스에는 이와 비슷한 몇몇 기구들이 있었습니다. 나는 그것들의 원리들을 상기할 것입니다. 그리고 우리들은 그것들이 툴루즈의 자선변호사회와 같이 자발적이고 박애적 생각에서 설립되지 않았다는 것을 알 수 있을 것입니다.

1. 자선협회(Conseil charitable)는 1751년 리용의 대주교 로슈본(M de Rochebonne)에 의해 리용에서 설립되었습니다. 이 협회는 각 파트에서 결정한 사항을 보고하고자 하였던 문제들에 대해 합의하는 것을 정례화하였습니다. 이 협회는 그의 이름으로 자신들의 권리를 주장하기에 무력한 상태에 있는 빈곤한 개인들의 소송을 맡았습니다; 다시 말하면 이 협회는 가난한 인민들의 요구로 도와주었습니다. 이 협회는 변호사들과 상담하는 인민의 권리를 분명하게 밝혀주면서 그들의 출생에서부터 시작하여 그 밖에 다른 일까지 종결해주었습니다.
2. 1774년 시세(M de Cicé)가 로데즈(Rhodez)에서 설립하였습니다. 그는 로데즈의 주교였으며, 그것은 툴루즈 자선변호사회와 비슷한 기구였습니다.
3. 조정사무소(Des Bureaux de Conciliation)는 1780년 몇몇 귀족들이 자신들의 영지에서 설립한 바 있었습니다; 다시 말하면, 적절한 사례로서 이전에 로앙 샤보(Rohan-Chabot) 공작 부부가 낭트 가까이에 있는 그들의 영지 가운데 한 곳에서 몇 번 베풀었던 바가 있었습니다.

히 헌신하였던 철학자, 시민, 사람들을 잊어버리는 충격을 주는 것 같습니다. 그들의 생애는 입법의 혼란을 제거하면서 유익한 일로 사회에 봉사한 학자이자 공공의 복지를 위한 영원한 희생자밖에 되지 않았습니다.

오, 선조들의 박학함이여! 선조들이 우리에게 주는 어떤 또 다른 모범이 있겠습니까! 법률가는 전사의 곁에 있습니다. 페리클레스는 공공의 평가를 데모스테네스와 똑같이 받았습니다. 키케로는 카이사르의 경쟁자입니다. 그리고 파피니아누스(로마의 법학자)는 법률을 편찬한 왕만큼 유명합니다.

그렇게 많은 부정직한 위인들에게 복수했던 이 시대는 법률에서 학자들을 위한 무관심 자체를 복수합니다. 그리고 덕이나 재능을 가지고 있는 모든 사람은 존경받을 권리를 가지고 있음을 증명할 것입니다. 조상들은 위인들의 동상을 세웠습니다. 우리 가운데 있는 종교는 성전에서 지상의 위인들에 대한 추도사를 허락합니다. 모든 문학단체는 회원들의 무덤 위에 꽃들을 바칩니다. 지식과 덕에 의해 구분된 시민들의 등급은 위인들을 결코 명예롭게 하지 않는 유일한 것이 될 것입니다!

신사 여러분, 이러한 생각에서 파피니아누스는 위대한 법률가로 살았고, 우리의 동지로 선택되었습니다. 그는 우리의 횃불과 귀감이 되었습니다. 그러나 외국인들은 우리에 앞서 그의 명성을 널리 알렸다는 것을 기억합니다. 여러분도 퓌르골르를 아실 것입니다. 그는 파리의 유명한 웅변가로 왕국 최고의 법정에서 이미 그에 대한 찬사가 있었습니다. 그가 저명해지게 된 이러한 과정에서 그의 명성을 만든 것을 환영합시다. 그가 조국의 명예를 빛냈다고 하는 것은 바로 우리에게 속한 것입니다. 이 자선회에서 그에 대한 항구적인 기념물을 세웁시다. 어떤 사람이 자선회에서 더욱 찬사를 받을 훌륭한 가치가 있습니까?

이 존경할 만한 회의에서 퓌르골르에 대해 찬사를 드리는 저보다 적합한 산문작가들이 얼마나 있겠습니까! 역시 나는 동료들과 똑같이 명예에 연연하지 않고, 대단한 학자와 시민들 가운데서 탁월한 사람과 달리 가장 신성한 우리들의 의무 중 하나를 적어도 완수할 것입니다. 나의 연약한 목소리로 어떻게 하면 퓌르골르와 여러분들에게 합당한 찬사를 드릴 수 있겠습니까!

## 제1장

지난 세기의 말은 문인들에게 좋은 시절이었습니다. 그것은 학문에서도 마찬가지였습니다. 동시에 자연(하나님)은 법의 본질을 위해 위대한 두 사람을 탄생시켰던 것 같습니다. 같은 시기에 하나님은 로마법에 정통한 사람들 가운데 질서를 계승하고 바로잡으며 프랑스의 판례를 명확하게 하시려고 퓌르골르와 포티에를 탄생시켰습니다.

나는 퓌르골르의 출생 신분에 대해 말하는 여러분의 조심성을 계보학에 전념한 사람들의 허황된 노예근성에 맡기겠습니다. 무엇이 귀족이고 무엇이 평민의 신분입니까? 인간 사이에 둔 이러한 쓸데없는 구분은 무엇에 의한 것입니까? 지식과 덕이 필요한 것은 언제입니까? 그 가치가 조상들에게는 필요하지 않았습니다.

우리의 법학자의 유년 시절과 초기 교육은 괄목할 만한 것이 전혀 없었습니다. 지방의 작은 도시에서 기초 원리들을 교육받은 후에 퓌르골르는 우리 시대에 유명한 대학에서 법률을 공부하였습니다. 값진 4년간의 투자로 고무된 공부에 대한 단호한 의욕으로 그는 교수들의 사랑을 받았습니다. 바로 그 시대에 프랑스인의 권리가 그 유명한 뒤발(Duval)에 의해 가르쳐졌습니다. 로마법에 대한 어찌할 수 없는 유혹이 그를 놀랍게 진보시켰고 그의 천직을 결정하게 하였습니다.

젊은 나이에 향락이 싫지 않은 것은 아니지만, 젊음의 향락이 힘든 공부를 멀리하게 하는 그런 나이에 변호사로서의 명예를 획득하였으므로, 퓌르골르는 쓸데없는 것에 사로잡히지 않고 전심으로 일하고 있었습니다. 그가 일관성 없이 공부하려고 하였다는 것, 허영심에 의한 횡령으로 감옥을 자주 드나들었다는 것, 또는 그가 의뢰인과 소송 사건에 시간을 끌려고 하였다는 것은 믿지 말기 바랍니다. 사람들은 그의 지혜를 빌리고자 하였으나 그는 그것을 거절하였습니다. 그의 운명은 끈기 있는 노력으로 예정되었습니다.

그는 몇 가지 면에서 로마법에 유혹을 느꼈습니다. 결국 정의롭고 광대한 정신을 만족시키는 데 더욱 알맞은 것이 어떤 입법이겠습니까! 오늘날 그렇게 값지고 그렇게 비방을 당한 이 법률을 제출하기 위해 퓌르골르는 밤을 새워가며 계속 공부하였던 것입니다.

당시 사람들은 법률을 공부하는 좋은 태도를 가진 고대 그리스와 로마의 작가가 되살아나는 것을 보았습니다: 사람들은 로마 법전에서 법률에 대해 배웠습니다. 사람들은 로마법의 기원으로 거슬러 올라갔습니다. 사람들은 법률의 해석, 법과 재판소의 결정에 대한 작품의 조심성 없는 생산은 심오한 학문에서 여전히 진실성 있는 지식으로 변화시키지 못하고, 그리고 표면상의 정신을 증가시키지도 못하는 상태에 있었습니다.

퓌르골르는 몇 년 후에 법정의 변론하는 자리에 나타났습니다. 그는 장래가 유망한 나이에 거기에서 연구하였습니다. 그의 연구에 대한 빠른 성과는 변론가보다 오히려 교육자로 알려졌습니다. 그는 몇 가지 소송 사건에 대하여 변론하였고, 그 과정에서 항상 그의 입장에 대한 진실한 원칙을 보였습니다. 따라서 사람들은 그를 돈에 팔린 변론가로 결단코 보지 않았고, 성공 또는 모욕에 대한 대가로 돈을 받고, 변론으로 이미 너무 불행해진 사람을 야유함으로 괴롭히고, 변호도 없는 소송 사건에 대해 품위를 떨어뜨리는 파렴치한 세목들을 폭로하지 않는 모습을 보았습니다. 퓌르골르는 자존감으로 가장 만족한 모습을 보여주지는 않았지만, 역시 가장 파란만장한 경력을 약간 보여주었습니다. 그는 변호사석에서 값지고 귀중한 내용을 알리기 위해 그리고 반성하게 하기 위해서만 정의의 성소에 나타났습니다. 그는 건강이 나빠 변론하기 힘든 직을 그만두게 되었습니다. 이때부터 그는 법학과 연구실 근무에 더욱 전념하였습니다. 그는 거기에서 성공과 명성에 대한 강한 집착에 이끌리었습니다.

자유와 학문을 사랑하는 한 영혼을 만족하게 하는 데, 작가변호사(l'avocat

écrivain)보다 더욱 알맞는 어떤 신분이 있겠습니까! 명예는 다소 덜하지만, 그러나 변론가보다는 더욱 자유로운 그는 타르제(Target), 엘리 드 보몽(Elie de Beaumont), 잠(Jamme), 가리(Gari) 등이 다마드의 빛나는 승리(Triomphe éclatant de Damade)[3]에서 경합하여 얻은 것처럼 월계관을 받았습니다. 작가는 변론가처럼 감동하게 하지 못합니다. 그러나 작가는 더욱 많은 설득력을 가지고 있습니다. 눈으로 말하면서 듣는 사람보다 더욱 엄격한 판단을 한 그는 부정행위 또는 거짓말의 정체를 폭로하기 위해 더욱 노력해야만 하였습니다. 그는 오직 자신이 집합시킨 사람들이 변론가에게 그렇게 쉽게 준 영향과 발전을 상상으로 보충해야 하였고, 변론가가 가볍게 스친 모든 문제를 깊이 조사해야 하였으며 능변 덕분에 논리의 힘을 넣어야 했습니다. 반면 변론가는 제스처에 의해 눈을, 그리고 참한 목소리에 의해 귀를 유혹하였습니다. 결국 변론가는 끊임없이 사건의 가시를 뽑아야 했습니다. 반면 그 변론가는 본성에 의하여 더욱 단순하거나, 또는 설득력 있는 소송 사건밖에 맡지 않았으며, 거의 매일 화려한 경력으로 돌아다녀야 했습니다. 여기에 관심을 두어야 하는 것이 있습니다. 여기에 퓌르골르가 32세에 두려워하지 않았던 업적이 있습니다. 추론으로 된 발췌문에 의한 소송의 예심과 로마법의 분석 사이를 분리한 그는 그에 대한 지식은 없었지만, 언젠가 그토록 명성을 그에게 줄 작품을 준비하고 있었습니다.

　이 시대에 그렇게 괴로운 작업을 시도한 용감한 사람, 이윽고 왕국의 하원 자리로 그대를 보상할 것입니다! 법에 영감을 주고 완전하게 하려는 공적은 그대의 젊음을 아름답게 할 것입니다. 다그소(d'Aguesseau)의 위대함이 왕국에 통일적인 법 해석에 대한 계획을 내놓았습니다. 그는 프랑스 입법에 대한 위

---

3　보르도, 툴루즈, 파리 고등법원에서 변론한 이 유명한 소송 사건은 나에게 있어서 같은 소송 사건을 변론하고 성공을 공유하면서 대변인(Orateur)과 변호사 겸 작가를 겸하는 재능의 본보기가 되게 해주었다.

대한 생각을 구상하였습니다. 그는 우선 '증여'에 관한 법을 생각하였습니다. 현명한 입법가로서, 그는 법 해석에 대해 살폈고 최고법정에 대한 의문을 제기하였습니다. 그는 툴루즈 고등법원에 편지를 보냈습니다. 그것은 그가 공개하도록 제의한 법의 목적에 관한 질문으로 로마법에서 그의 식견이 그렇게 명성이 났던 것입니다.

사람들은 법정에서 입법가에게 보내진 기록문 일부가, 가장 유명한 변호사에 의해 다시 작성되었다는 것을 알고 있었습니다. 누구를 최고재판소의 위원으로 선정하려 했을까요? 다양하고 광범한 경력을 가진 원로 법률가 가운데서 한 분이 되었을까요? 아닙니다, 신사 여러분, 이 법을 준비하기 위해 아주 젊은 변호사 한 사람이 선정되었는데, 그 변호사가 바로 퓌르골르였습니다.

우리가 툴루즈 고등법원에 회답하는 것을 막을 필요가 없습니다. 카뮈(M. Camus)[4]는 몇 가지 형태로 보아 그것은「다그소 법령에 대한 보고서의 일부」라고 말하였습니다.

'증여법'은 공포되었습니다. 사람들은 일반법에 있는 하나의 불가피한 악덕으로 표시하였습니다. 그것은 관습법의 원리와 로마법의 원리가 혼합된 것이었습니다. 몇몇 사법관들은 기록된 순수한 법의 재판에서 위험한 결합을 떼어놓기 위해 퓌르골르를 초대하였습니다. 학자의 지식을 가소롭게 생각하려고 지나친 재능을 가지고 있었던 대법관은 이 일에서 퓌르골르를 부추겼습니다. 드디어 그는 '증여'에 대한 한 권의 책을 출판하였습니다. 그 책은 출판되자마

---

4　『다그소의 법령집』은 특히 로마법을 알고자 하는 사람에게 분명하게 되어 있습니다. 나는 사람들이 툴루즈 고등법원의 답변과 함께 다그소가 모든 고등법원에 제시한 『법해석의 문제집』 이외에 다른 주석 없이 그것을 읽을 수 있으리라고 생각합니다. 어떤 점에서 보면, 그것은 이들 법령에 대한 보고서의 일부입니다. 어려운 문제처럼 보인다면 부타릭(Boutaric)과 퓌르골르의 주석을 참고할 수 있습니다. 고등법원의 변호사, 카뮈의「변호사직에 대한 편지」, 네 번째 편지, p.99. 사람들은 퓌르골르가 다그소의 질문에 대한 답변의 작성자라는 것을 알고 있습니다. 『증여에 대한 논고』의 출판사 광고를 보십시오.

자 즉시 동이 났습니다. 사람들은 그 책을 상당한 분량의 증보판으로 다시 출판하였습니다.

　그것을 법률 교재로 발전시키고, 로마법과 비교하였으며, 로마법의 규정에 대한 동기를 설명하였고, 이 새로운 법은 이와 같은 권리, 과거의 법령, 창안자의 견해, 법정의 판례를 만든 것을 예외로 확정하였습니다. 그가 첫 장에서 작성하였던 것이 여기 있습니다.

　입법가가 예견한 것도 아닌 질문과 법으로 보면 보고서들이 가질 수 있는 난해한 것들에 대해 신속하고 심층적으로 일별해보십시오. 그리고 그때까지 혼란스럽게 흩어져 있던 원리들을 모으고, 판례의 변동을 살펴보십시오. 그러한 것은 제2편에 있는 것으로 퓌르골르의 행적입니다. 법령들은 이 작품 속에 들어 있는 판결을 몇 번이나 정당화하였습니까! 퓌르골르에서 사람들은 심지어 그의 취의서들에 대해 법률 작성자들 가운데서 그가 인용한 거의 모든 법령을 보고하였던 이 귀중한 공적을 알 수 있습니다.

　다그소는 왕국에서 가장 박식한 법률가들을 명료하게 구별하였으며, 용기로써 선의의 경쟁을 하고 일을 계속할 기회를 잃지 않으려고 하였습니다. 그는 퓌르골르의 첫 작품을 받고, 그리고 가장 존경하는 글을 그에게 손수 썼습니다.[5] 퓌르골르는 거기에서 영감을 줄 수 있는 가치 있는 평가를 하기 위해

---

[5] "나는 귀하가 나에게 보낸 저서를 받았습니다. 그리고 나는 그것을 매우 가볍게밖에 살펴볼 수 없었습니다. 그러나 내가 대강 훑어본 바에 의하면 그것은 나로 하여 주의 깊게 읽고 싶다는 마음을 불러일으켰습니다. 그리고 나는 귀하의 '대단한 능력과 깨끗한 정신'을 여전히 보다 더 잘 알 수 있는 장소를 나에게 허락하도록 하는 편지를 작성하기 위해 내가 가질 한가한 최초의 순간을 이용할 것입니다. 귀하는 나에게 제시할 수 있는 어려운 문제들을 기쁨으로 내가 받아들이리라는 것을 잘 판단하셨습니다. 그리고 만약 아주 완벽하게 말하는 것이 가능하다면, 귀하는 귀하가 응용할 목적으로 만들었던 일에서 공공의 행복만을 내가 원하였던 것처럼 그것을 표명하기 위해 '보다 능숙한 법률학자'들의 계몽적 지식을 이용하는 것보다 유쾌해질 수 있는 것은 나에게는 결코 없습니다. 「다그소의 사인, 베르사유, 1733. 6. 11.」

이 글을 읽어야 했습니다! 다그소의 불멸의 글이여! 예우로써 그를 가까이하는 것은 충분치 않으니, 오히려 질투로 공격하는 그를 방어하십시오. 한 고문 변호사가 증여법에 대한 책을 발간하였고, 그 속에서 그는 신중하지 않고 거의 모욕하는 말투로써 퓌르골르를 다루었습니다. 대중들은 퓌르골르에 대해 복수하였습니다. 그 비판은 잊혀졌고, 그리고 『증여에 대한 논고(Le Traité des Donations)』는 그 후 3판이나 간행되었습니다.

시민법으로부터 퓌르골르는 교회법으로 옮겼습니다. 초기 주임사제들에 대한 논고는 '증여법'에 대한 논고들을 세밀하게 따랐습니다. 어떠한 사항도 우리 석학(savant)에게는 생소하지 않았습니다. 그는 '증여법'과 마찬가지로 동시에 공포된 성직권에 관한 법을 발견하였습니다. 그는 목사직을 갖기 위해 자신들의 수도원을 포기한 18세기 품행 방정한, 이러한 종류의 성직자들의 규정들에 대해 가증스럽고 기이한 기원을 알아내고자 하였습니다. 다시 말하면 규정에 따라 다시 직책을 받은 그들은 그 후 일하지 않고 얻은 보물들, 직능 없는 주임사제들, 가장 필요하지만, 재산은 적은 영원한 보좌신부들에 대한 위험한 예를 교회에 주었습니다.

우리에게 종교국가에 어긋나고 교회에 무거운 짐이 되는 예속교구의 본당에 부과하기 위해 힘든 필치로 수도사들의 수고를 공개하며, 그리고 주임사제와 교구의 재판권을 약하게 만든 퓌르골르를 보십시오. 다시 말하면, 당신들은 고약한 노예 신분들이 국법[6]에 의해 받아들였던 한계를 다른 사람에게 보

---

반대로 역시 아첨하고 적어도 잘난 체하지 않는 저자를 역시 추켜세울 수 있는 찬사는 더욱더 대법관의 평가를 가치 있게 할 퓌르골르에게 보다 주의 깊게 돌릴 수밖에 없습니다. 퓌르골르는 1731년의 법령에 대해 다그소에게 하였던 모든 항변에 답변하도록 그에게 명성이 높은 행정관직을 준 그 임명장을 서둘러 이용하려 하였습니다. 그때부터 이 두 사람 사이에 서로를 위한 학문적이고 또한 명예로운 서신 왕래가 이루어졌습니다. 『저서의 출판사에 대한 충고』

[6] 사실의 원칙들은 1726년 10월 5일, 1731년 1월 15일, 1733년 7월 13일의 왕의 선언으로 확정된, 최후의 법 해석과 함께 부여되었습니다. 이 저서는 25장으로 구성되었

여준 퓌르골르를 보십시오. 출판된 후 오래전 절판된 이 작품은 석학의 필치로부터 나온 것처럼 의심할 바 없이 유익한 것이 되었습니다. 그러나 우리는 여기에서 그가 공들인 시간에 대해 후회하지 않습니다. 「초기 주임사제들에 대한 논문」은 방학 중에 피로회복제가 되었습니다. 사람들은 한 노동자에 대한 그 일은 단지 일에 대한 피로를 풀 수 있게 할 것이라고 말할 것입니다.

새로운 법은 죽어가는 사람들의 마지막 의지의 형태를 규정하기 위해 출간되었습니다. 입법에 관한 그렇게 많은 자료를 모은 퓌르골르는 곧 『유언에 대한 심층적 논고(Un Traité profond sur les Testamens)』에 몸과 마음을 바치는 것 외에 더 이상 다른 것에 전념하지 않았습니다. 마침내 다그소의 명예에 대한 각각의 광채가 퓌르골르를 향해서 반사되었습니다. 여기에서 이러한 대작에 대한 모든 가치, 즉 이러한 자료에 대한 유니크한 것을 전개하기 위해서는 석학이 있어야 합니다. 그 석학은 『유언에 대한 심층적 논고』의 저자로 명성이 나 있으며, 『팡데트(Les Pandectes)』— 유스티니아누스 법전 — 의 저자처럼 될 것입니다.

신사 여러분, 나로 하여 당시의 저널리스트들의 표현으로 말하게 하려고,[7] 매우 적은 수의 줄신 가문의 혈통에서부터 시작된 가지 있는 이 삭품에 대해

---

고 1756년 툴루즈에서 인쇄된, 한 권의 책으로 만들어졌습니다.

[7] 『유언에 대한 심층적 논고』가 1744년 파리에서 4권으로 출판되었을 때 "각종 신문에서는 장르로서는 독특한 저서처럼, 그리고 이러한 자료에 대해, 이전 교수의 유일한 『논고』처럼 그것을 알렸습니다." 1745년 3월 『메르퀴르』가 어떤 방법으로 표현하였는가 보십시오. 여러 시기에 출판된 4권의 책에 대해 적어도 1745년 1월, 1746년 6월, 1747년 11월 『지식인 신문(Le Journal des Savans)』을 보십시오. 또한 셀로 출판사(chez Cellot)에서 만든 『유언에 대한 심층적 논고』의 신판을 소개하는 1779년의 『메르퀴르』를 보십시오. 여기에 하나는 리옹에서, 또 다른 하나는 아비뇽에서 출판된 이 저서는 위조품으로 되어 있습니다. 사람들은 여전히 한 협회에 의해 출판된 『위인들에 대한 새로운 사전』, 3권, '퓌르골르'라는 말에서 볼 수 있습니다. 『유언에 대한 심층적 논고』의 새로운 출판사는 이성을 가지고 다음과 같이 말하였습니다. "퓌르골르는 아직 어떤 문화도 받아들이지 않았던 들판을 개척해서 비옥하게 만들었다."

감탄하면서, 몇 가지 정치적인 소망에 대해 상기해봅시다. 왜냐하면 법은 단지 인간의 순간적이고 지속적이지 못한 의지에 대신해서 재산을 처분하기 때문입니다.[8]

　죽은 자가 더 이상 향유할 수 없는 재산의 분배에 대해 그의 가족에게 명령해야 할 필요에 대해 그들이 무엇 때문에 말하였겠습니까? 무엇 때문에 순간

---

8　"유언하는 권리는 사회에서 무익한가, 아니면 유익한가? 그것은 여전히 풀리지 않는 문제이다." 엘베시우스,『인간에 대한 논고』, 권2, p.517에서 말한 것이 있습니다.
입법의 단순성과 통일성에 따르는 공공의 행정관으로서 말하는 것보다 법으로 재산을 처분하는 편이 더 좋을 것입니다. 로마인들은 유언과 그것으로 빚어진 모든 문제에 대하여 많은 법률을 만들도록 하였습니다. 반면에 유언의 법은 간단하지만, 해석과 토론에서는 쉬운 것이 아닙니다. 법은 하나이지만 인간은 변합니다. 법은 냉정하지만, 인간은 정념의 도가니입니다. 법은 사회에 의해 인정되면서부터 부당하게 되지 않습니다. 인간은 흔히 부당한 선입관을 갖게 됩니다.
오로지 재산을 처분하는 법은 분노와 아버지의 동정심, 상속권 박탈의 무기를 억제하는 것이 사실입니다. 이러한 법은 아버지와 아들 사이에서 이권 관계를 끊는데, 그 이권 관계는 부패된 시대에 어떤 힘을 갖는 것입니다. 그러한 것은, 대단히 불편한 것들 가운데 하나가 됩니다.
그러나 본성에서 나온 욕심, 혈족의 발언권, 사은에 대한 감정, 종교의 족쇄, 사회의 비난, 악한들에 대한 형벌이 남아 있지 않겠습니까? 당신은 아버지의 유언에 의하여 결정된 재산의 박탈에 대한 형벌이 더욱 우세하다고 생각하지 않습니까? 풍속에 대한 재판 관할구를 제공하고 이권에 대한 재판 관할구를 부끄러워합시다. 만약 우리의 교육제도가 자연의 뜻에 반대되지 않는다면, 만약 우리의 예정이 자연의 목소리를 질식시키지 않는다면, 만약 공교육과 사교육이 제대로 되었다면, 상속권의 박탈은 우리의 법에서는 필요 없을 것이며 로마법의 수치심밖에 되지 않을 것입니다. 풍속이 바른 시대에 로마인들이 상속권 박탈권을 도입한 것은 아닙니다. 그리고 우리들의 법정에서 그것을 잊게 하는 것은 풍속에 관계된 일입니다.
이러한 생각에도 불구하고, 사람들은 관습법이 모든 권력, 모든 권위, 모든 의무의 원천이 되는 부권을 약화시키고, 제한시키는 것, 반대로 로마법은 부권을 확고하게 하고 영속시키는 것을 인정하지 않는 밖에 할 수 없습니다. 그것에서부터 사회의 행복을 만들 수 있는 모든 준칙이 나옵니다. 그러므로 만약 부패한 시대에도 그렇게 필요하다면 유언에 관한 법을 유지하기 바랍니다.

의 의지가 여러 세대를 연결하게 합니까? 인간을 둘러싸고 있는 모든 종류의 암시(la suggestion), 정념, 고발 등은 법보다 냉정하고 통일적인 의지를 더욱 선호하게 되어야 합니까? 그것을 테스트할 유일한 사람은 누구입니까? 그러나 그러한 것들이 바로 우리의 원리이고 그러한 것이 우리의 입법권입니다. 사람은 재산을 자유롭게 처분할 수 있습니다. 가장의 의지는 최고의 법입니다. 그리고 이러한 법은 습속의 제동기가 되고 그것으로 에고이즘을 교정하기도 합니다.[9]

처리하는 방법에 대해 관습법과 로마법의 비교는 「퓌르골르에 대한 찬사」에서 이상할 것이 없습니다. 그의 『유언에 대한 심층적 논고』는 이들 두 개의 입법권의 다양한 원리를 함축하고 있습니다. 그리고 그것은 의심할 바 없이 로마법의 규정으로부터 관습법의 규정들을 계속해서 구분한 퓌르골르의 가장 큰 공로 가운데 하나가 됩니다. 가장 유명한 저자들은 너무 자주 이러한 원리의 혼동이나 어떤 로마 법률에 주어진 다양한 의미에 의해 우리를 혼란하게 하였습니다. 재판소는 너무 자주 증여에 관한 문제 그 자체에 대해 다양하게 판결하였습니다. 그로부터 유동성과 가변성이 있는 이 판례, 가변적이고 일시적인 입법은 아마도 가상 설대석인 독단보나도 너욱 위험스러운 것입니다.[10]

오랜 경험은 저자들의 견해에서 그리고 재판소의 행정 절차에서 발생한 불가피한 오류를 퓌르골르에서 발견하게 하였습니다. 그는 오류를 만드는 원인을 알았습니다. 그는 우리들의 법전 가운데 필수적인 부분의 완성을 향해 그의 모든 작업을 추진하였는데, 그 작업은 그에게 있어서까지 일종의 혼돈 속에 있게 하였습니다.

만약 내가 퓌르골르의 작품들을 완전하게 알고 있었던 법학자들에 대해 말

---

9   이러한 사상은 근대의 저서에도 잘 소개되어 있습니다.
10  퓌르골르는 『유언에 관한 논고』의 서문에서 이러한 다양한 법률 해석에 대해 그 자신 개탄하였습니다.

하려 하지 않았다면, 나는 『유언에 대한 심층적 논고』에 대한 분석을 여기에서 하려 할 것입니다. 나는 그대들에게 '12표법' 이래 여러 법률이 겪었던 변동으로 확정하기에 그렇게 어려운 것들의 정신을 파악하면서, 유언에 관한 법의 힘든 연구에서 끈기가 있었던 저자를 소개할 것입니다. 다시 말하면, 첫 번째 것을 두 번째 것으로 만들었던 수정들을 표시하기 위하여 로마법의 입장에서 왕국의 법령들을 분류하면서 저자를 소개할 것입니다. 그리고 각각의 개별적인 자료로 수집된 원리에 빛과 힘을 주기 위해 다른 장소로 흩어지고 확대되어 법률들을 대조시키면서, 저작권에 대한 관습법을 끊임없이 구분하면서, 그리고 다른 쪽의 원리들에 의해 한쪽의 원리를 풍부하게 하면서 저자를 소개할 것입니다. 마지막으로 결국 진실한 원리에 근거하지 않았던 판결을 배제하기 위하여 재판소의 법 해석을 분석하면서 저자를 소개할 것입니다.

그렇습니다, 신사 여러분, 우리가 귀중한 논고를 만드는 것은 바로 퓌르골르에 대해서입니다. 인간의 마지막 의지에 해박하고 예우에 대하여 현명한 법 해석을 한 것이 바로 퓌르골르입니다. 그러므로 법인들 모두가 그에게 어떤 찬사를 드려야 하겠습니까!! 『유언에 대한 심층적 논고』가 알려지자마자 열성적으로 연구되었습니다. 그 책은 저자의 명성만 가지고도 출판되자마자 매진되었습니다. 그때까지 연이은 4회의 출판은 법학자들의 욕구를 겨우 충족하였으며, 외국 사람들도 이 책을 소유하게 되었습니다. 오래전부터 이 책은 출판업자와 법률가들 가운데서 명성이 나 있는 나라에 스며들어 갔습니다. 따라서 퓌르골르는 프랑스와 마찬가지로 독일에서도 알려졌습니다. 이처럼 명예로운 증언에 이탈리아의 유명한 대학들의 존경스러운 증언을 첨부하여봅시다. 사람들은 옛날에 파도바와 피렌체에서 창설하려던 바와 같은 우리들의 석학들을 보았습니다. 오늘날 로피탈 대법관이 프랑스 입법을 위하여 설립한 것과 같은 대학에서 우리는 바로 퓌르골르의 저서를 가지고 가르칩니다.

오, 퓌르골르여! 여러 곳에서 로마 법학은 발전될 것이고, 각지에서 인간들은 그들의 재산을 마음대로 처분할 것이며, 그리고 선행을 만들어내는 논쟁을 위하여 그 법을 이용할 필요를 느낄 것입니다. 따라서 그대의 이름이 알려지게 될 것이고 그대의 저서들이 영원불멸하게 될 것입니다. 그러므로 결국 법률가들의 명예는 입법가의 명예에 서로 접근하게 되는 것입니다. 내가 무엇을 말해야 합니까? 법률가의 권위는 입법가 자신의 권위와 같은 것입니다. 입법가의 권위는 법의 권위 그리고 재판의 권위와 함께하는 것입니다.

명사이시여, 그대의 학문과 업적에 대한 가치를 인정하는 찬사의 예물을 드리오니 흠향하여주시옵소서! 사람들은 이 유명한 대법관에게 그의 대작을 소개하라고 재촉하였습니다. 그는 친구들의 뜻을 존중하였습니다. 다그소는 오직 재능을 인정받은 가치 있는 사람으로 생각하고 그를 환대하였습니다. 그는 고대 로마의 유명한 법률가 가운데 한 사람을 보는 것으로 생각하였습니다. 그 입법가는 어떤 찬사들로써 어떤 차별 대우로써 그를 맞아들였을까요! 어떤 호감을 가지고 그가 그의 책을 살펴보았을까! 그는 그와 토론하는 것이 싫증이 나지 않았습니다. 아! 그는 이 두 분의 명사가 입법에 관하여, 토론하는 것을 듣는 것이 얼마나 흥미가 있었는지 모릅니다! 두 명사가 대담하는 동안 지위, 체면, 권력 등이 모두 사라졌습니다. 우리는 이 두 석학이 대화하는 순간만을 보았습니다.

그러나 문명의 빛을 위하여 이처럼 기억할 만한 여정이 어떤 새로운 승리를 다시 준비하겠습니까! 퓌르골르는 군주의 재판과 똑같은 관점에서 후손이 그에게 드릴 것들보다 우월한 예상 밖의 찬사를 받았습니다! 그는 거기에서 '웅변의 신(Dieu de l'éloquence)'에 대해 듣기 위해 커다란 방으로 끌려갔습니다.[11] 코생(M. Cochin)은 그가 말한 그 내용을 소홀히 하지 않았으며 퓌르골르를 명사에 포함하였습니다. 그는 『증여에 대한 논고』의 저자를 인용할 기회를 만들

---

[11] 모든 사람은 고귀한 신분의 한 여성이 매우 큰 방에서 자기의 입장을 변호한 후에 코생에게 다음과 같이 말하였던 것을 알고 있습니다. "만일 그때가 이교도의 시대였더라면, 나는 그대를 '웅변의 신'으로 존경하였을 것입니다."

게 하였고 회중 앞에서 그것을 확정하고, 그리고 그에 대해 경의를 표하였습니다! 이러한 찬사는 재판소에서도 공공의 장소에서도 이루어졌습니다. 그리고 각자는 청중 가운데에서 나와 그 작품들에 감탄한 석학의 주위로 몰려왔습니다.[12]

오, 여러분, 퓌르골르에 대해 그의 겸손함과 단순함을 알고 기뻐하였던 여러분은 이러한 상황에서 그의 고통을 어루만져주려고 했습니다. 그것은 바로 사람들이 다른 명사에 대해 말하였던 것처럼, 그 자신의 명예를 위해 논쟁하는 학문이었던 것입니다.

나는 여러분들에게 아직도 퓌르골르의 모든 저서에 대해 다 말하지 못하였습니다. 나는 '상속인 지정에 관한 칙령'이 공포되었을 때 그가 이 법에 대해 아주 흥미 있는 글을 썼던 것을 여러분들에게 말하지 않았습니다. 그 당시 그 프랑스의 천재는 다그소를 울렸습니다. 퓌르골르는 라무아뇽 씨(M. de Lamoignon)에게 '상속인 지정에 관한 칙령'에 대한 글을 써서 보냈는데, 그는 그에 대해 선임자와 마찬가지로 높은 평가와 호의를 표시하였습니다. 그것은 입법권을 가진 장관들의 입장에서는 존경할 만한 전례와 같은 것이었습니다.[13] 또

---

12  1742년에 퓌르골르가 다그소에게 자신의 대단한 저서를 소개하려 하였을 때, 여전히 그는 단지 『증여에 관한 논고』와 『주임사제들에 관한 논고』의 저자로서 알려져 있었습니다. 모든 사람이 이 석학을 보고 싶어 하는 호기심이 있었습니다. 사람들은 튈르리와 다른 공공장소에서 그에게로 몰려왔습니다. 우리는 그에게 한 고전시인의 다음 격언을 적용할 수 있을 것입니다. "손가락질하는 게 얼마나 아름다운지."
퓌르골르의 장자는 파리에서 이름에 걸맞은 존경을 받았습니다. 명사 제르비에(M. Gerbier)에게 특별히 대접받은 그는 로라귀에(Lauraguais) 백작이 자기 아버지의 회상록을 찬양하는 것을 여전히 기쁘게 듣고 있었습니다. "백작은 퓌르골르의 아들에게 말하기를 나는 그대 아버지의 저서에 대해 매우 고맙게 생각하고 있소. 그것의 권위가 나로 하여 승소하도록 하였소."
13  퓌르골르가 '대리상속인 지정에 관한 칙령'에 대해 주석을 달아 그것을 다그소의 후임자인 라무아뇽에게 보냈습니다. 여기에 사법부 수장의 답변이 있습니다.
"1732년 2월 12일 베르사유

한 퓌르골르가 발자취를 남긴 여러 곳에서 그는 자기를 찬양하고 존경하는 사람들을 보았을 것입니다. 만약 불가피한 소송에서 그를 선택하고, 몽펠리에로 그를 데리고 갔다면, 가장 상류층 사람들이 그를 만나려고 서둘렀을 것입니다. 귀중한 사람들을 평가할 자격이 있는 이 지방[14]에서 왕의 대리인이자 현명한 행정관은 특별한 예우로써 그를 맞이할 것이며, 그의 아들을 부를 것입니다. 그리고 아들에게 "나는 너에게 왕국에서 가장 위대한 법률가를 소개하고 싶었다"라고 말하였을 것입니다. 틀림없이 그는 값진 글을 왕에게 올렸으나, 그 가치에 대한 보상은 아주 불충분하였습니다.

무엇 때문에 자연(하나님)은 학문적으로 저명한 인사들에 대하여 명성과 타이틀을 수여한 나라에서 퓌르골르를 탄생하게 하지 않았습니까? 법학은 우리들 가운데 누구의 집, 어떤 장소에도 이르게 하지 못하였는데, 그곳은 사람들을 재판하는 권리가 매수된 곳입니다. 자신에게 합당한 어떤 명성을 그가 기다려야 하겠습니까?

그러나 나는 루이 16세가 이미 그 도시들 가운데 하나를 관리하기 위하여, 그리고 대대로 내려오는 귀족을 환영하기 위하여 흡족하게 해주는 태도를 보

---

나는 '대리상속인 지정에 관한 칙령'과 관련된 지난번의 '칙령'에 대한 귀하의 주석들을 매우 기쁜 마음으로 읽어보았습니다. 그리고 나는 많은 일들로 인해 대단히 중요한 주석들을 주의 깊고 정확하게 읽을 수가 없어 매우 유감스럽게 생각합니다. 대중은 "그들이 유언이나 다른 주제에 대해 당신이 했던 노력을 이용하였듯이," 이 주제에 대한 당신의 작업을 끊임없이 이용할 것입니다. 당신이 이 저서를 마무리하였을 때, 나는 이 새로운 법의 정신을 따라야만 하는 준칙들을 재판관들로 하여 만들게 하기 위하여 기쁜 마음으로 그대의 견해에 동참할 것입니다. 나는 전적으로 그대의 편에 있습니다. —라무아뇽

[14] 국가 참사원이자 랑그독 지방에 왕이 파견한 지사 생프리에스트(Saint-Priest), 몽펠리에 조세재판소의 전직 재판장이었던 쇼니에(Saunier), 그리고 이 재판소의 심리 문제에서 책임자 중의 책임자가 된 이래, 퓌르골르를 존경하는 마음을 갖고 있었으며 그의 명성을 익히 들어 알고 있었기 때문에 이 박학다식한 법률가를 만나지 않은 채 툴루즈를 지나려 하지 않았습니다.

였다는 것을 잊고 있었습니다. 어떤 당파나 어떤 음모도 퓌르골르를 당해내지 못하였습니다. 그는 행정관을 간청하지도 원하지도 않았습니다. 시의 사법관에 임명된 데 대하여 놀란 그는 장관에게 "그것은 바로 탁월하신 장관님의 덕분입니다"[15]라고 썼습니다. 그리고 장관은 그에게 "그것은 바로 이러한 특혜를 받을 만한 그대의 열정과 공명정대함에 대하여 경의를 표한 증거입니다"라고 대답하였습니다. 그에게 드린 명예에 대해 어떤 의심도 없었습니다. 그리고 그것은 이 도시에서 한 번 이상 우리의 법률가들 가운데서 몇몇 분에게 드린 정당한 보상이었습니다.

그러므로 사람들이 퓌르골르에게 드리는 존경이 결코 이상한 필치로 되지 않은 것이 아니겠습니까! 그의 명성은 먼 나라까지도 들리지 않겠습니까! 그렇습니다, 신사 여러분, 고뇌로써 그의 나라에 대하여 말합니다. 그의 나라나 자선변호사회조차도 이러한 학자를 위해서 결코 경의를 표명하지 않았습니다. '유명한 퓌르골르가 자선변호사회 회장은 아니었다'라는 비난을 귀담아들으십시오. 아! 비록 이 자선변호사회 회장으로 선출되었다고 하더라도, 다시 말하여 비록 똑같이 평등한 속에서 존경할 만하고 차별성이 나타나는 장소에서는 일반적인 소망의 결과라고 하였을지라도 나는 가치와 명성에서 부당하고 부정한 사실에 대해 동료들을 감히 먼저 비난하고자 합니다. 그러나 우리는 각자의 잘못에 대하여서만 슬퍼하였습니다.

이러한 부당한 순간을 잊지 마십시오, 그리고 행정의 집행 과정에서 퓌르

---

15 퓌르골르가 툴루즈시의 행정관에 임명된 것에 대해 장관에게 감사의 말을 전하고 경탄의 말을 하였을 때, 생플로랑탱(Saint-Florentin) 공작은 그에게 다음과 같이 말하였습니다. "나는 이달 10일에 툴루즈 시의 행정관직에 대해 당신이 나에게 쓴 감사의 편지를 받았습니다. 그 직위는 왕이 그대를 임명하기로 한 것입니다. 그대가 이러한 특혜를 입게 된 것은 바로 그대의 열정과 공명정대함에 대한 좋은 평판과 유리한 증언 덕택입니다. 나는 그대가 업무와 이 도시의 이익에 기여할 수 있는 것들에 특별한 관심을 기울이면서 폐하의 선택에 기꺼이 보응할 것이라고 확신합니다."

골르를 따르십시오. 언제나 인민들에게 가장 필요한 것에 대해 '분배의 정의'를 돌려준 그를 주의 깊게 보십시오. 왜냐하면 이 '분배의 정의'는 그의 신분에서 많은 논쟁을 예고하고, 그리고 그것은 그 밖에 다른 모든 공공의 안녕을 보다 기할 수 있기 때문이었습니다. 잠시 후에 그는 가장 유익한 '경찰법령'을 부활시켰습니다. 왜냐하면 이러한 법률의 불이행이나 폐지는 두려움이 더욱 깃들어 있기 때문입니다. 이윽고 그는 경제행정 부분에 대한 원리들을 다루었습니다.

여기에서 나는 두 명인에게 접근하는 기쁨으로 이끌리는 것을 느꼈는데, 그들은 그렇게 많은 행위로 인해 비슷하였고, 그리고 그 본질이 같은 세기에서 생겼던 것입니다. 퓌르골르와 포티에는 입법의 역사에서 같은 위치에 있습니다. 그들은 그들의 조국에서 똑같은 명예를 역시 공유하였습니다. 포티에가 오를레앙의 행정관(보좌판사)으로 명성을 얻고 있었을 때, "사람들은 그렇게 중요한 시기에 한 사람은 똑같은 흥미로써 다른 것들을 수행할 수 있는 직능의 일부를 이용하였다는 것을 비난하였습니다."[16] 우리를 위해 퓌르골르가 변호사와 자선변호사회 회장의 직무를 병행하여 집행하는 데서 적극적인 열정이 지나쳤다는 것에 대한 불평을 제기합시다. 이들 통합된 업무가 퓌르골르의 건강을 해치게 하였고 조국에 봉사하는 귀중한 날들을 단축해버렸습니다.

그렇게 많은 업무로 인하여 더욱 쇠약하여졌음에도 불구하고, 퓌르골르는 그의 지식으로 시민들의 휴식, 그리고 권리와 소유권의 보호에 협력하는 데 여전히 지장을 받지 않고 활동하였습니다. 공공의 신뢰와 저서들에 대한 명성은 그의 마음속에 강력한 의지의 법정을 설립하게 하였습니다. 그리고 거기에서 모든 계층의 시민들은 행동의 규범을 끌어냈습니다. 그의 현명한 조언으로 얼마나 많은 소송이 제기되었던가! 그가 수익을 거절함으로써 얼마나 많은 가

---

[16] 레트론(Letrosne)에 의해 쓰여진 오를레앙 하급재판소의 국왕변호사였던 『포티에에 대한 이야기식 찬사(*Eloge historique de Pothier*)』.

족에 평화를 공고히 하였던가! 그러한 것들은, 항상 그 사회에 변호사이자 조언자를 보내준 하나님의 덕택입니다. 그는 모든 시민의 사법관이고, 모든 논쟁에 대한 타고난 재판관이었습니다. 바로 그의 입장은 이익을 서로 명확하게 하고 증오를 진정시키며 소송인들의 정념을 완화하는 것이었습니다. 바로 이 평화의 법정에서는 모든 순간이 소송을 종결짓는 결정과 시작부터 그것들을 수습하든가 아니면 승소하도록 조언하는 일이었습니다.

이처럼 존경할 만한 변호사이자 조언자들 가운데 가장 첫 번째 서열에 들어갈 사람은 퓌르골르보다 누가 더 나은 사람이 있을까요? 그러나 이 석학은 그대들이 감탄한 위대한 저서들과 그것들의 자료가 되었던 방대한 문집[17]을 만드는 데 시간을 보냈습니다. 경쟁이라기보다 오히려 시기에 찬 그의 동료들은 그를 멀리하였습니다. 우리들의 가장 위대한 법률학자 가운데 한 사람인 그가 이처럼 슬픈 운명에 있었습니다! 그해 일정 기간 그는 아무도 없는 황량한 사무실에서 보냈습니다. 그는 동료들 가운데에서는 기억 속에 사라진 존재였으나, 나라에서는 그의 저서들로 명사가 되었습니다. 그러므로 그의 동향인들이 그에게 돌려줄 명예가 여기에 있습니다!

그렇지만 모여든 사람들의 수나 작품의 수에 따라 그의 명예를 평가하고 그의 재능을 부당하게 다루지는 마십시다. 그것은 우리와는 먼, 학문에 대하여 실망할 수 있게 하는 생각입니다! "책을 쓰는 저자는 좋은 변호사가 될 수 없다"라는 것은 여러 지방에서 너무나 뿌리가 깊게 박힌 우리 조상들의 잘못된 편견입니다! 이처럼 훌륭한 사람의 자손을 위로하십시오. 퓌르골르는 대단히 위대한 뒤물랭(Dumoulin)처럼 부당한 평가를 받았습니다. 뒤물랭처럼 퓌르골르도 유명하였습니다. 그처럼 그도 동시대 사람들에게 무시당한 채로 살았습

---

[17] 퓌프골르는 민법·형법·성직록에 관한 사항에 영주의 권리, 치수보림, 그리고 상업에 관한 사항을 합쳐 대략 12,000페이지에 달하는 수사본을 남겼습니다. 그러한 것은 곧 그의 저서들에 대한 토대와 사료가 되었습니다.

니다. 뒤물랭처럼 그는 루아젤(Loisel)의 표현을 나에게 주기 위하여 있었던 것은 아닙니다.[18] "그는 생애 동안, 여전히 활동하지도 그처럼 많이 평가되지도 않았습니다. 사망한 후에도 그가 저술한 책처럼 그렇게 높이 평가받지 못하였으나, 마침내 사람들은 그를 선생님처럼 따랐습니다." 신사 여러분, 어떤 새로운 이상한 사상과 유사성이 이 두 위인을 연결하였는지 저와 같이 찾기를 바랍니다. 나는 그 가치를 드러내는 강한 욕구보다 은밀한 찬사를 드려 놀라게 하기를 좋아합니다. 그들의 동료들은 중재하는 명분으로 자문을 구한 뒤에 이처럼 생소한 학문을 빛나게 한 것은 바로 하나의 전통입니다.[19]

퓌르골르는 부당한 처분에도 낙망하지 않았습니다. 그는 후손들이 보도록 글을 썼습니다. 법학에 대해 문제가 되었을 때 항상 피곤해하지 않고, 그는

---

[18] 루아젤(Loisel)은 우리에게 뒤물랭에 대해 거의 비슷한 일화를 남겼습니다. "루아젤에 의하면, 뒤물랭은 누구나 알고 있는 것처럼 민법과 관습법에서는 그 시대 최고의 학자였지만, 특히 변호사의 기능에서는 능숙한 사람은 아니었습니다. 때문에, 그는 거의 고용되지 않았고 그가 살아 있는 동안 거의 존경을 받지 못하였으며, 그가 사망한 후에야 그의 저서에 의해서 존경을 받았는데, 저서들이 나온 이후 사람들이 마음으로 그와 소통하였습니다.

고인이 되었지만, 동시대인들 가운데 보다 알려진 세기에는 그가 알고 싶어 하였고, 그리고 지갑에서 꺼낸 4~5에퀴와 함께 그것을 뒤물랭에게 주려고 하였던 기억을 작성하느라 아주 수고를 하면서 그가 담당하였던 가장 중요한 사건에 대해 힘껏 도왔습니다. 그것에 대해 샤를 뒤물랭은 법, 원리, 석학, 판결의 권위에 대해 기록, 논증, 강화함으로써 자신의 견해를 밝혔습니다. 세기에는 거기에서 그의 형식과 판결에 대하여 표명했던 것을 가지고 그렇게 잘 주의를 기울일 줄 알았으므로 그는 변호와 소송문 작성에 뛰어나게 보였으며 찬사를 받았습니다. 그러한 것은 나도 역시 우리 선조들로부터 들은 것과 같습니다. 『변호사들의 대화집』, p.510.

[19] 카뮈, 『변호사 직업에 대한 편지』, 제4장, p.99에서 우리가 읽었던 것이 바로 여기에 있습니다. "퓌르골르는 그의 고향 툴루즈에서는 파리에서만큼 존경받지 못하였습니다. 사람들은 그를 논리보다는 의식 있는 사람으로서 간주하였습니다. 그리고 나는 툴루즈에서 자주 사람들이 물어올 수 있는 모든 것을 알기 위하여 그의 동료들이 '가명'으로 그와 논의하였다는 소문을 들었습니다. 퓌르골르와의 논의는 그들을 위해 '하나의 자료집'이 되었습니다. 그들은 인용을 확인하고 다음으로 추론하였습니다.

'권한의 위임'에 대한 새로운 법령을 해석하였고 그 '권한의 위임'을 기반으로 의견서를 작성하였습니다. 항상 다그소의 발자취를 따랐던 퓌르골르는 프랑스가 법을 위해 초래하였던 큰 손실을 더욱 강력히 후회하게 하려고 애썼다고 말하였습니다.

    이윽고 시민법의 영역에 너무 얽매였던 그의 정신은 봉건적 무지가 그렇게 부당하게 묘사하였던 법률로부터 도피하였습니다. 전제적 관습, 즉 두려움과 용기가 유약하게 만드는 기이한 권리들을 두루 살피면서 그는 로마법으로 지배된 나라에 있었던 봉건적 자유의 원리를 찾아냈습니다. 그는 조국의 자유를 위하여 어떤 것을 하는 것이 기뻤으며, 그래서 이미 프랑스의 법학은 『봉건시대의 자연적 자유지에 대한 논고(Traité du franc-alleu naturel)』에 정통하였습니다. 이러한 퓌르골르의 선행에 대한 평가는 랑그독에서 더욱 특별하였습니다.

    봉토의 역사에 대한 가장 심도 있는 지식을 제고한 것을 보는 것이 좋은데, 퓌르골르는 로마법에 대해 그렇게 많이 연구하였습니다. 두 개의 큰 부분으로 나누어진 장벽에도 불구하고 법률가들의 작업은 이처럼 넓은 공간을 뛰어넘었습니다. 역사와 국내법의 기념물에 대한 가장 깊은 박식과 가장 힘든 연구는 그로 하여금 우리 조상들에게 미지의 길을 열어놓게 하였습니다. 마찬가지로 그는 세상 주인들의 법에 대해 존경하였습니다. 또한 그는 봉건적 무정부의 전제적 방침을 적으로 선언하였습니다. 로마법에 대한 그의 저서들 속에서 사람들은 퀴자스(Cujas)를 읽은 것으로 생각하였습니다. 그가 봉토에 대한 글을 썼을 때, 몽테스키외에 대해 읽은 것으로 생각하였습니다.

    무엇을 믿고, 퓌르골르가 '땅이 없으면 영주도 없다(nulle terre sans seigneur)'라는 격언을 공격하였겠습니까! 그는 새로운 작품과 발명가와 엄청나게 싸웠으므로, 프랑스가 이 대법관에게 관직을 매매하였다는 수치스러운 징벌을 내렸겠습니까! 18세기 계몽사상의 혜택을 받은 퓌르골르는 당시 출현한 그 시대의 자유와 함께 이 격언에 대해 말하였습니다. "얼마나 고약한 격언입니까!"라고 그는 썼습니다. 반면 영주들과 공화주의자의 이기심이 계속해서 그것을 선언하였습니다.

 만약 유명한 변호사가 아주 서로 다른 자료를 법률 자료로 채택하고 싶어 했던 것을 내가 첨부하였다면, 그것은 바로 내가 명성이 나 있는 유명한 변호사들의 모든 업적을 두루 살펴보았기 때문입니다. '성스러운 그늘' 속에 있는 그의 발자취를 타락이라고 표시할 수밖에 없습니다. 그렇다면 신학자들 가운데서 법률가는 무엇 때문에 모습을 드러내고 싶어 하겠습니까? 나는 『유언에 대한 심층적 논고』의 저자를 위해 '은총'[20]에 대한 저술을 감탄하는 자에게 감추거나, 또는 『조정자(Le Conciliateur)』의 저자에게 용서하게 하도록 하고 싶습니다. 그러나 위대한 뉴턴은 그들보다 대단히 뛰어난 사람들을 위로하기 위해 『요한계시록에 대한 주석』을 쓰지 않았다고 이 세기의 한 유명한 작가가 말하였습니다. 나는 옛날에 뒤물랭의 재능이 새로운 사상가들 가운데에서 로마와 제네바로 과감하게 들어갔고, 칼뱅(Calvin)은 한 사람의 법률가에서 한 사람의 경쟁자, 교회, 한 사람의 지지자를 찾았다는 것을 알았습니다. 그러나 봉건적 찬탈에 대항하여 법을 해석하고 자유를 보장하는 데는 퓌르골르 한 사람으로 충분하게 되었습니다.

 신사 여러분, 퓌르골르는 여러분에게 더욱 합당한 또 다른 자료를 줄 것입니다. 그리고 그는 내가 여러분들에게 저자들을 통해 환기하게 하였던 석학을 상기시키는 흥미를 부가하였습니다. 그것이 바로 그의 덕에 대한 흥미입니다. 그가 그렇게 부드럽게 평가하였으므로 사람들이 감탄하였던 것입니다! 그가 그렇게 귀중하였으므로 찬사가 몇몇 사람들의 비난으로는 정지할 수 없게 하였습니다! 여러분은 우리로 하여 그것들을 다시 회상하게 하도록 그의 친밀한 교류 관계, 솔직한 성격, 사생활의 좋은 예를 좋아하는 나에게 들려주고 행복

---

20 틀림없이 퓌르골르의 고귀한 신앙심에 의해 저술된 이 책은 수사본들 가운데에서 발견되었습니다. 그것은 1741년에 시작되어 1759년까지 지속되었고, 『조정자』라는 제목이 붙여졌습니다.

하게 하였습니다. 여러분은 진실한 변호사가 되는 것에 대해 그렇게 잘 알았으며, 그에 대한 찬사와 영광의 필수적인 부분에 대한 설명을 나에게 요구하실 것입니다.

## 제2장

한 사람의 변호사가 특별한 재능이 있고 천재적인 사람이며 저명한 학자가 될 필요는 없을 것입니다. 변호사에게는 여전히 품성이 필요합니다. 그래서 바로 지식과 덕을 알맞게 갖춘 퓌르골르가 변호사의 경력을 추구하는 사람들에게 모범이 될 수가 있었습니다. 만약 내가 쓸모없는 한 사람에게 그렇게 많은 찬사를 하고, 화려한 운명이나, 또는 겉으로 보이는 명성으로만 평가하는 이 시대의 사람들에게 말하였다면, 나는 학자로 특정지어왔던 순수성, 불평부당성, 조국에 대한 사랑을 조용히 빠뜨렸을 것입니다. 하지만 나는 변호사들에게 말할 것이고 그리고 그것들을 퓌르골르의 집에서 소개하는 데 두려워하지 않을 것입니다.

퓌르골르의 순수함에 감탄하십시오. 퓌르골르는 '모든 전염병'으로부터 보장을 받았습니다. 그의 집은 조상들로부터 내려온 '전염병'의 상징이었습니다. 그의 모든 사치는 책 속에 있었습니다. 넓고 정선된 도서실은 그의 거실에서 가장 값비싼 장식이었습니다. 이러한 순수함이 그를 그릇된 권위로부터 그리고 덕에 대해 그렇게 증오심을 가지고 있는 외부의 추문으로부터 그를 얼마나 보호하였는지 누가 알겠습니까! 파리의 사치스러움을 본 후 고향에 은퇴한 그는 생활 습관과 생활 태도를 전혀 바꾸지 않았습니다. 그는 외모가 항상 소박하게 보였습니다. 전례가 그를 유혹하지는 않았습니다. 그는 우리들이 진실한 명예와 단 하나의 우월성밖에 가지고 있지 않다는 것을 알았습니다. 그 밖에 그렇게 많은 순수성을 가지고 있었던 퓌르골르는 이러한 솔직함, 양호한 성격, 판박이처럼 고전적 습관성, 좀 더 자세히 말하면 사람들이 명인들 속에서 그렇게 많이 좋아 찾는 '선량함'을 가지고 있지 않았다는 것이 가능하겠습니까! 신사 여러분, 그렇습니다. 그에 대한 구전은 우리에게 이러한 '선량함'이 그의 독특한 모습들 가운데 하나라는 것을 알게 하였습니다. 오, 선량한 퓌르골르여! 나는 어떤 매력으로 그대의 학식과 순수성을 동시에 찬양하는 것을 배웠는지 알지 못합니다.

이러한 특성은 결단코 지워지지 않을 것입니다. 사법관과 변호사직의 수장으로서 명예를 얻은 그는 파리로부터 어떤 우월한 사상도 가지고 돌아오지 않았습니다. 법률에 대해 항상 생각하고 항상 글을 썼던 그는 자신의 명성에 대해서 잊고 있었으며, 학문에 대해서는 의구심을 많이 가지고 있었던 것 같았습니다. 또한 사람들이 그에게 학문에 대해 말하였을 때, 그는 종종 "나는 늙을 때까지 항상 배웠습니다"라고 말한 노인의 말을 반복하였습니다. 그 말은 한 위인의 진실한 겸손이 아니겠습니까! 그가 로마법을 조정하려고 하였을 때, 사람들은 그가 그의 젊은 동료들과도 의논하는 것을 보았습니다. 이러한 말들에서 당신은 많은 것을 나에게 알려주셨습니다. 신사 여러분. 여러분은 그가 『유언에 대한 심층적 논고』에서 우리 회원들 가운데 한 사람에게 돌려주었던 정의를 상기하게 하였습니다. 그것은 그가 그 가치를 재인식하고 있었던 것이며, 불과 25세에 그의 명성을 예고하였던 것입니다.[21]

어떤 감동적인 광경이 우리의 시선을 끌었겠습니까! 퓌르골르의 가정이 보여주는 단합된 모습을 보십시오. 부드러운 아버지, 덕 있는 아버지와 어머니를 가진 그는 우리 시대에 거의 알려지지 않은 취미를 가지고 이처럼 성스러

---

21  사람들은 『유언에 대한 심층적 논고』 제4권, p.28와 같은 책 신판 제3권, p.237에서 퓌르골르가 쉬드르(Sudre)에 대해 쓴 훌륭한 글을 읽었습니다. 그것은 법률 조정의 근거로, 한편으로 공적, 또 다른 한편으로는 정의를 증명한 글입니다. "25세의 나이로 역사와 로마법 체계에 있어서 매우 정확한 지식을 가지면서 그리고 놀라운 재능을 가지고 가장 해결할 수 없는 것 같이 보이는 어려운 부분들을 밝혀냈던 나의 동료 쉬드르는 나로 하여 이 법률이 다른 법전의 내용에 모순되지 않는다는 것을 알게 하였습니다."

운 의무를 수행하였습니다. 아들에 대한 칭찬에서 인용된 두 가지 가치 있는 것 모두는 아주 성실한 아버지와 존경할 만한 어머니로부터 물려받은 것입니다. 그 같은 덕에 대한 감탄을 계속해보겠습니다. 우리는 항상 석학들과 함께할 것입니다. 동시에 박식하고 덕이 있는 사람은 하늘이 주신 귀한 선물입니다. 그리고 명인들은 아주 흔히 풍속에 대해 필요한 기본을 충분히 알고 있습니다. 퓌르골르는 이런 장점들이 종교에서 그들의 진실한 근원을 두었다는 것을 알았습니다. 마찬가지로 어떤 박식함이 보다 종교적이었습니까? 그렇게 수고로운 인생의 여정에서 어떤 사람이 그만큼 모범적인 신앙심을 보였겠습니까?

비록 퓌르골르가 그의 조국에서 소홀히 취급받고 살았더라도 그가 그의 조국에 대하여 결단코 불평하지 않았다고 말하기를 우리가 잊을 것입니까? 그는 인간의 부당성을 식별하고 그것들에 대해 참는 것을 배웠습니까? 그가 동향인들에 대해 전혀 참고 기다리지 않았습니까? 그는 모든 감정이 약해지고 모든 시민계층 속에서 하나의 전염병처럼 퍼진 파괴적인 에고이즘이 생겨난 것을 그의 노년에 보았습니다. 그는 이미 널리 확대는 되지 않았지만, 더욱 연합된 변호사들이 그들 사이에서 더 많이 살았으며 결과적으로 더욱 존경받았던, 이 시대를 유감스럽게 생각하고 있었습니다.

항상 부드럽고, 친절하고, 유순하며, 아주 성실하였던 그의 생애를 여러분에게 보여드릴 필요가 있겠습니까? 일 처리에서도 그는 항상 사람들이 좋게 생각하는 것을 배우지도 않았고, 그들에 대하여 증언하는 신뢰성을 왜곡하지도 못하였습니다. 특히 그는 후원을 거절하는 것을 용납하지 않는 관대함으로 그의 문집을 젊은 사람들에게 개방하면서 그들을 고무시켰습니다. 그는 그들의 진보를 받아들였던 취미가 그렇게 순수하였으므로 그보다도 덜 단순한 사람들 속에서 자존심을 걸고 예술에 신경을 썼습니다. 역시 그는 젊은이들로부터 사랑을 받았습니다. 그들이 성공한 모습은 그를 위한 실질적인 기쁨이 되었던 것보다 더욱 가치 있는 대가였습니다. 그러므로 그는 모든 나라의 법률학자들을 그의 저서를 통해서 알리는 영광과 그의 조국에서 그 자신과 몇몇 유명한 변호사들을 훈련하는 영광을 얻었습니다. 그것들은 그의 애정과 선택을 그렇게 잘 증명하고 있습니다.[22]

    신사 여러분, 내가 근대 법률학자들에게 이러한 종류의 칭찬은 드문 것이라고 믿게 하는 부당한 행위를 하는 것은 하나님을 기쁘게 하는 것이 아닙니다! 이 사회는 모순된 증명을 합니다. 자신의 발견에 대해 높이 평가하거나, 이해관계가 애매한 것에 대해서는 매장시키는 지식인은 어떻게 되었을까요? 공적 옹호자들을 육성하는 이점을 생각하는 가운데, 경험으로 이끌어주는 사람에 대해 설명하면서 수익을 따진 이전의 변호사는 어찌 되었을까요?

    모든 국가, 심지어 가장 고귀한 것들까지도 부패하게 만들려는 불순한 입김으로 된 재산으로는 퓌르골르의 마음에 영향을 주지 못하였습니다! 조촐한 행복 속에서 그는 결코 이권의 옹호자가 되지 않았고, 그리고 그에 대한 유일한 보상은 행복을 만들어주는 기쁨이었습니다. 퓌르골르가 어떻게 비열한 취미에 전념하게 될 수 있었겠습니까? 그는 규정의 준수와 법정에서의 선행이 그의 마음을 그렇게 강력하게 사로잡고 있었으므로 법의 승리는 그의 단골손님의 승리라고 하는 것을 잊지 않았습니다. 그는 흔히 "나는 법 해석에 대한 그러한 점을 확신하였다. 나는 이러한 법에 따라서 판결하였다"라고 말하였습니다. 입법에서 완전히 퓌르골르는 법의 진보만을 생각하는 식이 되었습니다. 여러분들 중에 누가 돈에 대한 그의 경멸과 가족의 지위 상승에 대한 그의 무관심을 상기하지 않으려 하겠습니까. 그리고 의심할 바 없이 사람들은 몽테스키외가 파리 고등법원의 변호사인 사시(Sacy)에 대해 말하였던 것을 그에게 잘 적용할 것입니다 : "항상 풍족함이 없고, 그리고 더욱이 사리사욕이 없었던 그는 그렇게 저명한 아버지가 가지고 있던 명예밖에 겨우 받지 못하였습니다."[23]

---

22  MM. Albaret와 Fromental.
23  변호사 사시를 대신하여 아카데미 프랑세즈에서 행한 몽테스키외의 환영 연설문.

그렇지만 여러분은 내가 퓌르골르는 관대하고 사심이 없었다고 찬양하기를 기대하지 않을 것입니다! 덕이 없는 변호사는 이러한 명성을 가질 가치가 없습니다! 그는 인색한 주인인데, 장관 재임 기간의 가장 아름다운 부분을 어떻게 기재할까요? 덕이 없고 불행한 인간성은 그에게 있어서 피곤한 손님밖에 되지 않을 것입니다. 그러나 퓌르골르를 부유하지 않지만 관대하게 보는 것은 흥미 없는 광경은 아니지 않습니까? 무료 변호인들이 가정에서 감당했던 모든 보조금과 혜택을 받은 사람의 마음속에서 유일하게 증언되는 모든 선행을 누가 알 수 있겠습니까? 나는 글을 그만 쓰려고 합니다. 이 부분은 결코 공적 찬사에 속하지 않는 것 같습니다. 내가 그 중요성이 마음속에 있고, 그리고 그 가치가 아주 깊은 비밀 속에 있는 덕을 누설하는 것은 바로 자애로운 인간사회에 속한 것은 아닙니다.

신사 여러분, 나는 이미 여러분과 함께 그러한 것을 예측하였습니다. 행정관과 변호사의 통합 작업은 그렇게 소중한 이 사람의 건강을 악화시켰습니다. 퓌르골르가 위로하는 신념으로 삼은 것은 가장 규칙적인 생활, 가장 도덕적인 행동, 특별한 연구 등인데, 그러한 것은 그로 하여 다음 시대를 준비하게 하였습니다. 그리고 나는 퓌르골르와 우리 사이에서 더 이상 슬픈 종말을 찾아내지 못하였습니다.

법 해석은 20년 동안 유감스러웠고, 툴루즈 법정도 경험하지 못한 손실입니다. 퓌르골르는 몇 가지 공적 찬양의 영광을 받을 자격이 있습니다. 그는 조국을 위해 봉사하였고, 그리고 그의 명성과 저술들이 명성이 남에 따라 새로운 영광을 조국에 주었습니다. 그래서 사람들이 그 영광을 조국의 손으로부터 받았을 때, 더욱 몇 가지 유리한 것을 가지고 있는 것입니다.

시민 여러분, 퓌르골르의 명예를 위해 여러분은 무엇을 하였습니까? 여러분은 그에게 공적 사은으로 어떤 일을 하였습니까? 여러분은 모범적이고 부지런하게 살아간 그를 무관심한 눈으로 보았습니다. 여러분은 명예도 없이 그의 유해를 그리고 훈장도 없이 그의 기록을 방치하고 있었습니다. 그러면 툴루즈 법정은 유명한 법률가들에 대해 항상 불공정하였습니까? 이 얼마나 비통한 모순입니까! 조국을 사랑하고 조국의 명예를 빛낸 시민에 대해 항상 배은망덕하거나, 또는 불공정한 조국이 있을 수 있습니까!

국민들은 퓌르골르의 작품에 관하여 토론하였습니다. 법정은 날마다 대부분 그에 관하여 판결을 할 수 있었습니다. 입법부는 그의 책임을 명백하게 하였습니다. 그러나 조국은 퓌르골르를 위해서 전혀 아무것도 한 것이 없습니다. 나는 조국에 대하여 말합니다. 왜냐하면 조국은 어떤 장님이 우연히 우리를 탄생시켰던 땅은 아니기 때문입니다. 어떤 것을 해야 하는 진실한 조국, 그것은 인간의 선택에 따라 확정하였고, 인간이 지능으로 봉사하였으며 그리고 덕에 의해 장식하였던 바로 그곳입니다.[24]

적어도 오를레앙에서는 사람들이 포티에의 무덤에 묘비를 세웠습니다. "만약 위인들이 그들의 생애 동안 조국의 명예를 받은 적이 있었다면, 그들의 무덤 속에는 역시 그들을 위한 장식품이 들어있을 것"이라고 그의 동향인들은 생각하였습니다. 그렇습니다. 신사 여러분, 조국은 후손들에게 그들의 유해에 경의를 표시하여 명예롭게 할 책임이 있습니다. 아! 그는 이러한 큰 울타리 안에서, 아마도 그 자신이 퓌르골르를 덮으려는 어떤 돌을 찾는 한 시민이 아니었을 것입니다. 퓌르골르가 다가오는 시대에 살기 위하여 동향인들의 사은을 받을 필요가 있었던 것은 아닙니다. 그의 저서들에 의하여 오로지 미래를 그에게 인도받게 되었고, 그리고 세월도 정의의 성역으로부터 그의 이름을 결코 지우지 못할 것입니다. 그러나 툴루즈의 관심은 정의롭게 드리는 사은을 요구

---

[24] 몇몇 위인들의 조각상이 꽉 들어찬 방에는 툴루즈 태생이 하나도 없었습니다. 노가레는 생팰릭스 드 카라망 출신이었고, 베누아 12세(Benoit XII)는 사베르댕 출신이며, 라파유(Lafaille)는 카스텔노다리 출신이었습니다. 데카르트와 동시대인이며 그의 경쟁자이자 툴루즈 과학 아카데미가 이제 막 생각하여 망각으로부터 끌어내 동상을 세우려는 페르마(Fermat)는 보몽 출신이었습니다. 그러므로 툴루즈 태생이라는 자격은 퓌르골르에게 필수불가결한 것이 아니었습니다. 그는 이 도시 툴루즈에서 50년 넘게 체류하였고 학식과 덕망으로써 이 고장을 드높였습니다.

J.B. 퓌르골르에 대한 찬사

하였습니다! 명사들에게 드린 명예는 그들을 모방하는 욕구를 만들면서 이를테면 그들을 다시 살아나게 합니다.

 명사들에게 명예를 드리는 사은이 어느 순간에 파리의 한가운데서 일어났습니다.[25] 조각가, 화가, 시인이 그들의 자리를 얻었습니다. 다시 말하면 그때까지 석학과 지식인이 그의 조국에서 거의 알려지지 않고 있었습니다! 오, 정의로운 시대여! 위인들을 위로하는 그대는 틀림없이 어느 날에는 우리들의 하소연을 정당하게 할 것입니다. 그리고 그대는 나의 힘없는 목소리로 외쳤던, 하나의 동상[26]을 세워 경의를 표시하려고 서두를 것입니다! 바로 그가 정의롭

---

[25] 툴루즈에는 카피톨(Capitole)이라 부르는 시청에 '명사들의 방'이라는 이름으로 알려진 넓다란 방이 하나 있습니다. 모든 부분에서 뛰어난 가치가 있는 사람들을 위해 세워졌던 일종의 신전이라는 이러한 사상은 근대에는 아주 낯설지만, 그러나 일반적으로 고대의 아름다운 행정구역 안에서 사람들은 법만을 준수하고 재능 있는 사람을 우상처럼 숭배하였습니다. 이 유일한 시설은 다른 아카데미 기관들과는 별도로 툴루즈가 프랑스와 아마도 유럽의 도시들 가운데 하나이며, 그것은 항상 '고대 풍속'에 대한 전통을 가장 잘 보존하였다는 것을 입증할 것입니다. 모두가 봉건제도의 그늘로 뒤덮였던 시대에도 툴루즈는 골 지방에 일반적으로 퍼져 있던 야만의 영향을 거의 조금도 느끼지 않았습니다. 툴루즈 문학 아카데미는 프랑스에 있는 아카데미들 가운데 가장 오래된 것입니다. 그것은 '중세 남프랑스의 음유시인(트루바두르)의 시대'로 거슬러 올라갑니다.

[26] 「퓌르골르에 대한 찬사」는 툴루즈에서 그와 같은 성공을 거두었는데, 시의 사법관들(카피톨이나 또는 카피톨의 사법관들로 당시 알려진)에 의해 관장된 이 큰 도시의 코뮌은 이 박학하고 덕이 있는 법률학자에게 동상의 명예를 수여하고 있습니다. 여기에서 이 주제를 잡은 그리고 명사에 대하여 동향인들의 그렇게 귀하고, 그렇게 뒤늦은 정의에 대하여 존경하는 심의가 있었습니다.
「툴루즈시의 등기부 발췌문, 1786년 6월 27일의 심의」
위원들 중의 한 사람인 디라(M. Dirat)는 툴루즈시의 행정관 뒤루(M. Duroux)가 지난 5월 26일 모임에서 이론이 분분한 경제적 사건에 대해 위원들에게 지적하였다는 것을 말하였습니다. "이 도시에서 명예를 얻은 명사들 가운데서, 그는 기록이 영원히 고귀하게 평가받을 가치가 있는 사람입니다. 이 유일한 필치로 보면, 그는 퓌르골르를 인정하지 않았던 이 의회의 의원들 가운데 있지 않았습니다. 그의 심오한 학식, 고된 일, 저서들은 그가 살아 있었던 기간과 마찬가지로 재판에 대해 가장 탁월한 권위자

게 되는 것은 오직 후손에게 달렸습니다.

이 찬사를 끝맺음하면서 생각해보면, 퓌르골르는 그 자신이 찬사를 받아야 할 사상을 가지고 있었기 때문에 나의 마음을 이끌었다는 것을 말씀드립니다. 자선변호사회 회원들의 자선 활동으로 대형 공공도서관을 만들 수 있기를 원하고 있었습니다.[27] 나의 차례가 되면, 나는 사람들이 유명한 변호사들의 초상화를 그들의 저서 한쪽에 붙이고, 그리고 사람들이 그들에 대한 기억에 대가를 치르는, 그날에 하나의 찬사를 드리고 싶습니다. 학문과 덕을 고양한 이 순간은 계몽의 빛을 영원히 밝힐 것이고 그렇게 많은 새로운 소송 사건들이 맥 빠지게 하는 자선변호사회에서 필요한 활동성과 민감한 경쟁심을 유지할 것입니다. 유명한 석학들과 자선 활동을 한 변호사들에게 드리는 명예는 업무에서 그들의 후계자들에게 생기를 줄 것이고 프랑스풍의 제국을 유지할 것입니다.

---

들 가운데 한 사람으로 그를 결정하였습니다.

그가 죽은 후에 그의 이름에 붙여진 명예는 가장 먼 지방에끼지 피저니기게 되었습니다. 그리고 아무도 시청의 홀에 모아놓은 흉상들이 가장 먼 후손의 존경을 받을 수 있게 운명지어진 명사들 가운데 자리 잡고 있는, 그보다 더욱 귀한 사람은 결단코 없습니다.

두 위원회는 '조국에 의하여 수여된 훈장'이라는 타이틀로 후손에게 전하기 위해 '명사들의 방'에 퓌르골르의 흉상을 세우려는 의견을 만장일치로 가결하였습니다.

[27] 퓌르골르는 자주 "내가 자식들을 두지 않았다면 공공도서관을 설립하도록 변호사협회에 장서를 물려주었을 것"이라고 말했습니다. 이것의 설립은 그것의 창안자다운 것이었습니다. 어떤 사람이 이 같이 훌륭한 계획을 실행할 수 있겠습니까!

P.S. 자선의회는 원로들이 출석하지 않았으므로 쉬드르가 회의를 주재하여 이 찬사를 발표하였습니다. 자격으로 보아 그는 회의를 구성하는 모든 사람이 그가 「퓌르골르에 대한 찬사」에 가졌던 관심에 대해 토의하기를 기다려야만 했음에도 불구하고 출판되지 않으므로 이 찬사를 출판하여 툴루즈시의 행정관들이 출판물을 접수하여 시청의 기록보관소에 보관하기를 바란다는 것을 먼저 말하기를 제안하도록 권고하였습니다.

# 대법관 피에르 세기에에 대한 찬사[1]

피에르 세기에, 파리 종신고등법원장(1554~1576)

프랑스의 대법관, 빌모르의 공작, 지앙의 공작

프랑스의 중신이자 국새상서

1784년 몽토방 문학 아카데미로부터 수상한 논문


나는 나의 조국에 도움이 된다면, 나는 나의 삶과
영혼에 충실하겠다. 그리고 나는 왕에게 도움이 되는 한 희망이 있었다.

― 로피탈


프랑스의 연대기를 살피면서 철학자는 내란의 참화와 정복에 대한 공포가 일어나는 동안 인민들의 행복에 자신의 생애를 바친 한 법무장관에게 시선을

---

[1] M. Bertrand Barère, *Éloges Académiques*, pp.107~142.

멈추었습니다. 그는 감탄하며 왕권의 집행자를 바라보았는데, 그는 국가가 환란에 처해 있을 때도 왕권에 충성을 다하였으며 심지어 성공과 축제로 도취한 가운데에서도 입법을 완성하였습니다. 그러면 과도한 왕권과 그의 행정에 대해 질책도, 좌절시킬 수도, 전복시킬 수도 없는 이 사람은 어떤 사람이었습니까? 라고 그 철학자가 서술하였습니다. 로피탈 이후에 어떤 사람이 이 자리를 대신할 수 있겠습니까? 어떤 대법관이 다그소와 비교가 되겠습니까? 세기에 (Pierre Séguier, 1504~1580)의 이름은 프랑스의 천재로 선언되었고, 그리고 그는 역사에서 이 두 위인의 사이에 자리를 잡았습니다.

그러면 후손들이 무엇 때문에 또한 때늦게 세기에에 대하여 회상하고 경배를 드리는 것입니까? 그의 명예가 불운과 오류에 의해 바뀌었습니까? 지방의 혼란과 프롱드 난을 평정하였고, 그리고 항상 명예보다는 조국에 대해서 변함없이 현명하게 애국심을 발휘하였던 그가 용기와 덕이 부족하였습니까? 그는 17세기에 학문적 입법가이자 문학의 보호자로서 문학회에서 명성이 소개되었으며, 그의 취미와 건전한 철학은 헌법을 만들었고, 그리고 행복한 생활을 보장받았습니다. 그것은 세기에가 출생한 지방에서 그에게 명예를 수여하는 것을 가장 찬양하였기 때문입니다.

나는 세기에 대법관에 관하여 법률과 문학, 두 가지의 업적으로 나누어 조사할 것입니다. 여러분들은 프랑스와 왕의 이익에 끊임없이 전력을 다했던 이 공인을 알 것입니다. 그는 자신의 지위와 재능을 통해 행사할 수 있는 모든 권위로 학문과 학자들을 보호한 문인이었습니다. 여러분들은 현명한 법으로 공적인 축하를 준비하고, 당시 학자들의 작업을 상품화하며, 루이 14세의 가장 훌륭한 정복을 생각하게 하고, 그리고 우리의 문학에 대하여 가장 위대한 두 가지를 건립한 그 장관에 대해 감탄하실 것입니다.

### 제1장

프랑스가 분열되고 피비린내를 내며 가장 불행한 왕들의 이름 아래에 실권을 잡은 광신자들에 의해 통치되고 있을 바로 그때, 세기에를 열렬히 따르는 사람들이 문명의 빛을 열었습니다. 역시 자연(하나님)은 혼란과 비참한 변화 가운데에서도 그것들을 잊게 해주는 슬기로운 사람들을 만들고자 하였습니다. 세기에는 태어나면서부터 신분상의 권위와 재능 두 가지를 이어받았습니다. 법무 분야에서 조국에 봉사하였고, 대사 직분으로 왕에게 봉사한 세기에의 조상들은 가장 높은 명성을 여전히 나타낼 수 있는 명예를 그에게 남겨주었습니다. 보통 사람들은 조상들의 명성에 대한 자만심과 유산을 가지고 편히 쉬었습니다. 그러나 세기에는 보통 사람들과 달리 조상들이 자기에게 기대하는 또 다른 강한 요구가 있다는 것을 알아차렸습니다.

이 젊은이의 눈에는 이제까지 보지 못하였던 하나의 광경이 비쳤습니다. 왕위 상속자에게는 그의 상속재산을 정복하는 것이 의무가 되어 있었습니다. 국가는 도당으로 분열되어 있었습니다. 광신주의가 왕위를 뒤집어엎으려고 하였습니다. 세기에의 마음에 이러한 초기의 인상들이 깊이 새겨졌습니다.

현명하며 선량한 시민이었던 세기에의 아버지는 그에게 학문과 법률 공부를 시키기 위해 프레미오(Fremiot)와 퀴자스(Cujas)의 유명한 제자에게 그를 맡기었습니다. 역사와 정치는 역시 사람들의 활동적인 마음을 나타내는 가장 첫 번째의 과목들이었습니다. 그러나 왕의 결점, 장관들의 장념, 인민의 불행 등을 배우기 위해 역사가 어째서 필요합니까? 혼란과 폭동의 시기에 제국의 변혁과 법의 무력함을 염려하기 위해 정치학교가 어째서 필요합니까? 세기에의 시대에는 그것들을 가르칠 필요가 있었습니다. 그는 아무런 거리낌도 없이 법률을 무시하고, 그리고 힘 이외 다른 제동장치를 알지 못하는 고관들을 보았습니다. 그는 프로테스탄트들을 질투하고 종교의 이름으로 하나의 가톨릭 동맹을 결성하는 가톨릭 교도들을 보았습니다. 프로테스탄트 가운데서 박해에 대한 기억이 강하게 일어났고 과거의 모욕을 씻으려 하였습니다. 세기에는 이들 파당 가운데서 용기 있는 앙리 4세가 승리하고 왕권을 소중히 하는 한편, 낭트 칙령의 공포를 주도한 쉴리의 명쾌한 재능을 주시하였습니다. 그러한 것들은 사실 세기에가 처음부터 주시하고 있었던 내용이었습니다.

 이윽고 파리의 원로원에서 세기에를 받아들였습니다. 다시 말하여, 그의 조상들이 참석하였던 '솔로몬 위원회(le conseil des sages)'에 그가 들어갔습니다. 사법관들의 관행적인 엄격성은 그의 취향만큼이나 대단하여 그를 완전히 학문에 몰두하게 하였습니다. 그것은 바로 사람들을 재판하는 사람들이 사회에 적게 배출되었을 때였기 때문입니다. 그의 통찰력은 교회와 시민법에 대한 인식에서 대단한 진보로 인정되었습니다. 그는 타고난 재능으로 두 개의 권력에 대한 봉사의 한계에 대하여 흥미 있게 파악하였습니다, 동시에 그는 로마법의 현명함에 몰두하였습니다!

 판사직에 임명된 세기에는 각 개인의 언쟁을 판결하는 것에 결단코 머물지만 않았습니다. 그는 법률의 집행과 그들의 남용에 대해서 숙고하였습니다. 그것은 정념과 이권이 서로 싸우는 투기장에서 바로 입법가의 정신이 형성되기 때문이었습니다. 만약 그가 한순간이라도 사법부의 업무를 돌아보지 않았다면, 그것은 더욱 특별한 방법으로 공익에 헌신하기 위하여 그리고 행정의 보다 큰일들을 배우기 위함이었을 것입니다. 그는 심리부의 책임자가 되었습니다. 그것은 그의 야망의 첫 단계였습니다. 그것이 역시 그의 명예의 첫 단계와 프랑스의 행복에 전조가 되었습니다. 프랑스의 행복에 대해 제가 무엇을 말해야 하겠습니까! 더욱 훌륭한 왕들이 광신적이며 신을 모독하는 더러운 손에 의해 죽었습니다! 무시무시한 사건이 발생하면서 그들은 인민들을 괴롭혔지만, 그러나 현명하게 사는 법을 가르쳤습니다. 세기에는 인민을 알기 위하여 그리고 인민들의 망동과 격분에 대항하여 사전에 무장하기 위해 그들을 이용하였습니다.

 앙리 4세는 더 이상 존재하지 않습니다, 그리고 무기력하고 행악한 섭정 정치에 대한 불안과 더불어 왕의 죽음에 대한 후회가 커졌습니다. 세기에는 마리 드 메디치(Marie de Médicis)에게 완전히 헌신한 실르리(Sillery) 대법관의 충심에 전율을 느꼈습니다. 이러한 일은 그에게 유익한 것이 되었습니다.

왕은 세기에를 다른 사법관들과 달리 생각하였습니다. 왕은 그를, 조국을 행복하게 하고, 그리고 왕의 명예를 지속시킬 주역으로 평가하였습니다. 세기에는 가장 높은 고관들이 일하는 원로원에 들어갔고, 그리고 배분된 재판에 신선한 충격을 주며 헌신하였습니다. 그가 어떤 열정으로, 어떤 수월성 있는 지식으로 이 고상하고 힘든 직무를 수행하였겠습니까! 그렇게 많은 성공이 그의 출세를 확실하게 보장하였습니다. 여러분들은 그가 법률에 대한 해설자가 된 후에 곧 법률을 만드는 것을 보았을 것입니다. 그러나 그는 아버지를 위해 그렇게 즐거운 이 광경을 마음속으로 무엇 때문에 거절하였겠습니까? 세기에의 아버지는 아들이 왕을 모시고 벼슬을 하려는 순간에 타계하였습니다.

당시 프랑스는 화려하면서 동시에 불행하였으며 한 장관에 의해 통치되었고, 그 장관의 거대한 힘은 왕의 광채를 축소시키는 것처럼 보였던 시대였습니다. 세기에가 궁중에 들어가면서 던진 통찰력 있는 눈길은 그로 하여 선량한 왕이지만 그러나 연약한 왕임을 알아차리게 하였습니다. 세기에는 후손들이 결코 잊어버릴 수 없고, 그리고 심각한 정치 문제를 해결해주었던 한 인간이었습니다. 다시 말하면 그의 원칙은 그가 일으켜 세우고자 한 것처럼 보이는 국민의 자유에 대해 이의를 제기한 사람이었습니다. 그것은 왕으로 하여 힘을 회복하게 하면서 그를 겸손하게 하는 내용이었습니다. 그렇게 정치한 것은 바로 리슐리외였습니다. 그는 재능과 복수심으로 가득 찬 한 행정가였습니다. 리슐리외는 세기에가 만약 왕과 가까워졌다면, 그를 모방하기 위해서가 아니라(왜냐하면 세기에가 올바른 정신을 가졌고, 그리고 앙리 4세의 통치가 그의 젊은 시절에 가르쳤기 때문입니다) 가능하다면 어느 날엔가 당시 프랑스를 전제적으로 통치했던 위험한 준칙들을 없애버리기 위해서 끊임없이 연구해온 살아 있는 교과서였습니다.

세기에가 궁중의 동향을 관찰하고, 그리고 국민에게 필요한 것을 헤아리는 동안 그의 마음속에는 장관과 왕 사이에 뚜렷이 표출된 범죄에 대하여 도덕적 증오심으로 치닫고 있었습니다. 세기에는 그의 가장 첫 번째 사법관 자리에서

접한 격동과 위험들에 그의 시선을 돌렸습니다.

공명정대한 사법관들이여, 그대들은 그 자리에서 누가 희망을 줄 수 있었는지 가르쳐주십시오. 다시 말하면 최고권에 대해 무력으로 복수할 수 있는 것이 무엇인지 배워야 합니다. 국새상서 마리악(Marillac)은 프랑스에 명료하고 통일적인 하나의 법전에 대한 계획을 가장 먼저 주었지만, 그는 감옥에서 그의 생을 마쳤습니다. 그 추기경에 대한 증오의 앞잡이가 되었던, 샤토뇌프(CHâteau-Neuf)는 불신을 받은 후에 곧 벌을 받았습니다. 그의 후임 달리그르(d'Aligre) 대법관은 비참하게 유배지에서 죽었습니다. 세기에에게 이같이 암초와 같은 위험물로 둘러싸인 자리가 마련되어 있었습니다.

사람들은 루이 13세에게 세기에를 추천하였습니다. 그 사법관의 젊은 시절에는 군대의 영광이 그렇게 잘 장식되었으나 입법에서 준 명예가 그렇게 적게 보였던 이 시대는 왕에 대한 신뢰를 알리는 위험신호였습니다. 세기에는 그러한 것에 대해 "나는 그대들의 왕에 대하여 봉사하는 자리에 더 이상 있지 않을 것이오"라고 대답하였습니다. 그런데 모든 헌신과 겸손한 용기를 수반하였던 이 말은 루이 13세에게 가장 강도 높은 희망을 주었습니다. 그것은 가치를 회복한 정의를 축하하는 설득력이 되었습니다. 그 유명한 왕은 국민에게 그것을 알리는 데 당당하였습니다.

세기에는 그가 받은 자리와 찬사들이 합당했다는 것을 증명하였습니다. 만약 대신들이 사건에 의한 충동으로 변덕스럽게 굴종하였다면, 만약 일반 관료들이 국가라는 거대한 집단에 대항하여 힘을 발휘하는 기회를 회피했다면, 세기에는 강인한 정신을 가졌을 것입니다. 그는 왕국의 복지와 왕의 영광만을 생각하려 하였습니다. 왕은 그가 승진한 다음 날, 왕권에 모험을 감행하였습니다. 세기에 대법관의 가장 첫 번째 기능은 그가 설명했던 것처럼 의회에 대항하여 왕권을 확고하게 하는 것이었습니다. 얼마나 무시무시한 상황이었겠습니까! 재정은 고갈되었고 또한 관료는 부정하게 임용되었습니다. 사람들은 회복한 재판관직을 다시 팔면서 그것들을 고치고자 하였고, 그리고 파리고등법원은 반대의 의사를 표명하였습니다. 그러나 매관매직으로 인해 생긴 국가의 깊은 상처 중 하나를 건드린 세기에를 비난하지는 맙시다. 오직 프랑수아 1세의 장관만이 이러한 비난을 할 자격이 있었습니다. 리슐리외는 전력을 다해 새로운 재판관직을 설치할 기반으로 조세 계획을 수립하였습니다. 세기에는 그것을 지시한 왕의 의지를 존중하였습니다. 그는 왕에게 그것을 알렸는데 고등법원이 반대하였습니다. 그러나 너무 늦었고 국가에 대한 불운한 순간이 되었습니다. 저명한 비뇽(Bignon)의 용기는 쓸데없이 조세 계획을 거절하여 인민들로부터 박수받았습니다. 조세 계획은 필요한 것이었고, 그리고 리슐리외 시대 조세에 대한 복종은 백성들의 첫 번째 의무였습니다. 다섯 명의 사법관이 유배형을 받았습니다. 세기에는 이러한 준칙을 공포하도록 강요받았는데, 그것은 그렇게 많은 혁명의 원인이 되었으므로 "법정은 법률을 집행하고, 그리고 인민들에게 정의를 회복시키는 것만을 해야만 하는 것이 되었습니다." 그러나 동시에 그는 왕의 노여움을 서둘러 가라앉혔습니다. 그의 간청으로 유배형을 받았던 사법관들이 자유를 되찾았습니다. 그리고 이윽고 모두가 그들의 자리로 되돌아갔습니다.

세기에가 자신이 오랫동안 앉아 있었던 자리에 있는 사법관들을 괴롭히고, 그리고 옛 원로원, 즉 인민이 의지하고 왕을 지지하는 사람들에게 차례로 모욕을 주는 고통스러운 존재가 될 필요가 있었겠습니까! 그러나 의무가 지배하는 제국은 그를 강제로 데려갔습니다. 나는 그와 왕 사이에 결부된 새로운 보고서만을 보면서, 그리고 고위 관직에서 덕에 대한 용기를 그렇게 필요로 한 특성을 힘에 결부시킨 세기에를 소개하겠습니다.

복수심과 불신이 많은 궁중의 명령에 따라서 세기에가 파헤친 새로운 위험에 대해 두려움을 느낍시다. 거기에서 모함이 되풀이되었습니다. 왕비는 보통 인물로서 취급되었습니다. 최고 지위의 저명한 인물들은 형사소송의 모욕을 벗어날 수가 없었습니다. 사람들은 증거 서류를 입수하였습니다. 사람들은 자신들의 비밀 계획을 폭로하였고, 그리고 세기에를 법정의 심문 조서에 응하도록 만들었습니다. 어째서 이 사법관은 정신적 충동을 털어놓을 수가 없었습니까? 우리의 역사에서 이처럼 이상한 과정의 어떤 예도 찾아보지 못한 그는 역사에서 그러한 흔적들을 지워버리고자 하였습니다. 적어도 그는 독재자에 대한 복수에 가담하지 않으려 하였고, 그는 장관직이 범죄적 모의로 비탄에 잠기는 것을 절대로 간과하지 않았습니다.

세기에의 위험은 계속 이어졌습니다. 노르망디가 분쟁으로 분열되었습니다. 루앙은 민중 폭동으로 수라장이 되었습니다. 지방의 최고법정은 급류를 막는 제방이 되지 못하였습니다. 만약 리슐리외가 멸시당한 그의 권위를 생각하였다면, 세기에는 불행하고 반란에 속아넘어간 인민들밖에 보지 못하였을 것입니다. 그는 인민들에게로 보내졌습니다. 왕은 세기에를 감싸려고 모든 위엄을 과시하였습니다. 하나의 비상 선언이 고등법원의 업무를 정지시켰습니다. 평화로운 법무장관 아래에 많은 군대가 지휘를 받았고, 국왕의 고문단은 그에 따랐습니다. 최고권의 수탁자이자 국가 병력의 절대적인 주구가 된 세기에는 지휘권에 대한 환상과 힘의 특권에 의해 유혹하는 것을 방임하는 것이 여전히 그렇게 수월하였던 시절, 한 사람의 현인과 아주 온건한 또 한 사람에 의한 잔사에서 불운한 시대와 위험한 장관직임을 인식시켰습니다.

세기에는 노르망디 사람들에게 그들의 이익에 더욱 전념해야만 된다는 것을 보여주었습니다. 그는 그들을 괴롭히는 나쁜 사람들의 환심을 샀습니다. 그는 그들을 진정시키고, 강압적인 용기에 의해 반란을 일으키는 위협에만 답변하였습니다. 군대에 운명을 맡긴 사람들 모두에게 최고의 승리가 있었습니다! 인민들을 가라앉히기에는 충분하지 않았습니다. 세기에는 사법관 출신으로서 노르망디 지방 최고 법관들의 보호자임을 보여주었습니다. 그리고 왕과 의회의 중재자가 되었습니다. 그는 법률의 제출과 인민의 권리에 불철주야 전념해야 하는 책무를 진 세습 귀족 가문들을 옹호하는 왕의 위엄이 얼마나 중요한 것인지를 느꼈습니다. 그는 폭도들에게 "그가 사법관들에게 그들의 의무를 상기시켰고, 그리고 우리의 가장 아름다운 지방 가운데 하나를 분열시킨 폭도들은 진압하였었습니다"라고 말했습니다. 영원토록 기억될 대법관 아닙니까! 그대는 폭력으로 사람들을 격분시키는 대신 그들의 불행에 관심을 보이면서 사람들을 이끄는 기술을 얼마나 알고 있었습니까! 군대에서밖에 나타나지 않는 무시무시한 관행을 없애기 위해서 국가에서 그대에게 사은하는 것입니다.

충돌과 내란 가운데에서 평화의 회복자로 활약한 세기에를 찬양하였으므로 이제 법무장관으로서의 그를 살펴보고자 합니다. 세기에는 사람들이 전쟁과 정복에밖에 전념하지 않았던 시대에 그렇게 위대하였으나 또한 그렇게 위험했던 장관이었습니다.

나라에서 법률을 제정하는 일보다 더욱 중요한 일이 어떤 것이겠습니까! 영웅이 폭력으로 남의 권력을 짓밟는 것과 혼란한 정국은 일시적인 재앙밖에 되지 않습니다. 인민의 위대한 입법가는 제국에서 한결같이 선 또는 악을 만들었습니다. 영웅은 파멸합니다. 다시 말하면, 영웅의 수훈에 따라다니는 불행은 반드시 그와 함께 끝나고, 그리고 잊혀지게 마련입니다. 사람들은 단지 그의 승리밖에 기억하지 않습니다. 악한 입법가는 아주 오래도록 후손에게조차 불행을 영속시킵니다.

정무장관은 그에게 타격을 주고 있는 악습을 고칩니다. 정무장관은 항상 거의 끝날 것으로 보이는 전쟁을 명령합니다. 정치적인 장관은 그로 하여 명예를 얻게 하는 순간적인 일들을 만듭니다. 그는 살아서는 영광과 성공을 공유합니다. 반대로 입법가는 다음 시대에 영향을 미칩니다. 입법가는 미래에 대한 견해를 가지고 있습니다. 그는 아마도 당시는 잘못 알려지고 중상을 받았을지라도 선행을 그의 시대에 확산시키고 그가 베푼 선행들은 다른 시대의 번영과 영광으로 만듭니다. 오, 로피탈 씨! 오, 다그소 씨! 그대들은 영원불멸한 입법가입니다! 그것은 그대들의 노고와 작품들이 단지 입법을 완성한 그대들의 시대만을 위한 것이 아니었기 때문입니다! 그대들의 재능은 그대들이 만든 법률로서 통치되기를 열망하였을 것입니다. 지금 시대에서도 그대들의 지혜와 덕에 대한 회상만이 그대들의 명성을 유지하게 할 수 있습니다.

    그렇지만 세기에가 당시 입법가들과 그렇게 상반되는 통치에서 위대한 법률을 만들었다고 기대하지 마십시오. 왜냐하면 완벽한 법률은 형벌이나 음모 가운데서 만들어지는 것이 아니기 때문입니다. 국가의 보편적인 이성은 조용한 명상의 결과이며, 언제나 평화의 혜택으로 형성되는 것입니다. 교회의 판례는 직권남용으로 횡행하고 있었습니다. 사기 행위와 로마 교황의 친족에 대한 정실 인사는 교회에서 일종의 상속권을 수립하면서 가족들 간에 특혜를 계속 부여하고 있었습니다. 사퇴해서도 성직자의 탐욕은 교묘하게 법망을 피하고 있었습니다. 세기에는 그 원인을 파고들어갔습니다. 성직록으로 주는 연금이 퇴직 후에도 계속 일정하게 나갔습니다. 교회의 법령으로 모두 공금을 받아들이고 있었습니다. 그래서 비록 재정적인 것일지라도 다음에 이어진 형식이 그 사실을 증명하였습니다.

    도덕적인 법은 드디어 남몰래 하는 혼사를 중지시킬 것입니다. 아버지의 권위는 권위 중에서 가장 존경스럽고 가장 소중한 것이며, 결혼은 그의 권위를 인수한 입법으로 되어야 할 것입니다. 그리고 덕에 대항하는 적과 아버지의 '여사'를 침탈하는 사는 사형낭할 것입니다.

    우리 중에서 입법가들에게까지 명령을 하게 된 불행스러운 불가피성, 즉 국가의 요구가 무엇 때문에 최근 개장된 법정에서 새로운 관직 매매를 부추겼습니까? 단순히 재정에 대한 견해 때문에 순회하며 호화로운 생활을 하는 사법관이 물과 산림에 관한 일도 다루게 되었습니다. 그래서 세기에는 강제로 유사한 법률을 공포하게 하는 것을 보았습니다! 그것은 우리가 소금세에 대한 명령, 좀 더 말하자면 왕궁에서 행한 군사적인 재판, 즉 가장 가벼운 범죄에 대해 무시무시한 형벌을 내리고 책임을 전가해야만 하는 것은 프랑스의 법으로 된 영원히 부패한 위험스러운 세무 제도가 여전히 존재하고 있기 때문입니다. 불행한 인민들이여! 만약 그러한 법률에 그대들이 괴로움을 당했다면, 현명한 정부가 징세청부인의 계획과 공금 횡령자들의 탐욕에 대항하여 그대들에게 열어놓은 은신처, 즉 보호재판소에 감사하십시오! 또한 엄격한 금지 사항을 규정하는 것을 업무로 하는 입법가에게 불평하십시오! 세기에는 후일 어떤 순간에도 이러한 비난들을 받을 일을 하지 않았습니다.

그러나 루이 13세와 그의 장관은 더 이상 존재하지 않습니다. 안 도트리슈(Anne d'Autriche)가 통치하고자 했고, 그리고 허약한 안 도트리슈의 섭정은 비참하고 암울한 마자랭의 행정을 초래하게 하였습니다. 그것은 재난의 시대였습니다! 인민들은 교활하게 통치하는 부당한 외국인에 대한 복수를 시도하였습니다. 왕권이 한 부인과 한 아이의 손에 쥐어져 있었습니다. 귀족들과 보좌주교는 사법부의 권력에 아첨하고 있었습니다. 정의의 성전은 도당들의 중심지가 되었습니다. 불화가 일어나기 시작하였습니다. 무시무시한 일들이 프랑스 한가운데서 촉발하고 있었습니다. 폭발이 가까웠습니다. 조세에 관한 엄청난 칙령들이 인민들을 짓눌렀습니다. 고등법원은 인민들을 보호하고 조세법을 거부하게 할 권리를 상실하였습니다. 몇몇 사법관들이 감옥에 잡혀갔습니다. 다시 말하면, 사람들은 인민들로 하여 자유를 요구하도록 자극하였습니다. 재산을 축적하려는 열정은 의회를 속이고, 그리고 내란은 소송하는 형태로 일어났습니다.

이들 도당 가운데서 세기에를 주시해봅시다. 성난 인민들이 파리에서 행렬을 준비하였고, 루브르궁을 부수고 돌파하는 동안, 세기에 대법관(국새상서)은 재판소의 회의를 방호하는 성명서를 두려워하지 않고 궁중에 전달하였습니다. 그는 위험한 것을 전혀 보려고 하지 않았는데, 바로 그때 그는 왕자의 명예와 관계된 일로 소환되었습니다. 그는 파벌을 형성하는 것에 대해 그의 수호신의 이름으로 그리고 성심을 다해 반대하였습니다. 이러한 결단력은 오직 위대한 사람에게만 있는 것입니다.

세기에는 고등법원으로 되돌아가야만 하였는데 생명을 위협하는 폭동에게 저지당하였습니다. 세기에, 그대는 떨고 있었을 것입니다! 세기에는 과격한 민중 앞에 나타났는데, 그의 단호함으로 인하여 민중은 조용해졌고 존경심마

저 불러일으켰습니다. 그러나 충돌이 다시 일어났습니다. 다시 말하면, 여전히 더욱 성난 인민들은 행군을 멈추고 세기에의 마차에 불을 질렀습니다. 로마 시대 키케로는 그의 머리를 안토니우스가 파견한 암살자들에게 내놓았습니다. 그러나 세기에는 오로지 자신의 용기로 그를 둘러싼 살인자들을 무장해제시켰습니다.

세기에가 미치광이 같은 프롱드의 선동자들에게 목숨을 내놓기는 아까웠습니다. 그는 루브르궁에 도착하였습니다. 그는 고등법원이 왕에게 올리는 청원문의 내용을 들었습니다. 세기에의 답변을 들으십시오. 세기에의 조용한 인품과 언변의 힘은 사법관들에 대해 벼락을 치는 것과 같았습니다. 그는 그렇게 힘 있고 큰 소리로 왕의 의사를 그들에게 전달하였습니다. 사람들이 잘 알고 있는 바와 같이 세기에의 위대한 정신은 동요하지 아니하였고 위험을 피하였다는 것입니다. 이렇게 격렬한 상황 속에서 온 힘을 다하여 사태를 수습한 세기에에게 감사드려야 합니다. 그는 왕의 명예와 시민의 생활을 지켰습니다.

아, 슬프도다! 그것은 믿을 수 없는 평화밖에 되지 않았습니다. 고등법원이 다시 소집되었습니다. 도당들이 더욱 강하게 충돌하였습니다. 소요가 이윽고 파리로부터 지방에까지 퍼져나갔습니다. 그리고 왕은 뮌스터의 평화협정으로 유럽 전체에서 열강으로 존경받게 되었는데, 그의 나라에서는 탈주자 신세가 되었습니다. 그러니까 결국 가장 온순하였고, 왕에 대하여 신처럼 받든 인민들에게 왕이 폭력을 행사하였다는 것을 후손들은 믿지 않을 것입니다. 조국의 친구들이여! 비록 불행한 상황이 그대들의 젊은 왕을 사라지게 하였을지라도 세기에가 그대들에게 남아 있을 것입니다. 그리고 폭동 가운데서도 세기에는 왕의 위엄을 지키면서 소요를 잠재웠습니다. 그러나 이처럼 위대한 사람이 어떤 행운으로 그렇게 많은 분열의 대상인 힘든 장관직을 방호하였겠습니까? 섭정의 견해에 너무 쉽게 양보한 세기에 대법관을 비난합시다. 인민들은 쓸데없이 '마자랭의 문제'라고 계속해서 외쳐댔습니다. 여론에 귀를 막고 있었던 세기에는 인민들을 자극하여 불행을 당하였고, 그래서 그는 대중의 증오를 받앉습니다. 나는 당시 여러 지방에서 터지고 있었던 무시무시한 소요를 애처롭고 조심성 있게 역사에다 기록하였습니다. 동시에 인민들의 소요가 파리에서는 진정되었습니다. 나는 대법관을 위협하는 위험은 더 이상 보지 못하였습니다. 왕비는 프롱드들과 결탁하였습니다.

오, 위인들에 대해 옹호하는 불안감과 인기가 변동되는 것을 알고 있는 그대여! 법정의 변덕스러운 체제를 평가할 줄 아는 그대는 아첨꾼들의 함정과 환상주의자들의 분노를 두려워하십시오! 세기에의 용기와 덕은 달래기 어려운 적들을 만들었습니다. 아첨꾼들과 환상주의자들은 도당들의 분노에 용감히 맞설 줄 알았고, 그리고 프랑스를 진정시켰던 세기에를 용서하지 않았습니다. 그들은 완전히 새로운 상황을 바랐습니다. 프롱드의 정신은 그들과 싸운 궁중에서조차도 지배적이었습니다. 대법관 세기에는 국새를 빼앗겼습니다.

세기에는 사람들을 알아보는 통찰력은 많았지만, 국새를 빼앗긴 데 대한 책임을 모면하지 못하였습니다. 그는 여전히 가장 큰 위험에 빠진 조국을 버렸다는 사람이라는 것, 이외 다른 말은 필요 없었습니다. 만약 불행에 처한 위대한 영혼을 보는 것이 좋지 않다면, 아마도 편지와 우정 가운데서밖에 위안을 찾지 못하고, 총애를 잃은 가운데서 위인의 영혼을 보는 것이 더욱 흥미 있을 것입니다. 로마와 아테네의 역사에서 세기에는 그렇게 많은 유배형을 받은 유명 인사들을 상기했습니다. 우리들의 역사에서는 세기에를 올리비에와 로피탈로 소개하고자 합니다. 그들과 똑같이 불운한 세기에 조국을 위해 훌륭하게 봉사할 현인의 시절을 유배형으로 흘려보냈습니다. 세기에가 조국을 위해 여전히 봉사한 것을 믿고 위로합시다.

루이 14세가 정권을 장악하였습니다. 그리고 프랑스의 행복을 위하여 국새상서가 명예와 명성을 가진 새로운 이름으로 나타났습니다. 마침내 왕을 위한 지지파가 인민에게 알리기를 바라던 그날이 다가왔습니다. 세기에는 이날이 자선과 인간성이 표현되는 법의 시대가 되어야만 한다고 생각하였습니다. 승부 싸움에 대한 분노가 전국에 퍼져 있었습니다. 이러한 야만적인 관행은 인민적 특성의 일부처럼 보였습니다. 내란을 싫어하는 사람들은 1대1의 맞대결을 절대로 피하지 않았습니다. 세기에는 법에 더욱 권위를 부여하기 위하여 루이 14세가 왕위에 오르는 순간을 이용하였으므로, 그는 명예로운 시점에서 그 당시 사람들의 무자비한 생각을 바꾸어야 했습니다.

루이 14세가 승리에 승리를 거듭하고, 그의 성공으로 유럽이 놀라며, 궁중에 학문과 예술을 진흥시키는 동안, 세기에의 재능은 다른 야망으로 불타고 있었습니다. 그는 위엄이 있는 한 왕을 섬기고 있었으며, 이미 그 시대의 가장 아름다운 영광의 일부를 준비하고 있었습니다. 이 순간까지 그대들은 그를 겨우 법 제도나 만지고 있는 사람으로밖에 보지 않았습니다. 혼란스러운 섭정의 통치 아래에서 그가 무엇을 할 수 있었겠습니까? 그러나 루이 대왕은 통치하고 있었습니다. 세기에가 이 행복한 순간을 포착하고자 하였습니다.

이러한 시대에 프랑스 입법의 상태는 어떠하였습니까? 우리의 왕들은 가장 첫 번째 의무를 위해 무엇을 하고 있었습니까?

인민들의 풍습에서 갑자기 일어난 변화는 샤를마뉴와 성 루이(루이 9세)의 최초의 법전을 무용지물로 만들었습니다. 새로이 필요한 것들이 입법에 입법을 뇌풀이하게 하고 있었습니다. 이처럼 쓸모없이 많은 것은, 사법부를 위해 결코 아무것도 만들어내지 못하였습니다. 재능을 가지고 탄생한 루이 11세는 보편적이고 단조로운 법의 이념은 쓸모가 없다는 것을 알아차렸습니다. 그의 생애는 숙청과 공포로 점철되었습니다. 프랑수아 1세는 사법부의 개혁을 위해 칙령을 공포하였습니다. 뒤파르(Dupart)는 왕의 견해를 깎아내리고 법을 훼손하였습니다. 샤를 9세의 치하에서 로피탈은 리쿠르고스와 솔론의 훌륭한 사상을 모델로 제시하였습니다. 그러나 종교전쟁은 그로 하여 그 밖에 다른 것들을 시도하게 하지 못하게 하였습니다. 앙리 4세는 프랑스에 통일되고 불변한 법의 원리를 수립할 계획을 수립하였습니다.

그러한 상황에서 세기에는 힘껏 입법을 주도하였습니다. 세기에는 깊이 있고 재빠른 눈으로 모든 법률과 법의 납용을 총체적으로 살펴보았습니다. 그는 오래전부터 개혁의 필요성을 느끼고 있었습니다. 그의 법 체제에는 단 하나의 법전에다 여러 가지 항목들을 넣는 계획은 들어가 있지 않았습니다. 그에게는 필요한 것에 따라 법을 만드는 계획은 여전히 더욱 나쁜 것으로 보였습니다. 그에게 만민법 사상은 사물 그리고 풍속과 법의 다양함으로 집행하기에 불가능한 법으로 생각되었습니다.

세기에는 그 밖에 다른 견해를 가지고 있었습니다. 그는 오래전부터 사법부의 행정 부서들에 대해 숙고하였습니다. 그는 입법 과정에서 왕의 칙령으로 중요한 모든 결정을 하고자 하였습니다. 그 세기는 희망이 보였습니다. 옛날의 소요는 정신 속에다 위대한 힘을 남겼습니다. 왕의 권위가 확고해졌고 왕은 모두 다 할 수 있게 되었습니다. 얼마나 많은 법률이 이 행복한 시대에 향상되었겠습니까! 세기에는 능력 있는 출판업자와 고위 사법관들을 불러 모았습니다. 그는 그들의 재능을 제시하게 하였고 한 집회소에서 그들의 지식을 한데 모았습니다. 입법가의 재능이 명사들을 향해 펼쳐질 것입니다.

세기에는 우선 사법부의 형태를 생각하였습니다. 그는 무엇을 보았겠습니까? 어두운 미로에서 법인들이 인민들의 식량을 먹어치우는 광경이었습니다. 이전의 칙령들은 형식과 법률, 시민의 일과 교회의 일을 혼동하고 있었습니다. 어떤 소송 절차들은 그러한 것을 지적하였으나 그 밖에 다른 것들은 완전히 무시하였습니다.

세기에는 잘못 구상되고 잘못 명령된 법 개정을 두려워하지를 않았습니다. 입법 중에 가장 큰 악덕은 무의미한 개정과 세목을 만드는 것입니다. 무엇보다도 압제자의 힘을 억누르고 부당하고 소송을 좋아하는 사람의 열정을 약화시킬 수 있는 안정된 상태의 법 개정이 필요합니다. 특히 왕정에서 이러한 법 개정은 필수적입니다. 이러한 법 개정은 시민의 보호자이자 전제주의에 대한 제동장치가 됩니다. 소송 절차에 대한 하나의 일반적인 칙령으로 대법관은 우회적인 방법을 써서 싸움을 중지시키고 인적 증거의 위험에 한계를 설정하며 판결된 일에 권위를 확정하였습니다. 그는 이의 신청을 허락하면서 사악하거나 혐의가 인정된 사법관들을 엄하게 벌주었습니다. 적절한 재판 진행은 파괴적인 잔인성을 일부라도 감소하게 하였습니다. 사람들의 신분은 공탁금에 의해 보장되었습니다. 사법부는 규칙적이고, 평등하며 더욱 단순한 단계로 올라섰습니다.

만약 우리가 이처럼 유명한 법에 두려움을 가지고 일반적인 조항의 불이행에 대해 수립된 형벌을 생각한다면, 다시 말하여 만약 그 법이 이행 능력이 없는 채무자가 자유를 상실한 상태로 벌을 받게 될 것이라고 한다면, 우리는 별다른 것을 생각할 것 없이, 법은 노동자들이 찬성하는 특별한 보호 장치를 거기에 표시할 수밖에는 없습니다.

여러분은 역시 입법가가 염려할 대상이며 많은 가족의 힘에 짓눌린 시민들입니다! 결혼으로의 다산은 명예로운 증서이며 조국에 대한 보상의 권리가 됩니다.

동시에 법은 교회에 헌신하는 성직자들에게 그들이 포기한 성직록을 근거로 퇴직 후의 생계비를 보장합니다. 세기에는 모든 분야의 장관직을 파악하였습니다. 그는 대학에서 민법 교수들을 길러냈습니다. 최고재판소가 알사스에 세워지도록 하였습니다. 일반 칙령으로 루이 14세에게 산림 행정을 관장하면서 해군력을 갖추게 하였습니다.

무엇 때문에 그 당시 최고법정에서 칙령청을 폐지하라고 하였습니까? 불길한 전조가 아니었겠습니까! 만약 대법관 세기에만 살아 있었더라면, 앙리 4세의 손자의 이름으로 결단코 공포되지 않았을 것입니다. 세기에의 정신과 그의 원리들은 우리의 보증인이 되고 있습니다. 그러니까 조국의 상처를 열어보지 마십시오. 그리고 입법가의 업적을 따르기를 바랍니다.

세기에는 파괴적인 억측으로 오랫동안 멸시당한 상업을 위하여 고대의 존경할 만한 판단력을 불러일으켰습니다. 그는 가치 있는 명예를 얻었습니다. 바다를 통한 상업은 결코 법에 위배되지 않는다는 칙령이 발표되었습니다. 쓸데없는 자만심과 경쟁심이 많은 어느 귀족이 그것을 모델로 하여 이 법을 인정하였습니다. 쓸모없는 정치와 협력한 철학은 상업의 수완으로 영국을 부강하게 만들었습니다. 그와 같은 것이 프랑스의 정신입니다. 가장 아름다운 법이 그들의 관습 앞에서 좌절되어야만 했습니다. 우리 조상들의 편견이 얼마나 치명적인 것이며 위선적이었습니까! 귀족인, 그대는 사람들이 세계를 무대로 하는 직업을 업신여기는 것을 바라고 있었습니다. 그대는 사람들이 모든 인민을 대리인으로 하는 직업을 업신여기기를 바라고 있었습니다. 그대는 국가의 부를 목적으로 하는 직업을 업신여기기를 바라고 있었습니다. 그러니까 세기에의 심오한 견해는 인정되지 않았습니다. 세기에는 프랑스에 상업의 활성화를 통해 어마어마한 해군을 양성할 방법을 마련하였습니다. 그는 해군에서 장 바르(Jean Bart) 가의 사람들, 투르빌(Tourville) 가의 사람들, 코망되르 폴(commandeur Paul) 가의 사람들, 뒤귀에트루앵(des Duguay-Trouin) 가의 사람들을 양성하였습니다. 그러나 프랑스는 이러한 고마움을 알지 못하고 있었습니다.

세기에는 그 밖에 또 다른 필수적인 부분에도 관심을 두고 있었습니다. 그는 형법을 마련하고자 하였습니다. 그는 형법을 만들 생각에 오랫동안 몰두하고 있었습니다. 그는 박식한 법학자들과 현명한 사법관들을 불러 모았습니다. 그에 대한 당시 인민들의 신망이 어떠하였겠습니까! 왕과 대법관의 인간성은 인민들에게 형사소송 절차를 공고히 확정한 이전의 법 아래에서 살 수 있다는 희망을 주었습니다. 덕이 많은 라무아뇽은 결국 서약의 폐지를 요구하였습니다. 그러나 세기에는 귀담아듣지 않았습니다. 형사피고인은 스스로 포기하였으며 그에 대한 보호가 변호인들에게 중지되었습니다. 하나의 두꺼운 베일이 사회에서 형사피고인과 소송 절차의 예심을 여전히 숨기고 있었습니다.

그것은 이쪽에 유리한 형식들을 증대시키는 데 틀림없이 대단히 유리한 것이었습니다. 그들의 유리한 지연은 법정에서 눈물을 적게 흘리게 하였습니다. 세기에는 이러한 칙령에서 사면장의 남용에 대한 현명한 제한, 시민의 자유를 위한 법의 존중 그리고 오직 형사소송을 할 수 있는 공적 검열관 제도를 통하여, 감탄할 만한 사법관의 직능을 찾아내는 것을, 여전히 행복하게 생각하였습니다. 그러나 무엇 때문에 절차가 그렇게 이해하기 어려웠습니까? 무엇 때문에 독재가 거기에 슬그머니 들어갔습니까? 무엇 때문에 거기에서는 모든 범죄가 분류되지 않고, 그리고 형벌이 정당한 단계로 결정되지 않았습니까? 무엇 때문에, 다그소는 여전히 법률을 인쇄하기 전에 그것을 고시하는 입법가에게 배우지 못하고 있었습니까? 로마에서는 '12표법'이 인민의 검열을 받기 위해 완전히 1년간 공개되었습니다. 루이 14세 치하에서는 법률이 비밀위원회에서 제정되었습니다. 그러니까 세기에는 그의 시대의 잘못에 대한 대가를 치렀습니다. 오히려 오직 입법을 완벽하게 할 수 있는 계몽사상은 아직도 크게 진보하지 못하고 있었습니다. 아마도 그 시대에 우리는 훌륭한 형법전을 만들기 위해서도, 칙령집에서 소송과 소송 절차들에 대한 세목을 발전시키기 위해서도, 범죄와 형벌 사이에 공정하고 정확한 균형을 잡기 위해서도 충분한 교육을 받지 못하였습니다.

17세기에 존재하였던 완벽한 법전에 대하여 비난하지 않도록 조심합시다. 오히려 즐거움과 정복자들로 가득 차 있는 호화로운 궁정에서 법전 편찬을 청부받은 한 장관의 용기에 경탄합시다. 본성이 전쟁을 위해 타고난 것처럼 보이는 왕을 입법가의 왕으로 만들었고, 공정하고 현명한 법으로 이전의 통치인 전제주의를 사라지게 하였으며, 처음으로 칙령집을 만들었고, 그리고 그때까지 입법에서 흔히 있었던 착오를 일소하였습니다. 여기에 이의를 제기할 수 없는 세기에의 가치가 있으며 이 가치는 그에게 명예를 주기에 충분할 것입니다.

결단코 만들지도 않고 파괴만 하고, 그리고 보다 나은 것을 제시하지도 않고 옛날의 법을 탄핵한 그대들, 즉 옛날의 법률에 대한 비판자들은 세기에가 만든 법을 존중하십시오. 세기에의 재능으로 남겨진 이 훌륭한 칙령집은 한 세기 이상 삭제되지 않고 사용되었습니다. 다그소의 현명함이 그 칙령집을 보존시켰습니다. 그리고 그 시대에 우리에게 여전히 보다 완전한 법으로 그것들을 감히 대신할 수 있는 재주를 보여주지 못하였습니다.

나는 오랫동안 세기에 장관에 대한 여러분의 시선을 바라보았습니다. 그가 얼마나 많은 조국애와 그렇게 유익한 재능을 보여주었습니까! 그러나 바로 거기에 서 보여주는 것은 그에 대한 찬사와 선행의 일부밖에 되지 않습니다. 그 법무장관이 문인이라고 하는 것을 잊어버리게 내버려두어서는 아니 됩니다.

## 제2장

세기에는 제국을 통치하는 명예보다는 가볍고 덜 화려한 명예를 가지고 있습니다. 그런데 그 명예는 역시 확실히 사람들을 이끄는 명예였으며 다소 덜 까다로운 방법으로 영구적인 명예가 되었습니다. 그것은 문학적 재능에 대한 명예입니다. 힘 있는 자의 권위는 한계가 있습니다. 재인의 제국은 한계가 전혀 없습니다. 장관들은 각각 과거의 장관에 대한 태만을 부언합니다. 각 시대는 문인의 명성에 대해 부언합니다.

세기에는 이러한 종류의 명예를 갈망하고 있었습니다. 그는 국가의 운명에 대한 문인의 영향력을 알았습니다. 그가 과학을 경멸하였고 위대한 사람을 찬양하도록 운명지어진 것처럼 문학가들을 생각하였거나, 또는 그들의 놀이에 참여하였던 풍요롭고 사치스러운 실수에 대해서는 좀 내버려두어 봅시다. 이 지식 있는 행정관은 서간체 작품들이 정치사회에서 얼마나 중요한지를 알았을 것입니다.

프랑스에서 서간체 작품들이 출현한 초기 시대는 지나갔습니다. 서간체 작품들이 던진 연약한 섬광은 내란의 음모 속에서 사라졌습니다. 리슐리외가 나타났고, 그리고 계몽주의 시대가 도래하는 것을 알렸습니다. 코르네유의 재능은 『르 시드(Le Cid)』에서 반짝였고, 그리고 연극으로 상연되었습니다. 데카르트는 방법론에서 익숙한 재주를 나타냈습니다. 지방의 서간체 작품들은 그 지방의 언어를 정착시켰습니다. 스콜라적 냄새가 지워졌습니다. 은총의 시대가 다시 돌아왔으며 정신의 기쁨이 소생되었습니다. 그것은 좋은 취향에 대한 서광이었습니다. 세기에가 저택을 학자들에게 개방하고 서간체 작품에 흥미를 느끼는 순간이 되었습니다. 아리스토텔레스의 집은 문학의 요람이 되었습니다. 사람들은 당시 서간체 문학작품들이 이처럼 행복한 시절에 다시 나타나는 것을 보았는데, 그곳에서는 학자와 관료들이 같은 지붕 밑에서 살고 있었습니다. 그것은 플라톤이 아테네의 정원에 학자들을 불러 모았고 키케로가 푸졸(Pouzolle)에 은퇴하여, 한 아카데미를 창설하였던 것과 같습니다.

세기에가 엄격한 그의 직업에 서간체 작품의 우아함을 섞어놓은 것을 보십시오. 서간체 작품의 발전에 전념한 세기에는 법안의 제출만큼 서간체 작품에 대하여 흥미가 있었습니다. 이러한 시절, 가장 일을 많이 한 세기에는 비록 정부의 후원에서 제외되어야 했지만, 문학 천국에서 행복하였습니다.

이미 그렇게 명성 있고 유용해진 아카데미가 설립되었습니다. 뮤즈의 전당에 들어가려고 권력 있는 자리에서 물러나온 리슐리외는 '문학 공화국'의 원리에 헌신하였습니다. 그는 재능과 정신의 은혜가 지위와 품위에 함께 일치하기를 바랐습니다. 오, 서간체 작품을 위한 영광의 시절이여! 그대들은 리슐리외를 잃으면서도 사라지지 않았습니다. 세기에가 리슐리외를 계승하였습니다. 그는 그대들에 대한 관점을 부드럽게 하였습니다. 그는 그대들의 보금자리를 명예스럽게 하였습니다. 그는 그대들의 존재를 처음으로 확실하게 하였습니다.

이미 세기에는 그의 집에 새로이 탄생한 아카데미 회원들을 모았습니다. 거기에 질투와 절망으로 도저히 가까이 갈 수 없는 한 도피처가 만들어졌는데, 그들은 탄생하면서부터 가장 현명한 체제들을 거의 매일 공격하였습니다. 거기에서는 모든 사상이 모아졌습니다. 분파와 당의 이름은 무시되었습니다. 학자와 장관이 취미에 대한 보고와 지식의 거래로 서로가 친해졌습니다.

얼마나 흥미로운 사회입니까! 얼마나 단순하고 고상한 광경입니까! 세기에는 프롱드 난을 승리로 이끌었고 그의 모든 자존심을 학문에 걸었으며 완벽하게 하고자 세상 모든 것을 알려고 하였습니다. 서간체 작품의 옹호자들은 견식이 있다기보다는 열정적이었고, 유익하기보다는 자만심에 빠져 있었습니다! 어떤 형태의 보호가 서간체 작품의 자유에 알맞을지 세기에를 통해 알아봅시다.

　세기에는 루이 14세 시대가 도래하자마자 왕에게 아카데미의 제도를 상기시켰습니다. 프랑스 사람들은 그의 배려로 당국에서 문학단체를 세웠다는 것을 알았습니다. 세기에는 그가 받을 만한 가치가 있는 명예를 놓치지 않고 즐기고자 하였습니다. 만약 루이가 브장송에서 승리하였더라면, 아카데미 프랑세즈는 왕의 성공을 축하하였을 것입니다. 서간체 작품의 작가들은 정복자에게 충성 맹세한 신하로서, 가장 먼저 신임을 받았습니다.

　그러니까 서간체 작품을 왕의 보호 아래 있는 한 은신처에 두는 것, 그들의 자유에 위태로운 손상을 주지 않고 그들을 지지해주는 것, 명예와 영화 속에서 단순한 가치를 명예롭게 하는 것, 그리고 정복자들의 야망에 넘겨진 찬란하지만, 파란 많은 궁중에서 학문의 진보를 위하여 전념한 겸손하고 조용하며 완전한 사회를 수립하는 것이 세기에의 운명이었습니다. 법률의 권위 아래로 학자들을 불러 모았고 그들을 조국의 행복과 명성에 결부시킨 이 위대한 사람에게 감사를 드립시다.

　세기에의 그렇게 값진 봉사는 결단코 잊혀지지 않을 것입니다. 서간체 작품은 그들에게 고유성이 있다는 것을 인정하는 장르를 가지고 있습니다. 사람들은 세기에가 '아카데미 프랑세즈의 보호자'라는 명예를 받아들이기를 바라고 있었습니다. 그는 아카데미 프랑세즈의 보호는 다 같이 해야 하는 것이라는 생각으로 겸손하게 거절하였습니다. 아카데미 프랑세즈는 세기에가 그것을 받아들여야 한다고 강경히 주장했고 또한 요구하였습니다. '아카데미 프랑세즈의 보호자'라는 명예가 세기에에게 수여되었습니다. 이러한 명예는 '서간체 작품의 공화국'의 자유에 결코 손상을 주지 않았습니다. 사은할 만한 서간체의 작품을 찾아내고 '아카데미 프랑세즈의 보호자'의 이름으로 고귀하게 한 것은 바로 순수한 재능과 온유한 평등을 위한 것이었습니다.

서간체 작품의 성공은 예술에 호의를 베풀 수 있는 순간을 가져오게 하였습니다. 쉬외르(Eustache Le Sueur)와 푸생(Nicolas Poussin)은 라파엘로와 같은 명성을 얻었습니다. 지라르동(François Girardon)은 조각을 완성하였습니다. 그리고 사라쟁(Jacques Sarazin)이 천재적인 불후의 명작으로 파리와 베르사유를 아름답게 장식하는 동안 르브룅(Charles Le Brun)은 동시에 그의 세기와 화필을 영원불멸하게 하였습니다. 세기에는 학자들을 모았고 이어서 곧 예술가들을 모을 것입니다. 그는 그들의 작업장으로 들어갔고, 그리고 예술은 그들의 걸작을 앞다투어 진열하였습니다. 이 얼마나 황홀하게 아름다운 대조입니까! 리쿠르고스와 솔론 사이에 있었던 세기에는 서간체 작품에 전념하면서 동시에 지라르동과 르브룅에게 용기를 불러일으켰습니다!

그러한 것은 바로 탁월한 사람의 영향력입니다. 세기에의 시선은 행정부의 모든 분야로 확대되었습니다. 그의 심오한 견해는 모든 대상을 포용했습니다. 미술·조각 아카데미는 세기에의 배려와 왕권에 의해 설립되었습니다.

박학다식한 유럽의 환호 가운데서 내가 무엇을 듣겠습니까? 그것은 그에 대한 질투의 목소리를 과감하게 높이는 것이었습니다. 그것은 세기에의 지나치게 감수성이 풍부한 나약한 정신을 꾸짖는 목소리였습니다. 세기에가 장관 가운데서 가장 근면한 사람이었는지 아닌지, 그의 허약함이 인민의 눈물을 값없게 하였는지 아닌지, 그것들로 인해 궁중의 모함과 프롱드의 분노 가운데서 그의 용기가 약해지지 않았는지 그렇지 않은지 하는 비난은 틀림없이 부당한 것입니다. 이처럼 쓸데없이 질투하려는 노력을 잊읍시다. 그것들은 목격자가 있었던 시대와 함께 사라졌습니다. 후손들은 세기에를 프랑스의 은인, 조국의 친구, 학문과 예술의 진정한 창설자로만 생각하고 있습니다. 바로 두 가지 목적을 향해 죽음의 문턱에서 대법관의 소원이 바뀌었던 것입니다. 왕정은 그것들을 받아들였고, 그는 자신이 '아카데미 프랑세즈의 보호자'가 되고자 하였습니다. 그는 저택에 항상 아카데미 프랑세즈를 정착시켰습니다. 결국 그 유럽의 정복자와 독재자는 명예 가운데서 '아카데미 프랑세즈의 보호자'라는 새로운 명예를 염두에 두고 있었고, 후일 그가 신민들 중 한 사람이 된 후에도 그것을 소중하게 간직하였습니다.

세기에는 학자들의 애도와 왕의 눈물 속에 타계하였습니다. 그는 프랑스에 하나의 법전과 문학을 주었습니다. 그러나 인민들의 맹목적인 증오가 그를 무덤까지 동반하였습니다. 그러한 것은 80년간 그가 일한 데 대한 대가였습니다. 프랑스 인민들이여, 세기에가 여러분에게 선행하기를 그렇게 좋아했는데도 그대들은 항상 조국의 선열들과 국가의 보호자에게 배은망덕한 자가 되기를 바랍니까?

세기에는 틀림없이 몇 개의 조세법을 만들었습니다. 그러나 그는 거기에서 가장 긴박한 상황에 의해 그것을 만들도록 강압당하였습니다. 그는 프롱드들과 싸웠습니다. 그는 인민들에게 평화와 안정을 요구하였습니다. 그런데 그가 국민의 명예를 포기할 필요가 있었습니까? 그가 나쁜 현실보다 불만스러운 책임자들에 의해 더욱 흥분된 대중에게 넘겨주기 위하여 공공의 수입원을 바닥나게 할 필요가 있었습니까? 영원불멸할 세기에는 인민으로부터 증오를 받았습니다. 세기에가 명예스럽게 된 날에 감히 그것에 대해 말합시다. 그러나 세기에를 증오하였던 인민들이 드디어 콜베르에 대해서도 욕을 하였다는 사실을 첨언합시다.

"위인들의 장례식을 거행하는 순간에 아테네인들은 위인들이 조국을 빼앗겼고, 그리고 고통스러운 생각이 작품들로 하여 위인들에게 더욱 값지게 하였을 때 유익한 사람들이 여전히 힘을 쓰고 있었던 작품들을 그들의 무덤 위에 가져다 놓았었습니다."[2] 그들이 세기에의 무덤 위에 유명한 상법에 대한 『칙령집』을 가져다 놓았던 것에 대해 의심하지 맙시다. 만약 이러한 장례에 경의를

---

2  박물학자 플리니우스(pliny)는 아펠레스(appelles)와 프로토게네스(protogenes)가 죽으면서 불완전하게 남겼던 그림들에 대해 말하면서 이러한 특징을 설명하였다.(역주 : 플리니우스의 『박물지』에 고대 그리스의 화가 아펠레스와 프로토게네스가 서로 경쟁한 일화가 나온다.)

드리지 못하게 한다면, 루이 12세가 그것을 대신할 것입니다.

 왕의 눈에는 위인은 대신하기 어려운 존재가 될 수밖에 없었습니다. 왕이 직인을 보관하고 있었고 대법관직은 2년 동안 공석이었습니다. 그 자리는 세기에를 회상할 수 있는 것으로 왕정에 의해 주어진 대단한 명예였습니다! 세기에는 새로운 존경을 받아 마땅하고, 그리고 그것을 받은 장관과 그것을 준 왕에 대한 새로운 존경이었습니다. 그는 국민의 추종자가 되었고 이미 우리들의 역사 속에서 인정된 그의 이름은 왕국의 첫 의회에서 재능과 설득력으로 영원하였습니다!

 오, 여러분, 후대의 대변자들이여, 학교를 통해 오늘날 프랑스에서 세기에의 은혜를 상기시켜야 하지 않겠습니까! 여러분은 프랑스 문학에 대한 빚을 청산하면서, 위대한 국가에서 권력을 다시 얻은 사람들이 군중의 방종에 어떠한 희생도 필요로 하지 않았다는 것을 이 영구불멸할 대법관을 모델로 하기 바랍니다. 여러분은 그들로부터 공공 복지에 대한 신성한 애정으로 그리고 조국과 왕정에 대한 끊임없는 사랑으로 인민의 고통과 인민들의 배은망덕을 달래는 것을 특히 배우기를 바랍니다.

# 장 자크 르프랑 드 퐁피냥에 대한 찬사[1]

장 자크 르프랑 드 퐁피냥

몽토방 보조법정의 초대회장, 툴루즈 고등법원의 명예 변호인

아카데미 프랑세즈의 위원 역임

1787년 8월 25일 문학아카데미에서 수상한 논문

"욕망을 그의 발아래 떨구고 평안을 그의 가슴에 간직하고 있었다."

― 볼테르

소크라테스가 그의 시대 소피스트들과 논쟁을 벌인 후 델포이 신탁에 의해 사람들 가운데서 가장 현명한 사람으로 선언되었을 때 사람들은 그의 탁월함에 대해 찬미와 질투, 존경과 박해를 하였습니다. 그러나 그의 제자 가운데 한 사람이 그의 사상의 수탁자라는 명목으로 찬사를 하고자 하였을 때, 그리고

---

1 M. Bertrand Barère, *Éloges Académiques*, pp.143~182.

크세노폰(Xénophon)이 소크라테스가 세운 아카데미 리세(Lycée)에서 소크라테스의 망혼에 정당한 찬사를 바치려 하였을 때, 동향인들의 마음은 무의식적으로 감동하게 되었고 그의 조국에 대한 애도는 소크라테스에 대한 영광의 빛을 더욱, 두드러지게 했습니다.

기억할 만한 이 사건은 오늘날 우리 가운데서 되살아나고 있습니다. 퐁피냥의 명예가 공포되어 명성이 나고 있는 동안, 질투가 그의 생애를 불명예스럽게 하였으며 잘못된 철학은 그의 영광을 퇴색시키려 했습니다. 그러나 사람들이 당시 그의 유해를 찬양하기 위해 그의 무덤 주위에 모여드는 것을 보았을 때, 그리고 그가 설립한 아카데미가 이 위대한 인물을 찬양하기 위해 그의 타고난 웅변술을 상기하는 것을 보았을 때, 그에 대한 찬사를 쓰기 위한 재능은 뜨거워졌고 조국애는 불타올랐습니다. 나는 그의 작품의 특징을 말하면서 그리고 그의 덕행을 언급하면서 동향인들의 견해를 써넣을 수 있었습니다!

오, 퐁피냥이여! 오래전부터 그대의 명성에 나는 진정으로 감탄하였습니다. 오래전부터 당신에 대한 찬사로 나의 마음이 솟구치고 있었습니다. 내가 감히 그대를 찬양한다면 나는 그대의 덕과 재능이 나에게 주었던 깊은 감명을 존중하는 것입니다. 바로 거기에서 나는 저명한 사법관, 기독교도 시인, 박식한 학자, 고결한 시민으로 그대가 후손에게 남긴 특징들을 다룰 것입니다. 우리는 재판소에서 존경받고, 무대에서 박수갈채를 받으며, 아카데미에서 환영받고 측근에게 사랑을 받는 그대의 모습을 볼 것입니다. 그렇지 않으면 나는 그대가 자신을 묘사한 것처럼 그대를 묘사할 것입니다. "책을 통해 박식해지고 더욱 훌륭해진 학자인 그가 문인이 되어 여기에 있습니다. 덕망 있고 기독교도 현인인, 그가 철학자가 되어 여기에 있습니다."[2]

페넬롱과 세기에를 프랑스에 바쳤던 라 프로방스는 보물을 다 써버리지 않았습니다. 바로 그때, 라 프로방스는 퐁피냥을 사법부와 문학에 바쳤습니다.

---

2  퐁피냥이 아카데미 프랑세즈에서 입회 때 한 연설.

만약 한 천재적인 사람에 대한 찬사에서 사람들이 그 가문의 유구성과 조상들의 훌륭한 업적에 가치를 두어야만 한다면 나는 여러분들에게 샤를 7세의 궁중에서 활동했던 퐁피냥의 조상들을 소개할 수 있습니다. 나는 루이 14세가 인간의 정신을 고양시키고 그리스와 로마의 모든 걸작품을 재현한 이후에 파리에서 훌륭하고 풍부한 교육을 받았던 퐁피냥을 여러분에게 소개하기를 촉구합니다. 얼마나 행복한 시대입니까! 퐁피냥은 유명한 선생 밑에서 가장 순수한 원전들 속에서 지식을 끌어내도록 배웠는데, 그 이유는 다른 세대들에게 문학에 대한 건전한 관심과 훌륭한 원칙들에 대한 존엄성을 전달하도록 하기 위해서였습니다. 그는 포레(Porée) 신부 밑에서 고대인들의 전통을 받았는데, 그것은 그의 모든 작품의 특징을 형성하게 했던 것입니다. 이 위대한 스승의 운명은 서로 적이 될 두 명인을 가르쳤는데, 그중에 한 사람은 재능으로 종교를 공격하는 데 섰고, 다른 한 사람은 그것을 방어하는 데 사용하지 않았습니까?

우리는 평범한 사람들에게는 매우 느린 유년기를 퐁피냥은 빠른 속도로 뛰어넘는 것을 보았습니다. 우선 시인들이 그의 상상력을 자극하였습니다, 그래서 그의 유년기의 관심은 연극으로 향하였습니다.

그리스인들은 고통과 연민을 연극으로 보여주었습니다. 코르네유는 로마의 가장 큰 사건을 서술함으로써 감탄을 불러일으켰습니다. 풍부하고 조화로운 시를 통해서 라신은 모든 열정과 모든 인간 정신의 힘을 전개하였습니다. 크레비용(Crébillon)은 남성적인 힘찬 필치로 무서운 열정을 표현하였습니다. 볼테르의 『외디푸스(L'Œdipe)』는 철학이 비극의 여신 멜포메네(Melpoméne)의 화려함을 미화할 수 있다는 것을 증명하였습니다. 그처럼 많은 위인은 모든 장르를 철저하게 고찰하고 연극의 한계를 제시한 것처럼 보였습니다.

그러함에도 불구하고, 젊은 시인 퐁피냥은 새로운 길을 개척하려 하였습니다.

탁월한 대담성에 의해 고양된 퐁피냥은 배가 부서지는 거친 파도를 타고 그렇게 유명한 바다에 뛰어들었습니다. 그는 디동(Didon, 디도)의 불행에 대해 읽었습니다. 그는 부드럽고 깊은 감흥과 성공에 대한 예감을 느꼈습니다. 그의 정신은 그의 재능을 발전시켰습니다.

퐁피냥은 그의 아버지의 집에서 도망하였는데,[3] 단 한 번의 시도로 연극의 거장 사이에 있게 된 한 젊은이의 공연에 동요된 프랑스에 소개하기 위해서였습니다. 아마도 유례를 찾아보기 힘든 비범한 사람이었습니다! 22세의 시인은 파리의 세 극장에서 동시에 박수갈채를 받았습니다. 키노(Quinault)가 그 작시법(作詩法)을 부러워했던 퐁피냥의 『조화의 승리(Triomphe de l'Harmonie)』와 『마르스의 이별(Adieux de Mars)』의 섬세하고 정교한 부분은 디동이 로마의 우화작가 파이드로스와 『성서』에 등장하는 아탈리(Athalie)를 곁에 두고 있었던 때에 박수갈채를 받았습니다.

사람들이 라신 이후 사랑에 대한 절망과 불행한 사람들에 대한 생생한 묘사를 성공적으로 제시할 수 있었고 베르길리우스가 다루었던 에피소드를 완성하는 것이 가능해졌다는 것을 믿으려고 하였습니까? 에네(Énée, 아이네이아스)의 유약한 성격은 퐁피냥에게 결코 반감을 일으키지 않았습니다. 그는 고대인들의 재능이 만들어낸 가장 흥미로운 소설로부터 프랑스 연극을 풍부하게 하려는 긍지에 사로잡혀 있었습니다. 디동은 불행하였습니다! 그러므로 감성적인 인민들은 눈물겨운 고통을 나누었습니다. 인민들은 궁정에서 아우구스투스를 찬미하였던 그렇게 신속하고도 강렬한 말로 그의 무대에 박수갈채를 보

---

3  퐁피냥은 그의 조국에서 그에게 일종의 국내적 박해를 초래할 그러한 시에 대한 격렬한 열정을 일찍부터 가지고 있었다는 것을 모르는 사람은 아무도 없었습니다. 그러한 박해는 퐁피냥에게 유명한 몰리에르와 비슷한 특성을 주었던 것입니다. 22세에 『디동』을 완성한 후에 파리로 비밀리에 떠났는데, 그곳에서 그는 이 작품을 무대에 올렸습니다. 그의 부모님은 모든 저널들이 『디동』의 저자에게 주었던 찬사에 의해 그것에 대한 진정한 이유를 알았지만, 젊은 시절의 탈선이라고 자신들이 생각하는 이러한 출발에 대하여 몹시 슬퍼하였습니다.

냈습니다. 현명한 구상에 순수한 문체, 고상하면서도 자유분방한 작시법, 진실한 자세, 그리고 대담하면서도 과장된 사고들을 결합하는 것으로는 충분치 않았습니다. 디동은 열렬한, 그리고 격정적인 열정을 가지고 있었습니다. 미신적이지 않으면서 종교적인 에네는, 더욱 많은 힘과 고상함을 얻었고, 인민들은 처음으로 베르길리우스 주인공들의 출발에 대하여 감동의 눈물을 흘렸습니다.[4]

---

[4] 베르길리우스의 작품 속에서 트로이 군주는 부정한 악인이며, 소심하고 유약한 군주이고 미신 숭배자로 그의 위증과 불명예스럽고 은밀한 도피가 『아이네이드(Enéide)』라는 네 번째 훌륭한 책의 품위를 떨어뜨리거나 명예를 훼손하였습니다. 사람들은 매우 상냥하고 너그러운 한 연인을 그토록 매정하게 버리는 것을 보고서 트로이 왕자이며 트로이 전쟁의 용사인 에네에 대해 분개하였는데 그의 그러한 열정은 결혼에 대한 희망으로 용서받았습니다.
풍피냥의 작품 속에서 에네는 좀 더 고상하게 행동하고 말합니다. 그의 성품은 더 잘 표현되고 더 잘 묘사되었습니다. 디동과 함께하든지 혹은 카르타고 사람들과 함께하든지, 그는 종교적이며 공정함과 올바른 신앙으로 충만되어 있었습니다. 풍피냥이 이처럼 훌륭한 성품을 완성하였던, 그토록 아름답고, 잘 고안된 표현을 누가 감탄하지 않고 볼 수 있겠습니까!
아프리카 북부의 옛 왕국인 누미디아의 왕 이아르바는 디동과 결혼하고자 하였습니다. 거절당하여 화가 난 그는 어마어마한 군대를 조직하여 이 공주의 나라를 공격하였습니다. 에네는 그와 싸웠고 그의 군대를 무찔렀으며, 직접 그를 죽여버렸으며, 자신의 자애로움과 자신의 사은에 대한 기념물을 남겨둔 이후에야 카르타고를 떠났습니다. 결국 이러한 내용에 대해 비판할 수 없었던 볼테르는 그 스타일에 대하여 공격하였습니다. 우리가 각각의 표현에 대하여 끊임없이 박수갈채를 보내는 것 그것이 바로 우리가 이러한 작품에 대하여 할 수 있는 가장 훌륭한 찬사입니다(M. 베르지에, 『모욕당한 위인들』).
팔리소(Palissot)에 의하면, 르프랑(Le Franc)의 『디동』은 그것의 가치는 재상연될 때의 거듭된 찬사에 의해 확인되는 것이라고 합니다. 사실상 그 내용에는 감상력과 창의력이 있으며 또한 무한한 기교가 있어서 그것으로 작가는 자신의 주제를 실현 불가능하게 만들 것이라고 여겼던, 어려움들을 극복하였습니다. 대중이 에네의 성품을 용서하지 않았다는 것은 사실입니다. 그러나 대중은 『아이네이드』에서 추악하고 배은망덕하며 냉혹한 군주로 표현된 사람으로 만들기 위하여 작가가 자신의 재능 속에서 찾

사람들은 프랑스 시인의 걸작에 대하여 말하지 않을 것입니다. 그 걸작품은 라틴 시들 가운데서 좀 더 훌륭한 것을 번역한 것밖에 되지 않기 때문입니다! 자! 하기야 얼마나 많은 위인이 앞서간 위인들의 제자가 되지 못하였습니까! 베르길리우스는 호메로스의 가장 아름다운 시들을 그의 말로 옮기는 명예를 가질 수 없었습니다. 『엘시드』로서 그렇게 대단했던 코르네유는 에스파냐어로 된 그의 작품을 갖지 못하였습니다. 그리스인들은 『앙드로마크(Andromaque)』를 환영할 수 있었습니까? 그러니까 『앙드로마크』는 퐁피냥에 대항하는 데 있어서는 우리보다 더욱 정당한 존재로 이방인들에게 남겨졌습니까? 그의 『디동』이 나타나자마자 주변 사람들은 서둘러 공격하였습니다. 여러분의 동향인들을 중상하는 자들에게 배우십시오. 박학한 것만큼이나, 재능에 의해 명성을 떨친 한 이탈리아인이 위대한 시인들로 풍요로워진 나라에 『디동』을 출연시켰습니다. 그는 이탈리아에서 학문과 예술을 그리스어로 다루면서 그것들을 모든 유럽 사람에게 전파했습니다.

한 문인을 영원불멸하게 하는 데 충분했던 퐁피냥의 초기의 성공들은 영광의 시작에 불과했습니다. 대단한 명예의 길이 그의 앞에 열려 있었습니다. 판례 연구에 놀부하였고, 법학을 공부했던 그는 조세의 필요싱과 함께 인민의 행복을 추구하는 데, 전념하는 국왕법정의 검찰관직을 수행하였습니다. 여기에서 그가 공공의 유용성을 느끼면서 일들에 대한 무미건조함이 사라졌습니다. 그는 지칠 줄 모르는 정열로 검찰관직에 헌신하였습니다. 그것을 우리는 옛날 현명한 행정관리로 같은 나라에서 사람들을 행복하게 하였던, 아그리콜라(Agricola)에서 보았던 적이 있습니다.[5] 자! 퐁피냥이 그 업무에 투신한 격정

---

아낸 능력에 대하여 찬양하였습니다. 그리고 그가 생각해낸 결말은 일반적으로 코르네유나 라신에게 어울리는 것 같습니다.
5 『베스피시앙의 집권초기에(Au commencement du règne de Vespasien)』, 아카데미 프랑세즈의 회장, 니베르누아(Nivernois) 공의 회신, 1785년 1월 27일 「모리 주교의 연설」 중 1785년 1월 27일, p.32.

의 시간 속에 이 직책보다 더욱 힘든 고통이 얼마나 있었습니까! 재정적인 재능은 우리 가운데에 있었던 진보와 같이 베스파시아누스 황제 치하에서는 발휘하지 못하였습니다.

정치경제의 모든 분야에 대하여 알고 조세의 근거에 대하여 깊고 자세하게 살피며, 동시에 인민과 입법부의 조직이 되고, 가끔 퐁피냥이 드는 군주의 이익과 불행한 계층의 생필품들에 똑같이 신경을 쓰며, 법정에서 징세 청부인의 탐욕을 명백히 밝히고, 그리고 헌납금의 징수를 계속하고, 재판관에게 복수해야 할 배임 죄인들과 억압한 자들을 제시하고, 한마디로 말하여 행정관의 견해와 사법관의 소견을 모으는 그러한 것이 모두 검찰관의 직능입니다. 퐁피냥은 그들로부터 그런 것들을 두려워하지 않고 들을 줄 알았습니다.

그러나 퐁피냥은 이윽고 인민들 가운데 불행한 사람들의 광경을 보면서 마음이 찢어지게 괴로워하였습니다. 그는 권력의 남용에 대해 단죄하려는 소망에서 일어난 마음의 충동으로 설득력을 기르는 데 열중하였습니다. 그는 과감하게 숨겨진 부정들을 들추어냈고, 그리고 조국에 대한 사랑의 대가로 유배형을 받았습니다.

덕이 높은 사법관이여, 여기에 그대의 가장 아름다운 승리가 있습니다. 그대 앞에 공익의 영광스러운 희생자가 된 로피탈과 다그소를 보십시오. 유배형을 받은 그들을 모든 사람의 마음이 따라갔습니다. 인민에 대한 열렬한 보호자인 그대는 정의로운 왕의 면전에서 범죄자가 될 수가 없습니다. 사람들은 공공의 불행을 자초하는 방약무인한 왕의 측근에게 더 이상 귀를 기울이지 않았습니다. 그들은 그대의 원리와 성실성을 쓸데없이 중상하였습니다.[6] 퐁피냥

---

6  퐁피냥은 1738년 『신부의 일상적 기도서』를 프랑스어 운문으로 번역하였습니다. 그러나 이러한 번역은 단지 일종의 문학적인 도전밖에 되지 않았습니다. 그는 이후 얼마 동안 영어를 배웠고, 몇몇 영국의 문인들과 함께 생활하였는데, 우리의 남부 지방에 대한 영국의 문인들의 매력은 그들을 몽토방에 이르게 하였으며, 몽토방에서 그는 당시 조세재판소의 차장검사직을 맡고 있었습니다. 퐁피냥은 그 책을 단 하나의 시구

은 그가 마련하였던 신탁으로 최고재판을 주재하기 위하여 돌아왔습니다.

모든 사람의 마음이 퐁피냥을 향해 달려갔습니다. 인민들은 그가 가는 길마다 운집하였고, 그는 법정에서 승리를 이끌었습니다. 그것은 결코 일반 관례에 의해 인정되는 열기 없는 의식이 아니었습니다. 퐁피냥에 대한 찬양은 모든 사람의 마음을 뜨겁게 달아오르게 했고, 그리고 그 감정이 대단히 강력하게 표출되었으나, 퐁피냥은 감정을 억제하지 않을 수 없는 처지가 되었음을 알았습니다.[7]

보통 사람 같으면, 자신에게 돌아온 총애와 그것에 뒤따른 명예에 매혹되었을 것입니다. 퐁피냥은 유용한 법을 진흥시키고 불행한 농부를 보호하는 데 자신의 권위를 이용하였으며 자신의 높은 지위에서 인민들을 행복하게 해줄 새로운 방법만을 모색하였습니다.

퐁피냥이 사법관직에 대해 가지고 있던 열정 때문에 문인들은 그를 잃어버리지 않을까 근심하였습니다. 그러나 그는 문학을 저버리기는 고사하고 그것을 지극히 사랑하였습니다. 그때 그는 몽토방 문학협회를 설립하였습니다. 몽

---

도 덧붙임 없이 원문의 4행시를 하나하나 유지하면서 계속 정확하고 충실하게 만들었습니다. 퐁피냥이 영국인의 마음에 맞게 번역하자마자 그들은 영국으로 되돌아갈 때 복사본을 만들어서 가지고 갔습니다. 1741년 초에 퐁피냥은 대법관 다그소로부터 이 번역서의 견본과 함께 한 장의 편지를 받았는데, 이 번역서의 견본은 작가에게 알려지지 않은 채 런던의 베상 형제의 가게에서 4판으로 인쇄되었습니다. 사법부의 수장 다그소는 퐁피냥에게 이 작품의 번역을 비난하였습니다. 그러나 퐁피냥은 『신부의 일상적 기도서』를 해명하기 위해 주장할 수 있었던 것을 완전히 포기하려 하였습니다. 그는 대법관에게 그가 이 책을 번역하도록 만든 동기를 순수하게 밝히는 데 만족하였습니다. 1741년 4월 퐁피냥이 『지식인 신문』에 보냈던 편지, 바로 그 속에서 그는 그러한 견해들에 대한 어떠한 의혹도 남기지 않았으며 다그소를 만족하게 하였습니다(『문학연보』, 1760, p.125).

7 그의 환영식에서 몽토방의 주민들은 모두 축하의 화톳불에 점화하였습니다. 공식적인 축하 행사는 여러 날 동안 계속되었는데, 큰 경기에서 생긴 불길한 사건들 때문에 퐁피냥이 행사를 더 이상 지속하지 말 것을 요구하자 비로소 중단되었습니다.

토방은 그의 행복한 상황과 그를 추종하는 주민들의 재능으로 부유한 마을이 되었습니다! 그의 품에 여러 지방의 행복에 관심을 가진 최고 사법관들이 있다는 것만으로는 그의 영광은 충분치 않았습니다. 그의 상업적인 수완으로 수많은 주민에게 일자리를 주고 부유하게 하는 것만으로도 충분하지 않았습니다. 학문과 문학이 그의 성공을 증대시켰던 것입니다.

이미 문예와 미술을 주관하는 9인의 여신인 뮤즈의 새로운 전당이 문을 열었습니다. 퐁피냥은 공공의 찬사에 대한 강조를 서정단시(오드)의 열성에 맡기었습니다.[8] 그는 우상으로 숭배했던 그리스인의 작품들을 모델로 하여 그들처럼 그들의 정복지를 정복하고 그것을 찬양할 줄 알고 있었습니다.

그렇게 많은 성공으로 둘러싸여 있는데, 어떠한 사건이 일어난다 해도 조국이 약화되겠습니까! 야심차게 활동할 시기에 퐁피냥은 사법관직을 그만두고 은둔에 들어갔습니다. 평범한 사람에게든 야심 있는 사람에든 그것은 죽음이나 다름없는 것입니다. 그러나 재능 있는 사람들은 은둔을 좋아합니다. 바로 거기에서 깊은 감명을 받는 것입니다. 바로 거기에서 원대한 생각이 생겨나고 견고해지는 것입니다.

고전적인 석학이여! 그대는 숭배의 대상이 되었습니다. 루이 14세 시대의 위인들에게 교육받은 퐁피냥은 왕의 통치와 그의 기념물 속에서 쉬고 있는 훌륭한 양식의 변함없는 원리들로 인하여 위인들과 함께 숭배받게 되었습니다. 그는 호메로스와 베르길리우스를 통해 안내된 라신을 보았으며 이피제니와 안드로마케를 아름답게 묘사하였습니다. 루소는 그리스의 문호 핀다로스를 본받았으며, 뷔퐁은 아리스토텔레스와 플리니우스의 필치로부터 나온 자연의

---

[8] 몽토방 아카데미에서 출간된 『전집』에서 우리는 1742년 8월 25일 최초의 공식적인 모임에서 르프랑 드 퐁피냥이 읽은 한 편의 오드를 볼 수 있습니다. 퐁피냥은 몽토방에서 조직되었고, 그가 열렬한 회원이었던 문학학회를 아카데미로 승격시키게 하였습니다. 바로 그가 아카데미의 설립을 허가받기 위하여 1741년 드 생플로랑탱에게 처음으로 교섭하였습니다.

빛을 받았습니다. 퐁피냥은 결코 꺼지지 아니할 찬양의 불꽃을 여기에 놓았으며, 또한 그토록 충실한 필치로 그것을 유지하는 데 전념하였습니다. 그는 뜨거워졌으며, 정열이 불타올랐고, 재능이 풍부해졌습니다. 그래서 고대인의 작품들에서 불러일으켜진 그 감탄은 독자들의 정신 속에 그것들을 저술한 저술가의 정열을 전달하였습니다. 아! 문인들이 그의 작품에 얼마나 많은 빚을 지게 될 것인가! 이미 사치로 타락한 어떤 사람은 그의 작품의 모든 부분을 공격하였습니다. 해박한 재능으로 유명해진 어떤 사람은 맹목적인 감탄의 질곡으로부터 구원한다는 구실로 인간의 정신 속에 운명적인 변혁을 일으켰습니다. 사람들은 각 장르에서 그의 두드러진 특성을 제거하였습니다. 빗나간 아름다움과 불완전한 작품은 다가오는 추락을 알리었습니다. 사람들은 재능에 상상의 정신착란을 일으키게 하였습니다. 사람들은 과장된 말로 위대한 생각을 바꾸어놓았습니다. 하나의 값진 스타일이 모두의 지지를 얻었습니다. 세네카와 루카누스의 시대가 다시 출현할 것입니다.

누가 그들의 마음을 자연의 진실한 아름다움으로 이끌어오겠습니까? 누가 문인들이 몰락하는 비참한 원인에 대해 대항하겠습니까? 퐁피냥은 새로 태어난 세대에게 고대에 대한 취미를 과감하게 물려일으켰고, 그리고 시나간 위대한 시대의 걸작품들을 감탄하게 하였습니다. 그는 그것을 교훈으로 삼아 범례를 만들었습니다. 우아하고 정확하며 조화로운 시풍이 그의 작품을 두드러지게 하고 있습니다. 고대인의 해박한 비판 정신을 유지하면서 그 위에서 만들어진 취향은 가장 아름다운 문학의 기념물과 같은 그의 작품을 만들었습니다.

퐁피냥은 곧 훌륭한 목표에 도달했습니다. 베르길리우스의 『농경시(*Les Géorgiques*)』가 번역되었습니다. 그러나 어떤 사람도 베르길리우스의 재능을 우리의 언어로 받아들이도록 하지 못하였습니다. 그의 이미지들이 사라졌고 맹목적으로 원문에 너무 충실한 번역자들은 원본의 정신을 감퇴시켰습니다. 퐁피냥은 시를 번역하려면, 시인을 번역해야 한다고 외쳤습니다. 시만이 유일하게 또 다른 언어로 한 시인의 풍성한 기품을 전달할 권리를 갖는 것입니다. 인간의 언어가 이전에 신들의 언어에 접근한 적이 있습니까?

퐁피냥이 베르길리우스를 번역하는 데 극복해야 하는 어려움을 예감하였던 것은 바로 문인들과 지식인들이었습니다. 나는 퐁피냥이 베르길리우스에 필적하였다고는 말하지 않겠습니다. '만토바의 서정시인'(베르길리우스)의 작품 속에 존재하는 멜로디, 부드러운 표현, 그리고 선명한 색조를 우리는 가질 수가 없었습니다. 그러나 그에 앞서 퐁피냥보다 누가 번역에서 박진감과 우아함, 충실함과 자연미, 정확성과 명료함을 잘 결합할 줄 알았겠습니까?

아마도 이 시대에 베르길리우스는 출판되었을 것이며, 후에 퐁피냥이 풍부한 시의 기법이 지니는 문체의 완벽함과 몇몇 서술적 단편 작품들의 진실미가 지니는 리듬의 다양성을 겸비한 베르길리우스의 『농경시』의 다른 하나의 번역서를 출판하였습니다. 그러나 그것이 바로 퐁피냥을 향해서 비친 영광의 빛이었습니다. 그는 드릴(Delille)이라는 천재가 태어난 것을 알았고, 그리고 그에게 용기를 주었습니다.[9] 그의 불후의 작품들을 비교하지 말고 그것들을 즐겁게 탐독합시다. 그리고 고대인들 가운데 가장 위대한 숭배자에 대한 찬사 속에서 그리스 사람들이 동시에 에우리피데스의 비극시(『엘렉트라』)와 소포클레스의 비극시에 박수갈채를 보냈다는 사실을 상기합시다.[10]

---

[9] 우리는 『문화연보』에서 1758년 8월 9일에 드릴 신부가 르프랑 드 퐁피냥에게 보낸 오드를 볼 수 있는데, 그 속에서 젊은 시인 드릴 신부는 퐁피냥이 번역한 베르길리우스의 『농경시』를 독자들에게 말하고 있습니다. 그리고 드릴 신부는 직접 몇 편의 베르길리우스의 『농경시』를 번역하였을 때, 그는 퐁피냥에게 취약한 점들에 대해 가르침을 주고 이러한 과정에서 용기를 줄 것을 요청하였습니다.
"우리가 그늘 속에 가리워진 송악을 보는 것처럼,/송악은 숲속으로 덩굴을 뻗고, 그리고 버팀목이 없어 시들어간다./송악이 떡갈나무를 만나면, 그 줄기에 달라붙겠건만,/떡갈나무의 잔가지를 꼭 껴안고, 그리고 그와 함께 자라련만."
잘 된 만큼 아름다운 이러한 비유는 퐁피냥의 영광을 그의 명성 있는 제자의 영광에 덧붙였습니다.

[10] 소포클레스는 에우리피데스와 함께 아테네인들로부터 호평을 받았습니다. 이 두 시인은 동시대인들이었으며 서로 라이벌 관계에 있었습니다. 그들은 서로를 영광으로

핀다로스와 호라티우스의 가장 아름다운 시가들, 디온 카시우스(Dion Cassius)와 호라티우스의 몇몇 작품들을 번역하였던 것은 퐁피냥에게 있어서 그리 대단한 영광이 아닙니다. 그가 부알로(Boileau)의 취미와 엄격함을 가지고 헤시오도스의 주요 작품을 복원시키려는 것은 그리 대단한 것이 아닙니다. 그의 재능에 대한 야망이 충족되지 못하였습니다.

그리스에서 어떤 사람은 그의 작품을 출판하였는데, 그것은 자연만을 본보기로 삼은 것이었습니다. 그는 공포감을 주는 것을 죄악시해왔고 끔찍한 걱정에 대해 아주 격노했습니다. 그것들은 작품을 창작하는 천재의 숭고함이자 결점이었으며 이러한 천재가 바로 아이스킬로스였습니다. 예술로써 표현된 탁월한 아이스킬로스 에세이들은 고대의 어둠 속에서 묻혀 있었습니다. 작품의 창작자들에 대하여 흔히 범할 수 있는 사람들의 배은망덕으로 이 비극의 아버지에 대한 지극한 경의를 후대에까지 전달하지 않았습니다.

퐁피냥은 젊은 시절부터 그리스의 기념물들을 살펴보았으며 가장 유명한 극장들의 폐허 속에서 시인들 가운데 가장 비극적인 시인이 드높여지는 것을 보았습니다. 그는 아이스킬로스에게 사로잡혔고, 아이스킬로스를 통하여 그의 존재를 되찾았습니다.

많은 고전 주석가와 그리스어 학자는 아이스킬로스의 대담한 은유에 매료되었을 것이며, 그래서 그들의 눈에 보이는 모습과 헤아릴 수 없는 표상들에 의해 어둠 속에 있던 아이스킬로스의 사상들을 찾아냈던 것입니다. 헤시오도

---

부터 떼어놓기 위해서 서로의 질투심을 유리하게 이용하였습니다. 다양한 주제를 논한 후에 그들은 자신의 주제를 선택하였고 전쟁터에서처럼 싸웠습니다. 그처럼 우리는 그리스의 신화 『오레스테스』, 그리스의 전설 『세미라미스』, 키케로의 『카틸리나』에서 서로 대항하여 싸우고 있는 크레비용과 볼테르를 보았습니다. 아테네와 마찬가지로 파리는 이 두 작가를 두고 분리되었습니다. 이 두 유명한 비극작가의 질투심은 고귀한 경쟁이 되었습니다. 그들은 서로 화해하고 서로 친구가 될 만한 충분한 자격이 있었습니다.(『위인 사전』, 소포클레스)

스와 베르길리우스의 작품을 번역한 사람은 고대의 작가들로 하여 그들의 비밀을 그에게 드러내게 해주는 데 익숙해져 있었습니다. 처음에 우리는 한 비극 시인이 고전작가들의 비극을 번역한 것을 보았습니다. 내가 어떻게 말해야 하겠습니까? 그는 번역한 것이 아니고 창작해낸 것이었습니다. 퐁피냥의 자유분방하고 대담한 표현들은 아이스킬로스의 처음 표현법과 유사합니다. 그리스인들의 표현은 그들의 힘을 가지고 있습니다. 주인공들의 특성은 그들의 당당한 대담성으로 어떤 것도 잃지 않고 있고 그들의 묘사들은 여전히 장엄한 경외심을 표현하고 있습니다. 우리는 여러 곳에서 아이스킬로스의 원대한 구상, 본래의 빛깔 그리고 작가의 고전적 양식들을 볼 수 있습니다. 그러므로 바로 이러한 것이 가장 다루기 어려운 언어에 대한 퐁피냥의 승리일 것입니다. 이것이 바로 번역가는 자취를 감추고 희극 작가만을 우리의 눈에 나타나게 하는 그의 번역의 기술일 것입니다.

 모든 언어를 알고 모든 장르를 편력한 퐁피냥, 번역의 정확성에서 재능의 폭발로 옮겨간 그 사람, 뛰어난 상상력에 방대한 박식함을 결합시킬 줄 알았던 그 사람, 가장 오래된 기념물을 연구하기 위해 시의 매력에서 자신을 떼어놓은 그 사람, 어떻게 보면 고전학의 광대한 영역을 개척하였고, 그리고 알렉산더 포프(Alexander Pope, 1688~1744)와 셰익스피어로 하여 우리의 언어를 말하도록 하였던 그 사람은 얼마나 훌륭한 사람이겠습니까!

 상냥하고 명랑한 뮤즈들은 그들의 여가에 어떤 순간을 간절하게 바랐습니까? 퐁피냥은 달콤한 여행 중 그의 무료함을 달래며 시를 하나 썼습니다. 그의 펜에서 흘러나온 솜씨 좋은 작품을 보십시오. 이것은 호라티우스, 클레망 마로(Clément Marot), 라블레(François Rabelais)의 서한들을 모아놓은 것과 같습니다. 이것은 샤펠(Chappell)과 바쇼몽(Bachaumont)의 훌륭한 재능과 재치 있는 유머입니다. 결국 데퐁텐(Desfontaines)[11]이 그에 대해 말한 것과 같이 "그는 무

---

11 데퐁텐 신부, 『심판』, 8권, p.263.

엇인가 발견한 것에 대해, 거의 말을 하지 않으면서도 모든 것에 익살스러운 표현을 하고 전혀 힘들이지 않으며 시를 썼던 바로 항상 생기 있고, 재치 있는 여행가 였습니다."

만약 우리가 퐁피냥의 박학다식한 만큼이나 그가 전개한 견해와 선호하는 힘으로 놀라게 하는 엄청나게 많은 그의 총서에 눈을 돌렸다면, 우리는 그 총서가 문학, 법률, 역사에 대한 하나의 풍부하고 방대한 보고가 된다는 것을 그에 대해 찬양하는 사람들 가운데 한 사람[12]과 함께 말할 것입니다. 오, 라신이여! 그대의 마음은 그대가 아들에게 쓴 유명한 편지에 대해 그렇게 많은 흥미가 있어 쉬고 있을 것입니다! 친절한 우정으로 말하면 그의 스타일은 그것에 대한 특색을 나타내는 엄격성을 상실하였는데, 그것은 기념물에서 부드러운 말을 쓰지 못하게 하기 위한 것이었습니다.

그러나 더욱 특별하게 퐁피냥의 언어는 시적이었습니다. 또한 그는 조화의 매력으로 철학과 도덕을 아름답게 하고자 하였습니다. 사람들은 그의 『에피트르』에서 강하고 지성적인 필치, 현명한 격언과 생동감이 넘치는 이미지들에 대해 너와 나 할 것 없이 감탄하였습니다. 그 시인은 항상 진실한 원리에 찬사를 보냈습니다. 그가 우리의 문학이 몰락하는 것을 통탄하면서 나쁜 기호, 개혁가들의 방약무인함, 국가의 경박성에 대해 그의 생애에서밖에 결단을 낼 수 없는 최대의 용감한 싸움을 선언하였습니다.[13] 사람들은 그의 『에피트르』를 특

---

12 모리 신부, 「아카데미 프랑세즈 입회 연설」, p.15.
13 "그렇습니다, 우리는 곧 어린 정복자들을 볼 것입니다.
   그들은 프랑스 고답파이며, 대담한 독재자들이지요,
   그들의 유명한 군주들은 비범한 사람들을 추방하였습니다,
   그리고 그들의 거만함은 코르네유파의 패권을 부수어버렸습니다.
   그런 식으로, 암울한 시대 속에서, 사람들은 로마인들을 보았습니다.
   로마의 두 번째 황제부터 행복한 시대가 추락하고,
   호라티우스를 파묻고, 루킬리우스를 파헤치며,
   베르길리우스의 아름다운 시구보다 더욱 파르살을 애호하였고,

히 그의 아들의 죽음으로 특징지었습니다. 아닙니다. 아버지의 사랑은 더욱 솔직하고 애처로운 감정으로 결코, 표현되지 않았습니다. 종교심이 아버지를 위로하기 위해 시인에게 영감을 불어넣었습니다.

이윽고 퐁피냥은 힘과 열정으로 가득 찬 장르를 포기하고 위대한 생각에는 아름다운 이미지를 부여해야 한다는 것을 알았습니다. 그는 그러한 것들을 어느 날 성경에서 찾았습니다. 루소가 지은 불멸의 서정시는 그에게 절대로 낙망을 주지 않았습니다. 그는 군주와 과감하게 싸웠고, 그리고 그의 프랑스 핀다로스의 우정은 그렇게 많은 용기 있는 대가가 되었습니다.

무서운 날들, 남을 헐뜯는 모함으로 순수한 사람이 희생되는 것을 누구에게 보였습니까! 명성을 얻은 루소가 조국으로부터 추방당하였을 동안 여러분들은 군주를 위해 명예를 가지고 있는 것을 영광으로 생각하는 그의 경쟁자를 보았습니다. 루소는 세상에 없습니다. 퐁피냥이 그의 죽음을 애도하였습니다. 그는 그를 비방하는 사람들에게 복수를 하면서 감히 그와 동등해졌습니다. 재

> 지배자 네로의 거드름을 피운 유령을 찬양하였고,
> 그리고 키케로를 읽으면서 정숙하지 못하여 하품하였습니다.
> 더 이상 아름답지도 순수하지도 않은 언어 역시
> 아름다운 본질에 빠져 얼굴을 붉히고 있었습니다.
> 그리고 본의 아니게 이방인들도 찬양하게 된
> 이 행복한 빛남, 그것보다 견고한 지지,
> 이 빛나는 질서, 숫자, 그리고 박자,
> 이것들이 마치 우리의 시와 웅변을 포기하려는 것 같습니다.
> 그리고 사람들이 더 이상 듣지 못하였음을 지나치게 말하려 하였기 때문에,
> 문체는 건조하고, 힘차다 못하여 딱딱하여졌습니다.
> 이제부터 안내자들에게 이끌린 대중은,
> 순간 번쩍이는 빛에 현혹되는 것을 원하지 않게 되었습니다.
> 이상야릇한 것에 대한 애정, 새로운 것에 대한 갈망,
> 그런데 참된 아름다움에 대한 적의는, 최고의 실수로 향하고 있습니다."(퐁피냥의 서한체 시)

능과 진실성이 있는 이 노래를 들어봅시다.[14]

> 나일강(Le Nil)은 그의 기슭에서
> 사막의 검은 사람들,
> 그들의 야만스러운 울부짖음으로 모욕을 당하는
> 우주의 빛나는 별을 바라보았습니다.
> 무력한 외침! 이상야릇한 분노!
> 이 야만적인 괴물들이
> 무례하게 울부짖는 동안,
> 하나님은 그의 발자취를 추적하면서,
> 신을 모독하는 이해하기 어려운 사람들을 향해
> 문명의 빛을 세차게 쏟아부었습니다.

어떤 시의 노래입니까! 욕망을 향한 재능의 승리를 축하한 것이 바로 핀다로스였습니다. 한 서정시인의 무덤 위에 자신이 직접 숭고한 시로서 그의 변명을 새기어놓은 분은 바로 시의 신입니다. 여기에 박해받은 모든 위인에게 합당하고, 퐁피냥에게도 합당한 비문체의 시문이 있습니다. 루소에 대해 이 용감한 복수자는 루소보다도 더욱 평온한 날들을 갖지 못하였습니다.

퐁피냥이 그리스와 로마의 작품들을 프랑스에 유입시키는 동안, 그리고 유럽의 모든 언어가 그의 발아래에서 풍부함을 드러내는 동안,[15] 유명인사 그러

---

14 모리 신부는 "세상 사람 모두가 어떤 언어 속에서도 쓰였고, 그리고 재능을 그려내기 위한 것으로써 세계를 밝히기 위해 시대와 장애물을 뛰어넘는 위대한 생각을 위대한 상상에 결합하였던 이 가장 아름다운 시의 구절을 알았습니다."라고 말하였습니다. 「J. B. 루소의 죽음에 대한 오드」.
15 퐁피냥은 히브리어, 그리스어, 라틴어, 에스파냐어, 이탈리아어, 영어에 대한, 깊은 지식으로 결합된 방대하고 심오한 문학과 가장 어려운 것들을 자신의 언어로 시와 산문을 쓰는 재능을 소유하고 있었습니다(모리 신부, 「아카데미 프랑세즈 연설」, p.8).

나 많은 퐁피냥의 반대자들 가운데 대단히 두드러졌던 볼테르는 비굴하게도 빈정거리는 투로 퐁피냥에게 신랄한 말을 던졌습니다. 그러나 나는 이 불멸의 주인공에게 그의 명성을 소중하게 하는 데 적당하지 않은 생각들을 없애버리고 싶었습니다. 공적 찬사가 미래의 후손들에게 격렬한 질투심을 전해서는 아니 되는 것입니다. 어떤 사람들의 눈에는 퐁피냥이 모든 사티로스(호색한)를 망각한 채 영광에 싸여 있었던 것으로 보였습니다. 그들 자신의 견지에서 본다면, 그는 저술 활동을 하고, 그리고 종교를 통해서 행복을 찾았다고 생각하였습니다.

퐁피냥은 신을 향하여 시선을 집중시키고 정신이 추구했던 자료를 세속적인 고대 속에서 더 이상 찾지 않으면서 『성서』를 읽는 데 몰두하였습니다. 그는 오만한 철학이 우리 조상들의 신앙에서 생겨났고, 시가 우리의 신앙을 공격하는 것처럼 보였으며 고대 그리스의 시가가 전설적인 영웅들과 고대 이교도 문명의 신들의 범행을 찬양하면서 그것의 타락한 위엄을 목격하였던 한 세기 동안 불후의 고대 종교 서적을 두루 살펴보았습니다.

사람들은 이러한 비통한 장면에서 퐁피냥의 생각은 어떠했는지 묻겠지요? 그는 반종교적인 사람들의 교리에 유혹되지 않았던 지식들로 하여금 그들에게 항거하도록 하였습니다. 그는 사람들이 격하시키려 했던 고상한 기법으로 히브리어의 아름다움을 표현하기 위해 우리의 언어로는 거의 이해할 수 없었던 『성서』의 번역에 진력하였습니다. 따라서 그의 연구열은 그가 구상한 원대함을 성취하는 데 부응할 만하였습니다.

서정시가 국가를 지배하였던 시대는 고대였습니다. 지금까지 수집된 그리스인들의 감정을 표현하는 서정시는 지난날 올림픽 경기에서 많이 낭송되었습니다. 영웅들을 찬양하는 목소리였던 서정시는 영원불멸하게 될 만한 이름들을 감동적으로 찬양하였습니다. 핀다로스는 서정시에 열정을, 아나크레온은 은총을, 사포는 더욱 많은 열정을 부여하였습니다. 오랫동안 세련되지 못하였던 로마인들의 서정시는 호라티우스가 퀸틸리우스(Quintilius)의 죽음에 대해 베르길리우스를 위로하였을 때, 그리고 '백년축제(les fêtes séculaires)'를 축하할 때 주로 되살아났습니다. 우리의 풍토에서 뮤즈에게 품위 있는 절도를 환기시켰던 말레르브(Malherbe)가 서정시에 기품과 감미로움, 운율과 조화, 생동감과 유연성을 차례 차례로 부여할 줄 알았지만, 서정시는 그 영향력과 그 본래의 품위를 상실하고 말았습니다. 그러나 서정시는 루소와 퐁피냥의 글 속에서 시상에 더욱 많은 활기를, 시구에 보다 많은 활력을, 운율에 더욱 완벽함을, 문체에 더욱 많은 고상함과 열기를 되찾게 하였습니다. 서정시는 종교가 천재에게 영감을 줄 수 있었던 루소와 퐁피냥의 모든 작품에서 주로 성장하였습니다.

최근 우리의 이러한 편견과는 달리 나는[16] 그 '오드'라는 장르가 이교도들의 작품에서 활기를 띠게 해준 대단한 흥미를 상실하였습니다. 마치 신성한 정신이 이교도 문명의 어리석은 종교와 영웅들의 헛된 명예에 대해서처럼 지배적이고 강력한 사람들에게 영향을 주지 못했듯이, 마치 자연의 경이로움과 '최고 존재'의 약속이 아폴로 축제 경기나 혹은 네메아 경기의 광경만큼 열정적인 시인들을 불시에 사로잡지 못하였듯이 말입니다. 그것은 처음 몇 세기 이래 인류의 커다란 흥미와 시의 커다란 변화가 바로 『성서』에 맡겨져 있었기 때문입니다. 그것은 모세에 대한 찬송과 다윗에 대한 찬가 그리고 선지자들에 대한 시가를 낭송하였던 것이 바로 종교에서였기 때문입니다. 어떤 숭고한 시가 히브리어의 대담하고 생동감이 넘치는 언어 속에서 유대인 입법자에 대한 찬양과 그들 왕의 오랜 회개를 표현하지 않았겠습니까!

또한 우리의 시인들은 그들이 '축성한 자료'에서 끌어낼 수 있을 때만큼 시가 결코 우월했던 적이 없었습니다. 라캉(Racan)이 가장 아름다움을 표현했던

---

[16] 사람들이 나 이전에 하였던 관찰을 상기해야 하겠습니다(모리 신부, 「아카데미 프랑세즈 연설」, p.17). 그것은 바로 오드라는 장르는 오드가 탄생한 아름다운 환경에서 활기를 띤 대단한 흥미를 우리 가운데서 상실하였기 때문입니다.

것은 바로 「시편(Pseaumes)」을 몇 장 번역할 때가 아니었습니까? 라신이 『아탈리』에서 지시한 이러한 계시의 음성과 사람들이 「아가서」에서도 관심을 두고 보는 이러한 고상한 악상을 『성서』에서 발췌하지 못하였습니까?[17] 다윗 송가의 아름다움과 격렬함에 감격한 루소는 우리의 언어로는 할 수 없어 보이는 문체의 화려함과 과감성을 서정시에 주지 않았습니까?

위대한 천재의 성공은 보잘것없는 재능으로밖에 낙담시키지 못합니다. 퐁피냥은 아직도 이 위대한 시인들의 행적에서 자신의 명예를 얻고 있다는 것을 알았습니다. 『성서』의 존엄성이 그를 전향시켰고, 선지자의 재능이 그로 하여 첫 출발의 열정을 불러일으켰으며, 그리고 우리의 말이 하나의 시집을 풍요롭게 하였는데 그 속에 있는 역동적이고 생기에 찬 노래로 그 재능은 하나님의 영광과 권능을 묘사하였으며, 동시에 그는 인간에게 하나의 행복한 시적 감흥과 풍부한 표현력과 함께 생의 의무를 그려주었습니다. 그것은 바로 시가 도덕과 종교에 대한 승리로 풍요로움을 확립하면서 문학에 대한 경배와 공적 사은에 대한 권리를 획득하는 것입니다.

여기에서 제가 용기를 내서 퐁피냥과 루소를 비교 검토하는 것이 어떨까요? 재능과 우정이 그들의 첫 번째 관계를 만들었습니다. 그들의 명성과 불행이 우리로 하여 서로를 비교하도록 하는 것 같습니다. 두 사람 모두 서정시의 정신인 운율과 조화의 미에 대한 가치를 가지고 있었습니다. 그러나 루소는 더욱 화려하고, 더욱 상상적이며, 더욱 시적인 면을 가지고 있었으며, 퐁

---

[17] 특히 자선에 대한 「아가서」 그리고 그 세기의 공허한 일에 대한 「아가서」에서 그로 하여 신을 찬양하도록 만든 것은 바로 그의 고전적 기원에 둔 시정을 불러일으켰기 때문입니다. 이러한 위대한 주제는 시인을 만드는 풍부한 이미지, 열정, 영감을 제공하였습니다. 또한 훌륭한 시인들은 그들이 종교에 작품을 바쳤을 때, 모든 언어로 힘과 재능을 증가시켰습니다. 『아탈리』는 표현의 비장함과 장중함으로 라신의 걸작이 되었습니다. 마찬가지로 루소의 종교적 서정시들은 그의 다른 작품들보다 탁월한 것이 되었습니다.

피냥은 더욱 장중하고, 더욱 표현력이 있으며, 더욱 생각이 깊었습니다. 퐁피냥의 도덕은 정신의 평화와 마음의 달관을 도처에서 나타내고 있습니다. 루소는 지성의 평화였지만, 그의 필치는 정신의 선동을 느끼고 있었습니다. 퐁피냥에게는 좀 더 깊이와 진실성이 있으며, 루소에게는 격렬함과 활력이 있습니다. 루소의 종교적인 시들은 사상, 행복의 탑, 숭고한 상상들로 꽉 차 있습니다. 퐁피냥의 종교적인 시들은 애정이 넘치는 감정, 낙관적인 상상, 장중한 사상들로 채워져 있습니다. 루소는 '만군의 주 여호와 하나님'과 악인들에 대한 징벌을 보다 잘 묘사하였습니다. 퐁피냥은 우리에게 보다, 성공한 작품으로써 '사람들의 아버지이자 친구인 하나님'을 보여주었습니다. 결국 퐁피냥은 첫 번째로 귀족 세계의 군주에게 열정을 가지고 재능의 공물을 바쳤습니다. 두 번째로 고위직을 수행함으로써 보다 양순한 마음으로 충성을 바쳤습니다.

또한 누구라도, 종교적인 고대의 보물들을 가장 귀하게 사용하지 못하였습니다. 종교는 인간들이 말하는 데 있어서 좀 더 매혹적인 언어를 결코 사용하지 못하게 하였습니다. 우리는 퐁피냥의 모든 시에서 그의 정신 속에 내재해 있는 덕에 대한 깊은 자각과 성경이 주는 감동적인 말투를 발견합니다. 진정한 영광은 그토록 많은 작품에 대한 대가일 것입니다. 사티로스극은 순간만 지속되지만, 유익한 책은 영원불멸합니다.

툴루즈가 처음으로 공공의 동의에 대하여 가장 최초의 대변자가 되었습니다. 툴루즈에서는 퐁피냥을 아카데미와 의회에 초대했고 그의 여러 작품을 높이 평가하였습니다. 아카데미 프랑세즈는 그에게 영예를 수여하였습니다. 그의 생애 동안 있었던 이러한 상황을 상기시키면서 몹시 슬프게 할 수 있는 모든 기억을 내가 어떻게 제쳐놓을 수 있겠습니까! 나의 주인공이 한창 영광 중에 있을 때, 구름이 일어나서 그에 대한 나의 시선을 흐리게 만들었습니다. 나는 멈추었습니다……. 왜 문학에 대한 가슴 아픈 논쟁의 기억을 간직해야 하는 것입니까? 아! 만일 이 위대한 인물의 적들이 그의 착한 마음과 그의 생애를 만들어낸 진실에 대한 강렬한 사랑을 알았더라면, 나는 오늘날 사람들이 그를 비난하는 이러한 종류의 모순에 대해 그를 변명해야 할 필요가 전혀 없을 것입니다. 퐁피냥은 가혹한 검열을 하는 헛된 즐거움을 전혀 알지 못하였습니다. 그의 논문은 그의 철학을 전개한 것이었습니다. 모든 그의 행동들은 그의 정신에 판박이로 된 것이었습니다. 시인인 그는 종교에 헌신하였습니다. 웅변가인 그는 종교에 대하여 말하였습니다. 이러한 찬란한 시대[18]가 어떻게 하여 우리가 문학의 가장 아름다운 사원에서 그의 음성을 들을 수 있는 유일한 시기가 되었습니까? 곧 그 음성은 이전에 얻은 젊은 군주의 덕을 찬양하기 위하여 주권자의 궁전에 울려 퍼졌습니다.[19] 이러한 숭고한 찬사 속에서 웅변가는 프랑스인들에게 그들이 잃어버린 것을, 위인들에게 그들이 소중히 여겨야만 하는 것을, 그리고 왕의 자녀들에게는 그들이 모범으로 삼아야만 하는 것을 가르쳐주었습니다.[20]

---

18  루이 15세는 퐁피냥의 손으로부터 아카데미 입회 연설문의 사본을 받아들면서 "나는 그것을 읽겠다고 그대에게 약속하겠다"라고 말하였습니다. 실제로 왕은 그것을 읽었고 같은 날 그는 한 조신에게 이 연설문을 어떻게 발견했는지를 물었습니다. 그가 왕에게 대답하기를 "그것은 약간 깁니다. 폐하", 왕은 '내가 그것을 20분 동안 읽었으며, 그것이 아카데미의 입회 연설문으로서는 길게 작성되었다는 것이 사실이다. 그러나 이것은 내가 보기에 뛰어난 작품이다. 그런데 불경한 사람들과 불요불굴의 사람들에게 칭찬을 받기에는 적당하지 않다.'라고 대답하였습니다. 역시 아첨하는 투표에 무엇을 덧붙일 수 있겠습니까?(『문학연보』, 1760, p.277)

19  퐁피냥은 도팽 부부에 의해 부르고뉴 공작의 역사적인 찬사를 작성하는 책임을 맡게 되었습니다. 또한 그는 영광스런 선택에 대해 대단하게 나타냈습니다. 그는 자신에게 찬사를 부탁한 지체 높은 사람들에게 이 작품을 공표하기 전에 이것을 먼저 읽는 영광을 가졌습니다. 그들은 이러한 독서에서 눈물을 흘렸습니다. 그리고 그들의 정신적 검토를 거친 후에 그들 마음의 재빠른 동의가 이루어졌습니다. 그들은 자신들에게 그의 작품에 대한 가장 기쁘게 하는 사례인 표현들로 그 작가에게 만족을 표시하였습니다(『문학 연보』, 1761).

20  사람들은 군주제의 성립 이래로 프랑스 군주들 모두의 연대표를 부르고뉴 공에게 제시하였습니다. 고대 이집트까지 거슬러 올라가는 역사가들은 대개 연대기에 65명의 군주를 포함하였습니다. 부르고뉴 공은 왕들 모두 자신의 조상이라고 생각하였고 사람들은 그의 마음이 상당히 고양되었음을 알았습니다. 보귀용(Vauguyon) 공은 사람들

그러나 한 철학가가 이러한 정도의 성공으로 즐거워해야 할 일은 아니라고 생각하였습니다. 퐁피냥은 자신에게 은신처를 제공해주는 자연을 선택하도록 이끄는 자연의 음성을 들었습니다. 이러한 고독 속에서 자기의 작품에 자신의 덕성을 조화시키는 그를 보십시오. 이것이 옛사람들의 엄숙한 덕성이며, 허영 없는 덕행 그리고 과시 없는 선행입니다. 그의 펜은 결단코 사티로스극에 불만을 표시하지 않았습니다. 그는 그에게 적이 있음을 망각하였습니다. 그의 사적 생활 속에서 그를 추적해보시면, 가정에서 그가 베푼 덕행은 감동이었습니다. 그는 재산의 기부에 만족하였으며 다만 그것으로 행복하게 해주고 위로하는 것, 밖에는 생각하지 않았습니다.

퐁피냥이 먼저 관심을 두었던 것은 바로 예속민들을 위로하는 데 있었습니다. 그의 주선에 따라 비위생적인 초가집이 안락한 주택으로 바뀌어졌습니다. 그가 베푼 여러 가지 기부의 덕택으로 예속민들의 고통이 한결 줄어든 것처럼 느껴졌습니다! 그는 생활에 필요한 것들을 살피기 위해서 얼마나 많이 시골의 오두막집에 살며시 들어갔는지 모르실 것입니다! 바로 그러한 것들은 그의 아름다운 마음으로부터 나온 위로의 행위였습니다. 아! 이 흐뭇한 추억은 당신의 기억 속에서 사라지지 않을 것입니다. 행복한 농부들이여, 안 그렇습니까! 여러분이 드리는 사은은 갓 태어난 세대들에게 여러분들의 초가집이 자비로운 영주로부터 받은 것이라고 말할 것입니다.

---

은 세 번째 세대의 왕들 첫 번째 심지어는 두 번째 세대의 왕들에게서 혈통을 이어받았다는 증거를 가지고 있지 않았다는 것을 부르고뉴 공에게 말하는 것이 좋겠다고 생각하였습니다.

그것에 그는 놀란 듯 약간 분개하여 대답하였습니다. "보귀용 공, 적어도, 나는 성 루이와 루이 14세로부터 혈통을 이어받았소." 나는 이 말이 부르고뉴 공에 대한 그렇게 많은 기억을 좋아하는 프랑스인들에게 그것을 상기시킴으로써 즐거움을 만들 수 있을 것으로 생각하였습니다. 특히 이 찬사에서는 퐁피냥이 이 작품을 끝마친 감동적인 부분을 읽어야만 합니다. 여기에서 감정을 좀 더 부드럽게 하려는 것은 모두 가장 고상하고 간결하게 표현되었습니다.

풍피냥이 이러한 원칙으로 살았기 때문에 그의 집은 모든 불행한 사람들에게 개방되어야만 하였습니다. 그의 집은 오만하고 독재적인 봉건영주가 살았던 궁전과 같은 집이 아니었기 때문입니다. 그의 집은 빈곤한 사람들의 피난처가 되었습니다. 그는 빈민들의 생활 태도를 보면서 가난을 타파하는 방법을 찾고자 많이 노력하였으나, 수용소(빈민들의 거주지) 안에 빈민을 채우기 위해 자신의 힘과 권력에 의존하지 않았습니다. 당시 수용소 안에서 빈민들은 국가로부터 빵을 받아먹기보다는 오히려 병들고 지쳐버렸습니다. 그는 그들에게 유용한 일을 주었습니다. 그는 놀고 있는 일손과 버려진 토지를 농사를 지을 수 있는 손과 토지로 전환하였습니다. 그는 그 이외에 보다 많은 일을 하였는데 신체장애인과 병약자, 노령자와 국가 외에 보호자가 없는 불행한 아이들에게 구호소를 개방하였습니다. 바로 그것이 그의 성 근처에 세워진 구제원으로, 그곳은 그가 옛날부터 빈민들을 돕기 위해 보조금을 주었던 곳입니다.

풍피냥은 사람들을 구제하는 데 그러한 정도로 만족하지 않았습니다. 그는 경이로움을 노래한 하나님에게 장엄한 성당을 봉헌하였습니다. 그는 로마가 영광의 성전으로 사람들을 인도하기 위하여 덕의 성전을 세웠던 것처럼, 종교의 성전으로 사람들을 인도하기 위하여 자선의 전당을 건설하였습니다.

영광의 월계수로 풍피냥의 젊은 시절을 장식하였던 시는 그의 말년에 그 감미로움을 다시 발산하게 하였습니다. 쇼리외(Chaulieu)는 그의 은둔의 처지를 찬양하기 위해 개의치 않고 시구를 도용하였습니다. 풍피냥 역시 은둔이 그로 하여 즐기게 하였던 평온함에 대하여 은둔 생활에 감사하였습니다.[21] 그의 시적 감흥은 감사의 순간에 되살아났던 것처럼 보입니다.

그러나 나는 더 이상 침울한 표정으로 둘러싸여 있는 풍피냥을 보지 못하였

---

[21] 「은둔에 관한 풍피냥의 서신」. 거기서 사람들은 그가 자신의 체류지에 대해 말하면서 매우 실감나게 묘사하였던 시를 읽었습니다. "체류지에서, 나는 어쨌든지 나의 노력으로,/소름 끼치는 가난, 그토록 많은 악에 대한 요인을 물리쳤습니다."

습니다. 퐁피냥이 생애의 마지막 날까지 옹호하였던 종교가 그의 용기를 북돋아주었던 것입니다. "그는 자주 '나 자신은 유약한 존재이며 세파에 짓눌릴 각오가 되어 있지만, 나의 사랑과 나의 신앙으로 결합된 행위로 무신앙을 쓰러트릴 것이다'라고 말해왔습니다."²² 오! 한순간에 가장 훌륭한 그의 시구들 가운데 한 시구에 의해서 그가 묘사되고 있는데, 굳이 그가 노년의 생각을 정리해야 할 이유가 있겠습니까?

 …오직 기독교 신자인, 그는
 아버지, 아들, 남편 그리고 시민이 되는 것을 알고 있었습니다."²³

퐁피냥의 업적을 망쳐놓기를 즐기는 복수심 많은 사람, 불안한 연적들, 시기심이 대단히 많이 있는 경쟁자들, 과격한 사티로스들이여, 나오시오. 자신들을 핍박한 사람들을 용서한 그리스도교인의 이 아름다운 교훈을 들으러 오시오.²⁴ 이러한 표현은 틀림없이 영광과 덕으로 가득 찬 한 세기를 장식하게

---

22 「교황에게 보낸 서신」. 그중에 이러힌 훌륭한 시기 있다. "히늘의 대의로 복수가 필요할 때,/모든 기독교인은 군인이 되며, 모든 군인은 승리자가 된다."
23 「교황에게 보낸 서신」.
24 그대가 독살했던 사람의 마지막 말을 들어보십시오. 그대 앞에서 나는 진심을 토로하기를 두려워하지 않습니다. 그는 젊은 시절을 되돌아보고, 우정 어린 마음으로 모든 잘못을 밝혔습니다. 그가 하려는 고백이 쏟아져 나왔습니다. 나는 이 위대한 사람의 말년에 대해 감동적이며 존경할 만한 것이 무엇인지 알지 못합니다.
그가 말하기를 나는 나의 젊은 시절에 대해 양심의 가책이 없는 것은 아닙니다. 미술에 대한 나의 지나친 열정, 즉 뛰어난 그림들에 대한 나의 집착은 집을 온통 작품들로 채웠고, 얼굴을 붉히지 않고는 그것들을 더 이상 바라볼 수 없었습니다.
마찬가지로 나는 그대에게 나의 장서들에 대해 고백합니다. 이 방대한 총서, 그처럼 많은 관심이 나에게 비싼 값을 지불하게 하였습니다. 아! 나는 총서들이 세상의 모든 것에 사용될 수 있기를 간절히 바랍니다. 나는 오늘날, 이 총서가 비난받게 된 것에 피눈물을 흘립니다. 그것은 바로 내가 유산을 충분히 남겨주지 못한 나의 자손들에게 용서를 구하는 보다 깊은 나의 마음이 있기 때문입니다.

되었습니다. 결국 퐁피냥은 그가 행한 선행을 잊고, 마지막 숨이 다할 때까지 기독교에 경의를 표하면서, 조국에 아들을 바친 뒤 아내와 존경할 만한 성직자의 팔 사이에서 죽었는데, 두 사람 모두는 가장 기독교적인 철학자들 가운데에서 그들의 덕에 의해 기억될 만한 가치가 있는 사람들이었습니다. 자연과 종교의 품에 안겨 죽는 위인은 틀림없이 하늘이 땅에 줄 수 있는 가장 아름다운 광경일 것입니다.

퐁피냥의 무덤이 열리고 그의 명성이 나타났습니다. 퐁피냥의 덕과 재능은 여러 지방에서, 수도에서, 그리고 그의 실덕이 증명된 곳에서까지도 명성으로 나타났습니다. 그의 유해가 겨우 식자마자 모든 문학단체는 그에 대한 칭송이 떠나갈 듯하였습니다. 사람들은 어떤 운명의 장난으로 은인이 더 이상 생존하지 않을 때 그 은인에 대한 은혜에 찬양을 드릴 줄 아는 것입니다! 명성의 소리가 무덤의 바닥에서만 나올 수 있습니까?

퐁피냥의 적들은 어떻게 되었습니까? 증오와 질투는 어디에 숨었습니까? 모두가 화려한 장례식 앞에서 사라졌습니다. 슬픔에 잠긴 회랑 밑에서, 슬픔에 잠긴 큰길에서 자신들의 버팀목을 상실하고 비통하게 울먹이는 농부들, 병약한 노인들, 아버지를 불러대며 비탄에 잠긴 외로운 고아들을 보십시오. 그

---

나는 사람들이 젊은 시절의 시각으로 나의 터무니없는 열정으로부터 나온 보잘것없는 작품들을 숨겨주기를 간곡히 바라고 간청하며 애원합니다. 내가 순수한 품행과 순결한 기독교의 윤리를 해칠 수 있는 것들을 모두 이 세상으로부터 어떻게 제거할 수 있겠습니까! 역시 내가 옛날에 나의 필치에서 나온 졸렬한 몇몇 작품들을 독자의 손에서 어떻게 떼어놓을 수 있겠습니까! 종교의 승인을 받지 않은 것은 모두 사람들에게 아무런 유용성도 있을 수 없이 긴 인생의 흐름 속에서 그대에게 미술과 문학의 잘못에 대해 비난한 덕인과 귀인은 최고 심판을 두려워하지 않을 것입니까! 퐁피냥은 거의 죽음에 다다라 엄숙한 종교적 의식을 행하려는 순간에 몸을 일으켰습니다. "그는 기어들고, 깊이 있는 목소리로 '나는 용서합니다, 나는 그렇게 나를 견딜 수 없이 슬프게 하였던 사람들 모두를 큰마음으로 무조건, 그리고 충심으로 용서합니다. 나는 역시 나의 생애 동안 무례한 행위를 하고, 해를 끼쳐 나로 하여 불행하게 된 사람들에게 용서해주기를 애원합니다'라고 말하였습니다."

들은 가난한 사람들의 아버지는 죽었다고 외치고 있습니다. 그리고 오열의 목소리는 한층 더 심해지고 있습니다. 오, 퐁피냥 씨! 그대를 회상하기에 얼마나 좋은 날입니까! 모두가 그대에 대한 슬픔으로 정신을 차리지 못하였습니다. 행정관과 문인, 부자와 빈민, 문학회와 자선 시설물, 종교와 철학, 외국인, 동향인, 그대의 조국 등 모두가 고통이 가중되었습니다. 그들이 가진 것은 모두 오직 그대를 찬양하는 감정과 목소리였습니다.

당당하고 변치 않는 대중들의 목소리여! 모든 사회계층과 모든 군주권을 압도하는 그대 퐁피냥은, 나의 마음을 그대의 망혼에 드리고, 그리고 그에게 소중하였던 조국에 그대를 위해 바치는 찬사를 준비할 때, 나의 귀에 (그대를 사모하는 대중의 목소리가) 울려 퍼졌습니다. 문인들은 그리스와 로마 시대의 석학들을 연구함으로써, 그들의 작품에서 시대를 파괴하는 힘센 사람들에게 저항하는 힘과 이성의 위대한 특성을 얻을 수 있다는 것을 배우십시오. 종교에 재능과 노고를 바침으로써 명성을 얻을 수 있다는 것을 철학자에게 말하십시오. 그들이 만약 덕에 의해 인도된 재능보다 땅에서 더욱 위대한 것이 전혀 없다면, 덕행과 선행으로 얻는 것보다 더 오래갈 수 있는 명성이 역시 없다는 것을 알아야 할 것입니다.

# 루이 12세의 대신, 조르주 당부아즈에 대한 찬사[1]

조르주 당부아즈,
루앙의 추기경, 대주교, 루이 12세의 대신
1785년 몽토방 문학 아카데미에 제출된 논문
아카데미는 수상하지 않았다

당부아즈는 충직한 대신으로서 오직 프랑스만을 사랑하고,
프랑스로부터 사랑을 받았던 사람이다.

─ 볼테르, 『앙리아드』

프랑스가 탄생시킨 유명한 행정관 가운데에서, 당부아즈의 재능은 연대기에서 후손들이 인정한 사람에 속하고 있습니다. 프랑스에서 그는 대단히 화려

---

1 M. Bertrand Barère, *Éloges Académiques*, pp.183~220.

한 최고의 명성을 남겼습니다. 그러나 아마 그보다 행복하였을지는 모르나 그 밖의 점에서는 다소 못한 다른 명사들도 우리의 정신에 더욱 값진 의식을 일깨워주었습니다. 그것은 신분이 높고 관직에 있는 현명하고 견식 높은 대신들이 항상 사치도 없이 선행을 하였고, 유용성 이외에 다른 야망이 결단코 없었기 때문입니다. 만일 그들이 오묘하고 새로운 제도로 인민들을 놀라게 하지 않았더라도, 그들은 적어도 대담하고 위험한 공론으로 인민들을 불안하게 하지 않았을 것입니다.

통치자를 위하여 사법과 경제만을 담당했던 대신들은 인민에 대한 그들의 약속에 충실하였습니다. 그들은 농업에 활력을 주었고 상업을 번성하게 하였으며 여러 분야에 풍요와 행복을 가져다주었습니다. 그러므로 그들은 인민의 사랑을 받았습니다. 그래서 세월이 지나도 그들은 영광을 결단코 상실하지 않았습니다. 왕들의 호의와 인민의 애정은 그들의 생애에 대한 보상이었습니다. 그래서 감사하게 생각하는 후손들은 군주들의 소중하고 영원불변한 이름에 그들의 이름을 결합하여 그들의 유해에 새로운 찬사를 보내는 것입니다.

당부아즈가 바로 그러한 사람이었습니다. 그는 거의 야만적인 한 세기 동안 젊은 시절 지나치게 방황하였던 한 왕의 정신 속에 슬기와 인류애를 심어주었습니다. 그는 왕에게 국익을 증진하게 하고 우정의 매력과 그것의 영향력을 알게 하였습니다. 그는 전쟁에 지나치게 몰두하는 왕에게 많은 선대의 독재자들에게 심하게 상처받은 프랑스의 재해를 예로 들어 귀가 따갑도록 진언하였습니다. 그는 왕의 곁에서 간교한 신하들의 술책과 아첨꾼들의 유혹에 대항하여 인민이 버려지는 원인을 제거하였습니다. 마침내 그는 이러한 견식 있는 감성(이것 없이는 진정한 행정관이 있을 수 없음)을 공공의 평가(이것이 없으면 대신도 아무런 선행을 할 수 없음)에 결부시켰습니다. 사람들은 수도에 있는 왕들의 훌륭한 업적을 찬양하는 반면[2] 역시 지방 관리들에게도 같은 대가를 주려는

---

2   아카데미 프랑세즈에서는 1785년 8월 25일 「루이 12세에 대한 찬사」를 시상하였고,

열정을 가지고 있었습니다. 그것이 바로 프랑스인의 소망에 대한 행복한 조화가 아니겠습니까! 그러니까 우리의 역사에서 분리될 수 없는 루이 12세와 당부아즈에게 드리는 공적 찬사는 여전히 함께 드려야 합니다.

그렇지만 루이 12세와 당부아즈가 받아 마땅한 존경에 대해 혼동하지 말아야 하겠습니다. 사람들은 대신들이 했던 것처럼, 그렇게 여러 번 왕을 찬양하였습니다! 우리는 너무 자주 왕들의 행위와 견해들을 행정관들에게 떠넘겼습니다. 이제 조국은 바로 이러한 영예로운 재산을 구분할 때가 되었으며, 찬사를 하도록 지정된 사람들에 대하여 우리는 진정한 공적을 찬양할 때입니다.

그러므로 루이 12세의 행적과 미덕에서 당부아즈의 것들을 분리해야 하지 않겠습니까! 후세의 동의를 얻기 위해 우리들이 위인을 만드는 데 그토록 여러 번 사용하였던 웅변과 같은 외부의 도움은 당부아즈에게 필요하지 않습니다. 당부아즈는 공평한 대신이며 좋은 신념을 가진 중재자였을 뿐만 아니라 아주 드물게 덕망 있는 관료이자 공정한 야심가였습니다. 그는 위대한 왕국의 이익에 관심을 가져야만 했지만, 자신의 교구를 보살피는 데에도 소홀히 하지 않았습니다. 그는 종교와 국가에 봉사하였습니다. 대신이자 주교였으며, 훨씬 더 소중한 다른 공적을 가지고 있었습니다. 그는 프랑스만큼이나 그의 군주를 사랑하였습니다. 소중한 사람이여! 존엄한 사람이여! 당부아즈의 친구여! 그대는 우리가 한순간이라도 그대와 당부아즈의 영광을 분리할지라도 원망하지 않을 것입니다. 그대에 대한 그토록 감미로운 많은 기억과 그토록 흥미진진한 많은 특징으로 인해 우리는 마음속에서 그대를 불러들이고 있습니다.

## 제1장

위인에 대한 찬사에서 만일 탄생의 자랑거리나 혹은 모험담이 들어가야만 한다면, 나는 여러분에게 루이 11세의 궁정에 있었던 당부아즈의 조상들을 제

---

같은 날 몽토방 아카데미는 「당부아즈에 대한 찬사」를 시상하였습니다.

시할 수 있습니다. 그러나 혈통이 대단하다는 것은 찬사들 가운데에서 가장 하찮은 것입니다.³

당부아즈는 가난한 아버지 슬하 대가족에서 태어났습니다. 그는 생애에서 행운은 적었으나 출생이 주는 많은 특권을 가지고 있었습니다. 그는 궁중 사제장직을 맡고 있었던 덕분으로 궁정에서 머무르고 있었습니다. 여러분은 아마도 당부아즈가 일찍 출세하여 궁중에 취해 있었다고 걱정할지도 모릅니다. 여러분은 당부아즈에 대한 남다른 특혜와 그의 젊은 혈기가 부패한 궁정에서 그를 탈선하게 할 것이라고 걱정할 것입니다. 그러나 우리는 오히려 그 당시 프랑스를 지배하고 있었던 위험한 준칙들을 두려워해야 할 것입니다. 당시 궁중은 교양 없는 행동으로 보잘것없는 혈통을 능가한 두 명의 총신이 군주들의 가장 불가항력적 총애를 독차지하고 있었고 왕국의 운명을 좌우하고 있었습니다.⁴ 따라서 사람들은 억압하는 힘과 속이는 정치밖에는 알지 못하였습니다. 왕권은 군주정의 피어린 잔해 위에 세워졌습니다. 결국 모든 악은 미신과 결합되었는데, 그것은 잔인성으로 가장 무서운 통치와 그리고 아마도 또한 그것의 영향에 의한 가장 놀랄 만한 통치를 만들어내기 위해서였던 것입니다.⁵

당부아즈가 젊은 시절 배우고, 또한 그에게 훌륭한 성신을 형성시켜주었던

---

3   조르주 당부아즈는 루이 11세의 제일 시종관 피에르 베리 당부아즈(Pierre Berrie d'Amboise)의 여덟 번째 아들이었습니다.
4   발뤼는 푸아티에의 한 재봉사의 아들이었습니다. 르댕도 그보다 품위 있는 가문 출신은 아니었습니다. 천하게 자란 그들은 전대미문의 잔학성으로 자신들의 지위를 지켰습니다. 루이 11세는 미천한 신분으로 태어난 사람들 외에는 친구로 삼거나 대신으로 임명한 사람이 거의 없습니다. 루이는 그들의 신분을 개의치 않았습니다. 볼테르, 「루이11세에 대하여」, 『보편사』.
5   사형집행관들의 손이나 희귀한 형벌에 의해 루이 11세보다 더 많이 시민들을 죽였던 폭군은 거의 없습니다. 그러나 그 악덕에도 불구하고 그의 좋은 성품은 훼손되지 않았습니다. 그는 사법이 회복되기를 바랐습니다. 바로 그 덕분으로 인민은 처음으로 고위층 사람들이 낮아지는 것을 보았습니다. 그는 왕국에 여러 지방을 병합시켰습니다. 그리고 그러한 노력으로 프랑스는 유럽에서 가장 강력한 국가가 되었습니다.

두 명의 궁중 사람 코민(Commines)과 가갱(Gaguin)과 긴밀한 관계를 맺고 있을 때, 사람들은 젊은 오를레앙 공이 덕망 있는 어머니에게서 성장하며 교육받고 있는 것을 보았는데, 그것은 하늘이 프랑스의 행복과 당부아즈의 충성심을 예정하는 것이었습니다. 그러나 그들은 아직 서로를 알지 못하였습니다. 그리고 얄궂은 운명의 장난으로 그들은 둘 다 모두 같은 궁정에 있었지만, 매우 반대되는 상황에 서게 되었습니다. 루이 11세는 한편으로는 오를레앙 가문의 유능한 아들 오를레앙 공을 파멸시키고자 하였고, 다른 한편으로는 당부아즈를 극도로 총애하였습니다. 당부아즈는 일찍이 14세 때에 몽토방의 주교로 임명되었습니다. 그가 첫 번째 받은 주교직은 언젠가는 그가 대신이 되는 영광을 공포하게 될 그러한 무대가 되었습니다.

 루이 11세는 사망하였습니다. 그러자 아직 나이가 어린 아들이 왕위를 계승하였고 나라는 한 여성의 야심과 섭정 정치에 내맡겨졌습니다. 오를레앙 공이 그의 권리를 요구하였습니다. 여러 도당이 궁중을 점유하였습니다. 내란이 수도와 지방에서 일어났습니다. 이때 당부아즈는 어느 당에 속하여 있었겠습니까? 박해받은 젊은 군주에게는 물리칠 수 없는 유혹, 아마도 또한 서로 만나기 이전에 서로에게 적합하리라고 생각하였던 두 사람의 비밀스러운 매력은 루이 11세의 관심 속에 있던 그 주교를 끌어들였습니다, 그는 기꺼이 거기에 헌신하였으며 왕을 제거할 대담한 계획을 생각하였다. 이 얼마나 무모한 노력이었습니까! 당부아즈의 계획은 발각되었으며, 허약한 샤를은 섭정의 분노와 무서운 형벌의 먹이로 그를 내맡겼습니다.[6]

 그래서 인간에게 가장 필수적이며 인생의 달콤한 매력인 우정은 당부아즈

---

[6] 당부아즈의 파면이 확정되었습니다. 사람들은 그를 재판하기 위해 위원들을 임명하였습니다. 그러나 당부아즈는 복수심을 완화시키는 절제 있는 용기를 가지고 그들 앞에 나타났습니다. 사람들은 당부아즈에게 그가 모반을 결심하였는지 물었습니다. 당부아즈는 '왕에게 물어보시오. 나는 왕 이외에 다른 증인도 다른 심판관도 원하지 않소'라고 대답하였습니다.

를 불행하게 하는 첫 번째 원인이 되었습니다. 그것은 또한 루이에게 닥친 불운의 신호였습니다. 당부아즈를 받아들인 루이의 영지 브르타뉴는 전쟁의 무대가 되었으며 왕이 패배하는 증거가 되었습니다. 부르주(Bourges) 감옥이 왕위 추정 상속인을 가두기 위해 활짝 열렸습니다. 오, 당부아즈! 그대는 그 당시에 수갑의 무게를 느꼈을 것입니다. 그 순간까지 그대가 스스로 그대의 마음이 정당하다고 말한 것에 대해 그대에게 과해진 형벌은 무엇이었습니까? 루이는 자유를 잃어버렸고 당부아즈는 더 이상 평화롭지 않았습니다. 어떤 걱정이 그대의 마음을 사로잡았습니까? 섭정의 질투심은 그대의 파멸을 확실하게 하였고 섭정은 완강해졌습니다. 그리고 만일 종교[7]가 그의 사슬을 풀고 그에게 우정을 베풀지 않았다면, 그는 결코 복수를 당하는 것을 면치 못하였을 것입니다.

당부아즈는 그가 숙고하여 세운 계획에 의해 존경을 받게 될 것입니다. 그는 왕국의 평화 및 결혼과 결부된 광대한 지방을 제시하면서 젊은 군주가 안드 브르타뉴와의 결혼을 갈망하도록 만들었습니다. 그러나 안의 뜻밖의 거절은 왕의 감정을 격화시켰으며, 포로가 된 왕은 성공을 확신하는 유일한 중재자가 되었습니다. 당부아즈의 놀라운 승리여! 샤를은 역시 관대하게 프랑스에 왕비와 평화의 혜택을 가져다준 젊은 루이를 구해낼 것입니다.

샤를은 친정을 시작하였습니다. 마음의 고통을 받으며 역경을 극복하고, 더욱 유연한 관계로 호전된 두 친구(루이와 당부아즈)는 한쪽은 명예를, 다른 한쪽은 고위 관직을 얻었습니다. 루이는 노르망디를 지배할 것이며 당부아즈는 이 지방의 법관이 되었습니다. 역시 루이와 당부아즈는, 오랫동안 떨어져 있지 않게 될 것입니다. 따라서 사람들은 이 순간부터 그들의 운명을 함께하게

---

7  당부아즈는 자유를 얻기 위해 한 수도사의 관심을 끌었는데, 그는 프랑스의 여성 통치자 보죄(Beaujeu) 공작부인의 고해신부였습니다. 당부아즈는 2년 동안 감옥에 있었습니다.

될 것이라고 말하였습니다.

당부아즈는 덧없는 명예를 갖기 위해 태어나지 않았던 것입니다. 즉 그는 빈곤과 방종으로 정부를 가득 채우고 있었으며 종교가 형벌의 면제를 보장하는 것처럼 보이게 하였던 악당들을 그의 정부에서 몰아냈습니다. 그리고 도피권을 폐지하였고 산업이 그에게 재원을 제공하게 하였습니다. 센 강가에 공장들이 세워졌으며 방대한 작업장들은 이전에 도시를 불안하게 만들었던 유랑자들로 채워졌습니다. 그리고 프랑스는 당부아즈의 덕택으로 가장 아름다운 지방 가운데 한 지방으로 산업이 번창하게 되었으며, 그가 불행을 회복시키고 그 도시를 아름답게 발전시키고 주민들을 부유하게 만든 곳이었습니다.

당부아즈로부터 받은 그처럼 많은 혜택은 결코 잊혀지지 않을 것입니다. 당부아즈는 노르망디에서 아주 큰 도움이 되는 사람이었으므로, 그곳을 결코 떠날 수 없었습니다. 법관으로서 그가 행한 봉사로 인하여 그는 루앙의 대주교로 임명되었습니다. 왕자는 당부아즈의 수중에 이중의 권한(법관과 루앙의 대주교직)이 결합되는 것을 걱정하지 않았고 노르망디의 주민들은 그러한 그의 선택에 박수갈채를 보냈습니다. 만약 은혜로운 사람에 대해 그 자신의 진심 어린 증언을 들은 후 그를 값있게 하는 보답이라면, 그것은 바로 인민들의 사은일 것입니다. 그것은 바로 완전한 인간의 외침입니다. 이러한 것이 바로 그 새로운 고위 성직자가 받은 보상이었습니다. 그가 지나가기를 절실히 원하였던 주민들 모두는 그를 주교관에서 열렬히 맞이하였습니다. 그리고 당부아즈는 처음으로 자신의 명성에 대해 그토록 기분 좋은 소리를 들었습니다.

시기와 질투로 손상되지 않는 어떤 성공이 있을 수 있습니까? 시기와 질투가 당부아즈의 성공을 퇴색시키려고 하였습니다. 궁중의 재앙으로 인해 인민들은 고위 성직자들이 거절할 수 없었던 사랑에 대한 의심을 제기하게 되었습니다. 심지어 왕까지도 당부아즈를 시기하였습니다. 그러나 당부아즈는 조용히 있었고 가슴속에 담아두려 하지 않았습니다. 그를 질투하고 시기하는 악인들은 격앙되었고, 이탈리아의 전쟁에서 그를 기다리는 영광을 거절한 오를레앙 공작도 의심하였습니다.⁸ 당부아즈는 자신을 내리치는 중상모략들은 개의치 않았지만, 오를레앙 공작을 공격하는 중상모략꾼들에게는 무관심할 수 없었습니다. 그는 날아가듯 궁중으로 쏜살같이 달려갔으나 헛수고였습니다. 순진한 왕 샤를은 그 왕자를 블루아성으로 추방하였습니다. 그런데 거기에서 당부아즈는 왕자와 불행을 함께하였고 그에게 용기를 불러일으켰습니다.

그대의 불운한 순간이 프랑스를 행복하게 하는 전조이자 당부아즈에게 가장 빛나는 영광의 시대를 열게 해주었습니다. 마침내 샤를은 서거하였습니다. 루이 12세가 귀양지에서 프랑스의 왕으로 즉위한 다음 루앙의 대주교인 당부아즈를 총리대신으로 임명하였습니다. 위대한 사람은 저명한 친구들과 능력 있는 대신들을 선택하는 데 주저하지 않습니다.⁹

루이는 친구들을 불러들이면서 왕의 곁에 한 정치가를 둘 수 있는 이중의 행복을 누렸습니다. 그토록 다정한 왕의 말에 인민들은 이따금 뜨거운 마음의 전율을 느꼈습니다. 그리고 인민들은 국가의 통치에 참여한 여러 왕의 총신들을 보면서 자주 눈물을 흘렸을 것입니다! 대신들의 운명을 보장하기에 헛된 명예와 화려한 특전들의 영역은 확실히 꽤 넓은 것입니다. 그래서 왕들은 그들의 머리 위에 허영심을 미화한 쓸데없는 호칭늘을 부여하기도 합니다. 그러나 대신들에게 인민들을 관리하게 하고, 각료의 지위를 감동에 대한 보답으로 부여하는 것은 인민의 운명과 제국의 운명을 위태롭게 하는 것입니다.

당부아즈의 원리들은 이러한 두려움들을 없애버렸습니다. 그의 존엄한 친구(루이)의 영광이 그에게 소중하다고 할지라도 그는 인민의 행복에 힘쓸 수 있는 극히 드문 기회를 더욱더 소중하게 여겼습니다. 루이 12세를 선택하였

---

8  샤를 8세는 나폴리 왕국을 되찾으려는 희망을 버릴 수 없었습니다. 그는 두 번째 원정을 준비하였고 오를레앙 공이 지휘관이 되었습니다. 그러나 유능한 정치가로서 당부아즈는 멀고 의심스러운 군사작전에서 특히 샤를이 위협을 받는 순간에 죽음을 모면하면서 오를레앙 공이 겪게 될 위험들을 감지하였습니다.
9  볼테르,「루이 11세에 대하여」,『보편사』.

던 당부아즈의 자만심은 아첨이 될 수 있었습니다. 그리고 그의 야심은 그러한 선택에 대해 감사의 박수를 보내면서 만족할 수도 있었습니다. 그러나 그의 감정은 좀 더 순수한 근원이 있었습니다. 아! 그는 자신이 얼마나 행복하다고 생각하였을까요! 인간에 대한 사랑에 열중하였던 그는 자신에게 직접 불러일으킨 이 거룩한 열정을 군주의 마음속에 옮겨놓을 수 있었습니다. 그는 이와 같은 정신, 생각, 감정으로 모든 다른 사람들보다 더욱 강력하고 더욱 온화한 마음을 발휘하여 왕국의 복지를 위해 봉사하였습니다. 루이 12세가 자신의 대신으로 임명한 사람은 그간 왕들이 거느렸던 총신과 같은 사람은 아니었습니다. 당부아즈는 루이 12세의 친구이자 프랑스 인민의 친구였습니다. 당부아즈는 왕국에서 부패를 근절하기 위해 왕과 독대하여, 루이 12세가 왕이 되기 이전 그토록 자주 궁정에서 버림받았던 사실들을 왕에게 상기시켰습니다. 그는 루이 12세에게 왕의 사명에 대해 알려주었습니다. 우리는 루이 12세에게서 인민 모두의 행복과 영원불멸할 통치의 영광이 생겨나는 것을 볼 것입니다. 우리는 루이 12세를 '인민의 아버지'라고 해야만 할 것입니다.

   궁중의 관료가 되면서 당부아즈는 왕국의 안팎으로 관심을 두었습니다. 에스파냐는 그에게 아라곤의 페르디난도(Ferdinand d'Arragon)를 소개하였는데, 그는 술책에 능한 정치가로서 그에게 있어서 모든 수단은 정당한 것이었으며 항상 루이 12세에게 속한 세르다뉴와 루시용을 아까워하였고 샤를 8세가 이탈리아에 나타난 것을 질투심 어린 눈으로 바라보았던 사람이었습니다. 당시 영국은 여전히 거의 야만 상태에 있었고, 헨리 8세는 강압적인 통치를 하면서 프랑스에 대한 자신의 권리를 조금도 포기하지 않았습니다. 독일은 신성 로마 황제 막시밀리안(1493~1519)에게 굴복하였는데, 그는 통치술을 제외하고는 박학한 사람이었습니다. 오스트리아 왕가는 아직 그들의 과도한 야망을 나타내지 않고 있었습니다. 이탈리아에서는 교황 알렉산데르 6세가 파렴치한 습성에도 불구하고 세력이 감소되지 않고 있었으며, 그의 아들 체사레 보르자를 교황의 자리에 앉히려고 온갖 수단을 동원하였습니다. 여러 나라의 재산을 수

탁하고 있던 베네치아는 상업과 해상을 독점하여 유럽을 위협하였습니다. 그리고 주민들이 항상 유약하고 반항적이었던 나폴리는 자신을 강력하게 무장시킬 일인자를 기다리고 있었습니다. 자유롭고 용기 있는 나라로서 인민들을 용병으로 보냈던 스위스는 당시 인민들을 위해 싸우고 있었습니다. 끝으로 유일하게 커다란 항해권을 점유하고 있었던 포르투갈처럼 세계의 통상로를 개척해서 빛나는 영광을 얻고자 하였습니다.

영국의 지배에 대한 흔적과 내란의 흔적은 프랑스 왕국에서 결코, 지워질 수 없었습니다. 오로지 영국의 전제정치와 복수에 몰두하였던 루이 11세는 백성들의 행복보다는 왕권 확립을 위하여 더욱 많은 일을 하였습니다. 샤를 8세는 즉위하기 1년 전인 1494년부터 알프스 넘어, 밀라노, 피렌체, 로마, 나폴리 등 먼 지역의 원정으로 인해 국가를 파산시켰습니다. 왕은 왕국의 모든 면을 변화시키고 재정을 회복시키며 세금에 짓눌리고 군대의 강탈로 피폐해진 농촌을 복구시켜야만 하였습니다. 왕은 상업을 발전시키고 자유화하며, 군대를 장악하고 사법권의 남용을 개혁하며, 재판소를 설치하고 여러 시대에 걸친 야만 상태에서 어떤 지식 문명을 계승 발전하도록 해야 하였습니다.

당부아즈는 필요한 것이 무엇인지, 그것을 어떻게 해야 하는지를 알고 있었습니다. 그는 농업, 인구, 상업 등이 연결된 비밀스러운 관계를 알고 있었습니다. 그는 사법부의 행정을 엄격하게 규제하는 이점과 마찬가지로 국내에서 군사력을 견제할 필요성을 느꼈습니다. 여기에서 우리가 더욱 높이 평가해야만 하는 것은 당부아즈는 그가 필요하다고 생각하였던 개혁을 성공시킬 방법을 발견했다는 것입니다. 악습을 알고 있는 대신들은 대단히 많지만, 그것을 고치려는 대신들은 극소수밖에 되지 않습니다! 당부아즈는 여러 가지 계획안과 공공의 복지에 대해 열정을 불러일으켰고, 가능성에 대한 커다란 희망으로 왕국의 모든 폐단을 국왕에게 가르쳐주었습니다. 그는 왕에 대한 존경심과 국민이 받아야 할 보호를 일치시키면서, 왕에게 상호 간의 의무, 즉 복종과 사랑에 대한 관계 그리고 백성을 단합하는 보호와 사은에 대한 관계를 느끼게 하였습니다. 앞에서 그가 용기를 가지고 왕에게 제시하였던 것은 바로 인민의 권리입니다. 다시 말하면, 앞에서 그가 왕에게 열심히 설명하였던 것은 바로 인민의 이익이 되는 것이었습니다. 그러므로 그가 왕에게서 끊임없이 끌어낸 위대한 생각은 프랑스인의 행복이 되었습니다.

제가 당부아즈가 받은 수상직에 대한 것 모두를 소개해야 할 필요가 없다면, 여기서 저는 주요한 한 대신의 역할과 한 행정관의 의무에 대한 리스트를 작성하면 된다고 생각합니다. 그의 활동과 그의 업적들을 살펴보는 것은 모든 담론을 살피는 것보다 정치인의 모습을 더욱 잘 설명하는 것입니다.

그는 권한을 부여받자마자 프랑스의 불행을 완화하려고 노력하였습니다. 그는 인민이 조세를 납부하는 통상적인 시기인 국왕의 즉위날이 인민들의 축일이 되기를 원하였습니다. 당부아즈는 왕이 사랑을 받도록 하는 데 전념하였고, 프랑스인들에게 마음으로 그것을 표현하고 그를 존경하도록 요구하였습니다.[10] 마음의 표현과 존경, 이 두 가지 모두는 루이 12세가 안 드 브르타뉴를 왕비로 복위시키려는 열망에 사로잡혀 있을 때, 프랑스인을 다스리는 왕에 대한 프랑스인들의 너무나 자연스러운 애정의 표시였습니다. 나는 커다란 영지들을 프랑스 왕국에 병합하고, 왕국의 평화와 왕의 권력을 위해 국가 이성이 말할 수 있는 것을 모두 알고 있습니다. 그러나 이 계획안을 구상하였던 루앙의 대주교가 종교적 이해관계를 무시할 수 있었을까요? 당부아즈는 루이 12세의 대신으로 왕의 딸이자 누이였던 왕비를 사랑하는 인민들을 슬프게밖에 하지 못하였겠습니까? 정치가들은 크나큰 정변으로 얻은 혜택을 찬양하였습니다. 당부아즈의 견해로 보면, 왕국의 국경을 확장시키고자 한 것은 가장 훌륭한 계획이었습니다. 그러나 당부아즈에게 찬사를 보내는 사람은 역사가 대

---

10  루이 12세의 대관식은 국민에게 결코 짐이 되지 않았습니다. 루이 12세는 대관식 경비를 자비로 지불하였습니다. 축제를 위해서건 국왕의 즉위를 위해서건 인민에게 어떤 것도 거두어들이지 않았습니다. 『루이 12세의 역사』, p.40.

신 당부아즈에게 가했던 비난을 들어야만 하며 종교가 정숙한 공주를 슬프게 만들었던 이혼에 대해 그리고 당부아즈에게 로마 추기경의 지위를 주었던 조치에 눈물을 흘렸다는 것을 환기해야 합니다.[11] 그렇게 고귀한 사람이 어떻게 교황 알렉산데르 6세로부터 고위직을 받는 데 동의할 수 있었을까요? 우리는 당부아즈에게 주어진 영광의 빛을 흐리게 하는 한 시대에 절대로 집착해서는 안 됩니다. 우리는 그의 덕행으로 그를 다시 만날 수 있는 대신직을 통해서 그의 행적을 살펴보는 것이 좋을 것 같습니다.

### 제2장

당부아즈가 주의를 집중한 가장 첫 번째 대상은 농업이었습니다. 당시에 땅은 소홀히 취급되고 있었습니다. 전쟁으로 높아진 세금은 군인들의 탐욕에서 간신히 모면한 수확물들을 모조리 쓸어갔습니다. 낙담한 농민들은 자신들이 땀 흘린 대가가 이제부터 외국인의 수중으로 넘어가지는 않을까 두려워하였습니다. 당부아즈의 첫 번째 활동은 세금을 줄이고 엄격한 훈련과 형벌 규정으로 군인들의 탐욕을 억제하려는 것이었습니다.[12] 무엇이 그의 마음에 충동을 일어날 수 없게 할까요? 그는 통치의 혼란과 허약함에 의해 누적된 조세로부터 인민을 해방시키려고 하였습니다. 그래서 그는 타이유세를 경감하고 나서 조세의 새로운 삭감을 발표하려 하였습니다. 그는 훨씬 더 많이 삭감하려 하였고 그것들을 실행하였습니다.

전쟁이 일어나는 소리가 들렸습니다. 루이 12세는 그것에 대한 신호를 주었

---

11  체사레 보르자(Cesare Borgia, 1476~1507)는 교황 알렉산데르 6세의 서자였는데, 당시 프랑스에 왔고, 그리고 면제증명서, 교황의 인장, 당부아즈를 위한 추기경의 모자, 그리고 자기 아버지 궁정의 모든 악습들을 프랑스에 가져왔습니다. 그 대신 프랑스는 그에게 백 명의 창병과 발랑스 공국, 그리고 젊고 풍만하고 아름답고 품위 있는 배우자를 주었습니다. 『세계백과사전』, '당부아즈' 항목.
12  다섯 명의 헌병이 사형에 처해졌고 전투가 잠잠해졌습니다.

습니다. 대단히 야심이 많은 당부아즈는 아마도 비스콘티(Visconti) 가문[13]의 상속인이 그 권리를 행사하는 것에 전혀 반대하려 하지 않았을 것입니다. 그럼에도 프랑스는 세금이 경감되는 것을 볼 것이고 동시에 프랑스 군대가 이탈리아에 이어 밀라노를 점령하였습니다.

그러나 프랑스 군대는 예기치 않은 불운으로 시련을 겪었습니다. 항상 다른 부대에서 보급받았던 보병부대는 신속하고도 막대한 지출이 필요하였습니다. 루이 12세 자신은 불가피하게 세금을 올리고 백성들의 기대를 저버리는 것을 몹시 걱정하였습니다. 당부아즈는 흔들리지 않았습니다. 그는 원대한 결심을 무너뜨리려 하지 않았습니다. 그리고 가장 성스러운 약속인 '왕의 언약'을 결코 어기지 않았습니다, 그것은 바로 당부아즈가 나라의 양식으로 부유해진 사람들의 부정한 재산을 법정에 고발하려 하지 않았다는 것입니다. 인민의 아버지는 전제적인 전례를 남기려 하지 않았습니다. 그래서 당부아즈는 다른 방책을 가지고 있었습니다. 기강을 수립하고 경제를 한 결과 왕의 수입을 두 배나 증대하였습니다. 불필요한 지출은 억제하였습니다. 연금제도의 실시로 탐욕스러운 총신들을 결코 부유하게 하지 않았습니다. 그리고 백성들로부터 횡령한 것은 은총과 보상의 명목으로 공적 없는 조정 대신들에게 더 이상 주어지지 않았습니다. 인민의 대신인, 당부아즈는 개인재산보호, 국가경제안정, 프랑스인에 대한 애정으로 왕의 재산을 분배하였습니다. 이러한 그의 행정은 풍요를 위한 행복의 원천이었습니다.

당부아즈가 무엇 때문에 전쟁 필수품을 위해 공직과 재무직을 매매해야 하였겠습니까? 대신들 가운데 가장 훌륭한 사람에 의해 무엇 때문에 이처럼 위험한 방안이 창안되었겠습니까? 오, 당부아즈 씨! 인민들을 위로하는 방법이

---

13  역주: 12~15세기 북이탈리아의 밀라노를 중심으로 번영한 기벨린당의 명문. 제1회 십자군에 오토네가 참전하여 명성을 얻은 후 13세기 후반에는 교황 그레고리우스 10세를 탄생시켰고, 14세기에는 마테오가 황제 하인리히 7세의 대리자로 임명되어 그 세력이 롬바르디아까지 확대되었다.

당신의 눈을 멀게 하였습니까! 또한 위대한 정신을 가진 당신의 이러한 방안은 어느 날엔가 입법의 위상을 실추시키고 사법관직을 타락시키지 않을까 두렵지 않았습니까. 당신 자신도 이러한 추악한 관직 매매의 흔적들을 지우고 싶어 하였을 것입니다. 신속한 환불로 이러한 치명적인 거래는 확실히 근절되었습니다. 그러나 이러한 것이 전염되어 패덕한 대법관[14]과 방탕한 군주 치하에서 가장 큰 악덕들을 만들어내게 하였습니다.

사람들은 당부아즈가 관직 매매의 무시무시한 결과들을 예측하였다고 말할 것입니다. 그는 즉각 사법 행정이 보여준 무시무시한 남용을 개혁하고자 하였습니다. 그는 통치의 기본적인 면, 제국 내부의 평화에 대한 기반, 늘 필요한 것에 대한 첫 번째 의무, 인민에 대한 군주의 신성한 의무 등을 소홀히 하였던 정치가는 결코, 아니었습니다. 당부아즈는 탐욕스러운 정치가들로 가득 찬 사법부를 보았는데, 그 절차가 지체되어 위험성을 증가시켰으며, 사법 집행자들의 탐욕을 부추기는 결과를 만들었습니다. 그는 무지한 영주들에게 내맡겨진 제1심 재판소와 너무 드물거나 혹은 너무 자주 순회하는 종심법원을 발견하였습니다.

---

[14] 어떤 사람이든, 당부아즈가 재무관로서 실행하였던 계획을 대법관 두프라가 사법관의 임무로서 따랐다는 것을 모르지 않습니다. 이 시대는 우리의 역사에 있어서 상당히 괄목할 만하여 인용하지 않을 수 없습니다. 위대한 로피탈은 이러한 매관매직 제도가 유익하다거나 대단치 않은 것이라고는 생각하지 않았습니다. 그는 매관매직 제도를 치욕과 파멸의 시대에나 있는 것으로 간주하였습니다. 그는 바로 이러한 문제에 관해 그의 첫 번째 책, 세 번째 편지에서 가장 강렬하게 선언하였습니다. 이것은 이 시대 내내 매관매직 제도에 의해 퇴색된 것으로써 간주된 사법관직에 대한 일반적인 외침이었습니다. 그 후 몽테스키외는 그의 불후의 작품 『법의 정신』속에서 용기 있게 다음과 같이 썼습니다. "매관매직은 군주 국가에 좋은 제도이다. 왜냐하면, 관직 매매는 사람들이 덕으로 인해 착수하려 하지 않았던 것을 가문의 직업으로 만들었기 때문이다." 볼테르가 쓴 『백과전서』에 대한 질문 제8권 속에서 몽테스키외의 이러한 역설에 대한 반론을 보아야만 합니다.

모두 새로운 국면을 맞이하게 될 것입니다. 일반법령[15]은 소송 절차들을 확실히 정하였고 소송의 뒷거래를 줄였으며 사법부의 공금 횡령을 근절시켰습니다. 프로방스와 노르망디에는 고등법원들이 설립되었고, 무지한 귀족들 대신 견식 있는 법률가들로 교체되었습니다. 그러므로 사법부 관리들의 직무는 법을 알지 못하는 것을 자랑으로 생각하는 군인들에게 더 이상 내맡겨지지 않게 되었습니다. 종심법원은 견식 있고 덕망 있는 사람들만 받아들임으로써 더욱 많은 존경을 받았습니다. 사법관은 사람들을 심판할 신성한 권리를 결코 구매하지 않았다고 맹세하였습니다. 나는 이러한 개혁들에 대한 공로를 내세워 당부아즈를 칭찬하지 않을 것입니다. 왜냐하면 그는 단지 의무를 수행한 것이기 때문입니다. 관직 매매의 선례를 남긴 후에 그는 적어도 사법관직의 완벽함을 재건하고, 부패를 물리쳐야만 하였습니다.

당부아즈는 왕국의 필요성에 따라 이탈리아에 파송되었습니다. 군사작전의 우두머리로, 군대에 보급품을 넉넉하게 조달하였고 공포의 전쟁에 헌신한 사람들에게 구호물자를 분배해준 그를 보십시오. 나는 주교이자 안정과 평화의 시대를 다스리는 대신에 의해 전술과 군대의 지휘권이 행사된 것이 결단코 이해되지 않습니다. 나는 이러한 위험한 기교를 가진 작전에서 당부아즈가 할 수 있었던 추진력에 박수갈채를 보내지 않을 수 없습니다. 그러나 내가 여러분에게 제시한 것은 내란 속에서 흘린 피로 물든 손과 자신이 공격하였던 도시들의 잔해 위를 걸었던 것은 리슐리외가 결단코 아니라는 것입니다. 당부아즈가 전장에 출정하였을지라도 그리고 이탈리아가 승리자들을 맞이하는 환호 속에서 그를 맞이하였을지라도 그는 군인들의 열광을 가라앉히고 승리에 취한 감동을 진정시켰을 것입니다. 그는 가장 빛나는 성공 속에서도 사제의 신성한 원리들을 결코 소홀히 하지 않았습니다. 그는 처벌할 수 있는 최고 권력과 함께 밀라노와 제노바에 나타났습니다. 처형을 당할 주민들이 공포에 떨고

---

15 1498년의 법령은 바로 루이 12세와 당부아즈를 불멸의 존재로 만들었습니다.

있을 때, 당부아즈는 그들에게 단지 너그러운 말만 들려주었습니다. 그래서 정복자인 당부아즈는 단지 자비로운 신처럼 보였습니다.

만약 당부아즈가 프랑스로 되돌아온다면 얼마나 어마어마한 행렬이 그를 둘러싸겠습니까! 나폴리 왕은 자기 가족에게 배신당하자 루이 12세의 궁정에서 도피처를 찾았습니다. 그리고 영광스러운 혜택으로 초청된 학자들은 왕의 통치와 왕국의 번영에 새로운 빛을 던져주기 위해 대신 당부아즈를 추종하였습니다. 오, 당부아즈 씨! 그대는 군주들과 관리들이 할 일은 이처럼 저명한 사람들을 보호하는 것이었으며 인류에게 유용한 그들의 연구가 그들의 정부에 많은 것을 가르쳐준다는 것을 느꼈을 것입니다. 따라서 그대는 프랑스를 그렇게 훌륭하고 유명하게 만들었던 이 아름다운 문예의 씨앗을 처음으로 뿌렸습니다.

내가 무엇을 들었겠습니까? 프랑스 인민들은 당부아즈가 클로드 드 프랑스(Claude de France)와 카를 5세를 결합하게 하고, 그리고 또한 그가 왕국을 갈라놓으려 했던 계획을 불평하였습니다. 나는 당부아즈가 그것은 오만한 왕비의 짓이라고 주장하였다는 것을 알고 있습니다. 그렇지만 당부아즈가 이러한 정치적 과오를 만회하지 않았다면 그가 대신 사리에서 얼마나 큰 오점을 남겼겠습니까?[16] 당부아즈는 그것을 느꼈습니다. 그는 우리의 역사에서 군주와 인민 사이의 감동적인 의사 전달이 얼마나 좋은 결과를 가져다주는지를 보았습니다. 그는 투르에서 삼신분의회를 소집하였습니다. 바로 그곳에서 그는 블루아 조약을 폐기함으로써 인민과 화해하였습니다. 사람들은 이 조약을 폐기하는 엄숙한 날에 그들이 당부아즈의 덕으로 돌렸던 공공의 번영만을 말하였고, 그리고 루이 12세에게 수여된 '인민의 아버지'라는 불멸의 칭호만을 기억해두고

---

16 당부아즈가 바로 블루아 협정을 체결하러 갔던 사람이었는데, 그 협정에서 프랑스는 산 너머의 몇몇 지역을 되찾으려는 욕망 때문에 프랑스의 명예를 실추시켰으며, 그곳에서 사람들은 날 때부터 프랑스인들에 대한 증오심을 가지고 있었던, 샤를, 뢱상부르 공작에게 가장 아름다운 영지를 주었습니다. 『백과사전』, '당부아즈' 항목.

자 하였습니다.[17]

　당부아즈가 행복한 승리를 한 것이 아니겠습니까! 외국에서는 여전히 당부아즈의 혁혁한 공적을 드높였습니다. 카스티야 왕국의 섭정은 세상에서 가장 오만하고 강력했던 두 군주를 갈라놓았는데, 루이 12세와 그의 의회가 그들의 중재자들이었습니다. 이 위엄 있는 의회를 깊이 통찰해보십시오. 당부아즈의 말에 귀를 기울여보십시오. 그는 설득하기보다는 입증하고자 했던 이러한 이성적 웅변술을 발휘하였으며 루이 12세가 하게 될 말을 준비하였습니다. 그러므로 이 시대에 어떤 사람의 명성이 당부아즈보다 그 이름에 부여해준 찬사를 더 많이 받을 수 있겠습니까? 왕국의 조정자, 제후들의 중재자, 지각력과 더불어 통찰력이 대단한 행정관이었던 그는 자기의 머리 위에 온갖 종류의 영광을 받게 되었습니다.

　사람들은 순간 당부아즈가 대신직을 소홀히 수행할까 두려워 걱정하였습니다. 당부아즈는 교황특사라는 고위직을 받았습니다. 새로운 권한을 부여받은 그는 더 이상 종교개혁에 몰두하지 않았습니다. 이전의 분쟁은 묵인되었고, 무지하다기보다는 여전히 무위도식으로 수도원에는 불복종이 만연하여 있었습니다. 당부아즈가 나타났습니다. 그래서 복종과 평화를 지향하는 이러한 경건한 은신처에 질서가 되살아났습니다.

　당부아즈가 수도원에 대한 전체적인 개혁을 시행하자마자 그것을 열광적으로 찬양하는 사람들은 교황 특사와 군주에게 알비파의 불운한 잔당들을 고발하였고, 박해자들은 알프스산으로 피신해야만 하였습니다. 추방당한 종파의 불행을 막읍시다. 당부아즈의 정책은 틀림없이 그들을 안심시키게 되었습니

---

17　볼테르, 『보편사』에서 보면 우리는 이탈리아와의 첫 전투를 개시하면서 실시된 조세의 감면으로 우선 루이 12세에게 '인민의 아버지'라는 명성을 주었다는 것을 알 수 있습니다. 하지만 바로 투르의 삼신분의회에서 인민들은 그에게 '인민의 아버지'라는 이름을 수여하였으며, 그것은 삼신분의회의 연설자로 선출된, 브리코라고 부르는 노트르 담 드 파리 참사원의 대변자에 의해서 그렇게 부르기 시작하였습니다.

다. 이 교황특사는 인간에 대한 감정만큼이나 견식 있는 종교의 원리에 대해 관대하였습니다. 그는 통치하는 군주에게도 같은 생각을 불러일으켰습니다. 그래서 루이 12세의 이름과 혼동되었던 당부아즈의 명성은 그대들의 평화스러운 계곡에 울려 퍼질 것입니다. 오 당부아즈 씨! 무엇 때문에 그대들의 논리는 왕의 옥좌에 지울 수 없는 글씨로 기록되지 않았습니까? 그대는 군주의 통치와 유사한 통치상의 불행과 그대를 닮은 이전 대신의 고통을 예방하는 영광을 누렸을지도 모릅니다. 프랑스인이여, 당부아즈와 루이 12세의 이름을 들으면서 앙리 4세와 쉴리를 생각하지 않을 수 있겠습니까! 군주정치의 가장 흥미로운 두 시대를 이렇게 비교하는 것이 얼마나 흐뭇합니까! 우리 역사를 두루 살펴보면서 그토록 많은 불행한 통치가 있은 후에 의지하고자 하였던 유일한 목표로서 두 시대를 마음에서 찾게 됩니다. 또한 쉴리와 당부아즈의 이름은 프랑스인 모두의 마음에 있으며 사람들의 입을 통하여 알려져 있습니다. 내란 가운데에서 자란 그 두 사람, 불행한 학교에서 만난 그 두 사람은 인민들을 행복하게 만드는 방법을 배웠습니다. 당부아즈는 루이 11세 시대의 무서운 혼란 이후 프랑스를 소생시켰습니다. 쉴리도 가톨릭 동맹의 혼란 이후 같은 목적에 전념하였습니다. 한 사람은 파산에 이를 정도의 막대한 비용이 들었던 이탈리아 정복 이후 농업을 진흥시켰고 상업을 활성화하였으며 세금을 줄였습니다. 다른 한 사람은 내란과 격동의 시대를 만들었던 나쁜 요인들을 제거하였습니다. 전자는 루이 11세의 폭정과 샤를 8세의 무정부 이후 왕권을 소중히 하였습니다. 후자는 아마도 훨씬 더 많은 재능을 가졌던 것 같은데, 그는 패자들에게 왕을 좋아하도록 강요하였습니다. 당부아즈는 '인민의 아버지'를 만들었습니다. 선량한 앙리는 그의 대신에게 많은 덕을 입고 있었습니다. 쉴리는 자신의 영광 일부를 자신의 책에 기록하였습니다.[18] 당부아즈는 자신의 영광 전부

---

[18] 『쉴리의 회고록』은 정부에 소집된 각 신분의 사람들에 의해 숙지되어야 하는 것이었습니다. 그리고 재정과 조세에 대한 당부아즈의 조치는 결코, 잊혀지지 않을 것이었

를 자신의 선행 속에서 증언하였습니다. 전자는 루이 르 그랑 시대(le siècle de Louis-le-Grand)[19]의 기초를 마련하였습니다. 후자는 '문인들의 아버지'로서 가장 아름다운 시대를 구축하였습니다. 두 사람 모두 농부들의 친구로서 농촌을 행복하게 하였습니다. 두 사람은 모두 징세 청부업자들의 적으로 세금 징수를 간소화하였고 불법적인 이권 획득을 중지시켰습니다. 두 사람은 모두 자신들의 도덕적 품성에 똑같이 엄격하였고, 용기 있고 활기찬 영혼과 곧은 정신, 그리고 마음을 가지고 있었는데, 행정에서 그런 것들 없이는 그 어느 것도 잘 돌아가지 않는 것이었습니다. 마지막으로 두 사람 모두 인민의 행복을 바라고 진실에 귀를 기울여 듣는 용기를 가진 군주들을 찾을 만큼 매우 훌륭한 사람들이었습니다. 또한 그들은 세상 사람들에게 훌륭한 모범을 보였습니다. 두 사람은 모두 왕의 친구였고 모든 대신들의 모델이 되었습니다.

그러나 알렉산데르 6세와 체사레 보르자의 범죄적 생각에 동조하였다고 당부아즈를 비난하는 이탈리아의 외침을 가지고 우리가 어떻게 그로 하여 명예를 얻게 할 수 있을까요? 당부아즈는 개인적인 야심을 채우기 위해 이탈리아 전쟁을 부추겼다고 하는 비난을 면할 수 있겠습니까? 당부아즈를 비난하는 것은 역사에서 잘 알려진 것입니다. 그러나 당부아즈에 대한 비난은 위인들에게 항상 붙어 다니는 중상모략처럼 과장된 것이었습니다. 알렉산데르 6세가 죽었을 때, 교황특사 당부아즈는 아마도 교황이 되고자 하는 야망이 있었을 것입니다. 그러나 나는 그대 당부아즈가 교황이 되고자 하였다는 비난을 하지는 않을 것입니다. 그가 최고권을 가지게 되었을 때 우리는 무엇 때문에 교회의 악덕을 개혁하려고 한 계획을 그에게 인정해주려고 하지 않았습니까. 그리고 한 파렴치한 교황의 행위가 기독교 국가들 모두에 유포되었던 부패를 척결

습니다.
19  역주 : 여기에서 루이 르 그랑은 '위대한 루이 12세'를 상징하는 것이지 콜레주 드 루이 르 그랑을 의미하는 것은 아니다.

하려 하였던 계획을 왜 그에게 인정해주지 않았습니까? 당부아즈가 프랑스에서 수행하였던 정치적·종교적 조치들은 로마 교황청의 악습에 대항하는 것이었다는 것을 우리로 하여 의심하지 않게 해주고 있습니다. 그의 지위가 올라감에 따라 얼마나 많은 악행이 여러 나라에서 사라졌습니까? 광신과 이단이 왕들과 인민들을 그토록 자주 피로 붉게 물들이게 하지 않았습니까? 만일 로마를 지배하려는—교황이 되려는 야심을 가졌던 당부아즈를 결코, 용서하지 않는 어떤 비평가가 아직도 있다면, 그는 우리에게 고귀한 대담성과 엄격한 절제심을 가지고, 당부아즈가 이전에 공적 신뢰를 저버렸는지, 그가 협정을 준수하지 않았는지, 그가 항상 이탈리아인들의 반역과 대신들의 질투심에 대항하지 않았는지 이야기해야 할 것입니다. 그렇습니다. 궁중 사람들이 갖게 되는 일반적인 약점이고, 범죄자들의 절대적인 동인이 되는 그러한 야심이 당부아즈의 마음속에도 있었습니다만, 그것은 그에게 존경심을 품게 하는 관대함과 덕의 능동적 원리로 되었습니다.

논제를 잠시 로마의 성안으로 옮겨보겠습니다. 거기에서 당부아즈는 지배자가 되었고 프랑스 군대가 그곳에서 요새들을 장악하였습니다. 그를 선택하는 것이 확실한 것 같았습니다. 그러나 오히려 내가 말하려는 것은 정치, 즉 이탈리아가 속임수로 프랑스 군대의 위압적인 광경에 의해 침해당했다고 주장하면서 자유로운 선거를 요구하였다는 것입니다. 그래서 당부아즈는 쓰라린 패배의 맛을 보았습니다. 그러나 그는 교황의 지위를 얻는 것보다는 명예를 얻는 원리에 더욱 집착하고 있었습니다. 군대는 물러갔습니다. 프랑스에 대한 증오심은 더욱 증대되었습니다. 그리고 교활한 라로배르(Larovère)가 추기경회의에서 승리하였습니다.

명망 높은 당부아즈 씨, 프랑스로 돌아오십시오! 루이 12세의 인민들의 마음을 안심시켜주십시오. 여러 곳에서 그대의 선정에 대한 증인들이 그대를 기다리고 있습니다. 당부아즈가 프랑스에 돌아오자마자 인민들은 그와 함께하게 된 것을 기뻐하였습니다. 인민들은 그를 이탈리아에 대해 성공한 정복자로 간주하였습니다. 그는 만인의 환호를 받았습니다. 그래서 왕권에 어떤 일이 일어났겠습니까? 그리고 인민의 사은으로 덕과 재능에 드리는 위로의 표시를 가치 있게 할 수 있는 교황의 자존심에 어떤 일이 일어났습니까?

당부아즈의 이처럼 기분 좋은 즐거운 마음은 고통받는 사람들의 외침에 의해 곧 충격을 받았습니다. 무서운 전염병이 발생하여 비참하고 황량한 곳에 당부아즈의 선행과 경건한 마음이 열렸습니다. 그가 본능적인 감정, 그리고 파괴적인 재앙에 의해 위협받는 사람들에게 애착을 느끼게 하는 마음의 움직임에 집착했던 것이 바로 그때였습니다. 우리들이 숨 쉬는 공기 속에 죽음의 인자들이 퍼졌습니다. 독이 퍼지고 있었습니다. 당부아즈의 교구에도 이미 전염병은 사람들 모두에게 공포를 몰아왔습니다. 당부아즈가 위험으로부터 멀리 떨어져 있도록 막고자 했지만, 프랑스도 왕도 모두 헛수고를 하였습니다. 그는 의무감과 인간의 사랑에 대한 호소에 굴복해야만 하였습니다. 그런데도 그가 단지 행정권을 행사하거나 부와 명예를 얻기 위해서만 한 지방과 교구를 가지고 있었다고 하겠습니까? 당부아즈가 담당해야 하는 것은 바로 하나의 장관직과 하나의 사제직이었습니다. 고위성직자였던 당부아즈는, 전염병이 만연해 있는 루앙으로 달려갔습니다. 세상에서 행복한 사람들이 시선을 회피하고자 했던 병약한 인간의 모습은 당부아즈로 하여 열정과 용기를 증가시키게 하였습니다. 그가 나타나 사람들의 마음을 안심시켰습니다. 그의 활약, 그의 조치들은 아직 감염되지 않은 사람들을 구해냈습니다. 그리고 그 재앙은 그가 자선으로 베풀었던 수많은 후원으로 줄어들었습니다. 자신들의 시대를 풍미했던 위대한 인물을 검토하면서, 유익한 일을 하였고 우리 가운데서 가난과 핍박받은 사람을 위해 헌신한 것처럼 보이는 수많은 부류의 사람들이 우리의 오류와 편견에 의해 불명예스러운 은퇴로 위로받는 것을 보면서 어떻게 눈시울이 뜨거워지지 않겠습니까?

내가 방금 설명했던 이 사람이 정치가였습니까? 전염병의 위험에 몸을 바친 이 사람이 궁정의 안락한 환경에서 성장한 대신이었습니까? 야심 때문에 그렇게 자주 비난을 받은 행정관이 불행한 사람들을 위해 동정심을 일으키는 그러한 모범을 역시 보였겠습니까? 이러한 사실에 놀란 궁중의 아첨꾼들과 대신 여러분은 당부아즈의 사적인 생활을 전혀 알지 못하고 있었습니다. 그가 가정에서 행한 덕행에 대한 자료는 여러분에게 결코, 제시되지 않았습니다. 여러분은 당부아즈가 주교의 업무 때문에 장관의 업무를 잠시 쉬고 그의 교구에 고대 풍속의 소박함을 상기시키고, 선행하기 위해 그 자신이 행사할 권력을 잊고 있었던 것을 보았을 것입니다.[20]

 당부아즈 그대는 신의 섭리로 그대에게 위임하였던 국민의 신망을 서둘러 받으십시오. 중요한 혁명을 위해 정치권에서 곧 그대를 부를 것입니다. 탐욕스럽고 거만한 공화국은 루이의 권력에 대항하였고 해상제국과 육지제국의 결합을 주장하였습니다. 베네치아는 이탈리아를 지배하려 하였고 무역을 장악하려고 하였습니다. 당부아즈는 천부적인 재능으로 이러한 독재적 야만에 반대하였습니다. 캉브레 가톨릭 동맹이 체결되었습니다. 이러한 정치적 걸작품은 프랑스의 군대와 신성로마제국, 에스파냐 그리고 로마의 군대를 결합시켰습니다. 루이가 출발하자 당부아즈와 승리의 여신이 그를 따르고 아냐델(Agnadel)에서의 승리는 베네치아를 굴복시켰습니다.

 그러나 그토록 커다란 성공은 연합국들로 하여 질투심을 불러일으키게 하였습니다. 이러한 상황은 로마의 통치를 벗어나지 못하였습니다. 교황이라기

---

[20] 가이옹(Gaillon) 근처에 사는 한 귀족은 아주 절박하게 필요했지만, 오랫동안 조상의 유산으로 내려온 자기의 영지와 소유지를 매매할 수 없었습니다. 그동안 상황은 긴박해졌습니다. 그는 자기의 영지를 매매할 준비가 되었습니다. 은퇴할 때쯤 마음속으로 고심하였던 당부아즈는 선행할 좋은 기회를 놓치지 않았습니다. 당부아즈는 그의 토지를 산다는 구실로 그 귀족을 만나러 갔고 그로 하여금 토지 대여에 대한 대가를 받으면서 토지를 지키도록 하였습니다. 관료들은 부랴부랴 당부아즈의 영지 확대를 축하하였습니다. 당부아즈는 그들에게 다음과 같이 답하였습니다. "나는 토지 거래보다도 유리한 거래를 하였다. 나는 친구를 얻었다." 오, 당부아즈 씨! 당신은 오를레앙 공의 공격에 복수하지 않았던 사람으로 왕의 친구가 될 만합니다.

보다는 전사에 가까운 율리우스 2세는 제노바에서 반란을, 유럽에서는 혼란을 부추겼습니다. 그러나 대담하면서도 은밀한 당부아즈의 교섭은 하나의 커다란 혁명을 준비하였고 왕은 이탈리아에 다시 타격을 주었습니다. 루이는 행복하였을 것입니다! 만약 당부아즈가 자신의 슬픈 운명을 극복하였더라면 왕의 영광과 행복에 아무것도 부족한 것이 없었을 것입니다. 그러나 그 무슨 운명의 장난으로 두 위대한 인물의 그토록 친밀한 관계가 그렇게 빨리 중단되었습니까? 그래서 좀처럼 보기 드문 영광과 우정의 관계가 종말에 다다랐습니까? 무덤이 열렸습니다. 한 위대한 왕의 눈물이 친구의 유해 위에 떨어지게 되었습니다. 이미 구슬픈 소리가 리옹에 울려 퍼졌습니다. 당부아즈가 죽어가고 있었습니다. 눈물에 젖은 루이 12세가 당부아즈가 죽어가는 자리에 뛰어들었습니다. 그가 당부아즈를 가슴에 꼭 껴안자, 마지막을 위해 비탄에 잠긴 마음으로 서로를 찾았습니다. 당부아즈는 이 세상에서 그토록 많은 선행을 하였기 때문에 인생을 후회하지 않았습니다. 그러나 그는 친구와 떨어질 수 없었습니다. 쇠약해진 손으로 여전히 왕의 손을 쇠잔한 자기의 가슴에 껴안았습니다. 마침내 그는 자신의 힘을 가다듬고 왕에게 물러설 것을 간청하였습니다. 이러한 뜻밖의 이별은 얼마나 비통하고 가혹하였겠습니까! 당부아즈는 타계하였습니다. 그가 죽었다는 말을 듣고 그를 결코 잊은 적이 없던 인민들은 흐느껴 울었습니다. 그리고 당부아즈의 죽음은 공공의 재난이 되었습니다. 사람들은 그의 마지막 생각이 친구를 위한 것이었고, 마지막 소원이 조국을 위한 것이었으며, 마지막 선행이 가난한 사람들을 위한 것이었음을 알고 눈물을 참을 수 없었습니다.[21]

당부아즈에 대한 찬사를 끝마치면서 적어도 우리의 섭섭함을 덜어줄 한 가

---

[21] 당부아즈의 「유언집」에 나타난 그의 정신은 영원히 지각 있는 영혼들의 관심을 끌 것입니다. 당부아즈는 죽은 후에 살아 있는 동안 자신이 그토록 사랑한 가난한 사람들의 아버지가 되는 것이 꿈이었습니다. 그는 처녀 150명이 결혼할 수 있는 상당한 돈을 남겼습니다. 『백과사전』, '당부아즈' 항목.

지 흥미로운 생각이 떠오릅니다. 우리는 그의 불행한 이야기를 하지 않고 그의 명성을 찬양하였고 부정한 승리를 개탄할 것을 강요받지 않고, 그에게 프랑스가 드리는 경의를 표명하였습니다. 그러므로 우리는 사실 위대한 인물들의 운명에 대해 항상 탄식해야만 하는 것은 아닙니다! 로피탈이 망명지에서 생을 마쳤을지라도, 쉴리가 불행 속에서 선량한 앙리를 30년 동안 애도하였을지라도, 세기에가 살았을 때 프랑스로부터 미움을 받았을지라도, 콜베르가 무덤에서 평온히 있지 못하였을지라도 당부아즈는 왕이 자신을 위해 눈물을 흘리는 것을 보았습니다. 그는 애도하는 조국의 증인이 되었고 인민의 탄식을 들었습니다.

같은 길을 추구하는 사람들의 마음속에 당부아즈가 장관으로서 행한 일에 대해 적절한 경쟁심을 일으키기를 바랍니다! 당부아즈가 그들에게 인민들의 행복은 위대한 정신의 진정한 향유에 있으며 행정의 참된 관심임을 가르쳐주기를 바랍니다! 그의 경제, 자선, 정의에 대한 본보기가 정치인들에게서 프랑스를 파산시키는 낭비적인 수단과 부패하게 하는 쓸데없고 휘황찬란한 화려함, 악행을 거듭나게 하는 위험한 무관심, 그리고 모든 마음을 소원하게 하는 절대적 권력을 떼어놓게 하기 바랍니다! 그러면 틀림없이 당부아즈에 대한 잔사는 유용할 것이고 이 위대한 인물의 그림자는 여전히 프랑스를 행복하게 하는 중요한 역할을 할 것입니다.

# 제네바 시민, 장 자크 루소에 대한 찬사[1]

장 자크 루소
1787년 툴루즈 아카데미에 제출한 논문

"자연은 자신을 만들었고, 그리고 자신을 파괴하였다."

― 아리오스토

비천하게 태어난 한 인간이 18세기에 가장 설득력 있는 작가이자 가장 탁월한 웅변가가 되었습니다. 그는 궁핍과 영광, 굴욕과 명성 속에서 살았습니다. 그는 비판과 명성 속에서 살았던 것처럼 보입니다. 그는 문학 발달을 증진시켰으며, 그것을 비판하였습니다. 그는 연극을 위한 작업을 하였습니다. 그러나 그것을 추방하고 싶어 하였습니다. 그는 관능적 상상으로 가득 찬 소설과

---

1 M. Bertrand Barère, *Éloges Académiques*, pp.221~282.

더불어 가장 순수한 도덕으로 소설을 썼습니다.

그의 작품에는 악과 덕이 숨 쉬고 있습니다. 그는 항상 『성서』에 대해 가장 아름다운 찬사를 하였습니다. 그러나 그것은 종교를 공격하기 위한 무기를 찾으려는 그의 병기고였습니다. 그의 시대와 후세를 밝힌 타고난 재능은 한편으로는 건전한 계몽사상의 불꽃으로 나타났고, 다른 한편으로는 우리 눈에 허위와 궤변의 찬란한 광채를 번득이게 하였습니다. 그는 정의롭고 사려 깊은 이성을 가지고 태어났으나, 자신의 탈선 행위에서는 궤변을 늘어놓고, 과오에서도 술책으로 자신을 감추려 하였습니다. 그의 타고난 재능은 많은 사람을 감동하게 하였으나, 그의 작품은 심한 중상을 받았습니다.

인간 정신을 가장 차원 높은 문화 수준으로 가다듬은 후에 그는 그것을 모욕하며 파괴하려고 애를 썼습니다. 동시에 그가 건립하였던 것을 파괴하고, 그는 우리에게 지식에 대한 방대한 자료와 문명의 혜택을 증명하면서 우리를 무지와 숲속으로 안내하고자 하였습니다. 그는 자애로운 회의론자, 감수성이 많은 염세주의자, 재치 있는 계몽사상가, 위험한 변론가, 엄격한 공화주의자로서 그에게 닥친 모든 난관을 통과하였고 반론을 모두 제시하였습니다. 우리는 그가 생전에 프랑스 왕정과 인민들로부터 박해와 환영을 번갈아 받았으며, 동시에 추방을 당하였고, 그리고 존경을 받았으며, 사후에도 당국이 그의 제단을 세우는 열정과, 한편으로는 단두대를 설치하는 것을 보았습니다. 결국 그는 재산도 없고 피신할 곳도 없이 모든 나라에서 외롭고 쓸쓸한 이방인이 되었으며, 국적을 포기하도록 강요당하였던 사랑하는 조국으로부터 멀리 내쳐진 가운데 그가 완전하게 개선하려 하였던 법에 따라 박해를 받으며 생애를 마쳤습니다.[2]

그렇지만 그러한 루소의 인생은 그를 교양 있는 문인들이 가장 예찬하는 사

---

[2] 루소는 자신이 개혁하려 하였던 법의 집행으로 금서, 분서, 판금, 추방 등의 형을 받았지만, 사형 판결은 받지 않았습니다.

람으로 선언하게 하였습니다. 그러한 연유로 유명하고 유서 깊은 아카데미가 후손의 의무를 먼저 완수하도록 그에게 영광을 베풀고 있는 것입니다.

그러니까 문학협회들이 루소의 무덤에 이와 같은 관심과 호의로서 경의를 표명하는 것은 바로 그와 같은 연유가 아니겠습니까? 그것은 바로 동시대 인물들 가운데에서 그의 천부적 재능만이 후손들의 행복을 생각하였기 때문입니다. 또한 그것은 바로 그의 재능과 결합된 불행이 모든 사람에게 강력한 이해관계를 만들어냈기 때문입니다. 그것은 바로 그의 서간체 작품이 통탄할 만한 가장 큰 손실들 가운데 하나이며, 모든 시민은 『에밀』의 저자인 루소에 대해 눈물로 존경하지 않으면 아니 되었기 때문입니다. 사람들은 권세를 존경하고, 영웅적 행위에 감탄합니다. 사은은 은혜에 보답하는 것이고, 공공의 찬사는 인류의 은인들에게 드리는 것입니다. 오 나의 세기여! 여러분께서는 모든 시대의 위대한 사람들의 명예를 출판하면서 여러분의 명예를 높이고 계십니다. 그러나 여러분은 제네바 시민의 유해를 영광스럽게 하면서 그가 그렇게 억압에 신음하였던 부당함과 박해의 일부를 고치려고밖에 하지 않았습니다. 우리는 그의 천재적 재능과 더불어 그의 품성에 대해서도 감탄해야 합니다. 위대하고 유명한 사람들의 뒤에는 친절하고 감수성이 예민한 실체가 숨어 있습니다. 그에게도 오류가 있기는 하지만 문학과 철학에 대한 그의 재능은 가장 훌륭한 수준이라고 평가해야 하겠습니다. 그리고 몇 가지 부족한 점이 있기는 하지만 그의 작품에 의하여 감명받은 흥미는 그의 인품으로 항상 알려질 것입니다.

### 제1부

루소에게 가장 유리한 점은 공화국에서 출생하였다는 것입니다. 게다가 흔치 않게 타고난 재능으로 출생에 대한 자부심과 결부된 그의 신분을 인간의 선입관과 관례에 따라 인간들을 분류하는 시민계층에다 던져버렸습니다. 자기의 작품 모두로 유럽 세계를 가르치며 놀라게 한 이 숭고한 작가는 메커니

증적 기교로 된 작업 속에서 그 당시를 보았습니다. 제네바는 그의 요람이었습니다. 제네바에서 그는 남성적이고 독립적인 성격에 대한 최초의 모습을 가졌고, 그리고 그의 모든 작품에 그렇게 많은 힘과 생기를 표현하였습니다.

누가 그의 생애에 대하여 밝히겠습니까? 누가 완전히 개봉하여 새로운 영혼을 만들겠습니까? 그의 신분과 불행, 여기에 그의 우수성과 유일한 장점이 있습니다. 아니 더 정확히 말하자면 천재에게는 교육이 필요 없다는 것입니다. 그의 수중에 유명한 작품 하나가 우연히 던져졌습니다.『플루타르크 영웅전』은 그가 읽은 첫 번째 책이었습니다. 그러나 그 또래의 아이들은 책을 거의 읽을 줄 몰랐습니다. 고대인들의 덕성이 그의 정신을 강력하고 자유롭게 만들어주었습니다.

『플루타르크 영웅전』에 대해 감탄한 루소는 이윽고 소설책을 읽기 시작하였는데, 그것들이 그의 마음에 열기를 강하게 불러일으키면서 지나치게 감추고만 있었던 선천적인 마음을 외향적이고 애정 어린 모든 감정으로 발산하도록 마음의 문을 열어놓았습니다. 그는 상상의 존재들을 사랑할 필요성과 동시에 그 필요성이 삶에 매력과 폭풍을 만들어낸다는 것을 알았습니다. 바로 그때 그를 특징지을 영웅적이고 소설 같은 벗이 형성되었습니다.

그는 자기의 사상을 실현할 환경을 전혀 찾지 못하고 격렬한 상상의 충동으로 조국에 복종할 수 없어서 겨우 청년이 되자 그의 조국을 떠났으며, 자기를 채워줄 수 있다고 생각하였던 아리스티데스(Aristides, 그리스의 철학자. '공정한 사람')들과 아스트라이아(Astraia, 그리스 신화에서 '정의'의 여신)들을 찾으려는 신념을 가지고 세상으로 나갔습니다. 좀 더 자세히 말하면, 이처럼 내적이며 저항할 수 없는 충동, 지식에 대한 갈망, 깨닫고자 하는 성급함은 천부적 재능을 가진 이 젊은이를 끊임없이 괴롭혔고, 또한 생의 초년부터 그러한 것들이 그를 흥분하게 하였습니다.

그는 젊은 시절부터 파란 많고 불운한 생애였습니다. 풍속과 문학에 있어 혁명의 날을 만들어야만 하였던 그는 그것을 받아들이기 위하여 마음을 열려고 하는 사람들 모두에게 그의 마음을 경솔하게 털어놓았던 일종의 모험가밖에 되지 못하였습니다. 그는 취미, 집념, 그리고 계획이 끊임없이 바뀌는데도 그것을 깨닫지 못함에 따라 불행해질 수밖에 없었습니다. 또한 빈곤이 모든 두려움으로 그의 머리를 계속해서 어지럽혔습니다. 공공기관들이 그에게 불만을 토로하였습니다. 그의 현명함이 불운을 자초하였습니다. 천부적 재능은 부드럽고 기교에 치우친 교육으로 길러지는 것이 아닙니다. 시련은 항상 보다 훌륭한 위인들의 학교에 있었습니다.

열성적이고 감수성 풍부한 상상력을 타고난 젊은이의 잘못을 언급하지는 않겠습니다. 나는 조상들의 종교에 대한 잘못된 생각을 비판하고 은둔하여 우정으로 몸 바쳐 헌신하신 당신을 더욱 사랑합니다. 교육도 받지 않고 교사도 없이 그는 문학과 명석한 재능 연마로, 생애에서 가장 아름다운 부분을 바쳤습니다. 그는 머리를 매력적인 생각으로, 가슴을 좋은 감정으로 채우는 것을 기뻐하였다는 것을 직접 우리에게 알려주었습니다.

루소는 이상한 운명의 부름에 의해 그의 정치 경력이 된 베네치아 대사의 비서직을 수행하였습니다. 아마도 그곳에서 그의 성격이 형성되고 타고난 재능이 개발되었던 것 같습니다. 의심 많은 귀족의 감시 아래 정부의 다양한 제도를 연구하면서, 인민과 왕의 이익에 대하여 골몰히 생각하면서, 궁중의 관리들 사이에서도, 인정을 받은 그는 지식도 없이 어느 날에는 발간할 대단한 작품들을 준비하였습니다. 바로 그때 은밀히 『폴란드 통치론(*Le Gouvernement de Pologne*)』, 『영구평화론(*La Paix Perpétuelle*)』, 『사회계약론(*Le Contrat Social*)』을 준비하였던 것입니다.

그러면 내가 무엇을 말해야 하겠습니까? 루소가 문인의 경력을 얻고자 하였던 것이 얼마간이었겠습니까! 그는 한순간도 운명적인 저명인사가 겪어야 하는 시련을 겪지 않고, 오래 살았습니다. 그가 고난을 결코 맛보지 않았던 것은 아닙니다. 대단한 독창력과 감수성 풍부한 마음으로 만들어진 그의 소중한 통찰력은 그에게 모든 것을 해결하게 하였습니다. 그러나 이러한 마음의 집착이 그가 관념을 고정시킬 힘도, 그것들을 글로 쓸 시간도 그것들을 털어놓을 야망도 남지 않게 하였습니다. 오래전부터 염세적 성격의 자만심과 부자와 행복한 사람들에게 대항하는 어떤 격렬함으로 가득한 그의 정신은 그 밖에 다른 사물의 질서를 예견하고 인류를 위한 새로운 행복한 제도를 열망하였습니다. 예견치 않은 생소한 환경이 그의 사상을 발전시켰을 것입니다.

사람들이 위대하다고 부르는 세기가 지나갔습니다. 그러나 평등을 위하여 거기에서 로마인들의 가장 화려한 세기를 찾아야만 하였습니다. 오직 두 사람만이 루이 14세의 통치 재능과 광명을 유산으로 받았던 것처럼 보였습니다. 몽테스키외는 군주들에게 법을 강조하였습니다. 그리고 과감한 필치로 무지와 정치가 인민들에게 던졌던 장막을 들어 올렸습니다. 볼테르는 인간의 정신에다 아마도 모든 연령층에서 인식하지 못하였던 하나의 운동을 제시하였습니다. 과거와 매우 다른 새로운 시대가 우리들의 풍속과 재능의 특수성에 의하여 소개되고 있었습니다. 대담한 세계관이 유럽에서 수립되고 있었습니다. 모든 진보는 빗나간 것으로 나타났습니다. 옛날의 기준이 무너졌습니다. 역설적인 방종이 가장 신성한 관계들을 끊어버렸습니다. 조상들의 남성적이고 엄격하였던 덕성은 거의 상실되었습니다. 결국 문학, 노닥, 철학 그 사체가 혁신에 도움을 주었던 것처럼 보였습니다.

이제 사람들이 우리에게 그렇게 오랫동안 유포시켰던 무지와 야만의 밤을 유감스럽게 생각해야 할지 아닌지에 대하여 아카데미가 요구해야 하는 순간입니다. 아카데미는 학문이 유해한 것보다는 유익한지 아닌지에 대한 문제의 시험을 변론가들에게 경쟁적으로 제시하였습니다. 자신도 잘 알지 못하는 재능을 타고난 루소는 군대에 관하여 아킬레우스가 그랬던 것처럼, 이러한 일들에 대하여 열성적이었습니다. 만약 그 자신이 우리를 이해시키지 못한다면,[3]

---

[3] Lettre à M. de Malesherbes, du 12 janvier, 1762. (M. Bertrand Barère, *Éloges Académiques*, p.231.

어떤 것은 갑작스러운 영감과 유사하였던 것입니다. 그것이 바로 그로 하여 이러한 책을 만들게 하였던 행동입니다. 갑자기 그는 천 개나 되는 불빛이 그의 정신에 내리치는 것을 느꼈습니다. 이러한 내용이 그를 유혹하였습니다. 그는 글을 썼고, 대단한 천부적 재능으로 세상을 놀라게 하였습니다. 그러나 그가 어떤 부분을 다루었을까요?

이미 오래전부터 루소는 인간 정신의 진보를 감탄하면서 동시에 공공의 재난이 증가하는 것을 보고 놀랐습니다. 그는 인간과 우리 사회의 체제 사이에 있는 불가해한 대립 현상을 보았습니다. 그러나 여전히 그것은 전체 의견이 느낄 수 없을 만큼 파괴되려고 하였던 것밖에 되지 않는 막연한 감정과 혼동된 개념이었습니다. 누가 과학과 문학이 인간을 교화시키고, 그리고 국가의 가장 아름다운 장식을 만든다는 것을 생각하지 않았겠습니까?

깊은 명상이 루소로 하여 유일한 덕에 의한 단순하고 현명하며 행복한 인간 사회의 학문과 그들의 쓸데없는 기구를 면밀하게 파헤친 또 하나의 다른 세계를 발견하게 하였습니다. 소크라테스처럼 루소는 인간이 행복해지기 위해서는 학문이 아니라 풍속이 필요하다고 생각하였습니다. 이와 같은 사상에 의하여 뜨거워진 그의 가슴은 인간의 악덕과 불행은 학문으로부터 발생한다고 생각하였습니다. 루소가 어떤 새로운 장면을 문인 제국(l'empire littèraire)에 주겠습니까! 미천하고 이름도 없었던 한 인간이 갑자기 도약하였습니다. 그리고 아주 높이 신속하게 비상하였습니다. 학문과 예술은 그들의 성전까지도 공격 당하였습니다. 대담한 재능이 인간의 불행을 고발하면서 그들의 영광을 받았습니다. 문학에서 설득력 있는 명성이 필요한 이 작가는 그의 머리 위에다 그가 죽음을 예고하는 것과 같이 생각하는 왕관을 씌우도록 하였습니다. 그래서 결국 말르브랑슈(Malebranche)의 훌륭한 상상이 상상에 대항하여 저술하였던 것과, 아킬레우스가 영광에 대항하여 열광하였던 것이 바로 그것 때문입니다.

미술가, 조각가, 연예인들이여, 당신들의 걸작을 숨기십시오. 그들은 과일이나 대단히 사치스러운 값비싼 음식처럼 사라져야 합니다. 그리고 학자, 작가, 문학가 여러분, 그러한 것을 발견하는 것을 모두 포기하십시오. 여러 세기가 감탄하고 천부적 재능을 영속시킬 이 불멸의 작품들을 불태워버리십시오. 노동과 덕은 인간이 가지고 있는 유일한 특성입니다. 그 나머지 것은 모두 쓸데없는 사치품밖에 되지 않습니다. 아닙니다. 사람들은 학문과 문예에 대항하여 결단코, 그렇게 정열적으로 쓰지 못하였습니다. 사람들은 재능 위에 덕이 먼저 필요하다는 것을 결코, 그렇게 설득력 있고 힘차게 표현한 바 없었습니다. 이렇게 아름다운 『파브리시우스의 의인법(*Prosopopée de Fabricius*)』을 누구도 열성적으로 회상하지 못하였지 않습니까? 로마인들에 대하여 이처럼 훌륭한 작품에 대한 회상을 아름답게 하지 못한 변론가는 누구입니까? 몽테스키외는 아닙니다. 그는 세상의 주인들에 대하여 전혀 생각하지도 않았고, 더 거대한 작품을 쓰지도 않았습니다.

 인식의 확대로 유지되고, 풍요로운 상상으로 꾸며진 이 새로운 제도가 어떤 영향을 주었겠습니까? 한 문인, 원로원이 역설을 찬양하겠습니까? 보통 사람들로 구성된 하나의 협회는 과학, 문학, 예술에 대항하여 공개한 강력한 풍자로밖에 이 논설문을 볼지도 모릅니다. 협회는 그에게 수상의 영광을 거절하였습니다. 디종(Dijon)의 아카데미는 루소에 대한 심판에서 그를 불멸의 영광으로 받아들였습니다. 디종의 아카데미는 덕을 목적으로 옹호하는 재능에 상을 주고 있습니다. 이날에 경의로써 그에게 감사를 드립시다. 우리는 숭고한 이 작가의 작품에 헌사를 드려야 하겠습니다. 누구든지 첫 번째 성공 없이는 문단에 결코 들어갈 수 없게 될 것입니다. 아카데미들이 문인의 세계와 인류에 가장 아름다운 선물을 마련하였습니다.

 그렇게 많은 영광에 대한 욕망이 일어났는데, 그것은 영광의 월계관을 보잘것없게 만들려고 할 것입니다. 이미 욕망은 역설을 부르짖었으며 그것을 반박할 수 없게 되었습니다. 무력한 열정 속에서 욕망은 재능의 남용과 능변의 매춘에 대하여 불평하고 있습니다. 많은 비방문들이 문예지와 신문을 가득 채우고 있습니다. 마찬가지로 디종의 아카데미 이름으로 수상한 논문과 저자에 대하여 가혹한 풍자까지 하고 있습니다. 문학 부문에 대하여 사법부가 감사할 정도로 비방하는 글이 발표되고 있습니다. 아카데미는 정중한 담화문으로 이처럼 비방하는 글들이 나오지 못하게 제지하였습니다.

그러면 루소의 첫 번째 작품이 문학에다 지른 불은 어떤 것이겠습니까? 문학의 지평선을 향하여 나타나면서 그 시대 정신에 충격을 주고 본질적·역동적 결합으로 그 시대를 사로잡기 시작하였던 능변과 유연한 스타일을 우리 책에서 사라지게 한 이 재능은 어떤 것이었습니까? 그것은 열성적이고 급격한 젊은이의 열기 어린 정신임에 틀림이 없습니다. 그것은 인생 초년에 있을 수 있는 뜨거운 열정입니다. 그것은 그의 모델들에 대하여 정념에 사로잡힌 한 젊은 변론가의 상상인데, 그것이 바로 그가 손댔던, 그리고 그가 공상을 실현하는 것 모두를 아름답게 하는 것이었습니다. 우리 스스로 각성합시다. 드문 일이지만, 재능이 젊은 나이에 발휘될 수도 있습니다. 그것은 침묵과 명상 속에서 서서히 완숙됩니다. 비록 볼테르가 어린 시절부터 자신을 알렸을지라도, 몰리에르, 라브뤼에르, 몽테스키외가 문단에 등장하였을 때는, 젊은 시절에 대한 회상은 더 이상 가지고 있지 않았습니다. 뷔퐁(Buffon)이 자연의 심오함을 과감하게 조사하고, 그리고 그것을 우리에게 그렇게 새롭고 다양한 모습으로 제시한 때에도, 그는 학문의 유효성과 위험성에 대하여 글을 쓴 루소와 마찬가지로 40세였습니다. 명성에 대한 경박하고 탐욕스러운 정신에서 최초의 충동에 내맡기고 사고하는 것을 배우기도 전에 글을 쓰는 위험스러운 편의주의를 내버려두는 게 좋겠습니다. 쓸데없는 체면과 조숙한 명성은 보통 사람에게는 경험할 수 없는 것입니다. 지나치게 어린 나이에 쓴 작품은 독자를 짜증나게 하고 정신을 무디게 하며 방대하고 대담한 관념에 대한 용기를 소멸시키게 됩니다. 천부적 재능을 가진 사람은 은퇴한 후에도 자신의 정신을 수련하게 됩니다. 바로 그러한 점으로 말미암아 재능 있는 사람이 계속해서 명상하는 정신 습관을 갖게 됩니다. 그러한 명상 없이는 천부적 재능은 존재하지 않습니다.

루소의 천부적 재능은 그 빛이 구름 속에서 불붙는 것처럼 디종의 아카데미에서 빛을 발하였습니다. 인간에게 유익한 것에 대하여 그냥 있지 못하는 그는 자기의 사상으로부터 첫 번째 작품을 짜낸 이후, 그것을 둘러싸고 있는 장애물들을 가로질러 돌진하고자 하였습니다. 그는 도덕, 철학, 문학 등 광범한 분야에 대하여 과감하게 시선을 돌렸습니다. 무엇을 그가 보았겠습니까? 모든 예지가 옛날의 소크라테스 사상에 근거를 두고 있으며, 그것은 소피스트에 대한 비난과 박해로 세계관에 덕을 수립하게 하였습니다. 로마는 그것을 더욱 무섭게 배척하였는데 키케로에 의해서 그것이 재생되는 것을 보았습니다. 상당한 기간이 지난 후에 몽테뉴는 고대인의 작품으로부터 인간에게 가치 있고 유익한 이 자연철학을 물려받았습니다. 그는 회의주의에 대한 열정으로 그것을 프랑스어로 번역하였습니다. 영국에서 베이컨은 철학의 선구자였습니다. 로크가 그의 작품을 완성하였습니다. 몰리에르와 그 후 볼테르는 그의 목소리를 무대에서 들을 수 있게 하였습니다. 몽테스키외는 그것을 입법에 도입하였습니다. 이윽고 시야를 흐리게 하는 안개가 걷히고, 모든 세기의 지혜로 인간 정신을 묶어놓았던 보이지 않는 쇠사슬이 우리 앞에서 벗겨졌습니다. 한순간에 개인의 타산과 이익을 하나의 도덕으로 확대할 수 있게 되었습니다. 그런데 그것은 선에 대한 사랑, 애국심이었으나, 풍속을 질식시키는 것이 되었습니다. 무게 있는 낭독자들은 자연철학을 추론의 철학으로 대체하였습니다. 그들은 정신을 메마르게 하며, 감정을 무디게 하고, 덕을 분석하며, 조화를 생각하고, 사상의 대중화를 구실 삼아 모든 정신을 지배하려고 하였습니다. 그들은 형이상학적 체제 속에 도덕을 가장하여 숨기고 아주 모호한 추리로 덕에 대한 사랑을 고무시킬 것을 주장하였습니다.

그러한 작품들이 기억될 날이 있을 것입니다! 루소는 진실한 철학의 자유로운 발전을 위하여 태어났습니다. 그는 도덕을 분석하는 대신 상상으로 미화하고, 느낌으로 생각하고 표현하였습니다.

루소만이 당시의 작가들 가운데에서 오직 부패된 자연을 모델로 삼지 않았습니다. 그는 공화주의자의 자유와 설득력으로 모든 정력을 고전 연구에 바쳤습니다. 그는 심정을 토로하였고 근대의 연설자들에게 정신으로 말하는 방법을 남겼습니다. 그는 내적 감정의 모든 요구를 끊임없이 자극하였습니다. 그리고 우리를 본성이 가지고 있는 아름다움과 부드러움에 의하여 선을 창출하도록 이끌었습니다. 덕에 대한 그의 열정은 아주 설득력이 있을 것입니다. 바로 이러한 연유로 천부적 재능을 지닌 사람들은 계몽사상가의 칭호를 받을 만한 것입니다.

루소에게 현인들에 대한 존경을 불러일으키게 하기 위한 도덕적 행위의 문제에 대한 시험을 제시한 것은 다행한 것입니다. 이 작가에게 영광을 주려고 창설된 것처럼 보이는 똑같은 아카데미가 "인간 속에 있는 불평등의 기원은 무엇이며 그것이 자연법에 따라 인정될 것인지?"를 물었습니다. 사회 상태의 진보에 대한 몇몇 소피스트들의 과장에 놀랐고 보다 나은 사람으로 회복시키려는 단순한 희망을 품으며 숲속으로 그들을 안내하면서 루소는 행복은 자연적인 인간의 상태에 있으며 사회제도는 본질적으로 선한 인간을 단지 타락하게 하였다고 가정하였습니다. 그의 정신 속에서 일어난 흥분된 삶으로부터 재능의 불꽃이 터져 나왔습니다. 그리고 인류의 행복에 이바지하는 공상적인 영광이 그에게 역시 상류계층에 걸맞은 언어를 요구하게 하였습니다. 그것은 노예들에게 비슷한 연설문으로 결코 들리게 되지는 않았습니다. 제네바 시민의 첫 번째 말은 공화국에 대한 것이었습니다. 문학에 대하여 무능한 사람들이 맹목적인 헌사로 공화국의 품위를 떨어뜨렸다는 것입니다. 루소는 우리에게 공정하고 자발적인 정의만을 제시하였습니다. 경의를 받아야 하는 사람은 덕인과 자유인입니다. 그래서 그의 조국은 문예 보호자(son Mécène)[4]가 되었습니다.

『인간불평등기원론』이 출간되었습니다. 그래서 인류는 무엇을 경험하였고,

---

4    마에케나스(Mécène)는 로마 아우구스투스 황제 때의 장관이며 문예 보호자.

무엇을 잃어버렸는지를 알았습니다. 그것을 읽으면서 인간의 정신은 새롭고 독립된 재능이 그의 진보를 증진시킬 수 있는 것, 모두를 확대하게 하는 것 같았습니다. 그러나 이 작품 속에도 역시 재능의 한계가 보였습니다. 바로 그때 그는 최상의 현명한 지혜로 수립한 질서를 파괴하고자 하였습니다. 18세기에 유명한 작가가 사회인보다 자연인의 상태에 대한 우월성을 문제로써 제기할 수 있었다는 것을 사람들은 결단코 생각하지 못하였습니다. 마치 사회가 우리의 존재 목적으로 되지 않는 것처럼 말입니다! 구름 속에 실종된 독수리가 먼지 속에 있는 뱀처럼 곤경에 빠지겠습니까! 그리고 만약 비버가 오두막집을 세운다면, 인간은 도시를 건립하기 위하여 일하게 되지 않겠습니까!

우리는 이 논문에서 루소의 염세적인 성격이 그의 재능을 명확하게 하는 것을 보았습니다. 대단한 착상으로써 그는 끊임없이 추론의 남용이 사상의 숭고함과 뒤섞였다는 것을 생각하지도 않고, 이 작품에 그의 감정을 힘차게 쏟아 놓았습니다. 그러면 이 논문에 대한 보편적인 흥미와 문인들에 의한 이와 같은 편애가 어디에서 나왔겠습니까? 그것이 바로 루소 이전에는 아무도, 그처럼 힘차게 사회 상태의 요인이 된 악에 대한 무시무시한 작품을 묘사하지 않았다는 것과, 그리고 그렇게 진설하게 자연인(야만인)을 묘사하지 않았다는 것입니다. 누가 루소보다 더 우리에게 사회의 기원, 선악의 계속적 발달을 알려 주었습니까? 누가 이렇게 천부적이고 풍부한 재능이 추적한 것보다 인간이 묘사한 난해한 여정 속에서 인간을 더 잘 추적하였습니까? 그가 동포들과 반대로 인간의 의무, 우리들의 행복에의 필수적 원리들, 그리고 인간들 가운데서 지나치게 망각된 평등과 자유에 대한 기초적 이념에 대하여 말할 때 얼마나 풍부하고, 얼마나 아름다웠으며, 얼마나 강력하였습니까! 아! 무엇 때문에 그가 우리에게 문명에 대하여 위안이 되는 모습과 사회의 진보를 보여주기 위하여 퇴보와 과잉을 전개하는 데 사용되는 힘차고 설득력 있는 능변, 정열적인 태도, 논리적인 강제력을 사용하지 않았겠습니까?

나는 가장 대단한 역설의 옹호자에 대항하여 제기하는 비난을 모두 듣고 있습니다. 인류사회에 대항하여 한 권의 책을 만드는 데 그렇게 지식과 재능을 아낌없이 많이 발휘한 그를 사람들은 비난합니다. 참으로 은혜를 모르는 자들입니다. 어떤 동기로 당신들은 그 책을 무시하는 겁니까? 당신들이 너무 자주 문명을 만들어온 남용이 루소로 하여 인간들이 그렇게 슬프게 보였으므로 두려움의 정신착란 속에서 무지와 숲속에다 그들을 다시 넣고 싶었을 것입니다. 이런 현란한 마음을 존경해야 합니다. 조건에 대한 『인간불평등기원론』은 선입관이 자유로운 세계시민의 작품입니다. 그것은 바로 교화된 인간의 방대한 인식을 자연인의 덕성스러운 소박함에 결부하여 자연이 그곳에 설치한 자연과 그 밖에 다른 유사한 것으로밖에 보지 않으며 영원히 소멸할 수 없는 권리를 위하여 강력하게 저항을 감행하는 우월한 사람들 가운데 있는 한 사람의 작품입니다.

　루소가 자기를 공격한 편지들에 대항하여 글을 쓰면서 문학을 영광스럽게 하고 사회에 대항하여 견해를 피력하면서 그의 조국을 빛나게 하는 한편, 그는 자신의 철학적 명상을 예술의 환희 속에 맡겼습니다. 루소의 재능은 대단한 필치와 음악에서 매혹적인 곡조를 만들었습니다. 우리의 예술과 오락에 대한 엄정한 검열관이 그것에 대한 가장 열렬한 공조자가 되었습니다. 그래서 그는 우리의 음악에서 하나의 행복한 변혁을 준비하였습니다. 이 지방의 휘황찬란하고 마법 같은 오페라가 단순하고 소박한 자연을 성대한 의식과 격렬한 소리로 대체시켜놓은 것을 보고 놀랐습니다. 목가적인 꿈, 부드럽고 사랑스러운 음악이 가장 먼저 우리에게 조상들도 알지 못한 아름다움, 품위와 말씨가 그렇게 어울리는 조화, 여러 곳에서 시인처럼 느끼고 표현하는 음악가를 보여주었습니다. 어떤 열정이 〈마을의 점쟁이(*Devin du village*)〉에 대한 감정을 불러일으키지 않았을 것입니까! 사람들은 까닭도 알지 못하고 흥분하였습니다. 사람들이 눈물까지 흘리며 감동하였습니다. 틀림없이 자연은 적막한 전원에서 이러한 말과 소리를 하였고, 루소는 그것들을 글로 썼습니다.

　루소는 마음을 거의 아첨꾼이 되게끔 영향력을 발휘하는 예술을 가장 탁월한 설득력으로 규합한 능변가들 가운데 제1인자로는 적합하지 않습니다. 능변가이자 음악가인 그는 음악을 가지고 있지 않은 프랑스 사람을 비난하기 위하여 이 두 지혜를 규합할 것입니다. 〈마을의 점쟁이〉의 놀라운 성공은, 그로 하여 이러한 예술에 대하여 글을 쓸 수 있는 능력을 허락하였습니다. 그러나 나는 그가 음악에서 가장 철저한 인식을 전개한 것, 그러나 프랑스 전체가 그에 대항하여 흥분하였던 이 설득력 있는 편지에 대하여 조용히 간과할 것입니다. 그 음악은 유명한 글루크(Gluk)의 〈이피제니(l'Iphigénie)〉에 의하여 복수를 당하였습니다. 그에게 루소는 서둘러 박수를 보냈습니다. 바로 그것이 그의 선입관으로 공공의 제물을 만들었던 것입니다. 마찬가지로 그는 『음악사전(Un Dictionnaire de musique)』으로 우리를 풍요롭게 하면서 풍부한 사상과 보다 단순한 방법을 가지고 있는 민중으로부터 그것들을 잊게 하려 하였던 것 같았습니다.

 이와 같은 강력한 정신이 칠현금의 감미로운 소리에 나약하게 될 것을 염려하지 마십시오. 카푸아의 환락(les délices de Capoue)[5]도 그 강력한 정신을 바꿀 수는 없을 것입니다. 그 강력한 정신은 항상 그를 특정 짓게 하는 실질적인 원리와 엄정한 도덕을 가지고 있을 것입니다. 우리는 「인간 지식에 대한 보고(le fameux dépot des connaissances humaines)」를 발간하였습니다. 그것으로 유명해진 한 계몽사상가는 극장의 막을 열도록 제네바에 초대받았습니다. 이와 같은 사상으로 덕이 있는 그 제네바 시민[6]은 그의 조국에 덤벼들어 우리의 도시를 휩쓸고 있는 모든 악, 노동에 대한 사랑, 다음에 이어지는 한가함, 심사숙고한 정신을 몰아내는 하찮은 것, 악습 앞에서 달아나는 덕, 끝으로 우리 조상들의

---

[5] 역주 : 카르타고의 한니발이 칸나에 전투(Battle of Cannae, B.C. 216)에서 승리한 후에 카푸아에서 겨울 동안 야영할 때, 환락에 빠져 병사들의 사기가 꺾였다는 고사.
[6] 역주 : 루소는 1712년 스위스의 시계수리공의 아들로 제네바에서 출생하였고, 며칠 후 어머니를 잃고, 아버지를 따라 유랑하다 프랑스에 정착하였다. 제네바 시민은 그의 자존심을 의미한다.

순수성을 바꾸어놓는 위험하고 파괴적인 사치를 깨닫는 것 같았습니다. 그의 눈에는 공화국은 무대에 적합한 놀이나 위험스러운 광경에 의하여 훼손되어서는 안 되는 성전과도 같은 것이었습니다.

가난하고 고독한 루소는 몽모랑시(Montmorenci)에 있는 보잘것없는 거처에서 살았습니다. 그래서 그는 공화주의자 집단이 있는 라세데몬(Lacédémone)으로 이사할 것을 갑자기 생각하였습니다. 그는 은둔 후에는 제네바가 위험하다는 것을 연극으로 자상하게 밝혔습니다. 그는 글을 썼습니다. 지식인들은 그의 조국이 낳은 행정관이기 때문이라고 하였습니다. 그는 제네바가 흥행물들을 추방하기를 바랐습니다. 삶은 인간에게서 덕과 지식(문명)을 제거한 후에 여전히 기쁨을 인간에게서 빼앗고자 한다고 말할 것입니다.

루소로부터 달랑베르(d'Alembert)까지의 귀한 글들을 읽지 않았던 사람이 누가 있겠습니까? 비록 문장에 질서가 없고, 연독도 없으며 방법도 없고 주제에 이탈되고 궤변으로 가득히 차 있을지라도 여러 곳에 원래 기본적 타입이 있고 덕에 대한 사랑과 조국에 대한 열정의 힘찬 표현으로 그렇게 괄목할 만하게 계속 흥미 있는 이 작품에 대하여 감탄하지 않는 사람이 누가 있겠습니까? 아테네인의 입으로 말한 것이 바로 스파르타인의 말입니다.

그러나 극단에 대항하여 그렇게 강력하게 일어났던 이 능변가는 극단을 구성하였습니다. 오페라에 대항하여 글을 썼던 작품에서도 프랑스 오페라를 묘사하였습니다. 그래서 희극 〈나르시스(Narcisse)〉가 무대에 올랐을 바로 그 당시 「관중에게 보내는 편지(la Lettre sur les spectacles)」는 가장 위대한 작가들 가운데에다 루소의 자리를 항상 마련하고 있었습니다. 그러니까 그것은 문필로서 종종 반대의 견해를 보이던, 이 훌륭한 재사의 숙명으로밖에 볼 수 없습니다. 야망에 찬 암울한 시선은 결점을 염탐하려고 항상 위인들을 향하여 시선을 조정하였고 분명한 자가당착을 일으켰으며 저자의 의도를 왜곡하려고 하였습니다. 볼테르에 대한 부당한 것조차도 제가 이야기해야 하겠습니까? 아닙니다. 나는 당시에 그 시대에 가장 위대한 작가가 당대를 풍미하던 극장의 평판을 떨어트린 루소를 용서하지 않았다고는 말하지 않을 것입니다. 나는 볼테르가 『인간불평등기원론』에 박수갈채를 보낸 다음 관중에 대항하여 글을 쓴 저자에 대하여 험담하였다는 것도 말하지 않을 것입니다. 그러나 루소가 볼테르에게서 의지할 것을 찾았다고 생각하지 마십시오. 그는 자기의 영광에 신실한 경의를 표명하였습니다. 그가 그의 마에케나스로 생각하였던 그에 대한 악감정은 그를 밝혀주었던 한 줄기 빛이었습니다. 루소는 볼테르가 풍자함으로써 겸손한 태도를 보였을 때 이름이 났습니다. 그래서 그는 처음으로 우월감을 가졌으며 그때부터 그는 자기가 모든 사람 가운데 가장 최고라는 우월감을 가졌으며, 감히 볼테르와 경쟁적인 상대로 생각하였습니다.

그때까지 루소는 능변과 철학에 제기된 문제에 대한 것만을 썼습니다. 그때부터 그는 문학 방면으로 경력을 쌓아 나가기 시작하였습니다. 그래서 그의 모든 노력은 힘찬 성공으로 그곳에서 나타났습니다. 그의 마음은 반성과 실추에 따라서 시련을 겪었고 깨우친 풍부한 감정을 가졌으며 그렇게 많은 과오에 의하여 그러나 아마도 외향적이고 부드러운 정신을 가진 그 밖에 다른 것, 보다도 더욱 유사하게 표시된 장르를 시도해보고자 하였습니다. 열렬하고 정열적인 그의 상상력은 그에게 아주 값비싼 추억을 회상하게 하였습니다. '생프뢰[7]의 사랑'에 대해 쓸 때 그는 펜 아래에 종이가 불살라질 만큼 열정을 쏟았습니다.

프랑스에서 소설은 여전히 기사도에 대한 과장이나 어마어마한 정념에 대한 혼란만을 보여주었습니다. 루소는 당시의 악덕을 조장하려 한 것도 아니고 풍속 타락의 무기로 준비하는 것도 아니며, 인간의 마음속에 있는 가장 단호한 정념을 유용한 교훈으로 끌어내기 위하여 그리고 대단히 높은 지위에 있는 사람들에게 대한 관심을 도덕의 진실성과 혼합하기 위하여 이러한 장르의 문학을 다루었습니다. 무질서한 정념 가운데다, 모든 신분 각자의 의무를 묘

---

7 역주 : 루소가 쓴 서간체 소설 『누벨 엘로이즈』의 남자 주인공.

사하고 아버지, 아이, 남편, 친구, 부자, 심지어 기독교인들에게까지도 교훈을 줄 수 있는 진보, 바로 그것이 루소의 재능을 필요하게 하는 소설입니다. 클라리사[8] 후에 사람들이 불행이나 사랑에 대한 도덕성을 증대시킬 수 있다는 것을 믿었겠습니까? 그러나 사람들은 생프뢰와 쥘리[9]보다, 더욱 흥미 있는 두 존재를 희생자들 가운데서 결코 헤아리지 못하였습니다. 리처드슨(Richardson)은 우리에게 하나의 유령을 제시하였는데, 루소는 우리에게 감성적인 존재를 제시하였습니다. 클라리스는 너무 약하고 쥘리는 너무 용감무쌍합니다. 러블레이스[10]는 법으로 다스릴 범죄자입니다. 생프뢰는 모든 사람이 애착을 느낄 불운한 사람입니다. 클라리사의 애인에 대한 정념은 냉정한 범죄 조직입니다. 쥘리의 애인은, 더욱 강렬한 정념 속에서 덕의 소리를 듣습니다. 러블레이스는 사랑을 단검이라고 말합니다. 생프뢰는 그의 약점을 많은 덕으로 용서하도록 합니다. 결국 사람들은 『클라리사(*Clarissa, or the History of a Young Lady*)』를 읽으면 눈물을 흘릴 기력이 없어집니다. 그러나 『누벨 엘로이즈(*Nouvelle Héloïse*)』를 읽으면 눈물을 쏟지 않을 수가 없을 것입니다.

 황홀한 감정 없이 사랑 때문에 모두를 희생하는 두 연인의 무력함과 정숙함의 배합, 그리고 선을 행하는 즐거운 사랑을 누가 알 수 있겠습니까?

 매정한 문학가는 이 작품에서 지나치게 어설픈 계획, 잘못 결합된 특성, 다양성이 없는 상황, 그리고 냉담하고 괴로우며 꾸민 듯한 스타일로 쓴 몇몇 글들을 발견할지도 모르겠습니다. 엄격한 도덕론자는 이 작품에서 자살과 결투에 대항하는 흥미만을 찾을 것입니다. 변론가, 화가, 계몽사상가들은 더욱 생동적인 정념으로 가장 진실한 책이라는 점을 발견할 것입니다. 그들은 그곳에서 인간의 마음이 작품을 좌우하는 경향이 있다는 것과 마음을 괴롭히는 애정

---

[8] 역주: 영국의 소설가 새뮤얼 리처드슨의 서간체 소설 『클라리사』의 여자 주인공.
[9] 역주: 『누벨 엘로이즈』의 여자 주인공.
[10] 역주: 『클라리사』에 등장하는 호색한.

으로 시련을 겪는 것이 어떤 것인지에 대한 것, 그리고 그것을 파괴하려고 하는 모든 운동을 거기에서 볼 수 있을 것입니다. 이러한 상반되고 투쟁적인 행위가 바로 루소로 하여 우리에게 침투시키고 흥미를 일으키게 하려고 신속한 작품을 내놓게 하였을 것입니다. 정념의 충격은 그에게 정신의 혼동을 주는 상황을 줄 것입니다. 그리고 타오르는 듯한 필치는 신속하게 사랑, 불행, 시기심, 절망 그리고 흐뭇한 추억을 그릴 것입니다.

부드러우며 뜨거운 정신, 어떤 흐뭇한 눈물이 그렇게 감동스럽고 진실한 장면으로 당신을 잠기게 하는지 우리에게 말씀해보세요. 여기에서 바로 화난 쥘리의 아버지가 그를 피하려고 넘어지고 상처를 입은 사랑하는 딸을 때리고자 하는 것입니다! 거기에서 분노가 끝나고, 그리고 본성이 시작됩니다. 사람들이 아름다움을 느끼게 할 수 있는 것은 냉정한 찬사에는 결코, 있을 수가 없는 것입니다. 고상한 순박함이 매력으로 채워지는 이 감동적인 장면을 작품 그 자체 속에서 읽어야 합니다.

특히 그것은 사랑이 더욱 매력을 느끼게 하는 것과 자연과 종교가 더욱 엄숙하고 신성해지는 것, 모두를 쥘리의 아버지가 반대하였던 무서운 날에 대하여 보고하는 것을 좋아하였던 사람들에게 관계된 것입니다! 아니 더 정확히 말해서 누가 그 호수 위를 산책한 쥘리와 생프뢰를 잊을 수가 있겠습니까? 어떤 비통한 상태였을까요! 어떤 도덕적 장면이었을까요! 도덕의 승리는 정신이 결코 주장할 수 없는 가장 큰 투쟁을 종식하게 됩니다. 이 대목을 읽으면서 강렬한 감정을 느끼지 않는 사람들은 불행하지 않겠습니까! 그것에서 내가 철학적 묘사를 알아보는 것은 이와 같은 절대적인 감동 때문이고 사랑에 대한 유혹을 향한 풍속의 절대적 영향력에 있는 것이지, 쥘리의 냉철한 논설에 있는 것이 아닙니다. 그것은 오히려 생프뢰의 자발적인 묘사에 있는 것입니다. 나는 이제 글을 그만 쓰도록 하겠습니다. 루소에 대한 찬미자는 사람들이 『누벨 엘로이즈』의 저자에게 하는 직접적인 비난을 피해야만 할 것입니다.

아마도 감성적 마음이 있어 너무 많은 위험이 있으므로, 엄격한 지혜로 이 일을 금해야 할 것입니다. 그러나 재판 날에 루소가 그에게 보낸 경의를 고려하여 그 종교는 탈선을 용서할 것입니다. 그보다 누가 더 많이 그에게 하느님의 실체, 인간의 자유, 영혼의 영원 불멸성을 증명하였습니까? 당신께서 쥘리가 결혼한 후 그의 부드러운 연민을 묘사해보십시오. 유일한 하느님과 모성애는 사랑이 남긴 넓은 공간으로 그의 영혼을 채울 것입니다. 어떤 설득력이 필요할까요! 보쉬에와 페넬롱은 더욱 아름답고 더욱 감동적인 것에 대하여 전혀 말하지 않았습니다. 그들이 더욱 청순하고 더욱 엄숙한 경의를 종교에 드리지 않았습니까?

열기와 감성으로 가득 찬 상상을 간과한 몇 가지 내용들은 잊어버려야 합니다. 이성은 사랑에 대한 회상과 정념의 폭발을 엄격하게 판단하지 않을 것입니다. 오히려 쥘리의 결점을 우리에게 알려준 이 페이지들을 찢어버립시다. 만약 찢어버릴 필요성이 있다면, 그곳에서 몇 장을 떼어내는 도덕적 개념에서 이 책을 무릎에 놓고 잘못된 사랑을 어루만져줍시다. 오! 인류의 절반이나 되는 아름다운 여성 여러분은 루소를 철야의 대상으로 하고 있습니다. 여러분은 루소의 작품 중 어느 한 부분에서라도 영감을 받았던 분들이었습니다. 그리고 이 『엘로이즈』를 성공시켰던 것도 여러분이었는데, 그것의 스타일은 여러분들께서 자부심을 가질 만큼 그렇게 시대에 뒤떨어지지는 결코 않을 것입니다. 여기에서 그의 영광을 옹호해야 합니다. 그렇지 않으면 그렇게 많은 진실로써 여러분을 묘사할 줄 아는 그를 위하여 어떤 면죄부를 요구해야 합니다! 감정을 그렇게 풍요롭고 역동적으로 쏟아낸 장르의 작품이 결코 아니라는 것을 말씀해야 합니다. 정념의 열광에도 불구하고 그곳에는 그렇게 많은 이성이 있고 그렇게 많이 허약한 속에도 그렇게 많은 덕성이 들어 있습니다. 게다가 이와 같은 설득력, 자연의 음성, 그리고 은둔으로만 인식되는 조용한 우수로 뒤덮인 소설이 결코 아니라는 것을 말씀해야 합니다. 그것은 모두가 정직하고 감성적인 정신의 자유로 이루어진 것입니다. 그것은 모두가 은혜와 덕성스러운 열정으로 이루어진 것입니다.

여러분은 죽음의 공포에 처해 있는 쥘리에 대하여 그의 온유함, 인내심, 신실한 마음, 목자와의 대화, 최고 존재자에 대한 기도, 친구에 대한 호소, 볼마르 씨(M. de Volmar)[11]에게 사로잡힌 두려움을 상기해보아야 합니다! 어떤 진실일까요! 어떤 열정일까요! 어떤 힘일까요! 그 마음은 공포로 조였습니다. 사람들은 이와 같은 숭고한 장면에 대하여 존경하는 마음으로 접근합니다. 거기에는 모두가 고요, 종교, 그리고 죽음 등이 지배합니다.

루소를 중상하는 사람들이여, 우리의 정신을 자극하고, 고양하며 감동하게 하는 그리고 우리가 더욱 좋아지도록 하는 욕망을 주는 그러한 모든 저술이 교활하고 위선적인 마음에 의하여 이끌린 흥분한 머리 좋은 사람의 작품이라고 지금도 우리에게 말하시겠습니까! 무슨 이유입니까! 여러분이 인류의 재앙으로써 감히 제시하였던 이 사람은 그의 모든 작품에서 이성과 덕성에 대하여 가장 순수하고 가장 온유하고 가장 힘찬 언어로 말하지 아니하였습니까! 타락한 정신은 역시 숭고한 언어로 말하지 못합니다.

그러한 것은 그의 동시대 사람들과 똑같은 의견이었습니다. 『누벨 엘로이즈』는 루소가 가장 정열을 바친 작품들 가운데 하나였습니다. 또한 그때가 그에게는 정의롭고 명예로운 시대였습니다. 그때까지 루소는 독설늘을 아름답게 하려고 그의 지혜를 남용하는 것처럼밖에 보이지 않았습니다. 『누벨 엘로이즈』 저술 이래 여론은 루소로 하여 문학에서 뚜렷한 위치를 보장하였습니다. 특히 부인들은 자신들을 주제로 한 루소의 작품에 매력을 느꼈으며 그 작품에 명성을 낳게 하였습니다. 그러나 이미 『누벨 엘로이즈』의 저자로부터 아주 깊은 감동과 아주 다양한 장면의 은혜를 입은 그의 연인들은 그로부터 새로운 경의를 다시 받을 것입니다. 저자의 활동적이고 풍부한 감수성이 진실한 기풍을 우화에다 전개한 것입니다.

소설의 장르를 고상하게 하였던 그는 극작가들에게 새로운 생애를 열 것입

---

11 역주 : 『누벨 엘로이즈』의 등장인물. 쥘리가 부모의 강요로 결혼하는 부유한 지주.

니다. 그 속에다 그는 새롭고 깊은 흔적을 남길 것입니다. 정열을 쏟아 구성한 『피그말리옹(*Pigmalion*)』은 냉혹한 인간을 위하여 일종의 사랑을 그의 마음에 불러일으킨 것으로써 그것은 고대인의 풍부한 상상력이 우리에게 예술에 대한 소질과 능력을 발휘할 증거를 전달한 하나의 알레고리입니다. 그러나 피그말리옹이 조각상에 활기를 넣은 것처럼 그는 이 우화에 활기를 불어넣었습니다. 다시 말하면, 갑자기 그를 감싸는 하늘의 열기를 관중들의 정신 속에 전달하게 하였습니다. 하나의 가상적 주제에다 이같이 강력한 설득력, 정념으로 가득 찬 진실, 그들의 희열을 가슴속 깊이까지 간직한 숭고한 격정을 쏟아놓았습니다. 이것이 모인 사람들에게 그 장면을 그때까지 제시하지 못한 것입니다. 바로 그 장면이 루소를 필요로 하는 것이었습니다.

### 제2부

우리는 아직도 루소의 영광에 대한 것 중 2분지 1밖에 고찰하지 못하였습니다. 여기에 루소의 재능이 가장 뛰어났던 시절이 있습니다.

「연극적 모방에 대한 논문(L'Essai sur l'imitation théatrale)」이 모든 장르에 있어서 작가의 능력을 알리게 하는 한편, 『사회계약론』은 우리에게 시민의 철학을 보여주고 있습니다. 루소의 글은 우리들의 천부권, 인류사회 최초의 원리, 국가의 헌법, 인민주권에 대한 정신을 고양하고, 그리고 인간에게 문명의 힘과 남용이 그렇게 타락하고 부패시켰던 최초의 진실성과 자연권에 대한 원칙을 상기하게 하는 증거와 현실성을 되찾아주었습니다.

이윽고 불멸의 작품이 나타났습니다. 가난하고 고독한 루소는 그의 재능을 주인으로, 자연을 모델로 그리고 용기를 인간의 사랑에 대한 모델로 하면서, 인류를 위해 유럽 세계의 여론과 풍속을 가장 중요한 대상들 가운데 하나로 바꾸려고 하였습니다. 육체적·도덕적 교육은 여러 세기의 야만성의 영향을 여러 곳에서 느끼게 하고 있었습니다. 돈에 팔린 양육자와 무식한 주인들이 모이게 되었습니다. 아니 좀 더 정확히 말하자면, 이들이 여러 세대의 사람들을 온전치 못하게 하고 있었습니다. 살인적인 배내옷이 어린 시절의 이 사람을 괴롭히고 있었습니다. 스콜라적 교육제도가 청년기에도 그를 억압하고 있었습니다. 이와 같은 목적으로 쓴 것들은 학자들에게밖에 알려지지 않았습니다. 그들의 헛된 발견은 어떤 어머니의 손에도 있지 않았습니다.

본성과 이성은 그만큼 여러 번, 유사한 교육의 위험성으로 경고하였으나, 본성이 귀를 기울이지 아니하였습니다. 플루타르크, 플라톤 같은 책들을 읽는 건 어린 시절을 다소 적게 보낸 사람들뿐이었습니다. 로피탈은 아직 번역되지 않았고, 로크도 거의 사람들에게 알려지지 않았습니다.

모든 사물에 대담하고 개혁적으로 손을 댄 루소가 교육에 대해서는 약한 손으로 가까스로 들판을 개간하는 것처럼 다루었고, 그곳에서 강력한 선입견들이 맹신적 흔적만을 남겼습니다. 고대인들의 강의로 성장한 그는 본능의 부드러운 감정을 돈벌이하는 유모들의 보호와 비교하였습니다. 그는 콜레주의 암담한 내핍 생활을 스토아학파 학교(Portique)와 중등학교(Lycée) 시절의 독창적인 즐거움에 비교하였습니다. 젊은이들이 스토아학파 학교와 중등학교에서 명사들의 가르침을 받을 것입니다. 루소의 정신은 동포들에게 봉사하려는 염원으로 가열되었습니다. 본능이 그러한 영감을 불러일으켰으며 그래서 『에밀』이 출간되었습니다.

용기가 꺾이고 타락한 그 시대의 사람들은 루소의 교육론을 실천할 수 없는 것으로 간주하였습니다. 그러나 관습과 자유를 유지하려는 것을 시샘하는 관료들 가운데에는 이 숭고한 작품의 모든 가치를 느끼고 있는 사람들이 있었습니다. 나는 계몽사상에서 루소가 어떤 힘과 어떤 명석함을 가지고 사회제도의 모순, 그릇된 교육의 위험, 윤리 제도의 악용을 묘사하였는가를 알아보는 데 주의를 기울였습니다. 즉 그것은 그에게서 『학문예술론』, 『인간불평등기원론』, 『교육론』 등에 새겨 넣었던 위대한 진실성, 즉 작가의 주요 3부작과 관계된 연계성을 파악하려고 하는 것입니다. 루소가 우리를 자연으로 안내하고자 한 덕분으로 능변가는 이들 작품에서 유쾌하고 다양하게 묘사한 것에 감탄할 것입니다. 시인은 이들 작품에서 열정을 가지고 전원에 대한 훌륭한 묘사와 태양이 솟아오르는 것을 볼 것입니다. 그리고 문학자는 미각의 신이 루소에게 영감을 준 제4장을 보고 감탄할 것입니다. 그러나 송사를 작성하는 사람은 인간성에 반대되는 재능의 덕택으로밖에 발표하지 않을 것입니다. 루소의 주요 목적은 인간을 만들려는 것이었습니다. 그래서 바로 이런 점이 그에게 후손으로서 사은하여야 하는 것입니다.

루소가 우리에게 하였던 위대한 선행에 대해 찬양할 만한 가치 있는 말들을 어디에서 찾아야 하겠습니까? 그처럼 위대한 말을 상상에 의해서만 찾을 수밖에 없습니다. 『에밀』을 펼치면서 나는 자연을 특정 짓는 단순하고 매혹적 고상함과 함께 사람들에게 말을 거는 창조주(la Nature)를 보는 것 같습니다.

"인간은 나의 손에서 떠나면서 선하게 태어났다. 인간은 사회에 의해서 타락하였다. 인간의 덕은 자연으로부터 왔다. 인간의 악은 그 밖에 다른 근원으로부터 왔다. 좋은 교육은 마음의 악을 고치는 것보다는 악이 발생하는 것을 막는 방법을 찾아야 하는 것이다. 그러니까 위험한 유아기에 내가 더욱 사랑하고 껴안아야 하는 것을 돈벌이하는 유모의 젖가슴에 내맡기는 것이 얼마나 무지한 습관이겠습니까! 오 잔인한 어머니! 내가 당신의 자식을 위하여 당신에게 준 우유를 당신의 자식에게 주도록 하십시오. 위험스러운 족쇄로부터 자식들의 몸을 해방하십시오. 이방인의 피가 그의 혈관에 순환하는 것, 그리고 그 밖에 당신에게 최고의 즐거움을 주는 부드럽게 쓰다듬는 것에 대해 두렵게 생각하지는 않겠지요? 자연의 소리를 들으십시오, 그리고 그것이 가장 먼저 임무를 달성하는 것과 결부된 큰 기쁨이라는 것으로 이해하십시오."

"그리고 일종의 메커니즘에 여러분의 어린 학생들의 정신을 복종시킨 선생님 여러분, 또한 모든 선입관을 받아들이도록 준비시킨 선생님 여러분, 에밀에서 선생님의 이야기를 들어보십시오. 조기 교육으로 아이를 피곤하게 하지 마십시오. 여러분의 학생들에게 단순하고 정당하며 명확한 사상만을 주십시오. 정념이 생기는 나이에는 교제를 조심스럽게 선택하게 해야 합니다. 선을 향한 정신의 가장 큰 도약을 힘차게 돌리게 하십시오. 특히 노동은 감각 활동을 감퇴시킵니다. 그는 『에밀』에서 욕망에 대한 무지로 오랜 시간을 가질 것이고 소피와 결혼하게 되어 있는 만큼 역시 행복할 것입니다. 에밀의 선생님은 격려 같은 것은 하지 않습니다. 그는 너무 지나치게 명령합니다. 그는 설득하고 영감을 줍니다. 그래서 그러한 것은 감정과 덕의 특권이 됩니다."

자연은 에밀이 모든 사람의 보호 속에 있다는 것을 듣습니다. 어떤 산문작가는 자기 아이들에게 젖을 주려고 서두르는 어머니들과 산만하고 고민스러운 아이를 구속할 끈들을 보여주기 좋아할 것입니다. 루소가 사치를 반대하고 흥행물을 반대하며 교육의 악덕과 그 시대의 선입관에 반대하여 저술한 것은 모두가 플라톤과 타키투스에 어울리는 것, 말하자면 에밀은 인간이 사회에서 만들었던 것보다 더욱 아름다운 것이라고 하는 것과, 인간성은 입법자들보다 루소에게 더욱 필요한 것이라고 하는 것 이외에 무엇이 더 필요하겠습니까? 역시 유럽의 신문들은 모두 이와 같은 걸작을 만들어내면서 더욱 건전하고 더욱 고매한 시대를 알리고 준비하고 있습니다.

그러한 것은 루소가 그의 작품을 보여주기 위하여 사용한 언어에 대한 타고난 재능의 영향력이며 프랑스어가 세계적인 언어로 되는 영광을 얻게 된 것은, 부분적으로 이 교육 논문 덕택일 것입니다. 프랑스어가 제네바 시민의 펜에서 얻어내지 못한 것이 무엇이 있겠습니까! 디종의 아카데미에 제출한 『학문예술론』에서는 신속하고 열렬하며, 〈마을의 점장이〉에서는 부드럽고 유순하고, 「관중에게 보내는 편지」에서는 풍부하고 아름다웠으며, 『인간불평등기원론』에서는 고상하고 숭고하였으며, 『누벨 엘로이즈』에서는 정답고 조화가 있었고, 『산으로부터의 편지』에서는 힘차고 간결하였으며, 『피그말리옹』에서는 화려하고 정열적인 프랑스어가 『에밀』을 돋보이게 하려고 그의 모든 화려함과 존엄성, 고전적인 소박성을 남겨두고 있었던 것 같습니다. 프랑스여, 그대 젖가슴에서 용기와 덕에 대한 모범을 보여주었고, 그리고 타고난 재능으로 퇴화하기 시작한 프랑스어에 영광을 다시 불러일으킨 유명한 한 이방인을 기른 그대 자신을 자랑스럽게 생각하십시오.

여기에서, 그 밖에 다른 시대에서 우리의 언어와 이성으로 진보를 이룩하였던 작가와 루소를 어떻게 같은 선상에 놓고 옹호할 수 있겠습니까? 루소에 대하여 말하면서 비록 2세기 동안이나 차이가 있을지라도 우리가 몽테뉴에 대하여 회상하지 않을 수 있습니까. 그래서『몽테뉴의 영광(la gloire de Montagne)』을 발간하면서 이에 대한 접근으로 루소의 영광을 첨가하는 것입니다. 둘 다 작품에서 같은 특성, 분명한 혼란, 행복한 태만, 자연스럽고 강력한 사상, 그리고 특히 격분하는 삶의 정신을 증명하는 열성 있는 느낌을 주는 스타일과 역동적인 표현을 하였습니다. 두 사람 모두 그렇게 귀한 천부적 재능을 가지고 있었으므로 사람들이 저술의 마법사라고 부를 수 있었습니다. 그들은 정신과 마음을 결합하게 하고 그것을 유익하고 유쾌하게 혼합하는 비밀을 발견하였습니다. 몽테뉴의 스타일은 더욱 평이하고, 간결하게 되어 있는데, 루소의 스타일은 더욱 재치가 있고 보다 다양합니다.

몽테뉴 속에는 좀 더 완성미와 정당성이 들어 있습니다. 루소에게는 좀 더 매력과 유혹이 있습니다. 몽테뉴는 대단히 풍부한 사상과 함께 더욱 간결한 방법을 취하고 있습니다. 루소는 여기에서 더욱 사람들이 모든 작품에서 느낄 수 있는 설득력으로 우리를 이끌게 하는 친절한 전달력을 가지고 있습니다. 몽테뉴에게서는 타고난 재능보다는 이성과 심령을 발견할 수 있습니다. 루소의 이성은 모두 미화되었고, 그의 심령은 완전히 상상적입니다. 그리고 그의 타고난 재능이 여러 곳에서 빛을 내고 있습니다. 루소는 심령을 가진 사람으로서 작가로서 몽테뉴와 대등한 명성을 가지고 있습니다. 몽테뉴는 인류에게 진정으로 유익한 계몽사상가로서 루소의 내면적인 것이 있습니다. 몽테뉴의 정신은 더욱 엄격하고 더욱 강합니다. 루소의 정신도 비슷합니다. 그러나 더욱 감성적인 정신 속에서 순수하고, 더욱 탁월한 상상으로 미화되었습니다. 회의주의적으로 보면 몽테뉴는 덕과 악에 대하여 무분별하게 논리를 전개하였습니다. 루소의 작품은 여러 곳에서 덕과 인간성에 대한 사랑으로 빛나고 있습니다. 사람들은 몽테뉴에서 더욱 진실성을 발견하고 루소에게서 더욱 많은 위안을 받습니다. 몽테뉴는 우리에게 약점을 가진 인간을 잘 알아보게 합니다. 루소는 그의 모든 불운에서도 그를 다듬음으로써 우리에게 더 많이 애착을 갖게 합니다. 루소는 몽테뉴에 대하여 많은 사상을 피력하였고 가장 위대한 찬미자로 만들었습니다. 그러나 의심할 것 없이 루소는 그의 정신 속에서 몽테뉴 사상의 씨앗을 가지고 있었던 것입니다. 그래서 우리들은 그가 부당하지 않게 수준 이상으로 표현하였으며, 또한 사상과 문체의 화려함에 있어서도 수준 이상이었다고 말할 수 있습니다. 그의 작품이 결코 수준 이상이 되지 못하였다면, 찬사를 단지 모방으로 하였다는 것이 될 것입니다. 위대한 사람들에게 드리는 최대의 경의는 바로 그들의 뒤를 잇게 탄생한 분에게 드리는 것입니다.

유럽에서 『에밀』이 교육의 원리를 쇄신하는 동안 저자는 법의 냉혹함에서 아니 더 정확히 말하면 파나티즘(fanatisme)의 힘에서 벗어나기 위해 이 나라 저 나라로 도망 다녔습니다. 질투하는 사람이 당국에 이 불후의 명작 중의 몇 페이지를 고발하였습니다. 이윽고 루소는 모든 권력기관으로부터 추방을 당하였고 모든 법정에서 유죄 선고를 받았으며, 심지어 그의 조국에서도 배척당하였습니다. 사람들은 세상이 친구와 인류의 은인에게 도피처를 거절하였다고 말했습니다.

여기에서 지극히 슬픈 감정이 나의 펜을 멈추게 하고, 그리고 명성은 높으나 불행한 한 인간에 대한 찬사로 나를 완전히 사로잡았던 열정을 시들게 합니다. 루소의 영혼! 깨끗하고 밝은 영혼! 감히 내가 그대를 비난할 수 있는 것이 바로 이 아카데미에서만은 아니라는 것입니다. 그러나 교육이 완성되었고 이성이 그렇게 많은 힘과 매력으로 나타나며, 자연이 그렇게 많은 설득력으로써 회상시킨 능력을 통하여 작품을 만들었던 그대의 영광이 고통이 되지 않았습니까? 무엇 때문에, 타고난 재능이 성스러운 대상물과 연결하는 것으로 항상 만족해야 합니까? 아주 넓은 것이 과학과 문학 분야입니다. 이와 같은 경력이면 존경할 만한 진실에 위험하게 침범하지 않고도 재능은 발휘할 수 있는 것입니다. 이같이 자만하고 교활한 철학은 약한 이성의 빛을 증대시키는 것과 법정의 도그마에 복종하는 것을 하지 못하게 합니다. 루소가 진실한 철학의 명예를 위하여 몇몇 원리들을 거기에서 과장한 것을 잊으십시오. 이처럼 위대한 사람의 적들에게 무기를 주었던 여론에 대하여 장막을 치십시오. 타고난 재능의 불행한 과용을 향한 탈선을 막아야 합니다. 그리고 루소가 『성서』에 대해서 말한 숭고한 찬사를 『에밀』에서는 더 이상 보지 말아야 합니다. 얼마나 화려한 표현입니까! 그가 이 작품을 찬양한 것이, 세상을 만든 창조주의 위엄에 알맞은 사상으로 얼마나 풍부합니까! 인간이 지상에서 신성한 종교를 가지고 있다는 것을 가장 위대한 위안자인 천사로 하여 문학의 성역에서 나타내고 있지 않은 것으로 생각하는지요! 루소에 대한 찬사를 그대들의 가장 큰 성공으로 내세워야 합니다. 그가 인류에게 행한 선으로 그의 잘못을 덮어야 합니다. 가장 큰 불행은 그의 재능에 대한 자만심으로 벌을 받는 것입니다. 그것은 인간의 타고난 재능이 그대를 유일한 위인으로 알리는 것과 같은 것이고 그리고 그가 그대에게서 멀어질 때는 서로 거리가 있어서 그러한 것이며 또한 그대에게 보답하도록 강요하는 것은 존경심이 있어서 그러한 것입니다.

  그러나 인민들이 어느 날 동상을 세울 이 설득력 있는 계몽사상가를 어떻게 알아보겠습니까? 법정에서 정당해질 피고인 가운데 있는 그를 어떻게 분간할 수 있겠습니까? 사람들은 그가 옹호해왔던 용기와 영혼의 위대함으로 그를 알아볼 것입니다. 엄격한 로마인과 같은 그는 프랑스의 여론이 그를 고발하자마자 타락한 사람들이라고 생각하였습니다. 그는 공식적으로 프랑스 시민권을 포기하고 스위스의 산으로 도피하였습니다. 그곳에서 그를 몸서리치게 하는 인간들의 정념에도 동요되지 않고 오로지 그만이 그들의 외침도 듣지 않는 것처럼 하였고 자신을 드러내는 행동을 하였으며 자신의 논리들을 발표하였습니다. 내가 무엇을 말하겠습니까? 알프스의 고지에서 루소는 그의 조국을 향해 선동적인 글을 발표하였습니다. 그의 타고난 재능은 그가 의도하는 대로 사람들의 정신을 선동하는 강력한 지렛대가 되었습니다. 파당들이 형성되었고 분당들이 서로 충돌하였으며 당시 루소에게 내맡겨진 지방이 가장 치열한 불화 때문에 분열되었습니다. 그렇지 않습니다. 나는 『에밀』을 발표한 이 위대한 사람을 찬양하지 않을 것입니다. 그의 눈이 장엄한 강의 흐름을 따라 주시할 때, 그는 강의 범람으로 인하여 황폐된 곳이 아니라 강물이 비옥하게 만든 땅을 바라보기를 즐길 것입니다.

나는 역시 『고백』을 쓴 루소도 결코 찬양하려고 하지 않습니다. 그것은 그 당시를 결코 볼 수 없게 운명지어졌고, 그리고 더 이상 보호받을 수 없는 한 인간의 기억이 사라지는 것을 지체하지 않고 막으려는 그 나름대로 만든 유일한 작품이었습니다.

오, 루소! 그대는 인생에서 그대의 그러한 행복을 돌려준다는 것 이외 다른 목표를 결코 가지고 있지 않았던 사람입니다. 루소, 그대의 작업은 그대의 조국에 유익하고 암울한 인간의 행복에 헌신하고 있으며 그대를 결코 슬프게 하지 않았습니다. 만약 증오와 비방이 가슴에다 비밀리에 새겨 넣었던 이 글들을 강탈하려고 그대의 무덤 입구에 앉아 있었을지라도, 그대는 생각했던 것만큼 외롭지 않았을 것입니다. 그대는 그대의 유용한 작업의 결실에 대한 사은으로 즐기는 인민들의 경배에 둘러싸여 있지 않습니까?

뤼시앙은 『피디아』라는 걸작에서 사람들이 그의 발판에 집착하지 않고 있는 주피터만 보기를 원하고 있었습니다. 그것이 바로 대부분의 위대한 사람들을 생각해야 할 필요가 있다는 것과 같은 것입니다. 그것이 루소라는 인물이 유의하였든지, 또는 그렇지 않든지 간에 그의 타고난 재능을 살펴보려고 하는 것과 같은 것입니다. 그러나 『산으로부터의 편지』가 그의 재능만큼 덕도 명예로워질 수 있을 것입니다. 그의 실수가 그의 마음을 영광스럽게 하고, 그의 오점이 아마도 가장 큰 불운의 연속으로 되었을 것입니다.

루소는 그의 평화롭고 유순한 젊은 마음속에서 친구들의 약점까지 사랑하게 되었습니다. 과단성 없는 성격과 조용한 천성 때문에 거대한 사회에 거의 어울리지 못한 그는, 저술의 달콤한 맛을 우정의 매력에 결부시키려고 은신처를 좋아하였습니다.

 그는 아는 사람들로부터 존경받고 사랑을 받으며 40년을 살았습니다. 그의 단순함은 자기가 천재적인 작품을 구상할 수 있다는 의심 같은 것을 하게 내버려두지 않았습니다. 한때 보잘것없는 외모로밖에 소개되지 않던 이 위대한 사람은 자만심으로 말할 때만 겨우 알아들었으므로 그 자만심은 그에게 말하는 사람의 태도와 습관에 대하여 항상 높이 평가하였습니다.

 문학의 길로 운명이 던져진 그는 계획을 수립하였습니다. 그는 제도에 대하여 글을 썼는데, 그것은 아마도 많은 유익한 존재들에 대한 공상이었던 것 같습니다. 그러나 그것의 실행을 마음속에 품고 있었습니다. 왜냐하면 그것이 인간의 행복을 만들 수 있기 때문이었습니다. 그가 찾지 못한 영광은 그의 은둔 생활 속에서 찾고, 그리고 그의 습관을 바꾸지 않고 이름을 드높였습니다. 비굴하지 않고 책략도 없이 유명해진 그는 항상 호사하지도 않고 과시하지도 않고 살았습니다. 완전히 교육과 동포의 행복에 헌신한 그는 그들을 위하여 그의 생애, 그의 재능, 그가 박해받을 때조차 심지어 그의 잘못된 생각까지도 헌신하였습니다. 자신의 주제에 매력을 느꼈고 공공의 풍속에 대한 모습을 분개하였던 그는 사람들이 독설이라고 간주하는 유익한 사상과 그의 명성으로 청중을 사로잡으려는 유일한 소망을 미화하는 것으로 비판했던 유익한 사상들을 발표하였습니다. 그러나 그는 명성이 높아짐에 따라 사람들의 시선을 피하였습니다. 그래서 그는 잠시도 자기를 행복하게 하지 못하는 영광으로부터 도피하였습니다. 필자는 루소에 대하여 은둔을 위한 그의 취향을 존중하지 않았고 그를 자만심 있는 한 사람의 작가로서 그리고 냉혹한 사람으로서 생각하게 하기 바랐고, 그가 사람들을 피하였고 인간에 대하여 증오심을 나타내는 것만을 기쁘게 생각하고 있었다는 것을 알고 있습니다. 그러나 그의 은둔은 그의 긴 불운처럼 그의 짧은 영화 속에서 극복할 수 없는 취향이 되었던 것은 아니었습니다. 그로 하여 그가 전념하였던 것을 연구함에 의해 그리고 그것에 이끌리게 하고 그것에 매달리게 할 수 있었던 어떤 매력의 결과라고 할 수 있는 문학작품에 의해 그것을 증명하였습니다. 아! 비록 그가 사회의 악습에 대항하여 글을 쓸 용기를 가졌을지라도 그리고 그가 가끔 나쁜 사람들을 폭로하고 악덕의 참혹함을 힘차게 묘사하는 일을 감행할지라도 우리는 유쾌한 상상 속에서밖에 그가 만족하지 않았던 것을 이와 같은 객관적 사실에 신속히 던져진 그의 독설로써 알 수 있습니다. 비록 그가 관중에게 쓰라린 고통으로써 대항하였을지라도 그는 다른 나라의 부유한 사람들보다 빈약한 산업을 가진 알프스의 용감한 사람들을 매력적으로 서술하였습니다. 비록 그가 『에밀』을 구상하였을지라도 그는 설득력 있는 재능이 그에게 영감을 주었던 이 아름다운 작품과 아름다운 태양을 모든 독자에게 떠올리게 하는 그림을 이 네 번째 책에서 그렸습니다. 결국 그가 자연과 자유가 서로 일치하여 아름답게 조화를 이룬 『엘로이즈』의 연인들을 찬양하였을지라도 소박하고 경치 좋은 나라에서 그것을 극장 무대에 올려놓았습니다. 그리고 그는 어떤 고약한 경쟁도 없고 부패도 되지 않는 장편소설에 대해 흥미를 느끼고 있었습니다.

그러나 역시 사랑하는 마음은 인생의 성공에 대한 어떠한 것도 거의 맛보지 못하게 하였습니다. 그 작가에 대한 잔양은 고독한 생활을 난처하게 만드는 것이었습니다. 그가 마음속에서 필요하였던 것은 양식이 아니었습니다. 또한 그는 종종 "운명이 나를 가난하게 만들었던 만큼 나는 불행하게 살지 않았다. 나는 가끔 불운 속에서도 참된 기쁨을 맛보았다. 나는 재난의 구렁텅이에 떨어지기 위하여 밖에, 나아가지 않았다"라고 말하였습니다.

지나치게 감수성이 풍부한 루소는 틀림없이 그 자신, 그의 나쁜 점, 그의 수많은 적에 대하여 과장하여 말하였습니다. 오만한 감정에 의하여 은둔의 생활로 이끌린 그는 불행을 자신이 더욱 증가시켰습니다. 아! 만약 그가 진정한 여론과 모든 유럽이 찬양하는 소리를 들을 수 있었다면, 즉시 그 자신 속으로 은둔하지는 않았을 것입니다. 그는 그가 더욱 행복한 상태를 되찾았던 시대에서 멀어지지 않게 될 것입니다. 수줍음이 많고 단순한 사람! 아닙니다, 그대는 그대의 적들이 그대를 생각하게 할 만큼 나쁜 사람이 아니었습니다. 나쁜 사람들은 그대와 비슷하지 않습니다.

나는 루소의 은둔에 대한 사랑에 찬사를 드리면서, 그가 동시대의 몇몇 사람들로부터 비난을 받았던 비사교적인 염세주의와 그를 혼동하지 않게 되었습니다. 여기에서 나는 그의 타고난 재능을 가리고 있는 이와 같은 불운을 다시 불러들이지 않을까 두렵습니다. 그들은 곧 모든 빛을 비추게 하려고 태양이 필요한 것만큼이나 루소가 필요한 것입니다. 루소가 대단히 솔직한 성격, 유별난 감수성, 사랑에 빠진 과도한 욕구로 친구들에게 보였던 진실한 모습들이 여기에 있습니다.

온갖 종류의 불운이 그의 머리에서 나왔고 욕망이 모든 그의 행동을 악하게 하였을지라도 어떤 정신의 힘을 그가 본래부터 가지고 태어난 것이 아니겠습니까? 오! 천부적 재능이 그를 얼마나 불행하게 하였던가요! 그는 휴식과 더불어 생존 자체도 위험해졌습니다. 그의 작품으로 유럽을 놀라게 한 지 10년이 지나 유럽은 거의 죽을 지경이었습니다. 그것은 그가 펜을 꺾고 젊음을 한가하게 보내며 건강을 되찾는 생활을 하였던 이후에 바로 그렇게 됐습니다. 그때부터 그는 단순하고 평범하며 항상 은거하는 생활을 하였습니다. 그는 "평온한 몽상의 취미에 빠진 상태에서 깊은 생각을 하면서 항상 기쁨보다 피곤함으로" 우리에게 말하였습니다. 사람들은 그렇게 충실한 작품의 저자가 말할 것도 없이 게을렀으며 책을 저술할 것만을 생각하였고 생각하다가 지쳤다는 것을 믿겠습니까?

몽모랑시의 농민들로서는 자기들처럼 가난하고 단순하며 아마도 자신들 보다 더욱 불운한 루소를 보는 것이 흥미가 없지 않았을 것입니다. 그의 생애에 몇 가지 친절을 베풀었던 영주는 성내에 한 은신처를 제공하였습니다. 계몽사상가의 정신에 대하여 조금도 두려워하지 말아야 합니다. 그의 단순하고 조용한 성격은 불우한 가운데에서도 계몽사상가의 정신을 포기하지 않을 것입니다. 노동자들과 더불어 친근하게 대화하고 그들의 생각을 그의 언어로 표현한 그를 보기 바랍니다. 특히 단 아래에서 그들 가운데 앉아 목자의 공교육에 대하여 주의 깊게 듣고 있을 때의 그를 보십시오. 그것이 바로 그에게 말하게 하였던 진실로 경건한 마음이었습니다. 다시 말하면, "내가 희생자라는 생각에 대한 잘못을 깨달은 나는 나 자신 속으로 은둔하였습니다. 그리고 나와 자연 사이에서 살면서 나는 혼자가 아니라는 것, 내 생애의 모든 불운이 더욱 좋은 상태를 위한 보상과 즐거움의 밑천으로만 되었다는 것을 상상하는 것은 무한한 감미로움을 맛보는 것이었습니다."

자연은 여전히 그에게 준 많은 고통을, 일종의 보상으로 생각하게 하였습니다. 그의 정신은 행복한 젊은 시절을 향해 되돌아가기 위해 짓눌린 불행한 사람들의 슬픈 생각을 거절하지 않았습니다. 그가 즐겨 회상하려 하였던 것은 운 좋은 시절이었던 것입니다! 그는 아름답고 풍요로운 상상으로 아주 어두운 구름을 가로질러 그가 즐거움으로써 다시 태어남을 보게 될 그런 시절에 대한 추억을 끊임없이 회상하였습니다.

루소에게는 이처럼 위안이 되는 환상이 필요하였던 것입니다. 몹시 불운한 은둔 생활에서 은신처를 찾지 못하면서 알프스의 산중이나 비엔나의 호숫가로부터 계속 숙출낭하고 소국으로부터 추방낭하며 마지막 은신처로 제공되는 듯 보이는 외딴섬으로부터 여전히 떠나라고 강요를 받고 모티에 트라베르(Motiers-travers)에서 맹렬한 돌 세례를 받고 천둥 치는 비바람에 쓰러지며 알 수도 없는 핍박으로 지치고 모든 기관에 의해 고발당한 그는 고독한 즐거움에서 불행한 시절을 끝내는 대로 따랐습니다. 그의 타고난 재능은 쇠사슬을 받았습니다. 루소는 프랑스로 돌아왔습니다. 그런데 법원은 그의 귀환을 모르는 체하였습니다. 그는 법원에서 그의 영광을 희생시킨 것에 약간의 대가를 치르도록 약속을 받아냈습니다. 그는 수입원을 만들게 되었던 작품 활동과 유일한 즐거움을 만들었던 전원을 산책하는 것으로 시간을 보냈습니다.

루소는 완전한 은둔 생활에서 바로 『에밀』과 『누벨 엘로이즈』를 썼던 강렬하고 창조적인 펜으로, 마치 그에게 주어진 불행한 명성으로 벌 받기 바랐던 것처럼 이색적인 음악을 비굴하게 베끼지 않을 수가 없었던 것입니다.

　루소는 흔히 위대한 사람들에게 지나친 걸림돌이 되었기 때문에 그의 개인 생활이 별로 재미가 없었을까요? 어떤 순수한 즐거움이 그의 생활을 점유하고 있었을까요! 식물들을 말리고 납작하게 펴며, 작은 나뭇잎들을 펼치고 진열하며, 꽃들을 원래의 빛깔대로 유지하려고 한 그의 일과가 여기에 있습니다. 항상 자연에 대한 투시가 그의 마음속에 자리 잡고 있던 가장 큰 유혹이었다는 것을 누가 모르겠습니까? 그는 세상에 대해 염증을 느끼고 식물만 가지고 즐거워하였습니다. 사람들은 오랫동안 하늘을 날아다닌 그의 재능이 피곤하여 땅 위에서 휴식할 필요가 있기 때문이라고 말하였습니다. 아니 더 정확히 말하자면, 그는 마음에 끌린 또 다른 추가물을 식물학에서 찾았다고 믿어야 합니다. 그는 "나는 사회를 다시 발견하려는 것이 나의 제일 큰 희망이기 때문에, 인간사회를 위해 식물 사회로 떠날 것입니다"라고 말하였습니다.

　루소의 거처로 몰래 들어가봅시다. 그의 거처는 사치, 자만심, 수도의 혼란 가운데 있을지라도 그와 같이 단순한 곳입니다. 그곳이 바로 몇몇 친구가 명성으로서가 아니라 애정으로 즐기는 곳입니다. 그는 그를 보는 사람에게 그가 위대한 사람이었다는 것을 늘 소홀히 한 채로 남아 있었습니다. 그리고 사람들은 그가 가난하였음에도 불구하고 착한 사람이었고 친절한 사람이었다는 것마저 잊고 있었습니다. 그를 연상의 사람으로 생각하여야 합니다. 자연이 그를 만들었다는 것은 실감할 것입니다. 교육은 그를 아주 조금밖에 변하게 하지 못하였습니다. 그의 육신은 늙었지만, 마음은 항상 젊은이로서 남아 있었습니다. 젊은 시절과 똑같이 취미와 열정이 노년 시절에도 여전히 있었습니다. 그는 음악을 위하여 탄생하였습니다. 그리고 두려운 감정이 그의 마음을 괴롭힐 때 이 신성한 예술을 향유하는 가운데 사람들이 그를 거절하였던 위로를 찾고 있었습니다. 이윽고 그는 그렇게 유명한 연가들을 작곡하였는데 우수에 젖은 곡조와 부드러운 가사가 그의 정신상태와 그렇게 유사하였습니다. 드디어 그의 더욱 순수하고 즐거운 노래는 그가 그렇게 많이 좋아하였던 전원 생활의 특징을 드러냈습니다.

　루소의 기쁨은 그의 작품과 성향에서 드러난 것처럼 순수하고 부드러웠습니다. 결국 그의 정신 속에는 자연 이외에 다른 취미가 없었습니다. 의심할 것 없이 휴식과 친절밖에 필요 없는 사람에게 명성이 그의 행복을 독살시켰습니다. 타고난 재능과 결부된 그렇게 많은 불운을 보면서 사람들은 무의식적으로 눈물을 흘리게 됩니다. 사람들이 그의 운명에 눈물을 흘리고, 그렇게 사람의 마음에 큰 감동을 주고 그렇게 불우한 계몽사상가가 찬사를 받게 될 수 있는 것은 바로 그와 같은 흐뭇한 눈물로만이 가능한 것입니다.

　그렇게 부드러운 정념과 그렇게 친절한 기질이 있는 이 사람에게 결점이 있겠습니까? 자! 어떤 사람이 완전하겠습니까? 그러나 루소에 대해서만은 찬양할 필요가 있습니다. 그의 잘못은 그가 단독으로 나쁜 짓을 결코 하지 않았다는 것입니다. 그는 많은 사람과 반대파의 모함으로 항상 고발당하고 가끔 핍박을 받으면서도 한순간도 복수의 감정을 가졌던 적이 없습니다.

　루소는 반대파들에게 가벼운 상처도 결코 주지 않았던 시인들 가운데 가장 훌륭한 분으로 정신적으로 명랑한 인민의 입장을 대단히 위험스럽게 하는 무기, 즉 야유를 무기로 하는 제네바 시민에 대항하여 격분하였습니다. 친절한 스토아학파는 위험보다는 더욱 가소로운 야만인으로서 소개되었습니다. 루소는 그것이 부정직한 시민에 대항하는 고상한 절제가 아니라고 생각하였습니다. 볼테르의 동상을 세우기 위해 기부금 신청이 개시되었습니다. 타고난 재능으로 조세를 가장 먼저 받아야 할 문인은 누구입니까? 루소가 거기에 들어가도록 요구해야 할 것입니다. 바로 그렇게 하는 것이 그가 모욕과 박해에 대해 분풀이하는 것입니다.

　여기에 있는 보고서들과 재미있게 비교되는 것들이, 이같이 특별한 두 사람을 향해 우리의 시선을 머물게 합니다. 이 두 사람은 같은 시대에 명성을 날리며 살았습니다. 명성에 대한 맹신자와 순교자 모두는 서로 다른 명성을 향해 갔습니다. 후자는 위대한 사람들의 명성에 그의 이름을 가져다 붙였고 전자는 사람들의 찬사에 다소 불안해하며 사회의 모든 악을 벗기는 사람이었습니다. 한 사람은 사람의 마음을 사로잡는 사람들 가운데 한 역사가가 되었고 다른 한 사람은 인류의 역사가가 되었습니다.

모든 극장에서 박수갈채를 받은 앞의 사람(볼테르)은 싫증 나도록 영광을 받았습니다. 그리고 뒤에 있는 사람(루소)은 모든 나라에서 박해와 치욕적인 괴로움을 당하였습니다. 거물급 사람들과 함께 생활하고, 그들에게 아첨의 명수였던 사치의 친구 볼테르는 그 시대의 품성을 가지고 있었으며, 그의 정신을 그 시대에 주었습니다. 그러나 엄격한 습속에서 자라났던 루소는 그것에 물들지 않고 가난하였으며 노예 상태에 있는 모든 사람 가운데서도 자유로웠습니다. 한 사람은 그의 영향에 의하여 공공의 풍습을 나쁘게 변질시켰습니다. 그러나 다른 한 사람은 그의 문필로써 국가의 풍습을 다시 세웠습니다. 부와 영광 속에 살던 페르네(Ferney)의 영주는 끊임없이 신의 섭리에 대하여 논란을 제기하였습니다. 대단히 불운한 가운데서도 제네바 시민 루소는 신의 섭리에 끊임없이 감사하며 살았습니다. 볼테르는 파리에서 승리자처럼 영광과 아첨꾼들에 둘러싸여 있었습니다. 루소는 파리에서 아주 무시무시한 고독과 가장 악착스러운 적들밖에 보지 못하였습니다.

빈곤이 그와 같은 사람에게 모욕을 주어서는 안 되는 것이었습니다. 그는 부에 대한 야욕이 결단코 없었습니다. 그에게는 문인들에게 드리는 귀한 찬사 그리고 특히 사치와 과시의 세기로부터 구별될 만한 가치가 있었습니다. 여러분은 그의 노후에 그가 탄생했던 프랑스에서도 그를 다시 발굴하여 축하한 것을 들었을 것입니다. 그가 원래 있었던 자연으로 다시 돌아가는 것은 불행이었습니다. 그래서 그는 흔히 이와 같은 이색적인 콩쿠르에 대해 박수로 기뻐하였습니다. 역시 지극한 사랑을 받고 자란 프랑스는 그로부터 은인이 되는 영광을 얻을 수가 없었습니다. 그리고 한 왕족은 루소를 용서할 수 없는 장애물로 볼 것입니다.

우정은 쓸데없이 그의 생애에 몇 가지의 행운의 선물을 다시 걸어놓기를 바랐습니다. 우정 어린 선물은 거절당하였습니다. 사람들은 우리들의 후원이 있기를 바라는 우정을 거절한 일종의 자만심을 아마 발견할 것입니다. 루소를 심판하려는 것은 공동체 정신으로는 절대로 되지 않습니다. 한 배은망덕한 자가 은혜를 베풀어줄 것을 간구합니다. 감수성이 풍부하고 독립성이 있는 사람은 은혜를 두려워합니다. 의심할 것 없이 그의 모든 작품 속에서 역시 아름다운 정신과 사랑스러운 본성을 나타내는 것은 결단코 배은망덕한 행위가 아닙니다.

사람들은 루소가 자연의 경관 속에서 가득 채워졌던 선행 이야기나 아름다운 사물 앞에서는 눈물까지 흘리면서 심취되는 것도 보았습니다. 그는 말년에서조차도 세월과 불행의 자국에 의하여 시들고 지워진 그의 용모는 흥미 있는 주제가 그에게서 휴식을 빼앗자마자 활기를 띠었고 생기를 냈으며 표현이 풍부해졌습니다. 그는 덕이나 적들에 대해 설득력 있는 자가 되기 위해 자신이 좋아하는 것이 무엇이며 싫어하는 것이 무엇인지에 대하여밖에 생각하지 않았습니다.

그에게서 여론에 대한 자신만만한 경멸을 기대하지 말아야 합니다. 그것은 낯낯 계몽사상가들이 자만심으로 사람들에게 보여순 것입니다. 사람들은 그의 말년을 그렇게 영광스럽게 한 이와 같이 고결한 고통에 대한 회상을 아주 종종 이야기할 수 없을 것입니다. 사람들은 "그의 작품들이 어떠한 선행도 결코 만들 수 없다는 외로운 생각으로" 눈물짓는 그를 보았습니다. "왜냐하면 그의 적들은 『에밀』의 저자는 부정직한 사람이었다"라고 말하기 때문입니다.

루소, 그대는 그대가 하나의 위대한 영혼에 속할 수밖에 없다고 고민함으로 저의 환심을 사고 있는 것입니다! 불운한 사람, 감수성이 풍부한 사람, 그대를 스스로 위로하십시오. 중상하는 사람들의 무리가 사라졌습니다. 그대의 불멸의 대작들이 그대의 원수를 갚았습니다. 그리고 그대는 유익한 재능으로 전 유럽 세계에서 명예를 얻었습니다. 그대의 이미지에 대해 경의를 표하고, 그리고 그대의 작품처럼 영구적 기념물로 인간의 회상 속에서 그대를 드높이는 어머니들을 그대는 보지 못하였습니까? 오, 장 자크 씨, 덕성스럽고 감성적인 모든 사람이 그의 주인과 그의 모델로 그대를 인정할 것입니다! 자연과 진실을 가장 설득력 있게 표현하는 작가는 인간의 적이 될 수가 없습니다.

 자유롭고 호전적인 풍속에 의하여 용감하고 유명해진 한 인민이 루소의 정신과 타고난 재능을 더욱 잘 판단할 것입니다. 그의 노년 시절을 위로하기 위한다면 어떤 구경거리가 있을까요! 노예 상태에 있는 폴란드가 자유로워지는 방법을 토론하였습니다. 폴란드는 과감하게 정부와 법률을 요구하였습니다. 마치 폴란드가 탄생하려고 하였던 것처럼 말입니다. 그래서 위엄도 없고 직위도 없으며 친구도 없는 한 고독한 인간에게 폴란드는 하나의 법전을 요구하려 하였던 것입니다. 마침내 사람들은 인간의 관점과는 멀리 준비되고 성숙된 지혜로 법률을 주고 인민들을 지배하기 위하여 고독으로부터 탈출하는 인민의 교사들과 제국의 입법가들을 옛날에 보았습니다.

 역시 어떤 문인이 그의 존재에 대한 가치를 좀 더 잘 느끼겠습니까? 어떤 타고난 재능이 더욱 빛을 나게 사려 깊은 글을 주겠습니까? 한 계몽된 왕은 루소와 논쟁을 시작하면서 자신의 명예가 위태로울 것이라는 생각을 하지 않았습니다. 그리고 루소는 아첨하지 않는 것처럼 자만심도 없이 그의 의견에 대하여 논쟁하였습니다.

 제네바의 시민과 영국의 타키투스가 벌이는 이러한 유명한 논쟁을 제가 상기시킬까요? 루소가 어떻게 그의 마음과 습관이 영국 사람들의 눈앞에서 품위를 떨어뜨릴 수 있는 어떤 계획을 줄 수 없게 되어버린 것을 외국의 명사에 대하여 부당하게 보였는지를 제가 말할까요? 그러니까 가장 아름답게 타고난 재능은 인간성의 결함에 대가를 치러야 할 필요가 있습니다. 나는 입을 다물겠습니다. 나는 우정을 상하게 할까 두렵습니다. 논쟁 속에서 루소가 흄에게 쓴 이 글에 대해서만 눈을 돌려봅시다. 그것은 그렇게 많은 진실로서 감수성에 대한 망상과 혼란을 묘사한 편지이고 사람들이 그의 친구와 은인 앞에서 굴복하고 꿇어 엎드린 사람을 다시 일으켜 세우고 포옹하게 하고 싶게 하는 편지였습니다.

그러니까 루소의 운명은 존경할 만한 친구에게 부당하게 보이게 되었던 것입니다. 아! 틀림없이 박해로 격화된 그의 우울한 정신이 인간들의 배신으로 격분하게 되었고 지나치게 부당하게 될 수밖에 없었습니다.

다른 사람들 속에서 항상 그들의 악덕을 보았던 사람들이 루소를 우울하고 사교성 없는 사람으로 비난하였다는 것을 알고 있습니다. 그들은 루소를 독설적이고 난폭하며 가식적인 합리주의자로 취급하였습니다. 그러나 오래전부터 모든 언론에 의하여 되풀이되는 여론과 그의 작품들이 그를 용서하게 하였습니다. 아! 그가 베네치아의 뇌샤텔에 있는 모티에-트라베르의 몽모랑시에 나타났을 때 사람들은 늘 친절하고 부드러운 그를 보았습니다. 그것은 바로 루소가 살았던 곳에서 모두 그랬고, 그것은 바로 그가 모든 사람 속에서 특유한 발자취를 남길 수 있게 충분히 머물도록 내버려둔 이유입니다. 그래서 나는 사람들이 그를 마음대로 비난하도록 바랐던 것입니다. 이 시골에서 루소에 대한 어떤 목소리가 높아지겠습니까! 내가 주민들의 마음속에 어떤 슬픔을 불러일으킬 수 있겠습니까! 나는 그들에게 여러분을 그렇게 사랑하였고, 그리고 여러분과 빈곤을 함께하였던 단순한 사람이 여기에 있다고 말하겠습니다. 그는 아마도 영국에서 결코 살지 않을 모든 외국 사람 가운데에서도 그가 떠날 때 우톤(Woothon) 사람들이 눈물을 지었던 유일한 사람입니다. 이와 같은 회상에서 내가 반복하려는 말마다 그들의 영혼 끝까지 메아리칠 것입니다. 그래서 그들은 그렇게 많은 부당한 고발을 그들의 눈물로 씻어낼 것입니다. 아! 이것은 문인들에게 속한 일이 아닙니다. 이것은 위인들에게 진실한 찬사를 드리는 인민들의 참회입니다!

무엇이 질투를 풀어줄 수 있겠습니까? 우리는 질투가 그의 제물을 포기해야 하는 순간에 있습니다. 그러나 루소가 죽기 이전에는 자연의 모든 진실성에서 나타나는 것과 다가오는 세대에 그의 정신을 펼치는 것을 두려워하지 않았습니다. 오, 생각할 수 없는 행위! 위선, 은폐, 공허한 영광의 세기만 있을 수 있는 유일한 예가 아니겠습니까! 무덤에 있는 루소는 동포들을 속이고 싶지 않을 것입니다. 약점, 잘못, 오점, 비밀스러운 악덕 등 모두가 드러났습니다. 그러나 질투가 입을 다문 것은 위대한 사람의 약점과 결점은 모든 시대를 위한 교훈이 되기 때문입니다. 그의 『고백』에서 자신을 고발하면서 그가 준 것은 기억에 조금도 부당한 존재가 아니라는 것입니다. 가장 엄격한 진실성이 그의 마지막 순간들을 영광스럽게 할 것입니다.

마침내 지상에서 사라진 감수성이 풍부하고 유명한 이 사람을 사람들이 불운과 덕의 이름으로 표명한 만큼 그 이름을 존경하는 것입니다. 그리스는 그러한 이름을 현자들 속에다 넣었습니다. 로마는 그러한 사람에게 동상을 세웠습니다. 운명은 그에게 조국을 마지막으로 바라보는 위로를 하지 않았습니다. 오, 에르메농빌의 정원! 사람들은 이 위대한 사람의 무덤으로 유명해진 포플라섬을 방문할 때, 우정과 사은의 손길로 세워진 단조로운 무덤 위에 있는 그의 이름을 읽을 것입니다! 그 영묘들의 자만심이 호화스러운 기록을 생각해내고, 그리고 그 영묘들에다 거짓 타이틀을 싣는 것은 그들이 조국과 인간에 대한 재앙이었던 자를 불의의 잔해로 흔히 숨겨두는 것밖에 되지 않습니다. 여기에서 아이들에게 젖을 먹이는 다정한 어머니들과 더욱 자유로운 아이들인 은혜를 받은 상속인들이 에르메농빌을 보러 가기 위해서 방향을 바꾸게 될 여행자들에게 말할 것입니다. "여기에 자연인이자 진실한 사람이 쉬고 있습니다. 가장 불행한 사람이 우리의 행복을 지켜준 전원의 거리에 있습니다. 다소 멀리서 루소가 죽으면서 여전히 자연의 아름다운 광경을 즐겨달라고 요청하고 있습니다. 거기에서 다정스러운 손들이 그를 향하여 눈을 가리고 있습니다." 그렇게 많은 불운과 타고난 재능 그렇게 많은 박해와 용기에 대한 회상을 담은 감동적인 이 이야기에서 사람들은 계몽사상가들 가운데 가장 현명하고, 시민들 가운데에서 가장 훌륭한 이 사람에게 감동과 경탄의 눈물을 쏟을 것입니다.

# 샤를 드 스공다,
# 바롱 드 라 브래드 에 드 몽테스키외에 대한 찬사[1]

샤를 드 스공다, 바롱 드 라 브래드 에 드 몽테스키외
보르도 고등법원장, 아카데미 프랑세즈 회장,
프러시아 왕립 과학문학 아카데미 회장, 런던 협회장,
보르도 왕립 과학문학예술 아카데미 회장 역임

1689년 보르도 근교에서 출생

1721년 『페르시아인의 편지』 저술

1748년 『법의 정신』 저술

1755년 사망

1788년 보르도 아카데미에 제출-아카데미는 수상하지 않았다

이 글은 참석하신 여러분께 몽테스키외를 찬양하려는 것입니다. 전 세계가 그의 무덤 주위에서 경탄과 사은을 외치는 가운데에서 어떤 찬사로 해야 이

---

1  M. Bertrand Barère, *Éloges Académiques*, pp.283~328.

연사의 연약한 목소리를 들리게 할 수 있을까요? 아테네와 로마의 모든 철학자와 법률가들과 견줄 만큼 영광을 받아 합당한 다재다능한 이 위인에게 조국은 월계관을 수여하여야 할 것입니다. 그는 범세계적이고 그 세기에 철학 정신을 전파한 인물이며 새로운 지식을 전 세계에 전달하였고 행정가인 동시에 문필가, 법학자, 정치가, 역사가, 법률가였으며 방법론에는 창의력을, 공학의 발전에는 과학의 심오함을, 가장 현명한 이성에는 가장 찬란한 상상력을, 고전시의 엄격함에는 로마인 웅변의 낭만적 요소를, 그리고 법의 위엄에는 고상한 문체를 결합한 인물이었습니다.

조국이 몽테스키외의 명성을 선포할 때 어찌하여 웅변가는 벙어리처럼 입을 다물었을까요?[2] 정열이 우리가 그에게 드려야 하는 공물을 막을 수 있나요? 질투도 천재의 작품들처럼 영원한 선망이 될까요? 아니면 그 웅대한 주제 때문에 찬사를 하는 자가 겁을 먹었을까요? 아니면 인간의 영혼이 몽테스키외를 찬양할 그 무엇을 가지고 있지 못한 것일까요? 아! 틀림없이 문인들이 그의 죽음을 애도하는 유명한 글이[3] 단지 "입법에 대한 데카르트"의 찬사로 선언할 가치밖에 없었습니다. 문인들은 이전에 섭렵하였던 방대한 영역을 다루었을 것입니다. 그들은 고대 법학자들의 사상을 몽테스키외가 발견한 풍부하고 새로운 사상과 비교하였습니다. 그들은 천부적 재능을 위대한 정신과 결합하려 하였으며, 그것의 방대한 움직임을 추적하고자 하였습니다.

그러나 나는 비록 몽테스키외의 차원 높은 구상을 이해할 수 없고, 그의 사상 체계를 파악할 수 없다고 하더라도 적어도 그의 업적과 영향력만큼은 알고 있습니다. 나는 그에게 공적 사은을 드리게 할 것입니다. 개선장군들이 로마에 입성할 때, 인민들이 드리는 찬사가 아첨은 아니었잖습니까? 그러므로 나

---

2　보르도 아카데미가 몽테스키외에 대한 찬사를 공모한 지 7년이 지났습니다. 그러나 1789년까지, 아무도 수상한 사람이 없었습니다.
3　Thomas를 말하는데 1789년에 사망하였습니다.

의 찬사가 그대를 영원불멸한 몽테스키외로 만들 것입니다. 나는 그대의 정신을 받아들인 아카데미와 그대의 회고록을 사랑하는 동향인들에게 말할 것입니다. 그대가 인류에게 베풀었던 선에 대한 열정이, 나로 하여 그대에게 어울리는 찬사의 말씀을 떠오리게 할 것입니다.

몽테스키외는 우리의 위인들 가운데에 속해 있었던 찬란한 시대에 살았습니다. 신은 프랑스에 입법을 위하여 몽테스키외를 세우셨고 마찬가지로 문학을 위하여 볼테르를, 계몽사상을 위하여 루소를, 자연을 위해서 뷔퐁을, 정치와 역사를 위해서 레날(Raynal)을 거의 동시에 주셨습니다.

몽테스키외는 태어나면서 몽테뉴가 조국 프랑스에 주었던 좋은 영향을 받았습니다. 만일 철학과 윤리학이 법제를 마련토록 한 것이 사실이라면 『수상록(Les Essais)』의 저자는 『법의 정신』의 저자를 능가하였음이 틀림없습니다.

나에게서 그가 귀족 가문 출신이었다고 칭찬하기를 기대하지 말기를 바랍니다. 천재는 그 자신의 명성밖에는 받지 못하는 것입니다. 그의 초년 안목들은 가족들로부터 받은 것이었습니다. 그의 조상들이 군대와 법원에서 근무한 것들은 그의 유년 시절 교육으로 드러났습니다.

천재적인 몽테스키외에게는 유년 시절이 전혀 없었습니다. 20세부터 몽테스키외는 로마법의 심오함을 깨달았습니다. 사람들은 뉴턴(Issac Newton)이 그 생애의 초년부터 이미 자신을 영원불변하도록 하는 작품의 기초를 세웠다고 말하고 있습니다. 마찬가지로 몽테스키외도 『법의 정신』의 자료를 이미 준비하고 있었던 것입니다. 하지만 판례 연구는 그의 정신적인 활동을 만족시키지 못하였고 문학만이 오직 그의 영혼을 쉬도록 하였습니다. 몽테스키외가 선조들이 명성을 날렸던 지방의회에 부름을 받았을 때, 그는 고대의 종교에 관한 중요하고 세심한 토의를 진행하고 있었습니다.

오늘날 몽테스키외에 대한 찬사를 요청하고 있는 보르도 아카데미는 당시에 그가 유명해지리라는 것을 예견하였고, 그리고 동시에 사람들은 그가 문단과 법조계에 동시에 출현하는 것을 보았습니다. 오래지 않아서 그는 법관의 자리에서 최고의 명예를 당당하게 보여주었습니다.

이제 더 이상 루이 14세는 존재하지 않습니다. 그 시대 이후 세금이 무겁게 증액되고 있다는 사실을 알고 있는 사람은 소수입니다. 보르도 고등법원에서의 최초의 외침은 백성들의 부담을 경감시키자는 것이었습니다. 어느 누가 감히 왕에게 그러한 외침을 듣도록 하겠습니까? 어느 신하가 지방의 빈곤한 실상을 최고 권좌에 제시하는 그토록 위험한 명예를 탐내려 하겠습니까? 공정한 역사는 과세에 관해 몽테스키외가 최초로 한 성공적인 설득을 이야기합니다. 사람들은 인민의 법관으로서 불굴의 열정을 가지고 대중의 불행을 궁정에 기억시킨 그에 대하여 경탄할 것입니다. 그리고 사람들은 그의 역설적인 보고서가 과중한 세금의 피해를 한순간이나마 정지시켰다는 것을 알고 있습니다.

몽테스키외는 법 다음으로 과학에서 은혜를 받았습니다. 최근 프랑스에 세워진 한 아카데미는 열정적으로 그를 환영하였습니다. 그에 대한 사은은 그의 유년 시절을 장식하고 있습니다. 한 순수 문학단체는 그것을 무익한 사치품에 불과하다고 보았습니다만, 자연의 현상과 물리학의 진보는 그를 보다 더욱 관찰할 필요가 있다고 보았습니다. 그러한 것을 통해서, 보르도에는 과학 아카데미가 설치되었습니다.

몽테스키외가 문학을 소홀히 하기는 하였지만, 그러나 염려하지는 말기 바랍니다. 뒤프레스니(*Dufresny*)의 『샴 사람(*Le Siamois*)』은 경쾌한 필치로 그에게 심오한 작품의 정신을 불러일으켰습니다. 화려하지 않은 계몽사상가인 그는 인간의 무력함을 경멸한 금욕주의자에 대해 전혀 대항하려 하지 않았습니다. 그러므로 새로운 아리스티포스(*Aristippos*)[4]인 그는 재치 있는 농담에서 지혜를 발견할 것입니다. 『페르시아인의 편지(*Les Lettres Persannes*)』 속에는 얼마나 유쾌하고 익살스러운 표현이 있습니까!

몽테스키외가 언제 가장 상반된 어조들을 조화롭게 훑어보는 경쾌하고 능

---

4 역주 : 그리스의 철학자. 소크라테스의 제자이며 퀴레네 학파의 창시자.

란한 재능을 갖게 되었을까요? 누가 동양의 관습이라는 장막 아래에서 프랑스 관습으로부터 영리한 사티로스를 끌어들이기 위해 장중함에 뒤이어 익살을 부리도록 하겠습니까? 그는 때로는 다정한 리카(Rica)가 되어 우리들의 사소한 실수에 관한 재치 있는 농담을 흘리고, 그리고 과대망상을 이성으로 감싸고 있습니다. 그는 또한 때로는 근엄한 우즈베크(Usbek)가 되어 가장 중요한 자료를 다루고 종교적인 신비와 그리고 간단한 서간체로 표현하지도 않고 전승된 위대한 주제의 위풍당당한 화법을 깨뜨렸습니다.

이 작품 속에서는 위대한 진리와 소주제와의 긴밀한 관계, 간결하고도 다양한 어조, 예리한 문체 그리고 조소의 가장 예민한 뉘앙스를 간파한 날카로운 총명함을 거의 구분하지 못할 것입니다. 실제로 스토아학파의 성격을 띤 '혈거인(Troglodites)'의 우화에 대해 칭찬하여야 하겠습니다. 그리고 언젠가 정치의 본질을 발전시킬 위대하고 빛나는 사상의 싹이 여기저기에서 나오는 것을 눈여겨보아야겠습니다.

몽테스키외가 이 작품 속에서 관심을 두었던 사소한 것들은 비판과 중상을 할 수 없도록 했던 것 같습니다. 하지만 그가 생애에서 이 매력적인 작품에 얼마나 심혈을 쏟았을까요! 그러므로 그가 당하지 않은 박해에 대해서 언급하지 않더라도, 우리는 한 명사에 대한 시선을 멈출 수가 없습니다. 문인들은 플리니우스(Plinius)[5]의 번역자를 애도합니다. 그리고 프랑스 아카데미는 『페르시아인의 편지』의 저자를 그 자리에서 선정하는 것 같았습니다. 그렇지만 질투는 이미 그 작품을 독살시키고 말았습니다. 우즈베크의 원칙들은 질투가 프랑스 최초의 문인단체로부터 몽테스키외를 떼어놓으려고 준비하였습니다. 그리고 보다 관대한 최초의 문인단체는 몽테스키외에게 진심으로 문학과 종교에 해를 끼치지 않는 재치 있는 농담으로 용서를 빌도록 마음속에 기원하였습니다.

중상은 거의 만연되어 있었습니다. 그 아카데미로부터 거절당한 몽테스키

---

5   역주 : 고대 그리스의 장군, 박물학자.

외가 다른 아카데미에서 자기의 능력에 대한 정당성과 명예를 인정받으려고 찾아다녔겠습니까? 아닙니다. 프랑스는 이러한 부당함을 전혀 유감스럽게 생각하지 않을 것입니다. 데스트레(d'Estrées) 원수는 왕의 측근에서 그의 친구를 지지하였습니다. 그러나 모든 사람은 테미스토클레스(Themistocle)가 소크라테스를 정당화하였던 것을 생각하면서 스스로 측은하게 생각하였습니다.

문학의 성전은 몽테스키외에게 열려 있었습니다. 그래서 그는 자신의 명성과 재능을 문학의 성전에서 회복하였습니다. 그러므로 전문가들 가운데에 이제까지 아무도 극복하지 못했던 쓸데없는 형식, 일상적인 찬사 그리고 변론의 모임은 그만두어야 합니다. 몽테스키외는 그러한 문제의 난점을 극복할 줄 알고 있었습니다. 어느 한 세기로부터 되풀이되어 온 리슐리외 추기경에 대한 찬사는 새로운 글들에서 표현될 것입니다. 그리고 사시(Sacy)의 덕행은 그것을 찬양할 만한 웅변가를 발견할 것입니다.

몽테스키외의 고귀한 운명은 충분히 성취되지 못하였습니다. 그는 박진감 나는 감성과 재능에 의해서 정치와 법률 연구에 이끌리고, 거기에서 명예를 구한 다음에 공직을 버렸습니다. 리쿠르고스(Lycurgus)가 조국에 법률을 주고자 할 때 그는 왕권의 양위에서부터 시작하였습니다.

오, 여러분! 위인들의 행보에 관심을 쏟고 그 위인들 가운데 여행길에 올랐던 몽테스키외를 따라가보십시오. 그는 프랑스를 떠났습니다. 그러나 그것은 프랑스를 위해 명성을 드높이는 것이 되었습니다. 솔론처럼 여행하고, 피타고라스처럼 사고하고, 플라톤처럼 대화하며, 타키투스와 같이 문장을 정리함으로써 그는 인간에 대하여 알고자 하였습니다. 그의 목적은 법률에 대한 인간의 정신적·육체적 모든 영향을 연구하는 것이고 국가들의 관습을 탐구하는 것이며 제도로써 인류의 재난을 억제하고 완화하는 것이 무엇인가를 각 정체로부터 배우고자 하는 것이었습니다. 에우독소스(Eudoxos)와 플라톤은 이집트에서 과학과 법률을 연구하였습니다. 아리스토텔레스는 페르시아를 여행하였고 키케로는 아테네에서 연구하였습니다. 그래서 몽테스키외는 유럽을 편력하려 하였던 것입니다.

여기저기에서 저명한 학자, 영웅, 예술가들을 방문하고, 특히 여러 해에 걸쳐서 관찰과 연구를 보충하는 교류를 하기 위하여 종종 비범한 사람들을 찾아다닌 그를 보십시오. 베네치아에는 유명한 장관이 한 사람 있었는데, 그의 틀에 박힌 정신은 국가에 매우 해로웠습니다. 그는 재정, 공채, 정부의 채권을 다루고 있었습니다. 비엔나에서는 외젠(Eugène) 공자가 전쟁, 국가에 대한 자기의 영향력으로 스스로 지탱하고 있었습니다. 정치적 특성을 유지해온 것은 바로 군대의 영웅주의였습니다.

몽테스키외는 어떤 총명함으로 베네치아에서 오랫동안 폭력의 원리로 지속하고 있던 신분 감찰의 비밀체계를 조사하려 하였습니다. 그리고 그는 이름만 공화주의자이지 전혀 그렇게 부를 수 없는 잔혹한 귀족정의 무시무시한 권한들을 연구하였습니다. 의심스러운 정치를 깊숙이 연구하였던 그는 인민을 행복하게 할 수 있도록 행정관리들을 가르칠 숭고한 사상을 설계하였습니다.

이윽고 가장 유명한 법률가들이 조국에서 몽테스키외를 맞이하였습니다. 이탈리아―그 국가의 운명은 언제나 명사들의 관심을 끌고, 군대, 종교, 정치, 학문, 예술 그리고 무엇보다도 법률로써 국가들의 운명에 차례차례로 영향을 미치는―는 그 저명한 여행가 앞에서 장엄한 고대의 잔해를 펼쳐 보였습니다. 나는 로마 법전, 미켈란젤로와 라파엘로의 작품을 계속해서 찬양하는 몽테스키외를 생각하는 것이 참으로 좋습니다! 이탈리아의 법과 정부에 대하여 깊이 생각한 그가 예술에 있어서 이탈리아의 걸작들을 분별할 수 없었다고는 생각하지 마십시오. 진정한 아름다움이란 단지 예술가들을 위한 것만은 아니고, 재능 있는 사람에게는 어떠한 것도 생소하지 않습니다. 전 시대의 로마인들에 대한 견식 있는 찬양자인 몽테스키외가 어느 한순간에 자기 기호대로 쓰기 위하여 입법을 망각하고 있었다면, 그의 펜을 통하여 흘러나온 귀중한 단편들은 모든 예술의 원리들에 가장 찬란한 빛을 쏟아놓았을 것입니다.

몽테스키외는 노예가 되기를 바라지 않고 주인이 되기도 바라지도 않으며,

초기의 로마인들과 그리스 공화주의자들의 입법과 유사한 법제를 가진 단순하고 호전적인 국민을 경멸하였을까요? 몽테스키외는 마치 자유를 위한 유일한 은신처인 것처럼 열심히 스위스를 편력하였습니다. 그러나 그는 결코 독일을 여행해본 적이 없습니다. 당시에는 프리드리히와 요세프가 아직 통치하고 있지 않았기 때문이었습니다.

프랑스의 영원한 경쟁자인 영국이 헌법에 대해 몇 가지 자랑하는 것은 당연합니다. 그러나 리쿠르고스에게 크레타섬이 예전에 그러하였듯이 언젠가 전 세계가 증오할 영국 정부의 잔인하고 야심적인 정치는 몽테스키외에게 가장 유익한 교훈이 되었을 것입니다. 만일 로크와 뉴턴이 몽테스키외를 가르칠 수 없었더라면, 군주에 대한 철학에 열중한 영국 군주는 그를 영예롭게 환대함으로써 영국의 파멸을 잊어버리게 할 것입니다. 상업과 모든 바다에 대한 전제권을 행사함으로써 문명과 국력의 극성기에 도달한 영국은 몽테스키외가 주목할 만한 관심거리였습니다. 몽테스키외가 때때로 방종과 독재의 결과와 혼동되는 자유의 결과를 본 곳이 바로 영국이었습니다. 그러므로 공화정의 혼란은 너무나 빈번하게 강력한 귀족들의 불합리함과 결합하게 되었던 것입니다. 영국에서는 폭력과 남용 속에서 삼권의 명확한 세력 균형의 실제적 원인과 정치제도의 이점을 깨달았으며, 거기에서는 인간이나 문명이 대단한 일이 되며 또한 인민이 영향력을 갖게 되어 있습니다.

법률 제국의 위대한 혜택과 그 결과로 이루어진 현명한 자유의 가치를 몽테스키외가 알게 된 것도 바로 영국에서였음이 분명합니다. 그렇지만 그가 고대 로마인의 잔해에 대해 감히 의문을 던진 것은 카피톨리노 언덕을 여행하면서였습니다. 그래서 『로마의 흥망론(*Considérations sur les causes de la grandeur des Romains et de leur décadence*)』을 출판하였습니다. 유럽은 이미 그 세기를 이끌기 위해, 그리고 인간 정신 속에서 혁명을 이루기 위해 태어난 비범한 인간 중의 한 사람이 있음을 자축하고 있었습니다.

몽테스키외가 세계의 지배자들을 묘사할 때 그 얼마나 장엄하고 화려하였는지 모르실 것입니다! 얼마나 심오한 통찰력으로 그가 원인과 결과를 꿰뚫어 보았는지! 얼마나 진지하게 그리고 정력적으로 그가 티베리우스[6]의 잔혹한 관습, 독재정치 시대 로마의 깊은 타락, 그리고 그라쿠스 형제 시대에서 실행한 덕에 대한 최후까지 무용한 노력을 관찰하였습니다! 역사는 프랑스에서 처음으로 왕들과 인민들, 계몽사상가들과 대신들을 가르치기 위하여 이 천재에게 맡겨진 역사의 심판을 보았습니다. 몽테스키외는 "자유 그리고 노동과 조국에 대한 사랑을 벽 속에 보존해온 로마는 전 세계에 무력과 법률을 줄 것입니다. 그러나 만약 그대가 그대의 제국을 확장한다면, 만일 그대가 멀리 떨어진 나라에 전쟁의 참화를 가져다준다면, 만일 그대가 아시아의 사치를 물리치지 않는다면, 그대는 그대 자신의 거구 때문에 멸망하게 될 것입니다. 술라(Sylla)의 추방은 그대의 천부적 재능을 타락시키고 그대를 노예 상태에 빠지게 할 것입니다."라고 썼습니다.

마찬가지로 몽테스키외는 로마가 건국할 때부터 멸망할 때까지의 로마 정치를 대담한 필봉으로 피력하였습니다. 새로운 타키투스인 그는 모두 보았기 때문에 전부를 요약하였습니다. 그러나 우리 앞에 전개된 광경이 얼마나 중요합니까! 사람들은 몽테스키외가 정복자들의 역사를 연구함으로써, 정복의 정신이 그의 마음을 사로잡았다고 이야기하였습니다. 그의 타고난 재능은 로마의 재능과 마찬가지로 세계 제국의 재능을 열망하였습니다.

인류애를 암시할 이 불멸의 작품에 대하여 우리는 몽테스키외에게 어떤 찬

---

[6] 티베리우스 율리우스 카이사르 아우구스투스(BC 42~AD 37)는 AD 14년부터 로마의 황제였습니다. 그의 모친 리비아가 아우구스투스 황제와 재혼함으로써 그도 황족이 되어 황제의 변방 확장에 일익을 담당하여 공을 세웠습니다. 황제의 권유로 본처와 이혼하고 황제의 딸 율리아와 재혼까지 하였으나 황제의 후계자는 율리아 전 남편의 아들이었습니다. 율리아의 외도에 회의를 느껴 은퇴하고 로도스에 있을 때 후계자가 죽자, 후계자로 지목되어 아우구스투스 사후 황제가 되었습니다. 결단력과 노련한 정치로 비교적 평온을 유지하였으나 예수의 처형이 바로 이 시기였으므로 속국에서의 불신이 팽배하였습니다.

사를 드려야 할까요? 루소는 인간을 자연으로 돌아가도록 함으로써, 엘베시우스(Helvétius)는 교육을 완벽하게 함으로써, 그리고 몽테스키외는 인간에게 정치와 법률의 원리를 밝혀줌으로써 인간이 미덕과 행복으로 돌아갈 것이라고 희망하였습니다. 그의 목적과 견해를 생각해볼 때 과감하고 숭고한 계획이라 아니할 수 없습니다! 유명한 모든 법률가의 말이 여기에서 들리는 것 같습니다. 그리고 여기 계신 모든 분은 본인으로 하여 그에게 사은을 표하지 않을 수 없도록 하고 있습니다.

우리들의 세계에서 모든 학문이 위인들에 의해 완성되었습니다. 철학에는 데카르트, 웅변에는 마시옹과 코생, 윤리에는 몽테뉴와 파스칼, 역사에는 보쉬에와 에노, 연극에는 코르네유와 라신, 법률에는 로피탈, 세기에, 다그소가 있었습니다. 모든 명예가 고양되었고 모든 승리가 거두어졌습니다. 그러나 세계적이며 정치적인 입법은 『법의 정신』의 저자에게 그 영광이 부여되었습니다. 철학적인 천재가 인류에게 도움이 될 수 있었던 가장 좋은 선물인 이 탁월한 작품은 고대와 근대의 모든 법제에 근거를 두었습니다. 그러나 다양한 법전들은 한 능숙한 건축가가 그것들을 조립하기를 기다리면서 세월의 급류에 따라 큰 건물의 돌들과 같이 질서 없고 연결도 되지 않게 버려져 있었습니다.

몽테스키외는 만인에 대한 입법제도를 전체적인 시각으로 이해하였습니다. 그는 인간과 제국의 역사를 신속하면서도 사려 깊게 조망하였습니다. 그는 모든 시대, 모든 국가, 모든 법률가에 대해 다루었습니다. 자연법은 그에게 최고 존재에 의해 인간의 가슴속에 새겨진 인류 최초의 법전을 보여주었습니다. 국가들은 이해타산으로 스스로 형성, 확장, 분해되며, 필요에 따라 서로 통합합니다. 공공 법률은 인간의 권리를 수립합니다. 강제력과 빈곤은 예속 상태를 만들어냅니다. 시민권은 인간의 야망과 부정으로 만들어진 것입니다.

고대인들 가운데 모세는 엄격한 입법제도의 실례를 제시하였으나, 그것은 변덕스러운 사람들의 행실에 적합하였고 사치와 우상 숭배에 넘겨졌습니다. 이집트인들은 군주들의 사후에 그들을 심판하기 위하여 법을 제정하였습니다. 드라콘(Dracon)은 피로써 『법전』을 썼습니다. 리쿠르고스는 법으로 자신에게 복종하게 하는 엄격한 도덕률을 만들었습니다. 더욱 온화하고 이지적인 솔론은 자신의 입법을 통하여 그리스인들을 행복하게 하였습니다. 플라톤은 자신이 언급한 가상적 공화정을 통하여 만인을 현인과 공정한 사람으로 귀결시킬 것을 희망하였습니다. 공자는 도덕적 원리로 인도를 통치하였습니다.[7] 조로아스터는 페르시아에서 입법을 더욱 좋게 발전시켰습니다. 야심만만한 마호메트는 자신이 가지고 있는 어리석은 교리를 기후와 백성들의 본질적 욕구에 적용하여 미신적인 견해로 세계의 일부분을 속박했습니다. 그러나 위대하고 온정적인 몽테스키외의 정신은 다른 입법가들 가운데서 솔론을 좋아하였는데, 바로 그때 로마의 정신이 되살아나서 그에게 나타났던 것입니다.

로마, 그대의 이름은 모든 시대에 걸쳐서 존경과 감탄을 불러일으킬 것입니다. 로마는 이제 더 이상 존재하지 않지만, 그대의 영향은 법률의 지혜로 인하여 여전히 국가들을 통치하고 있습니다. 로마는 초기의 왕정 시대에는 호전적이고 경건하며 정치적이었고, 10대관 시대에는 합법적이면서도 전제적이었고, 집정관 시대에는 덕망 있고 의기양양하였으며, 키케로 시대에는 웅변적이면서도 불행하였고, 아우구스투스 시대에는 찬란하면서도 맹목적이었으며, 안토니우스 시대에는 현명하고 한때는 개혁적이었습니다. 인류의 재앙과 위안이며, 다음 세계의 주권과 야만인들의 노예가 된 로마는 12세기 동안 영광과 입법제도를 몽테스키외의 발 앞에 가져다 놓았습니다. 로마는 정치, 관습, 전쟁, 노예제 시대, 그리고 자유의 황금기에 체험한 수많은 변화를 몽테스키외에게 보여주었습니다. 로마는 몽테스키외에게 다음과 같이 말하였습니다. "눈을 들어 그리스인들이 로마에 사상적 영감을 주었던 것을 스스로 자랑하고 있는 유명하고 방대한 법전을 보십시오. 이것은 바로 왕과 공화주의자, 동시에 전사와 사법관, 의원과 황제, 자유민과 노예의 지혜로 된 것입니다. 모든

---

7  역주 : 바래르가 중국과 인도를 혼동하였던 것으로 추측된다.

권력의 남용과 혜택을, 그리고 모든 정부의 성격과 원리를 보십시오. 공화정의 남용, 군주정의 폐습, 그리고 독재의 무분별한 망동을 보십시오. 그대는 여기에서 삼권의 숭고한 사상적 기원을 발견하게 될 것이고, 그리고 『법의 정신』을 저술하게 되었습니다."

앞서 계몽된 몽테스키외는 모든 입법가의 세계로 과감하게 뛰어들었고, 세계 사람들의 복지에 대하여 밤새워 연구하였습니다. 그러나 어떻게 이처럼 방대한 세계의 입법 체계를 세웠을까요? 누가 태고에 잃었던 근원을 찾아서 감히 거슬러 올라갈 수 있을까요? 누가 대담하게 자연권과 제국의 역사 속에서 인민의 권리와 주권자의 의무, 그리고 그것들을 연결하는 조화의 원리들을 끌어내어 분류할 용기를 가질 수 있었을까요? 적어도 고대의 모든 법률가에게는 오직 지배할 인민과 다스릴 공화국 또는 왕국만이 있었습니다. 제한되거나 쉽게 인정된 영향력들은 그들의 법률에서 감지할 만한 어떤 차이도 알지 못하였습니다. 여러 곳에 확대되지 못한 체제, 다양하지 못한 관계, 그리고 모방 정신이 법률의 형성을 이끌어왔습니다.

유럽에서조차도 저술가들은 입법과 정치를 단지 부분적이고 개별적인 관계로만 보았을 뿐이었습니다. 우리가 정치 권리에 대한 몇몇 원칙들을 가질 수 있었던 것은 윙클레(Wincler) 덕분입니다. 컴버랜드(Cumberland)는 자연법의 철학적 원리들을 연구하였습니다. 푸펜도르프는 그로티우스가 야만의 상태에서 도출한 학문을 새롭게 바꾸어놓았습니다. 그라비나(Gravina)는 로마법을 철학적으로 조망한 유일한 사람이었습니다. 볼프(Volf)는 정치·법률학을 완성하였습니다. 로크는 정부의 기원과 본질을 연구함으로써 인민의 권리와 주권자의 권위 사이에 공평하게 균형을 유지하였습니다. 홉스와 버클리가 왕의 특권을 지나치게 확장하였던 반면에 전제군주권에 분개한 밀턴(Milton)과 시드니(Sydnei)는 민주정을 찬양하였습니다. 라이프니츠(Leibniz)는 자국의 법률과 공공 권리에 대해 심도 있는 연구를 하였습니다. 그러나 때론 도덕주의자들이며 때론 법학자들이고 또 종종 스콜라 철학자들이며, 그리고 가끔은 신학자들이

기도 한 이들은 형이상학적인 일탈을 역설하였고 단지 추상의 상태와 한정된 관계에 의해서만 사람들을 보았습니다.

프랑스에서 사람들은 여전히 좁은 시각을 가지고 있었습니다. 보댕은 자신의 공화정을 제시하였고, 파스키에(Pasquier)는 공공의 권리에 대하여 간단하게 연구하였습니다. 피투(Pithou)는 우리의 성직권을 보장하였습니다. 라로슈(Larroche)는 법원의 의무를 연구하였고 루아조(Loiseau)는 공직의 본질을 코팽(Chopin)은 통치권을 연구하였습니다. 뒤물랭(Du Moulin)은 관습적이며 봉건적 법의 횃불이 되고 있습니다. 도마(Domat)는 시민법의 자연적 질서에 관심을 둔 연구로 그쳤습니다. 그리고 로마법의 위대한 체계를 완성한 포티에와 같은 인물은 다시 나타나지 않았습니다.

몽테스키외는 앞서 언급한 저술가들과 법률가들의 사상으로 성장하였습니다. 위대한 계몽주의자인 동시에 사려 깊은 역사학자이자 정치학자인 그는 방대한 연구 내용의 모든 부분을 한눈에 보았습니다. 그는 세계의 모든 정부를 하나의 기계처럼 보았는데 그 기계의 무수한 원동력은 미신, 독재, 모방 정신 또는 자유의 남용으로 다양화된 세상의 가장 훌륭한 법률가로부터 단일하고 통일적인 운동을 받아들였습니다. 이러한 다양화는 여러 세기에 걸쳐서 불가항력적 혁명을 초래하였고 결국 새로운 원리를 만들었습니다. 정체는 각각 독특한 체제를 가지고 있습니다. 각각의 체제에는 하나의 보편적인 중심이 있습니다. 몽테스키외는 모든 증언을 이해하고 모든 결과를 파악하기 위해서 그 나름대로 그것들을 재결합하고, 분리하며, 접근시키거나 떼어놓았습니다. 몽테스키외는 제정의 역사와 공화정의 역사 속에서 자신의 선입관과 재능, 자신의 악덕과 미덕, 자신의 발견과 시행착오를 통하여 자유인이나 노예를 관찰하였습니다. 몽테스키외는 인간(자유인이나 노예)을 여러 환경에 적용하였습니다. 몽테스키외는 인간은 태어난 토양과, 호흡하는 공기, 인간을 가르치는 종교, 인간에게 교육을 마련하여 주는 정부의 영향력에 의해 차례로 변화된 것으로 생각하였습니다. 그런 다음에 몽테스키외는 이 원리들을 일반화시켰습니다.

즉 몽테스키외는 모든 다양한 결과들과 독특한 성과들을 비교하였습니다. 몽테스키외는 정부의 원초적인 법률을 추출하였고, 모든 제도로부터 창조적인 법을 뽑아냈습니다. 여기서부터 몽테스키외는 관습, 관례, 법률을 총괄적으로 조사하여 내려갔습니다. 심연의 바닥과 바위 속에서 귀금속을 찾으려는 자연과학자처럼 민중의 법과 독재적인 법, 전쟁법과 상법이 뒤범벅이 된 법률 더미 속에서 몽테스키외는 그의 저술을 통해 놀랄 만큼 고상한 논리, 정치의 특징, 입법의 견해 그리고 정부와 치안 유지에 대한 사상을 구분하였습니다. 보편적인 정신을 위하여 각각의 입법 제도, 즉 공공의 권리에 대한 각각의 논설은 그것에 전념하거나 완전하게 흡수하여야 할 하나의 학문입니다. 그렇지만 정치에 대한 전체적 현황과 입법가들에 대한 방대한 개념은 그것들의 원리를 비교하고 그 사상을 일반화시키는 것은 천재에게 속한 것입니다.

그렇지만 본인은 그것을 숨기려 하지 않겠습니다. 갑자기 입법에 대한 무지와 광대한 공간 속에서 길을 잃은 "몽테스키외는 한순간 그의 부친의 손에서 떨어지는 느낌을 받았습니다." 그는 "진리란 사라지기 때문에, 나는 진리를 찾을 수밖에 없습니다"라고 우리에게 말하였던 것입니다. 그러므로 천재도 낙망할 수 있다는 것입니다!

데카르트와 마찬가지로 몽테스키외는 우선 그에게 지침이 될 만한 원리들을 세웠습니다. 미덕, 명예, 공포 등 통치의 세 가지 기본을 설정한 후 자신이 더욱 위대하고 명백한 진리에 도달할 것이라는 사실을 믿고 있었습니다. 그것이 바로 입법권, 사법권, 행정권과 같은 삼권분립이었습니다. 마치 케플러의 법칙이 운동법칙을 위하여 있고, 뉴턴의 중력이 지구의 체제를 위하여 있는 것처럼, 삼권분립은 정치적 법을 위해 존재하는 것입니다. 몽테스키외가 발견하지 못하였다면 로마의 원로원이나 솔론의 머리에서 나올 법한 명철하고 풍부한 사상으로, 그는 자기 나름대로 국가들, 그 국가의 헌법과 법률을 규정하였습니다. 그는 어떤 일반법과 특별법에 따라서 권력이 생기고, 확대되고, 나뉘고, 보존되며, 파괴된다는 것을 알았습니다. 어떠한 원리들에 의해서 입법이 타락하고 개편된다는 것도 알았습니다. 그런데 그것은 몽테스키외 이전에 아무도 발견하지 못하였던 것이었습니다.

몽테스키외는 인간 정신이 최대의 영광으로 여길 이러한 발견에 대해 자랑스럽게 생각하였으며, 인간의 본성이 요구할 수 있는 법의 완성 단계에 대해 심사숙고하였습니다. 그는 모든 국가, 모든 민족, 모든 정부에 대해 그의 눈을 집중하였습니다. 이윽고 그는 각 시대에 작성된 법들을 결합하고 있는 보이지 않는 연계를 파악하려 하였습니다. 그는 입법제도의 전체적인 체제에 대한 계획에 집중하였습니다. 용기와 열정으로 가득 찬 바로 그 순간에 그는 코레지오(Correggio)파처럼, "나도 역시 화가다"라고 외쳤습니다.

나는 몽테스키외가 착수한 작품의 방대한 계획을 보고 마음을 정하였습니다. 그리고 나는 아시아는 독재자로, 아프리카는 노예로, 아메리카는 피에 젖은 부와 무기로, 유럽은 거대한 법전과 야만인으로 대표된다고 하였던 '법의 천재' 외에 더 이상 아무것도 생각하지 않습니다. 그는 모든 법의 근원, 국가의 영토에 따라 서로 다른 본성, 그 영토에 살고 있는 인민의 특징을 우선 연구하였습니다. 만일 공화정의 격렬한 자유가 그에게 공화정의 기본이 되는 미덕과 분리될 수 없는 것처럼 보였다면, 그는 역시 법을 만든 인민이 법에 더욱 잘 복종할 줄을 안다는 것을 발견하였을 것입니다. 그러나 이러한 것들은 작은 나라에서 적합할 것입니다. 오직 명예 이외에 또 다른 기백을 가지고 있지 못한 군주정은 독재를 경계해야만 합니다. 독재는 그 자신 외에는 다른 적을 가지고 있지 않으며 자신의 과도한 행위 이외에 위험한 다른 행동을 하지 못할 것입니다.

거기에서 몽테스키외는 어떻게 교육법이 각 통치의 원리들과 연관되어야 하는지, 그리고 교육법의 원리가 법률의 기본 개념과 목적에서 어떤 차이점을 가져오는지를 연구하였습니다. 그는 더 많은 민법, 절차 그리고 재판소를 가질 기회를 군주정에 부여하였습니다. 반면에 공화정에 더욱 온건한 형법, 사치와 관습에 대하여 더욱 엄격한 규정을 부여하였습니다. 이제 정치의 본질과 원리 다음으로 여러 정치가 어느 하나를 또 다른 정치와 공유할 수 있는 관계에서 정치를 연구하면서 몽테스키외는 공화정이 입헌군주정과 결합하고, 그리고 군주정이 정복에 대한 온건한 야망을 품도록 배려하였습니다. 몽테스키외는 "호전적인 인민들이여, 전쟁에서까지도 인류애를 베푸시오, 피정복자들에게도 그대들의 특권을 부여하시오, 바로 그런 식으로 로마가 번성하였고 카이사르는 갈리아를 정복하였습니다"라고 말하였습니다.

이윽고 몽테스키외는 가장 아름다운 환경이 독재와 무지로 인해 버려진 것을 보고, 지역의 특성과 사람들의 재능에 관련지어 통치를 생각하였습니다. 무더운 기후와 비옥한 곳에서 유약해진 인간은 독재자가 전쟁을 일으키는 것을 태연하게 방관하고 있을 것입니다. 그렇지만 불모지든지 공업이 발달한 나라에서든지 자유란 인간에게 주어지는 보상이 됩니다. 바로 그곳이 민주정의 무대가 되는 것입니다.

또한 몽테스키외는 여러 정치가 상호보완적으로 이행될 수 있다는 점에서 정부들을 그려보았습니다. 한편으로 그는 군주정 아래에서 왕족과 귀족계급에 상업을 보호하면서 이익이 될 뿐만 아니라 새로운 개혁이 되도록 통상의 자유를 요구하였습니다. 또 한편으로 자치 지역, 수입 감소 지역, 사치품 배척 지역에 거주하는 주민을 규정하였습니다. 만일 몽테스키외가 종교법에 대하여 언급하였다면, 그것은 바로 기독교주의의 장점과 위대함을 나타내기 위한 것이었습니다.

끝으로 그는 현행 입법제도와 군주정의 기원 및 혁명을 찾기 위하여 봉건제도의 폐허 속을 조사하였습니다. 이러한 종류의 정부는 북쪽 숲속에서 나왔는데, 역사 이래 알려진 바가 없었고 노예와 그 주인들이 있는 많은 국가에 살고 있었던 야만인들에 의해 전파된 것으로 정확하면서도 신비롭게 세목들을 묘사하는 화려한 문장으로 새로운 형태를 만들었던 것입니다. 그러한 지성의 표현은 혼돈상태에 빛을 비추어주었고 갈리아 지방으로 침공하여 들어온 프랑크족에게서 나타난 것이었습니다.

그러면 내가 무엇을 해야 할까요? 유럽이 감사함으로 받아들인 법의 거대한 이 체제를 당신들에게 전개한 것은 웅변가보다는 차라리 평론가입니다. 그리고 바로 그 평론가는 항상 주권자와 관리들의 교육을 관장할 것입니다. 그렇지만 거기에는 단지 한 사람의 노력만이 있었던 것입니다! 오, 몽테스키외 씨! 그대는 법을 제정하지는 않았지만, 그것을 제정하도록 고취하였으며, 법의 정신을 알고 있었으므로 법의 제정 동기를 토론하였습니다. 그대는 법률과 법률 간의 관계를 발전시켰습니다. 그대는 인간의 모든 제도의 좋은 점과 나쁜 점을 비교하는 것으로 충분치 않아서 모든 통치체의 악덕을 폭로하였습니다. 따라서 그대는 통치체의 발전 요인을 전개하였습니다. 그대는 통치체에 대한 진보의 한계와 쇠망의 시기를 예고하였습니다. 그대는 인간에게 그들이 누려야 하는 자유의 유용성을 깨닫게 하였고 인민들에게는 복종의 의무를, 왕들에게는 권한의 한계를 깨닫게 하였습니다. 그대는 법을 계획하고 창안하며 각국의 특성, 기후, 종교, 정부에 그것을 맞추는 어려운 일에 속한 지식을 가르쳤습니다. 그대의 명예는 그대가 바로 입법가들을 양성하였기 때문에 그들의 명예보다도 훨씬 더 크다고 생각합니다. 모든 시대, 모든 국가, 모든 정부의 사람들이여, 몽테스키외는 그대들의 존경을 받을 만합니다. 그는 선 세계의 입법가였습니다. 제국의 조화와 인류의 신성한 권리를 다 함께 돌보는 수호신처럼 그는 인민들과 왕들 사이에 높이 서 있습니다.

유럽에서 『법의 정신』이 출간되었던 때는 언제였습니까. 자유라는 말을 듣고서 깨닫고 일어난 노예들을 상상해보십시오. 그러면 이성이 전개되고, 시야가 확대되며, 법의 제도가 비교되고, 각국의 행정관리들이 높이 평가될 것입니다! 한 유명한 사람은 "인류는 권리를 상실하였는데, 몽테스키외가 그것들을 찾아 되돌려주었다"라고 외쳤습니다.

도대체 『법의 정신』의 저술 속에 들어 있는 탁월한 교훈과 전체적인 시각에 의해 인간의 정신에 주어지는 자극은 무엇이었을까요? 거기에서 모든 정치가 그 법률들을, 모든 국가가 그들의 공공기관을, 모든 군주는 그들의 의지를 가져왔습니다. 거기에서 인간은 양도할 수 없는 자신들의 권리를 요구하게 되었습니다. 그리고 과일을 모조리 먹기 위하여 나무를 뽑는 독재자를 모든 인민에게 고발하게 하였습니다. 몽테스키외는 군주들에게 어떤 선행을 인민에게 베풀었는지를 물었습니다. 인류를 위하여 약속할 수 있는 자는 바로 겔론(Gelon)뿐이었습니다. 그는 신랄하게 자기 생각만을 표현하였습니다. 그러나 간결하고 고상한 문체, 즉 실제로는 생생한 이미지로 그 효력을 나타내면서 법적 설득력으로 그의 주장을 밝혔습니다. 지금까지 누구도, 모든 인민의 역사와 법의 제도를 그토록 효과적이고 탁월하게 작성하지는 못하였습니다. 누구도 몇 개의 간단한 원리들로부터 그토록 잘 연결된 많은 결과들을 도출해내지는 못하였습니다. 아닙니다. 자연은 이제까지 그렇게 숭고하고 강력한 인간의 재능을 준 적이 결단코 없었습니다. 그리하여 사람들은 자연이 몽테스키외의 『법의 정신』 속에서 세계를 건설하고자 하였다고 말하였던 것입니다.

　유럽의 인민들이여, 지금 여러분들은 프랑스의 이 천재를 하찮은 존재라고 비난하실 것인지요? 그는 여러분에게 벨(Bayle), 파스칼, 몽테뉴, 코르네유, 데카르트를 언급하면서 답변할 수 있을 것입니다. 재능과 박해로 명성이 나 있던 데카르트에 대해 생각해보면 몽테스키외와 유사하고 관련된 것들이 얼마나 많이 우리들의 사상에 나타나고 있는지 아십니까! 몽테스키외와 마찬가지로 데카르트의 작품들도 겉으로는 모든 선입관에 호소하면서 흥분한 후에 그 선입관들을 자신의 무기를 발견하는 무기고로 만들었습니다. 취미에 의해 틀에 박힌 이 두 천재는 문명의 진보에 저해되는 커다란 장애물들을 제거한 다음, 그것으로부터 새로운 문명의 진보를 창조하였던 것입니다. 그러나 역시 두 천재 모두는 우리에게 이성의 연구에 주어진 모든 예증을 제시함으로써 사고력을 증진하게 하였고 선입관을 극복하고 실수를 없애는 것을 가르쳐주었습니다. 몽테스키외처럼 빼어난 상상력과 대단한 총명함을 가지고 태어났던 데카르트는 『법의 정신』의 저자보다도 과감하였고 위대한 발견을 하였습니다. 그러나 사상과 함께 문체도 매력적인 몽테스키외는 새로운 논리로 굳건한 토대를 마련하였으며 고전에서 찾은 값진 사실로 오류를 줄였습니다. 결국 이 두 사람은 중상모략을 당하였으므로 자신의 탁월한 발견에 의지하여 용서를 구하지 않으면 안 되었습니다. 하지만 몽테스키외에게 부당한 행위라고 나무라는 비난은 프랑스에서는 없었습니다. 현명하고 정치적인 유럽대륙이 몽테스키외 앞에 존경의 표시로서 꿇어 엎드린 이러한 때에 그 위대한 천재를 박해하려는 몇몇 광신적이고 질투심으로 가득 찬 권력자들이 있습니다.

아니, 뭐라고요! 그리스는 데모스테네스를 조국의 수호자로서 숭배하고, 로마는 키케로에게 집정관직으로 보상하였는데, 몽테스키외를 질투와 광신의 격랑 속으로 던져야 하는 겁니까! 그러기에 위인에 대한 찬사는 늘 동시대인들에 대한 비난이 되기 마련 아닙니까? 어쨌든 이러한 심한 모욕조차도 찬사가 되어왔었습니다. 천부적 특성으로 명사를 비난한 사람들은 반드시 박해받아 명예롭게 되었습니다. 우리는 인성을 초월한 것으로써 천재를 경배하거나 아니면 모욕하였습니다.

나는 『법의 정신』의 저자에 대하여 신랄하게 비난하고 강력하게 고발하는 문학과 철학 분야의 적들에게 대한 슬픈 걱정을 잊었습니다. 나는 단지 몽테스키외의 명예보다 더욱 성난 질투는 법과 인간성을 감히 건립하였던 성전으로 들어갔다고 말할 것입니다. 나는 단지 모든 사람이 종교적 경배로 법과 인간성의 건립을 찬양하는 반면에 질투는 주요 부분이 잘린 아름다움, 애매한 모습, 매관매직에 주어진 찬사, 기독교에 가해진 손상 등을 지칭하였다는 것만을 말하고자 합니다.

배은망덕한 자들이여! 천재의 은공을 말살하기를 바라는 사람이 누구입니까. 몽테스키외가 매관매직에 대한 찬사를 받아들였다는 것, 그리고 종교를 정략적으로 말함으로써 종교가 다양한 인민의 능력과 형편에 일치하거나 또는 어긋난다는 것을 밝히는 데 만족하였다는 것이 바로 옛날 유명한 평론가[8]

---

8 루아조(Loiseu), 「공직에 관한 논문(traité des Offices)」, 이것은 관리의 직책은 영원하여

부터 나왔다는 것을 누가 알고 있습니까. 여러분이 그를 판단해야 하는 포인트가 여기에 있습니다. 기독교와 국가의 이익을 전적으로 옹호하고 인류의 영광스러운 주장을 끊임없이 지지하는 강력하면서도 설득력 있는 이 목소리에 귀를 기울여야 합니다. 몽테스키외는 한편으로는 독재와 미신을 분쇄하고 다른 한편으로는 덕과 자유의 제단을 건립하였습니다.

차라리 몽테스키외는 모두를 어느 한 체제로 귀결시켰다고 말하십시오. 그가 거기에서 상상하였거나, 또는 추론하였다고 말하십시오. 그는 현실적인 목적에 너무나 많은 영향을 주었다고 말하십시오. 너무나 애매모호한 사상과 지나치게 수사적인 문체라고 그를 비난하는 것은 여러분이 그것을 이해할 수 없기 때문입니다. 그래서 여러분은 현격한 차이를 극복하고 모든 사상을 능숙하게 설명하며 여러분의 약점에 필요한 사소한 것들에도 굽실거리는 데 익숙한 그 천재를 복종시키고 싶은 것이 아닌지요? 만일 몇몇 정의의 정신이 여러분을 활기차게 하였다면, 여러분은 몽테스키외의 의도가 거친 고난에 익숙하게 하여 인간의 정신적인 무기력을 극복하였다는 것, 다른 사람들이 명상하는 것을 권태롭게 생각할 때, 『법의 정신』의 저자는 사고하도록 하였다는 것, 그리고 몽테스키외는 비굴하게 그러한 철학을 인용하는 대신에 그것과 논쟁하였다는 사실을 인정해야 할 것입니다. 대관절 누가 정부의 본질, 원리, 범위, 관계, 특성에 대해서, 관습과 기후에 관해서, 좋은 법과 악법에 관해서, 징벌과 보상의 효과에 관해서, 종교, 교육, 상업에 관해서, 더욱 심도 있게 생각하였습니까? 캥트-퀴르스(Quinte-Curce)가 알렉산더에 대해서 몽테스키외만큼 관심을 가지고 연구하였습니까? 드 투, 에노, 파스키에 등이 그들의 저술 속에서 정치원리들을 알렉산더와 샤를마뉴에 대해 2페이지에 걸쳐 언급한 몽테스키외만큼 제시하였습니까? 레날이 정치적인 예속 상태에 대해서 그리고 종

---

야 하지만 행정관리는 영원해서는 안 된다고 한 몽테스키외의 또 다른 말입니다. 그는 루아조의 후임을 매수하여 승진하는 것을 거절하였습니다.

교적 광신에 대해서 역시 열정적이며 현명하게 숙고하였습니까? 그리고 흄은 영국 정부의 훌륭한 모습을 만들고 싶어 하지 않았습니까?

 그러므로 몽테스키외가 자신의 경쟁자들과 그 당시 세상을 멀리하였는지 그렇지 않았는지를 정치와 법률 분야의 명사들에게 물어보십시오. 몽테스키외는 프랑스 사람입니다. 그런데도 한순간이기는 하지만, 그를 찬양한 최초의 나라는 영국이었던 것입니다! 몽테스키외를 전 세계에 기념하기 위하여 그의 모습을 새긴 동상이 런던에 있단 말입니다! 그것은 바로 우리가 재능 있는 사람들에 대해서는 그들이 태어난 나라와 관계없이 존경해야 한다는 것입니다.

 그런데 어떤 상반된 것이 주어졌습니까! 몽테스키외는 영국에서 그가 뉴턴, 로크, 애디슨[9]과 함께 똑같이 찬양되는 것을 보았습니다. 그의 입장에 서보면, 그는 프랑스와 프랑스인의 불공평함을 보았던 것입니다. 그래도 그는 프랑스에서 충실하게 거주하였습니다. 아무리 용기가 많고 관대해도 시기와 질투가 많은 적을 굴복시킬 수는 없습니다. 사람들은 그의 무신론적 원리, 무종교에 대한 관용, 자유를 위한 무력적 침해에 대한 사랑, 공상에 대한 위대한 견해와 공상적 사고가 있는 그의 인성을 논합니다. 모든 종류의 정부에 대한 적이며 인류의 재앙이라고 그가 묘사하였던 광신까지도 고전적 현명함이 제단 위에 가져다 놓은 이 불멸의 저작에 대해 불붙은 횃불을 흔들었습니다. 돈에 매수되어 작성한 비방문, 풍자문, 박해, 공적 고발, 그러니까 이것들이 20년 동안 그가 노력한 결과란 말입니까! 그는 『법의 정신』을 저술한 바로 그 손으로 자신의 변론을 써야만 하였습니다. 용기를 내십시오, 위인이여! 사은과 영광의 세기를 위해 몇 년 불공평한들 어떻겠습니까? 질투하는 자들의 노력은 곧 무

---

9 역주 : 조지프 애디슨(Addison, 1672~1719). 영국의 작가이자 정치가로 휘그당에서 경력을 쌓은 후 국무장관(1717)을 역임, 『스펙테이터(The Spectator)』(1711~1714)를 창간하여 최대 3만 부를 인쇄하였다. 그는 카토(Cato)와 같은 전제주의에 맞서는 '자유의 영웅'으로 이름이 나 있다.(Grand Dictionnaire Encyclopédique Larousse, Tome 1, Paris : Librairie Larousse, 1982, p.108)

력하여질 것입니다.

　몽테스키외는 광신적인 중상자, 무지한 문학가, 그리고 가치와 진리의 영원한 적의 얼굴에 불명예라는 도장을 찍었습니다. 그리고 유럽은 몽테스키외에게 준 천재의 월계관에 그니드의 딸들(des filles de Gnide)의 손으로 엮은 화관을 덧붙였습니다.

　이 만국의 법학자는 어째서 은총을 받은 화가가 되었을까요? 그가 어떻게 법을 해석하여 사랑의 소리를 들을 수 있게 하였을까요? 타고난 천재의 행복한 재능입니다. 그러기에 그에게서는 이질감을 전혀 느낄 수가 없습니다. 문학가들은 예술과 완전한 산문의 걸작으로『법의 정신』을 아주 높게 평가할 것입니다. 따라서 그리스인은 우리의 언어를 부러워할 것입니다. 그들은 여러 곳에서 보이는 매력적인 문체, 세련된 양식, 고전적인 단순미를 찬양할 것입니다. 그리스인은 그렇게 탁월한 제6장을 시와 회화로써, 빛과 그림자, 두려움과 경쾌함을 번갈아가며 표현한 탁월한 기교로써 찬양하였습니다. 나는 언제나『법의 정신』의 저자를 그니드의 신전 안에서 볼 수 있습니다. 그래서 나는 이 빛나고 호감이 가며 경쾌한 공상을 통하여, 은총의 베일 아래 숨겨져 있는 비범한 인간의 부자유를 알게 됩니다. 그것은 여성의 의복으로 변장하였던 아킬레우스와 같습니다.

　천재의 도박이 아니면 정신적인 위안 속에서 몽테스키외는 유익하고 심오한 작품을 계속해서 골똘히 생각하였습니다. 사람들은 어느 한 자유롭고 자애로운 사람이 국사 연구를 위하여 루이 11세의 치세를 주제로 삼았다면 아마도 놀랄 것입니다. 물론 위대한 왕국의 관습과 행정부의 무시무시한 통치의 놀라운 영향력이 몽테스키외로 하여 그러한 선택을 하게 하였던 것입니다. 몽테스키외는 군주정의 원리를 소멸시키고자 왕국을 피로 물들인 왕의 난폭함과 은밀한 술책을 강력한 필치로 설명함으로써 전제주의를 질겁하게 하고자 하였습니다. 그 왕은 봉건 영지의 노예들에게 자유를 줌으로써 인민을 무장시켰습니다. 그는 귀족계급을 붕괴시켜서 봉건제도를 파괴하였고 합법적인 권력을 행사함으로써 절대적인 권력자가 되었던 것입니다. 몽테스키외의 인류애와 애국심은 우리로 하여 그의 천재성만큼 위대한 안목을 짐작할 수 있게 하는 것입니다.

아! 만일 적어도 이 작품의 몇몇 부분에 대한 찬양의 열기가 부족하였다면, 나는 오늘 사람들이 성스러운 잔해에 대해 행하는 종교적 경배로써 그의 무덤 위에 찬양을 드렸을 것입니다. 그래서 프랑스는 몽테스키외가 타키투스와 필적할 수 있음을 보임으로써 로마에 접근하려고 하였습니다. 아우구스투스, 티베리우스와 칼리굴라(Caligula)에 대한 문제를 대단히 열심히 연구한 몽테스키외는 걸출한 연대기 학자로서의 재능을 지니고 있었습니다. 사람들은『술라와 유크라테스의 대화(Dialogue de Sylla et d'Eucrate)』를 읽으면서 루이 11세에 대한 역사가가 위인의 특성을 묘사하고 폭군의 영혼 깊은 곳까지 사상의 불꽃을 도출해내는 특별한 재능이 있었음을 잘 알게 될 것입니다.

몽테스키외는 그가 접근한 것에 대해 지성의 화살을 던지고 후세에서처럼 당대에서도 영향력을 발휘하였는데 그것은 바로 그의 타고난 특성 때문입니다. 몽테스키외가 영혼에 파종하였던 생산력이 좋은 씨앗들은 오래전부터 싹트기 시작하였습니다. 감사한 마음으로 그 열매를 거두어야 하겠습니다. 바로 여기에 진정한 그의 위대함이 있는 것입니다. 그가 자태를 드러내자마자 계몽사상이 우리 가운데에서 모습을 드러냈습니다. 데카르트가 출생할 때까지 물리학이 발전하지 못하였듯이 정치학도 아직 진척되지 못하고 있었습니다. 법학은 사법부에 유폐되어 있었습니다. 몽테스키외는 저술하였고, 그리고 그의 필치 아래에서 사회복지에 가장 필수적인 학문이 자연미와 최상의 위엄을 되찾았습니다.

특히 법에 대한, 애매모호한 연구를 시민들에게 하도록 강요한 것처럼 보이는 야만적인 편견이 사라진 것은 바로『법의 정신』이 출판되었기 때문입니다. 법률의 성역은 개방되었고 모든 계층의 학자들은 그 법률의 완성을 위하여 노력하고 있습니다. 이처럼 유용한 목표에 대해 공공의 관심이 기울어졌습니다. 그리고 몽테스키외는 자신이 범한 실수를 모든 계층의 학자들로부터 깨닫고,

그리고 자신의 훌륭한 저서들을 평가하는 것까지도 배웠습니다.

몽테스키외에게는 열렬한 신봉자들이 생겼습니다. 그는 효율적인 반박만을 하였습니다. 그는 실제적인 이익을 향하여 정부를 각성시켰는데, 이 한 가지만으로도 우리의 존경을 받을 만합니다. 그러나 우리가 더욱 중요한 어떤 혁명을 경험한 것은 그의 덕택이 아니었습니까? 계몽사상가들과 군주들은 오늘날 자신들이 노력하고 숙고할 만한 문제로 이 법의 제도를 주목하고 있습니다. 그리고 법학자들은 철학적으로 그들의 작품을 설명하고자 합니다. 모든 학문을 법률에 결합하고 역사와 정치, 철학과 웅변을 법률의 발전에 이바지하도록 한 것은 바로 몽테스키외의 업적입니다.

레날과 로베르트송(Robertson)이 역사를 서술하기는 하였지만, 그 역사는 더 이상 연대기, 하찮은 일, 전쟁에 대한 나열은 아닙니다. 그들은 문명의 혜택과 발전에 관한 것, 정치적이며 종교적인 기관들에 관한 것, 기후, 법, 관습 그리고 예술에 관하여 연구하는 것입니다. 때문에, 이러한 광신은 사방에서 공격당할 것입니다. 독재는 독재의 큰 피해 속에서 중지될 것입니다. 왕들은 경쟁자들의 불행한 결과를 무서워하게 될 것입니다. 드롤므(Delolme)와 스미스(Smith)가 정부의 헌법과 제국의 안전에 대한 요인들을 전개하였다면 그 요인들은 또한 인민들의 신분과 도덕을 기반으로 만든 유익하거나 혹은 파멸적인 영향을 역시 전개할 것입니다. 몽테스키외에 의하여 전파된 이와 같은 실험, 비판, 반성의 정신은 역사, 경제, 정치, 법의 제도를 통하여 이후에 정치인들과 계몽사상가들의 교리가 될 것입니다.

인간 정신의 동요, 형법의 잔인성과 미완성에 대한 전체적인 항의는 어디에서 오는 것일까요? 누가 사회적인 기교의 유익한 부분에 관해 수년 이래 출판된 탁월한 글을 쓰겠습니까? 누가 이렇게 행복한 혁명을 감히 예언하고 준비하겠습니까? 누가 여러 곳에서 행하여지는 비밀재판, 종교재판의 형식을 폐지하겠습니까? 누가 마침내 피고에게 변호사를 제공하겠습니까? 누가 죄의 본질에서 각자의 고통을 끌어내겠습니까? 누가 재판에서 오판이나 증거의 위험성을 염려하지 않고 인민의 생활을 자유로이 누리게 하겠습니까? 바로 『법의 정신』이 유럽 사회로 하여 몽테스키외의 혜택, 개혁, 그리고 계몽된 문명을 누리게 한다는 사실을 의심하지 말기 바랍니다.

무엇보다도 몽테스키외의 이와 같은 혜택, 개혁 그리고 계몽된 문명은 제국의 황제들을 각성하게 하였습니다. 공공복지를 위한 고상한 경쟁심은 이제 주권에 활기를 불어넣을 것이고 가까운 날에 일부 유럽 국가들에서 유용한 법률로 나타날 것입니다. 프리드리히 대왕은 최초로 단순하면서도 명료한 법전을 주지 않았습니까? 예카테리나 여제는 공교육, 재판소의 설립, 사형제의 폐지에 전력을 기울이지 않았습니까? 독일은 법으로써 한순간에 여러 세기 동안의 야만성을 일소하게 하지 않았습니까? 폴란드는 법률을 요구하지 않았습니까? 프랑스는 고문을 폐지하면서 형법을 마련할 것이라고 선언하지 않았습니까? 토스카나는 이 분야에서 몽테스키외가 계몽된 문명과 관용으로 확대한 것을 한 청년 왕이 새로운 법과 정치에 반영시키는 것을 보지 못하였습니까? 지금 마드리드와 리스본에서조차도 현명하고 합리적이고 통일적인 법제의 구상에 몰두하고 있지 않습니까?

나는 인간의 행복에 자신늘의 명성을 연관시키려는 몇몇 주권사, 행성을 가리고 있었던 환상의 베일을 벗겨버림으로써 선행을 모색하는 몇몇 장관, 자신이 유력한 자가 되기를 바라는 고관, 자신들의 관점에 따라 법의 제도 면에서 편견을 완화하게 하는 행정관 들을 알고 있습니다. 이 모두가 몽테스키외의 『법의 정신』으로 만들어진 결과입니다.

바로 그러한 연유로 위인의 사상은 조만간 실현되고 인류애를 새긴 작품들이 보급되고 있습니다. 오! 몽테스키외의 깊은 생각은 놀라울 정도로 힘이 있습니다! 몽테스키외의 깊은 생각은 전 세계의 행복에 영향을 주고 있습니다. 즉 몽테스키외의 사상은 모든 언어로 번역되어 전 세계에 파급되고 그것은 계몽된 대중과 전체의 행복을 증진하고 있습니다. 사회에 대하여 개관함으로써 유대를 긴밀하고 관계를 명료하게 하며 그 기초를 견고하게 하며 행복을 추구하는 몽테스키외는 얼마나 탁월하며 대중의 사은을 받을 만하지 않습니까! 만일 그가 이처럼 품위가 넓어진다면 그는 여전히 더욱 위대하게 될 것이고 만일 그가 재능이 법률에 작용하는 것처럼 그의 생활이 관습에 영향을 미치게 된다면, 그는 시민들 가운데로 내려갈 것입니다.

불운한 문인들을 위한 호의와 혜택을 위하여만이, 자신의 명성과 고관들과의 교분을 이용한 파리에서의 몽테스키외를 보십시오. 브래드성에서의 그를 보십시오. 그는 자신의 봉건적 가신들의 아버지였습니다. 그는 그들의 분쟁을 종식하였으며 그의 선물로 그들의 불행을 완화하고, 재해로 인한 고통을 덜어 주었습니다.

우리는 연극을 통하여 그의 선행을 정당한 것으로 인정하지 않았습니까?[10] 칭찬만을 찾는 화려한 선행이란 있을 수 없습니다. 그러나 이 선행은 그것이 주는 은밀한 매력 이외에 또 다른 가치를 갖고 있으며 그래서 마음속으로 즐거움을 느끼게 되지 않겠는지요?

여러분, 여러분은 몽테스키외의 영광과 온건함에 대하여, 바로 여러분의 학교에서 어떤 찬양의 박수 소리가 울려 퍼졌는지를 우리에게 말할 수 있는 증인들입니다. 파리에서 『법의 정신』에 대한 가장 큰 대가가 박해와 야유였기 때문에 오랫동안 잠적한 후, 여러분은 공공의 집회에서 그 저자가 갑자기 다시 나타난 것을 본 것입니다. 조국의 입장에서 여러분은 그에게 얼마나 고상하고 감동적인 감사와 존경의 표현을 하였습니까? 그래서 극장에 모인 사람들은 옛날에 앞서 떠난 가장 겸손한 베르길리우스와 같은 로마 사람으로 그를 생각하였습니다.

이때가 바로 몽테스키외로서는 정의롭고 행복한 시간이었습니다. 그렇지만 그는 평온하고 영예로운 시간을 그리 오래 누리지는 못하였습니다. 승리와 죽음, 그것이 그의 운명이었습니다. 방대한 작품의 저술과 지독한 박해 때문에

---

10 〈익명의 은혜(*Le Bienfait anonyme*)〉, 피유(M. Pilles)의 코미디.

나빠진 건강은 전 유럽에 충격을 주는 죽음을 예고하고 있었습니다. 그의 위독함을 알리는 소식이 파리에 전해지자마자 그의 저택 주위에 군중이 운집하였습니다. 모든 계층의 사람들이 그를 보기 원하였습니다. 슬프고 영광스러운 세기여! 루이 14세는 몽테스키외의 보존에 민감한 관심을 표명하였습니다. 그리고 이 위인이 남긴 최후의 말은, 왕에 대한 감사와 지고한 존재를 향한 경건함이었습니다.

무덤은 불치의 병으로 죽을 수밖에 없는 몽테스키외가 가지고 있던 것, 모두를 매장하기 위해서 열려 있었지만, 그러나 자유와 미덕, 법과 인류에 몸 바친 그 천재는 여전히 우리에게 살아남아 있습니다. 그는 유럽을 지배하고 있으며 하늘나라에서도 살아 숨 쉬고 있습니다. 몽테스키외는 방대한 아메리카의 국가들에 활기를 주었고 전 세계를 가득 채웠습니다. 그의 명성은 그에게 명예를 가져다준 불후의 명작들이 세기마다 출판되는 동안 그가 남긴 고귀한 유산은 동향인들 속에서 그의 영예로운 명성과 모범적인 생애를 영원히 남길 것입니다.

프랑스여! 그대는 이 위인의 유해에 어떤 영예를 되돌려주었고, 영국과 프러시아는 그의 앞에서 무엇이라고 찬양하였습니까? 사람들의 엄숙한 찬양은 바로 이와 같은 은인들에게 드렸어야만 할 것입니다. 자, 여기에 공공장소를 영광스럽게 할 동상들이 있습니다. 멈추시오, 공정치 못한 비평가여! 우리의 프락시텔레스에 의해서 생명을 얻은 그 대리석상은 가장 후대에까지 몽테스키외의 모습을 재현할 임무를 가지고 있습니다. 몽테스키외의 대리석상은 군주들의 왕궁에도 세워져야 합니다. 그대는 조국이 감사한 마음으로 이 영광스러운 범례를 모방하고 그 대리석상이 루브르궁에서 몽테뉴, 갈릴레오, 데카르트, 가상디, 뉴턴의 상들 가운데 에워싸여 있는 것을 보지 못하였습니까? 그러면 공공의 명예에 대하여 어떻게 우리가 이야기할까요? 사회론에 대한 원리를 완성하였고 법률의 기초를 수립하였으며 우리의 운명에 영향을 미칠 수 있는 모든 제도를 마련한 이 위인에게는 조각상도 비문도 필요치 않습니다.

그에 대한 찬사는 우리 모두의 가슴속에 있습니다.

오, 몽테스키외여! 시민들 가운데 최고의 시민이여! 그대가 만일 저서로 세상을 밝히고 유럽의 가장 오래된 군주정을 계몽한 입법가들 가운데서 최고의 입법가이자 탁월한 철학자가 아니라면, 내가 이 순간 그대의 위대함을 제시할 수 없을 것입니다! 프랑스는 아마도 드러낼 만한, 위대하면서도 또한 불행한 시대가 결단코 없을 것입니다. 몽테스키외의 고상하고 주의 깊은 생각들은 모인 명사들의 강압적인 광경에서 조국의 이익을 위해, 국가의 번영을 저해할 우려가 있는 미지의 심연을 조사하기 위해 얼마나 전개되었을까요! 그대는 얼마나 대단한 힘으로 우리로 하여 과용의 원인, 몰락의 요인, 사치의 치명적인 영향, 모든 종류의 악습, 부당한 괴롭힘, 재정의 낭비와 타락한 왕조들을 파멸시키는 과용을 조사하게 하였습니까! 정부의 법적 원리의 부패에 그대가 얼마나 대단한 빛의 화살을 던졌는지요! 그대는 이 세상에 존재하지 않지만, 그러나 그대의 재능은 프랑스에 대한 교훈을 주고 있습니다. 우리가 이같이 공공 행정 업무의 근대적인 공개, 강제노역의 모욕 타파, 성가신 염세의 폐지, 교역의 구호인 무한한 자유를 회복한 것은 바로 그대의 영원불멸한 저서들 덕분입니다. 정치적·사회적 질서를 법제화하는 학문, 법률을 숙고하는 신중함, 그 법을 집행하게 하는 단호함, 우리로 하여 정부의 수반들과 그 대신들을 심판할 수 있도록 한 일반적인 계몽을 언젠가 우리가 누릴 수 있었다는 것은 바로 그대의 영향력 때문입니다. 그러므로 우리의 역사에는 우리의 마지막 후손들에게 가르칠 한 전통이 있는데, 그 전통은 몽테스키외의 영향이 국가의 입법, 정치, 도덕에 행복한 혁명을 성공한 것입니다. 『법의 정신』은 조국에 대한 사랑, 공공의 복지 그리고 인류의 신성한 불을 언제나 되살리는 성전입니다.

## 제3부
# 프랑스 혁명에서 바래르의 역할

제1장

# 삼신분의회에서의 활동

## 1. 봉건권 유산 처리 및 청원서 작성

바래르가 고향을 떠나 파리로 갔다는 소식이 1788년 3월 2일 툴루즈 문학회의 초대 회장인 캉봉(M. de Cambon)에 의해서 널리 알려졌다. 그의 젊은 시절이 변호사 업무와 문학에서의 성공을 거둔 온갖 영광으로 채워졌다면, 그 후 파리에서의 생활은 프랑스 혁명의 소용돌이 속에서 격동하는 세월을 극복해야 하는 고독한 파수꾼의 경력을 쌓는 세월이었다.

이폴리트 카르노와 다비드 당제가 소개한 것처럼, 파리로 출발할 때 바래르의 아버지가 "너는 곧 아주 위험하게 될 지역에 갈 것이다. 세금은 과중하고 관료들은 사특하며, 인민들은 불만투성이고 왕은 허약하기 짝이 없다. 법질서가 미약하여 판단을 잘할 필요성이 있다."라고 하며, 자식이 머물 파리의 상황에 대하여 자세하게 설명하면서 염려를 담은 마음으로 격려

---

1  Hippolyte Carnot et David(d'Angers), *Mémoires de B. Barère*, tome 1, p.33. "Notice Historique sur Barère", p.230.

하였다. 그리고 매우 조심스러우면서도 심각하게 "당부하지만, 파리에 도착하거든 경제성, 명확성, 준비성을 잃지 않도록 해라. 너는 이 여행에서 늘 네 본분을 지켜야 한다."[2]라고 강조하였다.

아버지의 말씀을 가슴에 안고, 난생처음으로 파리에 도착한 그는 정말로 평소에 듣던 것과는 너무도 다른 많은 문제점에 봉착하게 되었다. 그는 파리의 풍물에 대하여, "사람들과 사물의 움직임이 신속하고 밀집해 있으며 끊임없이 움직이는 활기찬 유명한 수도를 보았다. 혼란스럽고 모순된 많은 생각들이 놀란 나의 머리를 스쳤다. 부유함과 가난함, 학문과 무지, 항변과 굴종 가운데서 서로 싸우고 충돌하며 세련된 사람들로부터 받은 파리의 첫인상은 아주 좋지 않았다."라고 술회하였다.[3] 예상과 달리 너무나 다른 파리의 모습과 인심에 바래르는 놀라지 않을 수가 없었다. 아버지가 오랫동안 참사원에 저당 잡혀왔던 법정 소송에서 이겨야만 하는 무거운 짐을 지고 있어 머리가 무거웠다. 그것은 영주권과도 관계가 있어 더욱 그러하였다. 그는 툴루즈에서 법학을 공부한 이래 고위성직자, 귀족 그리고 폭군들이 900여 년 동안 농민들에게 강요한 봉건권이 얼마나 부당한 것이었나를 실감하게 되었다.

아버지의 재산권에 대한 재판은 전 참사원 위원이자 법원 사무총장인 르코크(M. Lecoq)의 내용 보고로부터 시작된 것이었다. 바래르는 비외작의 주민과 아버지 사이에 벌어진 이 소송 사건을 일종의 법적 화해로서 단시간에 해결하였다. 바래르에게 많은 돈을 쓰게 하고 걱정을 하게 한 참사회의 논쟁 결과, 그는 그 대상이 되었던 봉건권의 품위를 좀 더 행사하게 되

---

2 *Ibid.*, p.230.
3 *Ibid.*, p.33.

었다.[4]

　아버지의 염려와는 달리 소송 사건은 간단히 해결되었다. 그러나 바래르에게 슬픔과 어깨가 무거운 일들이 밀어닥쳤는데 그것은 아버지의 죽음이다. 이때부터 아버지의 충고를 듣지 못하고 후원도 더 이상 받지 못하게 되어 사회 속에 버려진 미아처럼 어찌할 바를 몰랐다. 아버지가 죽자, 그는 "오! 프랑스에서 일어나는 특별한 사건들이 내게 가져다줄 새로운 환경 속에서 잘 인도해주시던 아버지가 계시지 않으니 과연 아버지를 대신하여 누구와 어려운 일을 상의할 것인가"라고 개탄하며 걱정하였다.

　아버지의 타계 소식을 듣고 파리를 떠나 고향으로 돌아갔으나 오래 머물 수가 없었다. 1614년 이래 처음으로 실시하는 삼신분의회 의원 선거가 5월에 실시되기 때문에 준비해야 할 것들이 너무나 많았다. 바래르는 이미 툴루즈 법정에서 훌륭한 변호와 가난하고 힘없는 사람들의 무상 변호를 통해 장래가 촉망되는 법관으로 명성을 얻고 있었다. 그러나 그는 특권을 가진 기관이나 단체에 대한 영합은 사양하였다. 자신의 재능으로 봉사하고자 하는 그는 개혁 부문의 일에 주저 없이 나섰다.

　비고르 지방에서도 파리에 보낼 인재가 필요하였다. 바래르는 루이 16세 시대에 각 지방에서 삼신분의회에 제출한 인민들의 진정서인, 청원서 작성위원과 삼신분의회의 대의원 입후보자로 동시에 지명되었고, 마침내 삼신분의회 타르브의 의원이 되었다. 청원서는 이전 삼신분의회의 규정에 따르는 것이었으므로 바래르도 1789년 1월 타르브에서 개최한 회의에 참석하였다. 그는 이 총회에서 영주에게 바치는 십일조의 폐지와 함께 봉건권과 영주권의 폐지를 제의한 최초의 의원이 되었다. 아울러 그는 경작되는 것이든 건축물이든 구분 없이 부동산 소유자들에게 부과되는 지세의 평

---

4　*Ibid.*, p.230.

등에 대하여 찬성 발언을 하였다.[5] 1789년 삼신분의회에 대한 비고르 지방 법원의 청원서에도 바래르의 청원 내용이 들어 있다. "1789년 3월 16일: 시장 아바디(M.M. Abbadie)와 삼신분의회의 대의원으로 제1집정관 아바디는 그들이 지방의 사회복지를 위하여 보여준 열정과 배려에 대하여 찬사를 받도록 만장일치로 협의하였다. …(중략)… 그들은 '시민의 성찰록'과 애국적 위임 통치에서 비고르의 삼신분의회의 이익에 소중하고 유익한 일들을 보여준 바래르의 열정과 애국심에 대하여 가장 열렬한 찬사를 받을 것을 만장일치로 협의하고 결정하였다."[6]

이상에서 살펴본 것과 같이 시장과 제1집정관은 바래르의 열정과 애국심에 가장 열렬한 칭찬을 하였다. 레오 게르쇼의 말에 의하면, 그 청원서의 수사본이 보존되어 있지는 않았으나 발간된 청원서의 진본은 확실한 것으로 의심할 수 없다고 한다.[7]

## 2. 제헌국민의회에서의 활약

바래르는 1614년 루이 13세 이후 175년 만에 처음으로 파리에서 개최된 삼신분의회에 첫 번째 비고르 대표의원이 되었다. 그것은 1789년 2월 19일 루이 16세가 서명한 규정에 따라 이루어지는 선거였다. 규정 제3조에 의하면 비고르 지방에 배당된 삼신분의회 의원은 성직자 대표 1명, 귀족 대표 1명, 제3신분 대표 2명 등 모두 4명이었다. 물론 바래르는 제3신분의

---

5 *Ibid.*, p.240.
6 Gaston Balencie, *Cahiers de Doléances de la Sénéchaussée de Bigorre pour les Etats Généraux de 1789*, Tarbes; Imprimerie Lesbordes, 1926, tome 2, p.385.
7 Léo Gershoy, "Bertrand Barère de Vieuzac: un médiateur de la Révolution", *Annales Historiques de la Révolution française*, n.163, janvier-mars 1961, p.8.

제헌국민의회

대표로 선출된 것이었다.[8]

4월 23일 비고르 지방법원의 부대법관인 라쉬 드 라브배즈(Lassus de Labevèze) 사무총장의 주재로 생장(Saint-Jean) 교회에서 아침 5시부터 타르브에 모인 비고르 제3신분 대표의 선거인 총회가 삼신분의회의 첫 번째 의원으로 바래르를 선출하였다.[9] 바래르는 생활 빈곤의 원인을 연구하는 위원으로 임명되기를 바랐다.

그는 1789년 5월 5일 파리에서 개최되는 삼신분의회에 참석하기 위해로 타르브를 출발하였다. 파리에 도착한 그는 여론이 제후들에게 등을 돌리고 있었으며, 민중은 왕과 네케르(Necker)에게 기대를 걸고 있었고, 인민

---

8 *Archives Parlementaires de 1787 à 1860, recueil complet des débats législatifs et politiques des chambre françaises*, 1er série, sous la direction de J. Mavidal et de E. Laurent, Paris: Librairie Administrative de Paul Dupont, 1989, tome 1, p.637.

9 A. Souviron, *Bertrand Barère, 1755-1841: Causerie-Conférence*, p.15.

들은 각료들의 과도한 전제정치, 부당한 세금, 그리고 권력의 남용에 맞서는 개혁을 소망하고 있다는 것을 알았다. 그러나 베르사유에서는 또 다른 면을 느꼈다. 거기에서는 제한도 없고, 수정도 없으며, 그리고 간언조차 없는 이례적인 왕권이 행사되고 있었다. 생쥐스트의 지적과 같이 루이 13세의 통치하에서 삼신분의회를 폐지한 이래 수립된 관행에 따라, 왕은 신민들의 어떤 요구도 받아들이지 않고 있었으며, 왕이 편리한 대로 신민들의 권리를 그에게 양도하고 있을 뿐이었다. 사람들은 확실히 복종에 익숙해져 있었고 노예 상태에 순종적인 왕의 신민이었으며, 왕이 살고 있는 사치스러운 궁중과 많은 남용에 의한 결과를 묵인하는 사람들뿐이었다.[10]

하지만 특이한 것은 그렇게 많은 노예 상태 속에 있는 궁중과는 달리 베르사유의 주민들은 전혀 노예 상태가 아니라는 것이 보였다. 그곳에서는 자유사상과 국민감정이 자신들의 열렬한 지지자와 현명한 선지자들을 찾고 있는 것처럼 보였다. 이러한 것은, 후일 바래르가 『회상록』에서 말했던 것과 같이 1789년 7월 14일 프랑스 혁명이 일어나면서 프랑스의 가장 시민적인 것 중의 하나인 훌륭한 국민방위대가 조직되었을 때 사람들은 열렬한 지지자와 현명한 선전자들을 매우 잘 볼 수 있었을 것이라고 하였다.[11] 이처럼 프랑스 혁명 직전 프랑스의 궁중과 궁중 밖의 상황이 전혀 다른데도 루이 16세가 그것을 전혀 파악하지 못하고 있었던 것은 대단히 아쉽고 안타까운 일이었다.

게다가 루이 16세가 삼신분의회 의원들의 회의를 저지하려고 의회의 문에 빗장을 지르고 출입금지 팻말을 달아놓았기 때문에 의원들은 하는 수 없이 실내 테니스코트에 모여 선서하였다. 이 현장을 스케치한 자크 루이

---

10 Hippolyte Carnot et David(d'Angers), *Mémoires de B. Barère*, tome 1, p.243.
11 Ibid..

자크 루이 다비드의 그림 〈테니스코트의 선언〉.
바래르는 흰 옷을 입은 의원 뒤에 앉아 보고서를 작성하고 있다.

다비드의 그림 〈테니스코트의 선언〉에 바래르도 참석하여 맨 앞줄 흰옷을 입은 의원 뒤에 앉아 보고서를 작성하는 모습이 보인다.

그러면 이러한 상황에 대해 바래르는 어떠한 입장이었으며, 어떻게 대처하였을까? 삼신분의회 의원이 된 후 국민의회와 제헌국민의회 시대 그는 테니스코트 서약에 서명한 것을 비롯하여 무려 102건의 제안과 국정에 참여하였다. 그중에 중요한 것은, 새로운 헌법 작성 계획 촉구, 3천만 프랑의 차용 안에 반대하는 발언을 하고, 그리고 「인간과 시민의 권리선언」에도 적극 참여하였다. 이어 비토권에 대하여, 입법부 조직에 대하여, 아들 우대에 대한 항변, 왕국의 새로운 분할에 대하여, 행정 의회의 조직에 대하여,

제1장 삼신분의회에서의 활동

시의 조직에 대하여, 존속살해죄로 잘못 고발된 베르뒤르 가족을 위한 자발적 서명과 그의 옹호자를 위한 시민적 명예 요구 등을 발의하여 나라의 안정과 힘없는 사람들을 옹호하는 데 앞장섰다.

그리고 사법권에 대한 발언, 바스티유 파괴에 대한 보고서 작성, 외국인 재산몰수권의 폐지에 대하여, 시민명부에 들어 있는 사람의 동산과 부동산의 관리에 대한 발의서를 제출하고, 파리 형무소의 상태에 대한 보고서를 작성하였으며, 종교적 망명자들의 재산권 회복을 위한 법령 초안을 제출하였다. 또한 장 자크 루소의 미망인을 위하여 600프랑의 연금을, 더불어 애국자 튀로 대위의 딸에게도 연금을 주어야 한다고 주장하였다. 이어 식민지에서 외국인에 대한 재산몰수권을 폐지하고 외국인들에게 프랑스 양친을 계승하는 자격을 인정하는 법령 초안을 제출하였다.

그뿐 아니라 다비드가 그린 〈테니스코트의 선언〉을 국비로 완성하고 국민의회 의사당에 걸어놓아야 한다는 법령 초안을 비롯하여 25세 이상의 모든 시민은 자기의 재산을 자유롭게 처분할 수 있게 하는 장남들의 청원서를 의회에 제출하기도 하였다.

## 3.『새벽신문』발간과 의회의 소식 전달

바래르가 삼신분의회에 진출하면서부터 시민들에게 입법에 관한 토론 내용들을 알려주기 위하여 발행한 신문이『새벽신문 또는 신분의회에서 통과된 결과(Le point du Jour ou Résultat de ce qui s'est passé aux Etats-Généraux)』[12]이다. 그것은 1789년 4월 27일부터 1791년 10월 1일까지 국민의회 시대에 입법과

---

12  Bertrand Barère, Le Point du Jour ou Résultat de ce qui s'est passé aux Etats-Généraux, Paris: Chez Cussac, 1790, pp.1~410, 이하『새벽신문』으로 약칭한다.

정책을 다룬 일종의 보고서가 포함된 격일제 신문이다. 그에 따르면, 『새벽신문』을 통해 공공의 의지가 대중에게 잘 전달되었으며 헌법의 큰 원칙들이 토론되고 수립되었다.

신문을 발간한 배경에 대해 바래르는 그때 유권자들에게 보고하기 위하여 신문을 제작했다고 밝혔고, 거기에 기억할 만한 모든 사실, 귀족들에게 그토록 많이 미움을 받은 제헌국민의회의 토론 내용, 그

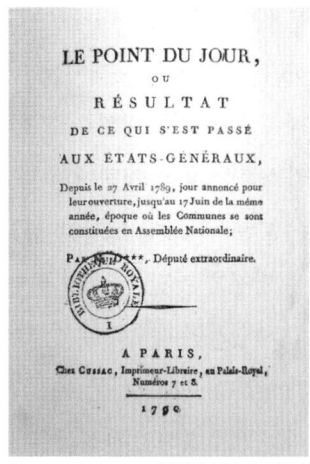

『새벽신문』 모음집

리고 유럽 사회의 경탄할 만한 많은 일들을 보고하였다. 그래서 그는 『회상록』에서 출판되지 않았고, 알려지지도 않았던 특별한 사실들에 대해서만 말하고 싶다고 하였다.[13]

수비롱에 의하면, 이 시기에 미라보는 사람들이 알고 있는 바와 같이 왕당파의 음모에 깊숙이 빠지기 시작하였으며 1789년 7월 24일부터 주당 3회 발간되는 『프로방스 신문』을 제작하는 데 지쳐 있었다. 그래서 미라보는 『프로방스 신문』과 『새벽신문』을 합병하자고 바래르에게 제의하였다.[14] 물론 바래르는 미라보의 청을 부드럽게 거절하며, 그의 비교할 수 없는 우월성과 자만심을 기분 좋게 부추겨주었다. "피레네산의 양은 늑대와 어울릴 수 없습니다. 당신께서는 『새벽신문』의 보잘것없는 발행자를 압도할 위력을 가지고 있는 분입니다."라고 아주 재치 있고 절묘하게 빠져나오는 답변

---

13　Hippolyte Carnot et David(d'Angers), *Mémoires de B. Barère*, tome 1, p.252.
14　A. Souviron, *Bertrand Barère, 1755~1841: Causerie-Conférence*, p.19.

을 하였다.[15] 또한 바래르는 잠시 후 적당한 때 적당한 장소에서 만나 논의하자고 하며 웃는 재치를 미라보에게 보여주었다.[16] 미라보는 바래르에게 계속 친절하게 대해주고 호의를 베풀었다. 당시 바래르는 미라보와 함께 카스틀란 후작 저택에서 매주 두 차례씩 만찬을 들었다. 『새벽신문』 발간은 1790년 초에 드디어 성공을 거두었다. 삼신분의회가 국민의회라는 좋은 명칭을 가진 다음 날 바래르가 창간한 이 신문에 고등법원 잡지계의 최고 책임자인 레오나르 갈루아(Léonard Gallois)가 내린 평가를 다음과 같이 게재하였다. "『새벽신문』은 국민의회에서 전날 통과된 것을 타이틀로 하여 알리는 프로그램의 완성품이다. 그것은 1789년 6월 18일부터 1791년 10월 1일까지 열린 의회의 모든 회의 내용에 대한 하나의 보고서이다.'"[17]

갈루아의 평가를 좀 더 살펴보면, 우리는 이들 의회의 기사 중 후손에게 남겨줄 가치가 있는 것에 대하여 전혀 소홀함 없이 글보다 오히려 정신에 대해 애정을 느끼고 있는 양심적인 한 사람을 알고 있다. 바래르의 능란한 필체는 우리에게 토론에서 느낄 수 있는 모든 극적인 흥미와 함께 가장 격렬한 토론을 하게 한다. 한마디로 말하여 『새벽신문』은 우리에게 역사가들과 상담할 수 있는 가장 좋은 신문으로 보인다. 갈루아는 바래르의 고결한 정신과 문장력에 대해 극찬하면서 신문에 대한 호감을 표시하였다.[18] 그뿐 아니라 『프랑스 정기간행물 목록집』의 저자인 석학 아탱(Hatin)도 찬사의 논평을 아끼지 않았다. "『새벽신문』은 초기 국민의회사에 대하여 생각해보게 하는 가장 가치 있는 신문 중의 하나이다. 그것은 괄목할 만한 정도로 총명

---

15  Hippolyte Carnot et David(d'Angers), *Mémoires de B. Barère*, tome 1, pp.306~307.
16  *Ibid.*, p.307.
17  A. Souviron, *Bertrand Barère, 1755-1841: Causerie-Conférence*, pp.19~29.
18  Léonard Gallois, *Histoire des Journaux de la Révolution française*, tome 2, p.6. cf. A. Souviron, *Bertrand Barère, 1755-1841: Causerie-Conférence*, p.20.

할 뿐만 아니라 일관된 정신을 가지고 어떤 다른 것에서도 심지어『모니퇴르 신문』에서도 발견할 수 없는 방법과 해박하게 회의 내용을 다시 연재하였다.[19]

바래르는『새벽신문』에서 드라마의 형태로 입법부의 토론에 대한 보고서를 작성하고 그것을 기사화하였으며 프랑스의 낙후된 풍습과 봉건제도를 적나라하게 비판하였다. 이폴리트 카르노와 다비드 당제가 쓴『바래르 약사』에 의하면,『새벽신문』은 창간호에서부터 발행자가 6월 23일의 친림회의에 대하여 공개적으로 불만을 표시하면서 용기 있는 행동을 하였다. 그는 바로 친림회의가 시민들이 보는 앞에서 왕권을 숨기는 짙은 안개였기 때문이라고 말하였다.[20] 그리고 레오 게르쇼가 쓴『프랑스 혁명의 중재자 베르트랑 바래르 드 비외작』에 의하면, 바래르가 기초하였고 이 시대의 전반에 걸쳐 이끌어야만 하였으며 프랑스에서 중세적 법률, 봉건적 실체, 그리고 입헌적 결함의 이상한 혼합을 유지한 행정상의 통일성에 대한 분산, 즉 지방 풍속의 다양성이 이윽고 종말을 고해야 할 것이라는 내용을, 당시 세론을 집중시키고 있는『새벽신문』에 기고하면서 기뻐서 어찌할 줄 몰라 하였다.[21] 따라서『새벽신문』은 프랑스 혁명이 앙시앵 레짐을 타파하고 공화정신을 고양하며 혁명이 혁명을 거듭하며 발전적으로 추진할 수 있도록 프랑스에 사회적·정치적 동력을 제공하였다고 해도 과언이 아닐 것 같다.

그러므로 레오 게르쇼를 통해서 본 바래르는 희생의 위대함, 문제 해결의 격렬성, 가장 고귀한 희생이 유일하게 불러일으킨 엄숙한 토론에 대한 사려 깊은 기사 작성을 더욱 좋아하였던 것이 독자의 마음을 감동하게 하

---

19 Hatin, *La Bibliographie de la Presse Périodique Française*, p.315.
20 Hippolyte Carnot et David(d'Angers), *Mémoires de B. Barère*, tome 1, p.40.
21 Léo Gershoy, "Bertrand Barère de Vieuzac: un médiateur de la Révolution", *Annales Historiques de la Révolution française*, n.163, janvier-mars 1961, p.10.

고 더불어 신문에 대한 인기를 불러일으키게 하였다. 게다가 바래르는 『새벽신문』을 통해 정치적이고 사회적인 일에 대하여 더욱 예리한 논평을 가함으로써 의회에서 자신의 위치를 더욱 강화하고 격상시켰다.

그러나 아쉽게도 『새벽신문』은 1791년 10월 1일 이후에는 더 이상 발간하지 못하였다. 여러 가지 이유 가운데 하나는, 바래르가 1791년 10월 1일부터 시작되는 입법국민의회에 진출하지 못했다는 것이다. 그것은 바래르의 정치적 기반이나 역량이 부족해서가 아니라 1791년 9월 3일에 종료된 제헌국민의회 의원들은 입법국민의회에 진출할 수 없다는 규정에 따른 것이었다. 그는 더 이상 현역의원이 아니었기 때문에 『새벽신문』의 기사가 될 수 있는 의회의 토론 내용을 전처럼 신속하고 정확하게 얻을 자신이 없었던 것이 가장 큰 이유였다. 다른 하나는 재정적인 어려움 때문이었다. 바래르 혼자 신문 발행 경비를 충당한다는 것은 불가능하였고, 의원도 아닌 그를 후원하는 사람도 없었을 것이다. 아마도 사람들이 『새벽신문』 이외에 『모니퇴르 신문』과 같은 다른 신문으로도 정보를 얻는 데 큰 불편이 없다고 판단하여 간절하게 『새벽신문』을 찾지 않았을지도 모른다. 하지만 『새벽신문』의 종간으로 대중은 정가의 소식에 대한 갑갑함을 적지 않게 느꼈으며, 살롱이나 대중집회에서도 열기 있는 대화나 토론이 다소 줄어들었던 것은 확실한 것 같다.

제2장

# 혁명가로서의 활약

## 1. 내무장관 추천을 사양하고 아내와 결별

입법국민의회는 푀양파에 가입한 우파 264명, 자코뱅 클럽에 등록된 좌파 136명, 그리고 이 두 파 중간의 독립파 또는 입헌파 345명으로 구성되어 있었다. 그러나 의회를 구성하고 있는 각 당원의 수와는 무관하게 의회의 외부에 있는 막시밀리앙 로베스피에르, 마라, 당통 등이 의회를 주도하였다.

왕의 측근 중에서 대단히 영향력이 있는 라로슈푸코 공작과 그의 어머니 당빌 부인은 바래르를 내무장관에 추천하려 하였다. 바래르는 자기를 인정해주는 이들이 고마웠지만, 사양하고 1791년 말 서둘러 고향으로 돌아갔다. 장관 추천을 사양하는 명분은 고향에 있는 재산을 정리한다는 구실이었으나, 사실은 정의를 실현한다거나 어렵고 힘든 민중 편에 서려면 장관보다는 의원이 되어야 한다고 생각하고 있었기 때문이다.

바래르가 밝힌 사양의 이유는, 자기는 젊고 행정적인 경험이 없다는 것이었다. 거절하는 명예스러운 유일한 방법은 고향 피레네에 머물렀다가 파리로 돌아올 계획이라는 말이었다. "나는 당빌 부인과 그의 아들에게 작별을 고하였다. 그들은 나에게 그렇게 많은 친절을 베풀어주며 파리로 곧 돌아올 것을 간곡하게 권하였다."[22]

타르브에 도착하자마자 바래르는 주민들로부터 대단한 환대를 받았다. 국민방위대는 그가 의회의 업무를 원만하게 끝마친 것을 축하하기 위하여 그가 가는 길 좌우에 도열하였다. 그는 허세를 부리는 것이나, 또는 자만심을 품게 할 수 있는 이러한 경의나 축하 행사를 감사하게 생각하였으나 좋아하지는 않았다. 하지만 언론이나 피레네 지방 시민들이 그에게 보여준 영광스러운 환대는 높이 평가하고 진정성이 있는 것으로 생각하여 고마워했다. 그는 6개월간 당쟁과 정치적 투쟁으로부터 멀리 있으면서 매우 유쾌하고 조용한 시간을 보냈다. 파리에 있었던 3년 동안 집안일에 소홀했지만, 다행히 혁명의 와중에도 손상된 것이 없어 그의 세습 재산을 잘 보존하게 해준 지역 주민들이 한없이 고마웠다. 그는 장관직을 사양한 것에 대한 아쉬움도 없이 오직 다음 기회에 의원이 되는 꿈을 고향에서 착실히 키우고 있었다.

그리고 아내에게도 그간 못다 한 사랑의 표현을 할 수 있고 가족들을 비롯한 주변 사람들과의 인간관계를 더욱 돈독히 하였다. 그의 부인은 매우 사랑스럽고, 부유하며, 왕당파이기는 하지만 남편에게는 매우 헌신적이었다. 1785년 결혼한 그는 그녀의 애교와 편견을 재발견하였다. 바래르는 자코뱅에 대항하는 어머니의 분노에 큰 고통을 받은 적이 있었다. 그리고 제헌국민의회 의원들에 대하여 아내가 가지고 있는 종교적인 편견 때문에 적지 않게 괴로워하였다. 그러나 어머니에게는 어른이라는 이유로 아내에게는 사랑과 덕으로 이해하며 자기의 마음을 다스렸다. 사실, 바래르는 가족

---

22  A. Souviron, *Bertrand Barère, 1755-1841: Causerie-Conférence*, p.29.

과 헤어지게 만들고 좋은 친구들과 대립하게 하는 프랑스 혁명의 불가피한 고통을 참기가 힘들었다.[23]

바래르의 아내는 남편이 혁명의 대열에 선 것을 노골적으로 싫어하였다고 앞에서 소개하였다. 그녀는 프랑스 혁명 자체를 싫어하고 왕의 재판과 처형에 강하게 반대하였다. 바래르와 전혀 다른 정치사상과 종교관을 가진 그녀와 도저히 함께 살 수 없었다. 결국 이 부부는 함께 파리에 가려 하지도 않았다. 그 이후 그녀의 생활에 대한 기록을 찾을 수는 없지만 바래르와는 영영 헤어진 것은 사실이다. 따라서 그녀와의 사이에 자식 하나 없이 바래르는 혁명가로서 평생 독신으로 살았으며 프랑스 혁명이 시작될 때부터 종료될 때까지, 그리고 그 이후에도 오직 혁명의 추진자, 중재자, 논평자이자 파수꾼으로 외롭게 헌신하였다.

## 2. 미라보의 추모식과 전비 모금 활동

바래르는 평소 미라보를 프랑스가 낳은 유일하고 진정한 정치변론가로 생각하였던 만큼 타르브에서 애국지사들과 함께 그의 사망 기념 추모식에 경건한 마음으로 참석하였다. 사실, 바래르는 처음 삼신분의회가 개회되면서부터 미라보와 바이이의 언변에 매료되어 가능한 한 사적으로라도 가까이 지내고 싶었으므로 미라보에 대한 깊은 애도의 마음으로 명복을 빌었다. 바래르의 고백에 의하면, "내가 추진하게 한 추모식을 위해 타르브 시에서 발표한 한 연설문에서 나는 인간의 권리와 공공의 자유를 수호하기 위하여 제헌국민회의에 바친 미라보의 탁월한 재능, 오묘한 정책, 과감한 애국심, 철저한 통찰력 그리고 고귀한 노력에 대해 경의를 표한다. 나는 미

---

23 *Ibid.*, p.10.

성벽 위에 선 미라보

라보와 같은 정치가, 애국적 혁명가가 되겠다는 각오를 다시 한번 더 다짐하였다."[24] 그리고 지방 유지들과 함께 전쟁 비용을 위한 모금 운동을 전개하였다. 마침내 의회는 타르브의 자유 시민들과 함께 바래르가 1792년 5월 13일 송금한 기부금 935리브르를 접수하였다. 그것은 타르브 사람들의 피와 땀 그리고 진정한 애국심이 담긴 정성스러운 돈이었다. 당시 프랑스는 전쟁과 혁명을 동시에 수행하는 상황이라 타르브뿐만 아니라 나라 전체가 지극히 어려운 형편이었다. 특히 인민 모두 혁명과 전쟁 그리고 과중한 조세 부담으로 허덕이고 있음에도 불구하고 타르브 시민들이 애국적 헌금을 한 것은 참으로 칭찬받을 일이었다. 이에 대하여 1792년 5월 22일 입법국민의회가 「아시냐 화폐로 935리브르를 보낸 타르브 자유시민들의 세 번째 서신」이라는 제목으로 어려운 상황에도 불구하고 타르브 시민들이 충정 어린 애국심으로 자유 수호를 위해 전쟁 비용을 마련하였다는 내용을 발표하였다.

타르브 시의회 의장은 "주식 투기의 재해와 곡가 상승으로 과중한 부담을 졌을지라도 헌법에 자연스럽게 애착을 갖게 된 타르브의 자유 시민들은 자유를 위한 애국적 헌금을 하였습니다. 시민들은 가난합니다. 그러나 어김없이 세금을 냅니다. 시민 여러분들은 신성한 법과 국민의 대표들을 보

---

24 *Ibid.*

호하기 위한 타르브 시민의 헌신을 헤아리시기를 바랍니다. 시민의 선서가 강제로 되기보다는 피레네 지방에서는 자연스럽게 이루어졌습니다."라고 연설했다. 말을 끝마친 다음, 연설문 하단에 경애하는 마음으로 의장, 타르브의 자유 시민들, 레바유, 전 의원 바래르, 들라로이, 클라바크 등 그 밖의 35명이 서명하였다.[25]

타르브 시민들은 애국심이 강하고 사리사욕이 없으며 권력과 재산의 흥망성쇠에도 잘 견디어냈다. 모든 다른 주에서와 마찬가지로 이곳에서도 공공정신이 돋보였다. 다시 말하면 타르브 시민들의 공공정신은 타고난 것이었다. 그들은 전쟁을 두려워하지 않지만, 전쟁을 원하지도 않았다. 역사적으로 보아, 프랑스 사람들의 기질처럼 타르브에도 왕정보다는 공화정을 사랑하는 사람들이 많았다. 따라서 프랑스 혁명에 온정적이었으며, 혁명의 성과에 대한 기대가 컸으므로 혁명정부의 전쟁에 필요한 헌금이 자발적으로 많이 모금되었던 것으로 보인다.

## 3. 왕의 바렌 탈출과 혁명 대열의 선택

제헌국민의회 의원에 불출마하였던 의원들은 모두 10일 이전에 원위치로 소환한다는 국왕의 칙령이 1792년 7월 말 내려졌다. 국왕의 명령에 따라 바래르는 8월 2일 타르브를 출발하여 8일 파리에 도착하였다.

당시 파리는 모두가 동요하고 있었으며 튈르리궁에는 입추의 여지가 없이 사람들이 모여 수군거리며 웅성거리고 있어 여론에 의해 야포로 무장된 하나의 군대 진영 같았다. 사람들의 마음은 전쟁 선포의 영향으로 격화되

---

[25] *Archives Parlementaires de 1787 à 1860, recueil complet des débats législatifs et politiques des chambre françaises*, 1er série, tome 43, p.670. "Le 22.mai 1792".

어 있었다.

사실 그때까지 내란은 일어나지는 않았지만, 사람들의 마음속에서는 이미 내란이 일어나고 있었으며 그것이 표출되기만을 기다리고 있었다. 귀족들과 호족들이 각 지방에서 모여들었다.

이러한 정치적 상황에서 바래르는 "내가 인민의 편인지 아니면 왕의 편인지 그리고 어떤 편을 공격해야 할 것인지를 역사에 남기도록 결정해야 하였다."[26] 당시 입법국민의회 의원 대다수가 왕당파였으며 그들은 모두 우리가 애국자라고 부르는 소수파에 대항하여 궁중의 의견에 호의적이었다. 하지만 이들 소수파 핵심 의원 중에는 지롱드당에 소속되어 있었으며 각료가 되려는 야심을 품은 자도 있었다. 그리고 자신들을 자문위원회로 불러들이도록 왕을 위협하기도 하였으나 구체적인 내용은 드러나지 않았다.

대중은 튈르리궁에서 왕과 입법부를 루앙으로 옮긴다는 계획을 세우고 있다는 것을 소문으로 알고 있었다. 사실 루앙에는 이미 한 무리의 스위스 용병이 주둔하고 있었다. 튈르리궁은 의원들을 설득하기 위해 의원들의 생활이 파리에서는 안전하지 못하다는 것을 입법국민의회에서 발의하도록 모의하였다. 사람들을 공포에 몰아넣는 것은 전제주의에 늘 필요한 상황이다. 이러한 상황에서 지롱드파가 또다시 궁정과 야합하는 것을 로베스피에르가 목격하고, 일어나 투쟁하기 시작하였다.

루이 16세는 혁명정국에 대한 불안감을 참을 수가 없었다. 왕비 마리 앙투아네트도 마찬가지였다. 왕비는 자기의 고향이자 오라버니가 왕으로 있는 오스트리아가 그리웠다. 그곳에 가면 가장 안전하고 오라버니도 반갑게 맞이해줄 것에 대한 기대가 들었다. 그뿐만 아니라 잘하면, 군대를 빌려 혁명군을 제압할 수 있을 것이라는 확신도 들었다. 왕비는 왕을 설득하여 왕

---

26  Hippolyte Carnot et David(d'Angers), *Mémoires de B. Barère*, tome 2, p.14.

궁을 탈출, 오스트리아로 향하였다. 그러나 가지고 가는 짐들이 너무 무겁고 마차의 바퀴가 진흙에 빠져 약속한 국경지대에 3시간 이상 지연되어 도착하였다. 그리고 탈출 소식을 들은 혁명군의 추적으로 1791년 7월 12일 루이 16세가 가족과 함께 프랑스의 국경지대 바렌에서 연행되어 탕플성에 수감되는 처량한 신세가 되었다.

왕의 탈출과 체포, 그리고 연행은 파리를 비롯하여 프랑스 전역을 싸늘하게 만들었다. 특히 로베스피에르는 8월 4일 귀족들이 왕을 탈출시키려고 한 음모를 비난하면서 그에 대한 대책을 요구하였다. 바래르는 리슐리외가에 있는 숙소에서 깜짝 놀라 눈을 떴으며 파리 시내 각지의 종들이 일시에 비상종을 울려대는 것을 들었다. 그는 밤이 새도록 경종이 울려대는 것을 들으며 온갖 상념에 사로잡혀 있었다. 이어 8월 10일에는 브레스트 사람, 마르세유 사람, 포부르 주민 등 여러 당파가 온종일 서로 언쟁을 벌였다. 의회는 의결을 소수파 의원들과 함께 계속하였다.

이러한 상황을 보면서, 바래르는 왕의 편에 설 것인가 아니면 혁명군의 편에 설 것인가를 망설이다가 혁명을 선택하기로 마음먹었다.

## 4. 루이 16세의 고발

이폴리트 카르노와 다비드 당제에 의하면, 루이 16세가 체포된 후 바래르는 『새벽신문』에 공화정을 강력히 요구하는 「피레네 오리앙탈주의 성명서」를 게재하였다.[27] 8월 10일 의회가 루이 16세의 퇴위를 발표하고, 성난 군중들은 루이 13세, 루이 14세, 루이 15세, 그리고 앙리 4세의 기마상을

---

[27] Ibid., tome 1, p.47. 1789년 5월 초에서 7월 말 사이에 파리에는 신문의 증가와 더불어 『le Bulletin』, 『États Généraux』 등 42개의 정기간행물이 있었다.

탈출하려다가 국경지대 바렌에서 체포된 루이 16세와 왕실 가족들

때려 부수는 민중봉기를 일으켰다. 바래르도 왕의 탈출을 계기로 왕당파에서 공화파로 전향함과 동시에 국왕의 고발에 적극적으로 참여하였다.

왕의 바렌 탈출 사건으로 말미암아 푀양파, 즉 부르주아 계급과 자유주의적 귀족뿐만 아니라 궁중과 봉기를 막으려고 애쓴 지롱드당도 위신이 추락하였다. 반대로 로베스피에르와 산악파가 동원한 프롤레타리아 계급이 지난해 마르스 연병장의 대학살에 대한 대대적인 보복을 한 셈일 뿐만 아니라 왕권이 탈취되고 인민에 의한 민주 공화정의 수립이 가능한 것처럼 보였다.

이때 바로 파기원(破棄院)에서 루이 16세에 대한 고소 문제를 다루려고 들고 일어났다. 루이 16세의 행정권 정지에 관한 법이 8월 10일 파기원에 등록되었으며, 그것이 공포될 때, 바래르는 의회가 직접 인민들에게 하였던 선서처럼 즉시 파기원도 입법국민의회에서 선서하기를 요구하였다. 바래르의 발의는 만장일치로 받아들여졌고 재판관들도 모두 의무를 가장 성스럽게 수행하기 위하여, 그리고 국민의 자유에 충실하기 위하여 한자리에 모였다. 파기원은 이와 같은 사실을 확인하는 의회의 고소장이나 등본을 제출할 것을 명령하였다.

이에 대하여 파기원의 샤세(Chasset) 의장은, 아침 일찍 루이 16세의 행정권 정지와 관계된 8월 10일 법을 파기원에 제출하였다. 그리고 "파기원은 즉시 그것을 공포하고 등록부에 기록하였습니다. 그리고 동시에 여러분이 하였던 것과 똑같은 선서를 입법부 안에서 하였습니다. 파기원은 여러분의 손으로 자유와 평등을 유지할 것을 맹세하였습니다. 또한 그것들을 방어하기 위하여 그의 자리에서 죽을 것도 맹세하였습니다"라고 보고하였다.[28] 이에 대해 입법국민의회 의장은, "의원 여러분! 인민이 여러분을 신뢰할 때, 여러분의 헌신에 대한 대의명분을 헤아릴 수 있습니다. 인민의 온정과 좋은 평가는 여러분에 대한 보답이 될 것입니다. 의회가 여러분을 초대할 것입니다."[29]라고 하였다.

이 연설문은 서기 옴즈(M.G. Homs)에 의해 파기원의 명령으로 파기원의 한 위원인 바래르에게 제출되었다. 결국 파기원과 형사법정의 위원들이 증인과 변호인으로 허락되었다. 그들은 자유와 평등을 유지하고 재산과 개인의 권리를 보호한다는 서약을 하였다.

결국 루이 16세에 대한 의회의 고소장이 서기 옴즈에 의하여 파기원 위원 중의 한 사람인 바래르에게 제출됨으로써 루이 16세는 범죄인으로 고발되어, 재판을 받게 되었다.

---

28 *Archives Parlementaires de 1787 à 1860, recueil complet des débats législatifs et politiques des chambre françaises*, 1er série, tome 48, p.117. "Le 14 août 1792.
29 *Ibid.*

## 5. 루이 16세의 심문

국민공회는 물론 프랑스 사람들도 새로운 시대를 요구하는 분위기가 무르익어 의장 선거가 시행되었다. 1792년 11월 23일 국민공회 투표 결과 바래르가 310표 중 219표를 얻어 제4대 국민공회 의장에 당선되었다.[30] 그는 득표순에 따라 트레야르, 생쥐스트, 장 폴 생앙드레를 사무총장으로 임명하였다.

혁명이 진행되는 과정에서 가장 중요한 것이 혁명에 반대하는 사람들의 처벌이었다. 처형자의 수가 늘어나자, 1792년 의사 기요틴이 단두대(기요틴)를 고안하였다. 그 가운데도 루이 16세가 죄인으로 고발되었다. 바래르는 1791년 9월 말부터 1792년 9월 21일까지 입법국민의회의 의원이 아니었기 때문에 의회에서 발언할 수 없었고, 루이 16세를 공식적으로 고발할 수도 없었다. 그러나 1792년 9월 22일 국민공회 시대의 개막과 함께 루이 16세의 재판에 바래르가 개입할 수 있게 되었다.

그뿐 아니라 에스파냐 국경에 위원들의 파견에 대한 발언과 더불어 각 주에 파견된 의원들을 행정권으로 소환하도록 제안하였으며, 파리 지역 지원병들의 국경파견 발언을 하여 조국 프랑스가 더 이상 위험하지 않도록 제안하였다. 그리고 그는 헌법위원회와 공교육위원회의 위원이 되어 혁명 과업 추진의 한 역할을 담당하게 되었다.[31]

---

30　*Ibid.*, tome 53, p.674. "Le 29 novembre 1792."
31　M.J. Guillaume, *Procès-Verbaux du Comité d'Instruction Publique de la Convention Nationale*, tome 1, Paris: Imprimerie Nationale, 1816, p.iv. 1792년 10월 13일 선출된 공교육위원은 콩도르세, 푸리에(피에르), 아르보가스트, 쉐니에(마리 조셉), 에르 드 세셸, 고르사스, 랑쥐내, 롬, 랑테나스, 시예, 바래르 드 비외작, 샤세, 루이 세바스티앙, 메르시에, 다비드(자크 루이), 샤를 빌레트, 뒤랑 드 마이안, 르키니오, 루 파지악, 리보 포미에, 클로드 포쉐, 보댕(데 아르단), 키네트, 레오나르 부르동 등 24명이다.

바래르가 국민공회 의장이 된 후부터 루이 16세에 대한 공적 발언이나 심문을 시행하였던 것을 볼 수 있다. 1792년 10월 16일 국왕의 기소를 접수한 법제위원회가 장시간 재판 절차를 검토하였다. 11월 3일 생쥐스트가 "루이를 재판할 사람들만이 공화국을 건설할 수 있는 사람들이다. 국왕을 적당히 벌하고자 하는 사람들은 결코 공화국을 건설하지 못할

단두대의 고안자 기요틴

것"이라고 선언하였다. 그리고 루이 16세는 군림하든지 아니면 죽어야 한다고 강력하게 주장하였다.[32]

드디어 11월 7일에 마이유(Mailhe)가 루이 16세를 국민공회에서 재판할 수 있다는 결론의 보고서를 제출하였으며, 이 문제를 둘러싸고 논쟁이 시작되었다. 이때 지롱드파의 지도자들은 논쟁에 관여하지 않으려 하였으나 "만약 판결이 난다면 사형당할 것"이라는 당통의 말처럼 생쥐스트와 막시밀리앙 로베스피에르는 적극적으로 죽이기 작전을 전개하였다. 의원들의 일반적인 견해도 루이 16세는 평범한 시민일 수 없으며 프랑스와 프랑스인의 적이라는 점에 동의하는 눈치였다.

게다가 1792년 11월 20일 그간 왕의 지시에 따라 궁전의 비밀 벽장에 숨겨놓은 철제 상자와 비밀 문서가 발견되어 국왕과 적들 사이에 비밀교섭이 진행되었다는 증거가 나왔으므로 사태는 더욱 걷잡을 수 없이 루이 16세에게 불리하게 진행되었다.

바래르는 튈르리궁에서 발견된 문서가 왕에게 혐의가 없음을 증명하라

---

32 Albert Soboul, *Précis d'Histoire de la Révolution Française*, Paris: Editions Sociales, 1975, p.230.

고 요구하였다. 그가 국민공회 의장직을 다시 맡은 후에는 더욱 루이 16세의 유배에 강력한 의견을 발표하였다. 1792년 12월 말에는 국민공회가 루이 16세의 운명을 결정해야 하고, 그리고 재판의 비준을 위한 인민의 소집에 반대하는 성명서 발표에 사인하였다. 1793년 1월 "루이 카페(루이 16세)는 공공의 자유에 대한 음모와 국가의 안정에 대한 침해로 처형될 수 있는가?"라고 하는 질문에 대한 지명 소집에 '찬성'으로 투표하였다.

그리고 "루이 카페에 대한 국민공회의 재판은 인민의 비준에 따를 것인가?"라는 질문에 대한 지명 소집 투표에서는 '반대'로 투표하였다. 또한 어떤 형벌을 루이 16세에게 내려야 할까? 그리고 그에 대한 이유에 대해 말하였다. 또한 루이 16세의 재판의 집행이 유예될 것인지 아닌지를 알 수 있는지에 대한 지명소집 표결에서도 '반대'로 하였다.

바래르가 루이 16세의 재판에서 직접 심문한 것은 12월 10일 로베르 랭데(Robert Lindet)가 21인 위원회의 이름으로 루이 16세의 범죄에 대한 보고서, 즉 프랑스 혁명 전체에 관한 일종의 연혁으로 중대한 순간마다 왕이 취한 이중적 행동을 다룬 것을 제출한 다음 날부터였다. 바래르는 첫 심문에서, "루이, 독재를 수립하기 위하여 자유를 파괴시킴으로써 수많은 범죄를 저지른 당신을 인민은 고발합니다. 당신은 삼신분의회의 회합을 저지하였고, 국왕 주재 회의에서 국민에게 법을 명령하였고 무장한 수비대를 배치하였습니다. 이의가 있습니까?"[33]라고 질문하였다.

루이 16세는 바래르의 심문에서 "그러한 사실들과 연관된 어떤 법률도 없었소"라고 한 것을 비롯하여 42번이나 진행된 심문에서 모든 질문을 부인하였다. 여기에서 중요하다고 생각되는 몇 가지만 소개하고자 한다.

---

[33] David P. Jordan, *The King's Trial: Louis 16 vs The French Revolution*, Berkeley: University of California Press, 1979, pp.108~109.

바래르　당신은 인간의 노예 상태를 종식하려는 법령의 제정과 「인간과 시민의 권리선언」에 대한 승인을 지연시킴으로써 또한 동시에 당신의 경호원의 수를 배가시키고 플랑드르의 연대를 베르사유에 집결시킴으로써 국민의 자유에 대항하는 계획에 집착하였습니다. 당신은 국민의 대표자와 국민을 모욕하도록 군대를 자극하였습니다.

루이　본인은 당신이 언급한 첫 번째 계획에 대하여 본인이 정당하다고 믿는 의견을 피력하였소. 국민의 대표에 관해서는 그것은 틀린 것이오. 즉 그러한 상황이 본인 앞에서 이루어지지 않았소.

바래르　당신은 당신의 서약을 위반했고 탈롱과 미라보를 매수하고자 하였습니다.

루이　당시에 무슨 일이 일어났었는지 생각나지 않소. 그러나 그러한 것은 본인이 헌법을 인정하기 이전이오.

바래르　당신은 사람들을 매수할 목적으로 공금을 낭비하였습니다.

루이　돈을 요구하는 자들에게 은을 제공하는 것을 본인은 즐거워하지 않소.

바래르　우선 당신은 생클루로 감으로써(1791) 왕궁에서 탈출하려고 하였습니다.

루이　그러한 비난은 불합리하오.

3시간의 심문에서 루이 16세는 무책임한 답변으로 일관하였다. 바래르는 왕에게 추가로 할 말이 없는지를 확인하고 왕의 요청에 따라 법률고문 발라제(Valaze)로부터 서류를 인계받도록 지시한 후 왕을 회의실로 물러갈 것을 명령하고, 의회가 그 심문 내용을 심의할 것이라고 예고하였다.

왕은 다시 법률고문을 요청하였으나 바래르는 거절하였다. 왕은 회의실

루이 16세와 가족들

로 인도된 후 곧바로 탕플성으로 호송되었다. 조르당의 말과 같이 왕의 법정 출두와 심문은 영원한 모독이었으며 사람들에게 뼈아픈 사건으로 기억되었다. 왕은 유혈사태에 관한 책임을 물을 때만 흥분된 표정이었고 그리고 몇 방울의 눈물이 떨어지는 것을, 보았다고 증인들이 보고하였다. 그 밖에 왕의 목소리는 자신에 차 있었고 태도는 단호하였으며 말과 행동은 위엄이 있었다. 그리고 뒤랑 드 마이안(Durand de Maillanne)의 말과 같이 "루이 16세의 감동적인 말에 거의 눈물을 흘릴 만큼 감동되었고 그의 답변은 명확성과 세밀한 그리고 당당하고 자신에 찬 음성에 존경을 표했다"라고 기록하였다.[34]

사실 왕은 국민공회에 출두하기까지 자기가 어떤 죄명으로 고소되었는지 전혀 알지 못하였고 변호사도 구하지 못하고 있었다. 그리고 책임의 한

---

34 *Ibid.*, p.112.

계가 너무 복잡하여 심문에서 '그렇소, 아니오'라고만 단순하게 답변할 내용이 아니어서 평소와 달리 거부감과 더불어 반항적이었던 언사로 정리하여야 무리가 없을 것 같다.

## 6. 루이 16세의 처형 주관

바래르는 국민공회에서 1792년 12월 17일 부르봉가와 카페가의 모든 사람을 추방하는 법령 초안을 낭독하였다. "탕플성에 억류된 사람들과 국민공회가 판결을 보류하고 있는 사람들을 제외하고 프랑스에 실제로 거주하는 부르봉가와 카페가의 가족들은 파리 주로부터 3일 이내에 떠난다. 그리고 8일 이내에 프랑스 공화국의 영토, 또는 프랑스군에 의하여 점령된 지역으로부터 떠난다."[35] 의장 바래르의 제안에 국민공회가 원안대로 부르봉가와 카페가의 추방을 결의하였다. 왕에 대한 두 번째 심문은 12월 26일에 개최되었으나 이때에는 바래르가 특별한 개입을 하지 않았다. 의원 749명 가운데에서 지롱드 당원은 불과 165명에 불과하여 왕을 옹호하기에는 역부족이었다.

1793년 1월 4일 국민공회는 다시 왕의 재판을 토의하였다. 바래르는 「진상과 절차(les Facts et Formes)」, 즉 인민의 소집, 국민주권, 정치 논고, 정치적 관심을 주로 하여 연설하였다.

 1. 루이 16세는 프랑스인의 자유에 역행하는 음모 사건으로 기소되었습니다. 그는 그것을 감지하고 있으며, 법정에서 정해진 절차에 따라 감호되

---

[35] *Archives Parlementaires de 1787 à 1860, recueil complet des débats législatifs et politiques des chambre françaises*, 1er série, tome 55, p.89. "Le 17 Décembre 1792".

없습니다. 루이는 유죄 판결을 당연히 받아야 할 것입니다. 그의 옹호자들은 형량을 낮추려고 죄목들을 모호하게 하면서 그의 범죄 행위를 정당화하였습니다. 나는 일어난 사실들을 있는 그대로 밝히기 위해 접근하였습니다.

   2. 루이 카페의 재판은 범죄 사실의 인지와 그의 보호에 대해 자연적인 결과로 되었습니다. 여러분께서는 갑자기 그 사건 현장이 몇몇 재판관의 형태로 된 인민의 상소, 즉 몇몇 연설자의 펜 아래서 그것이 커지게 될 때 판결할 것입니다. 그 한도는 국민공회 의원 여러분의 권한에 달려 있습니다. 의혹이 여러 의원님의 정신 속에 던져졌습니다. 사람들은 지금까지 보내지 않는 법령을 추인하게 하든지 아니면 파기하라고 말하였습니다. 그래서 형이 선고되기 전에 판사들은 재판에서 이의를 제기할 수 있을 방법에 대하여 몰두하고 있습니다. 사람들은 인민의 소집에 대하여 말했습니다. 우리가 이러한 방법을 실행할 수 있을런지에 대하여 검토할 것입니다.

   3. 우리는 인민주권을 위해, 인민의 참여를 원합니다. 왜냐하면 오직 인민의 참여만이 인민이 왕국의 헌법에 부여한 불가침권을 루이 카페에게서 박탈할 수 있기 때문입니다. 나는 인민주권과 소위 불가침권을 강요하는 이러한 방법을 만들었던 남용을 조사할 것입니다.

   4. 결국 정치가 전제군주를 만들고, 정치가 그들을 구원하려 하였습니다. 그러므로 정치적인 관점에서 프랑스가 어떻게 거대한 사건에 대해 국민의 비준을 받을 필요가 있는지 없는지에 대하여 검토하여야 할 것입니다.[36]

이상의 연설문을 통해 바래르는 무제한 위임권, 입법권의 논리, 안전대책에 대한 보고로 인민의 비준이 필요하지 않음을 입증하였다. 이어 그는 국민공회에 3개의 항목을 요구하였다.

   1. 루이 카페가 국가에 대항하여 음모한 것이 유죄가 되든지 그렇지 않든

---

36 *Ibid.*, tome 56, pp.200~201.

지 국민공회는 그 문제에 대하여 의회의 연단에 지명 소집하여 투표할 것.

    2. 국민공회는 국내외의 안전을 위태롭게 한 사람들에 대하여 형법에 따라서 형벌의 적용에 대해 지명 소집하여 투표할 것.

    3. 그런 후에 국민공회가 카페가의 운명을 결정할 것.[37]

    국민공회 의원들은 바래르의 제의에 동의하면서 박수를 보냈다. 회의가 1월 4일 오후 5시에 끝났다. 10일 루이 16세의 재판에 관한 토론 후에, 의사일정을 정하면서 그는 두 가지를 제안하였다. "첫째 루이가 유죄 선고를 받을 만한지 또는 그렇지 않은지에 대한 문제에 우리가 동의해야 할 것입니다. 둘째, 형벌의 부과에서 인민의 소집이 필요한지 아닌지에 대한 문제에 우리가 동의해야 할 것입니다." 이에 다수의 의원이 "옳소, 옳소, 바로 그것이오! 그러니까 투표해야 하지 않겠습니까!"라고 소리쳤다. 바래르는 "법률은 인민의 재가를 받기 위해서 제출될 수 있습니다. 그러나 왕의 재판은 법으로 해서 되지 않는 것입니다."[38]라고 말했다. 그리고 루이 16세는 인민의 소집 없이, 그리고 법에 따르지 않고 프랑스 공화국의 안전을 위태롭게 한 명목으로 재판을 받아야 한다고 선언하였다. 루이 16세의 재판은 1월 14일부터 시작되었으나 실제로는 16, 17일에서야 시행되었다. 투표에 앞서 바래르가 의회에서 한 말을 자세히 볼 필요가 있다.

    "자연권 재판소에서는 인간의 피를 부당하게 흘리게 한 사람은 죽어야 마땅하다고 합니다. 우리의 실증법 재판소에서 형법은 조국에 대항하여 음모를 꾸민 자와 국내외의 안전을 위태롭게 한 자는 사형에 처합니다. 정의 재판소에서 나는 공안에 대한 최고법을 찾았습니다. 이 법은 전제군주와

---

37  *Ibid.*, p.214.
38  Albert Mathiez, *La Révolution française*, t.2, Paris: Librairie Armand Colin, 1978, p.59.

인민 사이에는 죽음으로써의 싸움밖에 없다는 것을 나에게 말합니다. 또한 이 법은 역대 왕들의 교훈이 될 루이의 처벌이 여전히 도당들, 무정부주의자들, 독재자들, 또는 그 밖에 비슷한 권력을 열망하는 자들에 대하여 무시무시한 교훈이 될 것이라고 나에게 말합니다. 법은 군국주의자처럼 간악하고 야욕에 찬 인간에 대하여 귀머거리가 되고 냉혹해질 필요가 있습니다. 옛날에 한 저술가는 '자유의 나무는 전제군주들의 피를 퍼주어줄 때 성장한다'라고 하였습니다. 법은 루이에게 사형을 말합니다. 그러나 나는 여기에서 법의 대변자에 불과합니다."[39]

바래르는 루이 16세의 사형을 제의하였고, 1793년 1월 16일 수요일과 다음 날 목요일에 국민공회 상설위원회는 이를 표결에 부쳤다. 361표가 무조건 사형이고, 26표는 마이유의 수정안으로 사형이며, 44표는 조건부 사형, 290표는 사형 이외에 족쇄형, 구금형 등이고, 28명은 부재자로 나왔다. 총 투표자 749명 중 부재자를 제외하면, 무조건 사형과 그 밖에 다른 형 사이의 표 차이는 단 한 표였다.

바래르는 물론 무조건 사형에 투표하였다. 뷔조, 콩도르세, 브리소, 바르바루 등은 대외 정세를 고려하여 판결을 연기하자고 제의하였다. 그러나 바래르는 연기는 인민의 소집에 대한 문제를 일으킬 수 있으며, 외국인들 앞에서 혁명을 무기력한 상태로 빠트리고, 국내의 분쟁을 연장하게 할 수 있다고 대답하였다. 따라서 집행유예는 380:310으로 부결되었다.[40] 바래르는 "만약 왕의 피를 주지 않는다면, 자유의 나무는 자랄 수 없을 것이다."[41]

---

[39] *Archives Parlementaires de 1787 à 1860, recueil complet des débats législatifs et politiques des chambre françaises*, 1er série, tome 57, pp.367~368. 생쥐스트의 말.
[40] Albert Mathiez, *La Révolution française*, t.2, p.60.
[41] Roger Cartini, *Dictionnaire des Personnages de la Révolution*, Paris: Le Pré aux Clercs, 1988, p.64.

라고 하면서 인민의 소환과 집행유예 없이 루이 16세의 사형을 선고하였다.

왕은 1793년 1월 21일 39세의 나이로 단두대에서 처형되었다. 왕이 처형될 때까지 왕을 살리기 위한 큰 사건은 일어나지 않았

단두대에서 처형되는 루이 16세

다. 다만 1월 20일 격노한 지롱드파 가데(Guadet)의 동의에 따라 9월 학살자 검거령을 가결시켰고, 국민공회 의원 르플르티에 드 생파르고(Lepeletier de Saint-Fargot)를 암살하는 사건만이 일어났다. 하지만 왕의 처형은 유럽 중심의 전 세계를 경악 속에 몰아넣음과 동시에 왕에 대한 존엄성과 신성함에 대한 엇갈린 견해와 더불어 혁명은 더욱 과격하게 치닫게 되었다.

프랑스 역사상 최초로 행하여진 왕의 처형으로 사람들은 혁명정부에 대한 공포를 적지 않게 느꼈고 심지어 사형에 찬성한 의원들까지도 무거운 책임감에 사로잡혔다. 게다가 방데(La Vendée) 지방에서는 왕의 처형에 격분하여 '방데 반란'이 3년간(1793~1795) 일어났으며, 왕당파와 농민들로 구성된 게릴라전이 극렬하게 벌어졌다. 이에 따라 각 지방에서 혁명위원회가 조직되었고 뒤무리에 장군은 파리로 진격하여 정치 클럽을 일망타진하겠다고 호언장담하였으나 실제로의 행동이 없어 지롱드당의 명예만 실추되는 결과가 되었다. 설상가상으로 벨기에가 적에게 탈환되고 툴롱이 영국 함대에 제압당해 지롱드당은 더욱 약화되었다. 그리고 파리 코뮌이 지롱드당을 공격하는, 바로(Barrot, Jean André, 1753~1845)[42]의 편을 들어줌으로써

---

[42] Roger Caratini, *Dictionnaire des Personnages de la Révolution*, Paris: Le Pré aux Clercs,

패권이 산악파로 넘어갔다.

　루이 16세의 처형에 영국 왕실은 애도의 뜻을 표하였고, 1793년 1월 24일 주영대사 쇼벨랭(Chauvelin)을 추방하였다. 그러자 프랑스에서는 2월 1일 브리소의 제안에 따라 국민공회가 영국과 네덜란드에 선전포고함으로써 유럽 전쟁으로 확대되고 그간 시달려온 주변국들이 대불동맹을 결성하였다.

　불안해진 정국을 수습하기 위해 프랑스는 산악파를 중심으로 한 국민공회에서 혁명재판소와 공안위원회를 창설하기까지 하였다. 혁명재판소는 14개월 동안 푸키에-탱빌(Antoine Quentin Fouquier-Tinville)이 수만 명의 반혁명 분자들을 단두대에서 처형하였다. 바로 그때 바래르는 당통, 캉봉과 함께 뒤무리에의 반역이 있은 뒤인 4월 6일 제1차 공안위원 그리고 7월에는 제2차 공안위원이 되어 혁명재판과 국내외의 전황 보고를 도맡아 하였다. 전시 상황에서 의원들의 관심사가 바로 바래르의 전황 보고에 집중되자 의회에서는 자연스럽게 로베스피에르의 발언까지도 취하면서 바래르의 등단을 요구하였다.

　따라서 바래르는 당시 전황과 국내외의 불안한 정국을 낱낱이 보고하면서 애국심과 국민적 단결을 호소함으로써 혁명의 주도권을 쥐게 되었다.

---

　1988, pp.67~68.
　그는 왕실 공증인의 아들이며 파리 고등법원의 변호사였다. 로재르(Lozère) 출신의 국민공회 의원으로 루이 16세의 재판에서 인민의 소집, 그리고 왕과 그의 가족들의 추방안에 찬성투표하였고, 형집형의 유예에는 반대투표하였다.

제3장
# 공포정치와 테르미도르 반동

## 1. 기요틴의 아나크레온

국내외의 전쟁과 불안한 정국에 대처하는 혁명정부는 인민들을 '공포'에 떨게 했다. 혁명정부의 가장 큰 당면과제는 첫째 국가방위와 반동분자의 처형이었고, 둘째 민생을 위한 각 분야의 개혁과 애국자의 국가적 추모사업이었다. 바래르는 1792년 8월 14일 당통의 요구에 의한 법무위원에 이어 24명으로 구성된 공교육위원, 1793년 1월 국방위원, 그리고 1793년 4월 7일 혁명재판에 직접 관여하는 공안위원에 선출되었다. 그는 1793년 1월 생파르고의 암살에 대한 추적과 관계된 법령 초안을 제출하였으며 그에게 팡테옹의 영광을 주어야 한다고 공회에 요구하였다.

사실 1792년 9월 21일부터 혁명을 주도한 것은 국민공회였으나 실권은 공안위원회가 장악하게 되었다. 바래르가 프랑스 혁명에서 실세 역할을 할 수 있었던 것은, 바로 공안위원회의 위원을 비롯하여 같은 각종 혁명위원회의 위원으로서 활약하였던 시기였다.

제1차 공안위원회는 매달 경질이 가능한 9인의 국민공회 의원으로 1793

년 4월 5일부터 7월 말까지이고, 제2차 공안위원회는 7월 말부터 1794년 10월 말까지였으며, 제3차 공안위원회는 11월부터 1795년 10월 브뤼매르 5일까지의 국정 전반과 반동을 다루었다. 이들은 혁명정부의 국정에 관한 무소불위의 권한을 위임받고 휘둘렀다. 임시행정 내각에 위임된 행정의 전반을 감독하고 독려하는 권한을 행사하였다. 초기에는 당통의 지도를 받았고 지롱드파의 여러 장관의 역할을 실질적으로 대신하였다. 이 위원회는 비상시 국가방위에 대해 조치할 수 있는 권한을 가지고 있었으며 임시 행정 내각은 이러한 공안위원회의 조치를 즉시 이행하게 되어 있었다.

제1차 공안위원회에서 가장 시급했던 것은 정국의 안정과 대불동맹에 따른 국가방위 문제였다. 바래르는 전시 내각의 조직, 군대의 징집과 조직을 제안하고, 해군성의 조직에 대한 보고서를 제출하였다. 이에 따라 국민공회에서는 30만 명의 징집령을 수행하기 위해 11개 군(軍)에 각각 1명의 의원을 파견하여 행정 내각 관료들, 모든 조달 상인, 군대의 청부업자, 그리고 장군과 사병을 막론하고 군인들의 행동을 감시하였다.

당시 프랑스의 모든 전선은 이미 무너져 있었고, 국내의 불안한 정국을 틈타 반혁명 분자들이 남프랑스 전역을 선동하고 있었다. 그리고 서부에서는 조직적인 내란이 일어났다. 그러나 국민공회는 지롱드당과 산악파의 두 당이 치열하게 대립하고 있어 혁명을 욕되게 하고 있었다.[43] 그러므로 바래르는 우선 군의 방어방법과 군의 새로운 조직에 전념하면서 난국을 타개하는 것이 급선무였다.

이러한 난국에 국민공회의 파리 코뮌이 지명한 22명의 의원을 체포하도록 명령하였다. 파리 코뮌의 이와 같은 음모에 기습당한 공안위원회는 어떤 저항도 하지 못하고 군인들의 무력에 의해 유린당하고 말았다. 결국 새

---

43  Hippolyte Carnot et David(d'Angers), *Mémoires de B. Barère*, tome 1, p.89.

로 탄생한 공화국의 통치권을 차지하고자 싸움판을 국민공회가 벌이는 판국이 되어 더욱 힘 있고 유능한 사람들로 구성된 공안위원회의 형성이 요구되었다.

제2차 공안위원회는 1793년 7월 10일부터 총 12명으로 구성되었다. 처음에는 9명을 선발하고 8월과 10월에 3명이 채워졌다. 처음 선거에서 바래르와 장 봉 생앙드레가 192표로 최다 득표하였고 로베르 랭데가 100표로 최하위로 공안위원이 되었다. 바래르가 공안위원이 된 것은 그의 명석한 두뇌와 탁월한 웅변술을 인정받은 것이다. 바래르는 여론이 변했다는 것을 감지하고 즉시 지롱드 당원들의 재판회부를 요구하였다. 그때부터 그는 테러리스트이자 자코뱅의 일원으로서 공안위원회에서 적극적이며 열성적인 혁명의 추진자가 되었다. 그는 화려하고 시적이며 우아한 문체로써 처리 방법을 마련하였다. 따라서 그에게 '기요틴의 아나크레온'[44]이라는 별명이 붙여졌다. 그는 6월 1일 국민공회 연단에서 최근의 사건들을 확실하게 보고해야 하는 공안위원회의 대변자가 되었다.

바래르의 요구로 프랑스 왕들의 묘소가 파헤쳐졌으며, 파올리(Paoli)는 반역죄로 선고받았고, 퀴스틴(Custine) 장군은 기소되었다. 그리고 부르봉가는 추방되었을 뿐만 아니라 7월 14일 이후 프랑스에 도착한 영국에 있던 부르봉가도 역시 추방되었으며 왕비 마리 앙투아네트가 재판에 넘겨지고, 치외법권에 속해 있던 왕족들의 재산이 모두 몰수되었다.

---

[44] Robert Launay, "L'Anacréon de la guillotine", *Barère de Vieuzac: L'Anacréon de la Guillotine*, Paris: Edition Jules Tallandier, 1929, pp.347~350. 아나크레온은 고대 그리스의 서정시인으로 명랑하고 경쾌한 시풍으로 술과 사랑을 노래했으며 풍자시를 많이 썼다. 후일 그의 시풍을 모방하는 사람들이 많아 '아나크레온 시풍'이라는 말도 나왔다. '기요틴의 아나크레온'이라는 말은 '단두대 처형에 대한 찬미자'라는 뜻으로 사용되었다.

마리 앙투아네트의 처형

게다가 바래르는 카앙성의 파괴를 선언하고 발랑시엔(Valenciennes)을 함락하였으며 애국자들에게 대항하여 툴롱에서 행해진 박해 그리고 캉브레(Cambrai)의 봉쇄조치를 국민공회에 보고하였다. 또한 그는 파리 시민들을 군대에 동원할 것을 제청한 후에 18~25세까지의 젊은 남자들을 징집할 규정을 채택하였다. 그리고 얼마 후에 에스파냐에 속해 있는 프랑스인의 재산에 대해 몰수령을 내렸다. 그는 마인츠(Mayence)에서 레벨(Rewbell)과 메를렝 드 티옹빌(Merlin de Thionville)의 작전을 변호하였고, 리옹시 방어를 위하여 군대 파송을 선언하였다. 그리고 『파멜라(Paméla)』의 저자 프랑수아 드 뇌샤토를 온건주의로 가득 찬 작품을 쓴 까닭에 체포하였다고 의회에 통고하였다. 그리고 1793년 8월 이전에 헌법 개정에 대한 발언을 4번이나 하여 혁명에 부응하는 헌법 초안을 계속 촉구하였다.

9월 5일 바래르는 혁명군을 창설하였고 공포정치를 공식적으로 의사일정에 넣었으며, 왕당파들에게 왕비와 브리소의 처형을 예고하였다. 그는 격동하는 당시의 상황을 설명하고 그에 대한 대책을 제시하였는데, 그러한 내용들이 『국민신보』 또는 『세계일보』, 1787~1860년의 의회기록문, 『산악일보』 등에 실려 있다. "왕당파들은 피를 보기를 원하고 있습니다. 그들은 음모자, 브리소파, 마리 앙투아네트파의 피를 가지고 있습니다. 그들은 소요를 준비하고자 합니다. 왕당파들은 국민공회의 업무를 방해하고자 합니다. 음모자들은 여러분들의 일도 방해할 것입니다. (박수갈채) 그들은 산악파들을 죽이고 싶어 합니다. 산악파들이 여러분들을 짓밟겠습니까! 내일부터 공안위원회는 파리에 혁명군 6천 명과 1천 2백 명의 포병을 갖추게 하는 방법을 제시할 것입니다."[45]

그러나 바래르 자신은 항상 모든 당파로부터 혐의와 감시를 받고 있었다. 왕당파들이 수난을 당할 때면 왕당파라고 비난받고, 공화주의자들이 추방될 때는 공화파라는 딱지가 붙어 추방될 위기에 처했다. 그럴 때마다 바래르는 다양한 정부의 악덕 관리들과 각 시대에 금지된 견해의 탓으로 돌리면서 약한 사람을 공격하고 비난하며 추방하는 정부에 양심을 팔아버린 불쌍한 저널리스트들을 개탄하였다.[46] 그는 당시 정치 상황을 제대로 파악하지 못하고 오히려 집권당에 양심까지 팔면서 약한 사람들을 몰아치는 언론도 안타깝게 생각하였다.

바래르는 증대하는 파리 코뮌의 권력에 대항하여 과감하게 의사 표명을 하였으며 1792년 11월 10일, 12월 2일 그리고 다음 해 2월 26일 계속해서 항변을 반복하였다. 동시에 5월 31일부터 6월 2일까지 코뮌과 로베스피에르, 당통, 에베르, 마라에 대항하여 피고인들을 비호하고 나섰다. 국민공회에서 한가운데 자리를 잡은 그는 "여러분은 독재자를 처형하도록 하였습니다. 여러분은 이제 국민의 대표자를 감히 유린하고 있는 무례한 군인 앙리오(Henriot)를 처형하도록 해야 합니다"[47]라고 하면서 국민공회가 바로 가야 한다고 촉구하였다.

---

45 *Archives Parlementaires de 1787 à 11860, recueil complet des débats législatifs et politiques des chambre françaises*, 1er série, tome 73, p.425. Journal des Montagne, no 97, Journal des Débats et des Décrets, no 353, p.81.
46 Hippolyte Carnot et David(d'Angers), *Mémoires de B. Barère*, tome 2, p.48.
47 *Ibid.*, tome 1, pp.71~72.

혁명재판소의 창설에 대한 의견과 더불어 새로운 공안위원의 선출이 필연적으로 대두되었다. 당시 국민공회 의장 델마가 먼저 공안위원회 위원들의 임명을 위한 지명 소집 결과를 국민공회에 알리도록 요구하였다. 이어 바래르, 델마, 브레아르, 캉봉, 장 드브리, 당통, 귀이통 모르보, 트레야르, 들라크루아가 호명되고 이들이 순서대로 절대 다수표를 얻었으므로 그들을 공안위원으로 임명한다고 선언하였다. 여기에서 바래르가 360표로 최다 득표했고 들라크루아가 151표 최저 득표자로 공안위원이 되었다. 바래르는 델마 의장보다 13표, 당통보다는 133표를 더 얻었으니 당시 바래르의 위상이 최고조에 달하고 있었음을 알 수 있다.

이제 산악파가 공안위원회를 주도하게 되었다. 그것은 산악파의 영향력이 지롱드파보다 우세하였으며 외부적인 위험 앞에서 지롱드파의 망설임이 프랑스 공화국을 위험한 상태로 내몰고 있었기 때문이었다.

바래르는 1793년 8월 공안위원회에 카르노와 프리외르 드 라코트도르를 추천하였다. 바래르의 제의는 물론 받아들여졌고, 1793년 9월 6일 그는 다시 자크 니콜라 비요바렌, 장 마리 콜로데르부아, 그라네 드 세르세유를 공안위원회에 추가 추천하였다. 이들은 사실 바래르의 가까운 정치적 동료였으며 이로써 그의 입지가 더욱 굳건해졌다. 그는 프랑스 남부 지방에 공화정신을 앙양시킬 필요성을 역설하고, 국민공회에서 반정부적 소요가 일어나지 않도록 촉구하는 발언을 하였다. 그는 1793년 8월 14일 공안위원회의 이름으로 "프랑스 군대여! 군인들이여! 모두 일어나라! 모두 달려라! 자유는 선서를 받아들인 모든 사람을 손들어 환영한다."[48]라고 외치며 국가 방위의 의지를 고무하며 혁명을 추진하였다.

---

48 *Archives Parlementaires de 1787 à 1860, recueil complet des débats législatifs et politiques des chambre françaises*, 1er série, tome 73, p.471.

## 2. 혁명군의 동원과 국가방위 활동

거듭된 혁명은 혁명정부가 감당하기 어려운 국내외의 전쟁을 동반하였다. 내란의 평정과 대불동맹 국가들의 침입에 대한 방호가 급선무로 처결할 사항이었다. 국민공회는 혁명군을 조직하고, 각 주에 의원들을 파견하여 프랑스 혁명 공화국을 지킬 수 있도록 병력을 동원하는 일에 최선을 다하고 있었다.

바래르는 1792년 9월 23일 오트피레네와 샌 에 우아즈의 대표로 당선되자마자 국민공회에서 에스파냐 국경지대에 징병을 독려하기 위해 의원들을 파견할 것을 요청하였다. "나는 행정부가 요구한 군사위원들의 임명이 즉시 처리되고 툴루즈에 세울 참모부 구성에 필요한 군사위원회의 파견을 요청합니다."[49] 그리고 10월 3일 그에 대한 긴급 문서 발송을 촉구하고, 이미 포병과 병기 제작 사령관이 도착하였는데 바로 그곳이 국방에 필요한 모든 수단을 제공할 참모부라고 설명하였다.

바래르는 인민들이 있는 곳은 공동으로 방호, 안전, 관리에 최선을 다하고 또한 협력해야 한다고 강조하였다. 1792년 11월 26일 각 주에 파견된 위원들을 소환하기 위한 5개조의 법령을 낭독하였는데, 그 요지는 '행정위원회가 각 주에 파견한 대표위원들을 야전에 소집하는 임무를 맡는다. 국민공회의 허락 없이 각주에 군사위원을 파견하는 것을 행정위원회에서 금지한다. 그리고 국민공회 내에 9명의 대표위원이 임명될 것'이라는 내용이었다.[50]

바래르가 생각하는 국방 거점은 어떤 특정 지역이 아니라 동쪽은 스트라스부르그와 리옹 지역, 오스트리아, 서쪽은 에스파냐와 방데 지역, 남쪽

---

49  *Ibid.*, tome 52, p.111.
50  *Ibid.*, tome 53, p.601.

프랑수아 플레망의 〈마슈쿨 학살〉. 방데 반란의 도화선이 된 마슈쿨 학살 사건을 소재로 했다.

은 이탈리아와 알프스 북부, 북은 노르 지방과 영국이었다. 그리고 국내에서는 루아르 에 쉐르(Loir et Cher), 외르 에 루아르(Eure et Loir), 르 사르트 지방의 각 주와 인접한 지역이었다. 그는 1793년 2월 자코뱅의 혁명정부를 전시 행정 체제로 전향시키는 역할을 하였다. 그뿐만 아니라 포르(Faure), 가르니에, 마라 등과 함께 전시내각을 조직하였으며, 국방위원회와 제헌위원회가 내무부 장관에게 군대 편성안을 제시하는 것을 발표하였다. 그리고 재정위원회, 국방위원회, 전쟁위원회가 군대를 징집하는 방법을 협의하게 하였다.

1793년 2월 12일 바래르는 군대의 조직 개편에 대하여 "일선 부대로 징집된 군대와 의용군은 똑같은 봉급, 똑같은 제복이 지급될 것이다."[51]라고 하여 정규군이나 의용군은 모두 프랑스 혁명군이므로 똑같은 규율, 똑같이 엄격한 훈련이 필요하다는 것을 강조했다. 이로써 군의 사기는 크게 진작되

---

51  *Ibid.*, tome 58, p.484.

었다. 이어 2월 14일에는 헌법위원회와 연합국방위원회의 이름으로 해군성을 조직하는 법령을 발표하고 3월 7일에는 에스파냐에 대한 전쟁 선포의 불가피성을 주장하였다. "시민 여러분, 에스파냐에 전쟁을 선언하여야 합니다. 1789년 7월 14일 이래 에스파냐 왕은 그의 정부와 함께 여러 번 프랑스 인민의 왕권을 모욕하였고, 항상 나라의 주권자로서 루이 카페를 생각하도록 고집하였던 것을 생각하더라도 우리는 전쟁을 선언해야 합니다."[52]

바래르는 혁명 추진에 있어 들라크루아와 막시밀리앙 로베스피에르에게도 협조를 요청하였으며, 마음을 같이하였다. 3월 23일 국방위원회와 안전위원회의 이름으로 방데와 그 이웃 지방의 반혁명분자들에 대한 대책을 세웠다.

그는 라인강 지역 군대 사령관을 임명하면서 그곳에 파견된 위원이 알아야 할 법령을 확인하라고 하였으며, 군의 징집에 대한 보고서. 타르브에 대포 제조창을 설치하는 문제에 대한 보고서를 작성하였다. 그리고 피레네 오리앙탈 지역의 군대에 파리의 3개 포병 중대를 파견하는 문제에 대한 보고서도 작성하였다. 또한 에스파냐 정부의 적대 행위와 에스파냐 왕에 대한 선전포고의 필요성에 대한 보고서를 공회에 제출하고, 해군성에서 해군장관이 조국의 안전에 대하여 답변할 수 있는지 아닌지를 묻기 위해 소환하자고 제의하였다.

그리고 벨기에 병사들에게 보내는 성명서 초안을 발의하였다. 또한 공동의 안전 대책에 관한 협의 임무를 가지고 있는 위원회의 창립을 위하여 이즈나르의 제안을 적극적으로 지지하고 나섰다. 국내의 안정과 질서 회복을 위해 파리 지구에 포병 중대를 조직하고, 파리의 질서 회복 방법을 비롯하여 내무부를 조직하는 문제에 대한 보고서도 작성하였다. 유언을 남기는

---

52 *Ibid.*, tome 59, pp.686~690.

법의 폐지에 대한 발언, 체신위원회의 기능 회복, 특별형사재판소의 조직, 방데 반란의 반혁명 분자들에 대한 대책 강구를 제안하는 등 국정의 안정에 역점을 두고 활동했다.

4월 4일, 그는 4만 명의 장정을 추가 징집하여 자코뱅 시대에 16세부터 25세까지 총 60만의 장병들을 삼색기 아래로 동원하였다. 군대 조직과 동원에 대한 바래르의 참정은 성공한 셈이다. 프랑스 혁명 공화국의 군대는 방데 지방의 내란을 평정하고 이탈리아, 독일, 벨기에, 네덜란드 등 동서남북의 야전에서 선조들이 남긴 명성을 드높이며 프랑스 혁명을 성공적으로 성취시키는 데 큰 역할을 하였다.

그 밖에 바래르의 국방과 내정에서 괄목할 만한 것은, 생필품위원회의 창립과 더불어 생필품의 산정, 곡물 징발, 수확물을 적에게 탈취당한 경작자들에 대한 구호금 지급, 생필품 물가 최고가격제, 새 화폐 발행, 관세 제도의 개편 등을 추진하여 혁명과 전쟁의 와중에도 인민들의 생활 안전과 공교육개혁에 최선의 노력을 하였다는 것이다. 그러나 7월 말 아카데미 현상논문인 「루이 12세에 대한 찬사」의 수상이 불발된 데에는 동의했어야 하고, 1789년 7월 14일 이전 프랑스에서 거주하지 않은 영국인들을 모두 추방해야 한다는 제안은 좀 더 생각했어야 할 일이 아니었나 싶다. 「루이 12세에 대한 찬사」는 그가 보르도 아카데미의 현상논문으로 1782년 제출하였다가 낙선된 작품이라 사적 감정이 발동된 것 같고, 프랑스 혁명 이전부터 거주하지 않은 영국인들을 추방하는 것은, 명분이 너무 빈약한 것으로 보이기 때문이다.

## 3. 테르미도르 반동

혁명력 2년부터 국방위원회, 공교육위원회 등 21개의 위원회 가운데 공안위원회가 실권을 쥐고 혁명을 추진하고 있었다. 공안위원회는 매달 실시하는, 선거를 통하여 위원을 보충하였다.

로베스피에르는 1793년 8월 10일 다비드가 감독한 '통일과 단결의 축제' 후부터 '청렴공', '인민의 옹호자', '삼라만상의 아버지'로 추앙받고 있었다. 그가 쿠통, 생쥐스트와 함께 혁명정부의 정치 전반을 주도하였으나 그를 압도할 만한 경쟁자는 나

공포정치의 주역 로베스피에르

타나지 않았다. 오히려 푸셰, 바라스, 탈리앙 같은 사람들은 권세의 시련을 극복하기 위하여 그에게 접근하였다.

당시 바래르는 외교 업무를, 카르노는 전쟁을, 장 봉 생앙드레, 랭데, 마른, 프리외르 드 라코트도르는 주지사 업무를, 비요바렌, 콜로데르부아는 내무 업무를 관장하고 있었으나 실제에 있어서는 공안위원회와 안전위원회에서 전권을 쥐고 통제하고 있었다. 그러나 현실 문제는 공안위원회의 의도대로 해결되지 않는 경우가 많았다. 바래르는 혁명을 추진하는 데 가장 큰 걸림돌이 로베스피에르임을 이미 알고 있었다. 그는 로베스피에르의 탐욕스러운 야망과 화가 난 자기연민의 복수심만 사라지면 프랑스 공화국을 공고히 하고 유럽에 자유를 줄 수 있다고 생각하였다.[53]

바래르는 계속해서 파리의 빈궁 대책, 센 에 우아즈에 궁핍 원인 조사위원 2명 파견, 수확물을 적에게 빼앗긴 농민들을 위한 구호금 지급, 스위스 용병들에게 소금 공급, 곡물 징발, 의용군 무장을 위한 세금 인상 등에 대한 포고령을 발령하여 혁명 사업을 차질 없이 차근차근 추진하였다. 그리

---

53 Hippolyte Carnot et David(d'Angers), *Mémoires de B. Barère*, tome 1, p.104.

고 각 지역의 안전과 감시를 위해 의원들을 파견하고, 상선의 징발, 망명자들의 재산 몰수와 집기들을 군대에서 사용하는 문제, 왕국의 문양 사용 금지, 탈영병 영입 중지, 숭배의 자유 법령, 임시정부의 조직안, 감옥 환경 개선, 외국인의 국민대표 선출을 제한하였으며, 애국자 마라의 초상을 전국 초등학교에 걸어 혁명정신을 고양시켰다.

로베스피에르가 쿠통, 생쥐스트와 함께 정치적 구심점을 형성한 삼두체제는 바래르의 반감을 샀다. 따라서 바래르는 로베스피에르가 지방의 각 주를 감독하는 기관원들을 파견하여 용의자들을 찾아내고 혁명위원회에 고발하게 하고 처형하면서 세를 늘이는 것을 아주 못마땅하게 생각하고 있었다. 그는 당시 실권을 쥐고 있는 유리한 입장이었으면서도 자신에게 부과된 일을 사양하지 않고 모두 받아서 처리하였다. 특히 위원들이 지방에 파견되었기 때문에 그가 맡고 있던 일을 나누어 맡아야 하는데도 1794년 10월 말 공안위원회에서 퇴임할 때까지 열정, 용기, 인내심을 가지고 헌신하였다. 그는 혁명 과업을 수행하는 것에 긍지와 자부심을 가지고 있었으며 영광스럽고 재미있는 일이라고 생각하였다.

한편 로베스피에르는 1794년 5월 7일 국민공회에서 「도덕적 이념과 공화주의자의 원리에 대한 보고」라는 제목으로 연설하였고 국민공회는 그것을 채택하였다. 그리고 6월 8일에는 최고존재(L'Etre suprême)에 대한 축제를 거행하였다. 그것은 로베스피에르에 대한 최대의 예찬이 되었고, 동시에 의도적이 아니라 하더라도 '청렴공'이라는 찬양의 명성을 듣게 되었다. 그러나 한편으로 점점 독재자가 되기를 갈망한다는 의심을 들게 하기에 충분하여 그를 모함하는 움직임이 6월부터 본격적으로 퍼져나갔다. 파리 시민들은 이러한 행사를 통해 로베스피에르의 공포정치가 격앙되지 않고 중지되기를 바란다고 하며 고발하였다.

방데 반란이 가속화되자, 바래르는 공화국의 영토에서 적들이 추방될 때까지 모든 프랑스의 인민은 군 복무를 위하여 영구히 징집된다는 것을 발표하고 왕권의 잔재를 파괴하는 애국자이며 공화주의자이자 자코뱅으로서 공안위원회의 우두머리가 되어 프랑스 혁명을 추진하였다.

로베스피에르 체제를 몰락시킨 요인은 물론 2개월간이나 국민공회의 연단에 서지 않았던 그가 갑자기 나타나 의원들에게 위압적인 발언을 한 것에만 있는 것은 아니다. 거센 혁명의 물결을 감당할 수 없었던 그의 정치적 능력을 제외하더라도 그의 1인 독재체제, '청렴공', '인민의 옹호자', '삼라만상의 아버지', '최고존재' 등의 숭배 사상에 대한 불안감이 관용파로 하여 그를 제거해야 한다고 결심하게 한 것이다. 그는 열성적이고 능력 있는 지도자였으나 자신에게처럼 남에게 엄격하였고, 동료들의 감정을 전혀 고려하지 않으며 친교는 고사하고 소통하지도 않는 야심가로 인식된 것이 문제였다.

당시 카르노는 생쥐스트와 격렬한 논쟁 상태에 있었으며, 로베스피에르와 생쥐스트의 공격에 분함을 참지 못하고 있었다. 비요바렌과 콜로데르부아는 로베스피에르와 극단적으로 대립하는 상태였다. 바래르 역시 "나는 죽음을 결심하였다. 로베스피에르의 가면을 벗기든지 또는 그를 물러나게 하는 사람 가운데 내가 서는 영광으로써 죽음을 결심하였다."라고 하며 로베스피에르의 제거에 시동을 걸었다.[54]

게다가 몇 달 전부터 카미유 데믈랭의 편집 보조였던 로크 마르캉디에가 "로베스피에르의 독재에 맞서 궐기하라"라고 하는 연설문을 작성하여 파리 48개 구에 보내면서 선동이 가속화되었다. 이에 대해 로베스피에르는 지나치게 민감한 반응을 보였다. 공안위원회와 안전위원회가 합동회의를 열어 화해를 모색하였지만, 생쥐스트나 쿠통과 달리 로베스피에르는 화해

---

54 *Ibid.*, tome 2, p.213.

를 거부하였다.

7월 26일 로베스피에르는 국민공회 단상에 올라가 애국자들을 감옥에 가두고, 공포정치를 구석구석까지 스며들게 한 것은 자신들이 아니고 국민공회의 관용파라고 역설하며 관용파를 협잡꾼으로 몰아붙이면서 혁명정부의 위신을 그들이 떨어뜨리고 있다고 맹비난했다. 결국 그 연설이 화근이 되었다. 겉으로는 '박수받은 로베스피에르'가 되었지만 바로 그날 밤 그를 두려워하는 의원들이 '로베스피에르 타도'를 부르짖으며 무서운 음모를 꾸몄는데 그것이 바로 테르미도르 사건의 시작이었다.

1794년 7월 27일(테르미도르 9일) 국민공회 본회의가 11시에 개회되자마자 로베스피에르가 의회의 연단에서 발언권을 요청하였다. 그러나 의원들 모두가 소리쳤다. "내려가라. 전제주의자 내려가라. 안 된다. 전제주의자 내려가라!" 그래도 로베스피에르는 연단에 오르려 하였고, 의원들은 "바래르, 바래르!"를 연호하며 바래르가 연단에 올라가서 혁명정국과 국방에 관하여 보고해주기를 요청하였다.

다음 날 테르미도르 10일, 공포정치의 대표자 로베스피에르, 쿠통, 생쥐스트 등 삼두정치의 주역과 함께 22명의 로베스피에르파가 기요틴에서 처형되는 엄청난 정치적 변화와 또 하나의 공포를 몰고 온 사건이 일어났다.

## 4. 로베스피에르의 처형 주관

로베스피에르가 국민공회 단상에서 반대파를 공격하고 공포정치가 과격해진 것을 관용파의 책임으로 돌리고 있을 때, 바래르는 이미 국민공회에 군대에 대해 보고하여 의원들의 열렬한 박수와 지지를 받고 있었다. 그는 긴 시간은 아니었지만, 거기에서 프랑스 공화국 이외에 아무것도 생각하지 않았다. 테르미도르 9일 로베스피에르의 성공과 실패 여부는 바래르,

비요바렌, 콜로데르부아 등 3인에게 달려 있었다. 의회와 각각의 부처 위원들의 마음이 이미 로베스피에르에게서 떠나고 있었다.

1794년 9월 27일 아침 11시경 국민공회가 개회되었다. 벨기에에서 승리한 군대, 그리고 연합군을 몰아내고 모든 전선에서 전투하는 군대와 관계된 몇 가지 긴급한 일들이 이날 아침 공안위원회의 주된 보고 내용이었다. 겨우 점심때가 되어서야 생쥐스트가 발언권을 얻었으나 탈리앙에게 제지당하였다. 생쥐스트는 바래르가 군대의 사기를 고무하는 것을 싫어하고 있었으며 심지어 바래르에게 자중하도록 충고하였던 것이 또한 화근이 되었다. 생쥐스트는 프랑스의 위기가 더욱 심각해야 자신들이 장악하고 있는 공안위원회의 권위를 유지하고 혁명을 자신들의 의지대로 끌고 갈 수 있다는 속셈이었으나 그러한 생각은 정말로 오판이었다.

국민공회 의원들 대부분의 관심사는 오로지 혁명군의 활동과 전황이었다. 비요바렌이 상황 파악을 잘못하고 있는 로베스피에르에게 이의를 제기하였다. 바로 그때 회의를 주재하고 있던 콜로데르부아가 로베스피에르의 발언을 거부하고 목소리가 들리지 않도록 탁상 위의 종을 흔들어 분위기를 바로잡았다. 이때 바래르는 국민방위대 사령관 앙리오를 제거하는 안건에 투표하도록 했다. 동시에 루셰(Louchet)의 제안에 따라 로베스피에르, 생쥐스트, 쿠통에 대한 고발이 투표에 부쳐졌다.[55]

바래르는 국가를 안정시킬 수 있는 것이 군인이라고 생각하였다. 하지만 "군인이 시민에게 명령하는 나라에서는 자유가 전혀 있을 수 없다"[56]라고 강경한 태도로 말하였다. 테르미도르 9일, 5월 31일 이래 국민의 대표와

---

55 Jean Tulard, Jean-François Fayard et Alfred Fierro, *Histoire et Dictionnaire de la Révolution française(1789-1799)*, Paris: Robert Laffont, 1983, p.250.
56 *G.N. du M.U.*, No.312, p.1277. "Le 12 Thermidor l'an 11(1794)".

세계 일등 국민인 프랑스 인민들을 억압하고 도살하며 명예를 훼손한 모든 도당이 바래르와 그의 동료들로 하여 단두대에 던져지도록 결정되었다.[57] 따라서 테르미도르 10일 로베스피에르와 그의 일당 21명이 재판을 거치지 않고 처형되었다.

로베스피에르의 처형 이전, 바래르는 그와 함께 공포정치의 거두이자 혁명의 추진자로서 조국에 헌신하고 있었다. 그러나 로베스피에르가 독단적으로 혁명을 이끌어갈 뿐만 아니라 동료의원들에 대하여 혐의를 두고 있다는 사실을 알았으므로 그와 결별할 수밖에 없었다. 국민공회에서 바래르는 로베스피에르를 향하여 "오직 한 사람이 조국을 분열시키는 실수를 저질렀소. 오직 한 사람의 개인이 내란의 불꽃을 지폈고, 자유를 시들게 하는 실수를 저질렀소. 이것은 입법자들의 회의에 대한 큰 교훈이오. 이것은 모든 시민에 대하여 하나의 큰 실례요."라고 말했다.[58] 그는 공공의 이익을 위하여 우리들의 관점, 우리의 계획, 우리의 방법을 하나로 모아야 한다고 호소하였다. "로베스피에르와 생쥐스트는 정부의 조직과 발전을 위하여 아무것도 하지 않았습니다. 그들은 애국적 명성에 대한 자만심으로 노동자들을 등한시했습니다. 또한 그들은 노동자들의 미천한 작업을 업신여겼습니다. 그들은 조국에 봉사하는 권리까지도 귀족화하였습니다."[59]

바래르의 입장에서 로베스피에르는 프랑스 공화국의 공직자인 만큼 더욱 벌을 받아 마땅한, 혁명의 가면을 쓴 음모 집단의 괴수였다. 그가 시민들을 속이기 위하여 상당한 수단을 행사하였으므로 혁명의 역행자로 프랑스 공화국 발전을 저해하는 반동적 음모자이니까 당연히 더욱 위험한 반혁

---

57 Hippolyte Carnot et David(d'Angers), *Mémoires de B. Barère*, tome 2, p.212.
58 *G.N. du M.U.*, No 312 p.1279. "Le 12 Thermidor l'an 11(1794)".
59 *G.N. du M.U.*, No 312 pp.1276~1277. "Le 12 Thermidor l'an 11(1794)".

명가라는 것이었다. 음모의 흔적이 순박한 지방, 성실한 마음속, 그리고 공교육의 혈관에 있다고 생각한 바래르는 드디어 로베스피에르의 처형을 요구하였다. 그는, "로베스피에르와 체포된 음모자들을 바라보면서 살인죄의 냄새가 아직도 나는 손을 가지고 그들은 자기들의 캠프로 도망갔습니다. 그렇게 많은 배반으로 인하여 속죄한 사람처럼 이미 죽었어야 했을 것입니다. 모든 시민은 그러한 범죄자를 잡아서 벌을 주고, 그리고 조국에 대한 원수를 갚을 권리를 가지고 있습니다."[60]라고 선언하였다.

바래르의 고발로 막시밀리앙 로베스피에르와 그의 동생, 쿠통, 생쥐스트, 앙리오 등 파리 코뮌의 자문위원회의 전 임원 11명, 그 밖에 11명이 테르미도르 9일과 10일 국민공회의 법령에 따라 인민권이 박탈되었다. 이들은 증인들의 확인을 거쳐 형집행자에게 인도되었고, 혁명광장에서 단두대의 이슬로 사라졌다. 이어 11일 70명, 12일 11명이 추가되어 처형된 로베르피에르파는 모두 103명이나 되었다.

당시 바래르는 자신이 원했든지 원하지 않았든지 로베스피에르와 그 일당을 처형하는 데 주동적 역할을 할 수밖에 없는 위치에 있었다. 따라서 에드먼드 버크가 말한 것처럼 그에게는 '기요틴의 아나크레온'이라는 별명이 붙여졌다. 로베스피에르가 자신의 운명을 자초한 점도 있지만, 바래르는 동료들로부터 배반자라는 낙인을 피할 수는 없게 되었다. 이제까지 테르미도르 반동은 성공한 혁명이라고 할 수 없다는 것이 역사가들의 일반적 견해이다. 레오 게르쇼도 바래르는 역시 테러리스트였다, 하지만 자발적이며 감정적인 테러리스트가 아니라 단지 '테러(공포) 정치 기간'의 주요 인물이었다고 해야 할 것이라고 하였다.[61] 로베스피에르의 처형은 바래르가 서두

---

60 *G.N. du M.U.*, No 312 p.1286. "Le 12 Thermidor l'an 11(1794)".
61 Léo Gershoy, *Bertrand Barère: a reluctant terrorist*, Princeton, New Jersey: Princeton

른 것이 아니고 그가 스스로 자기의 운명을 재촉한 것이었다는 말에 동의한다.

바래르를 중심으로 한 혁명전사들이 비록 로베스피에르의 독재정치를 중지시키고 개인숭배 사상을 파괴하였다 하더라도 인민들을 자유롭게 하며 경제적 평등을 성취하는 데까지는 성공하지 못하였다. 다시 말해 로베스피에르가 시도하려던 평등사회에 대한 계획은 하나의 꿈으로 사라지고 오히려 부르주아 사회가 연장된 것 같은 상황이 되었다. 특히 탈리앙, 부아시 당글라스, 트레야르, 앙드레 뒤몽 등 테르미도르 핵심 인물들이 저마다 좋은 자리를 원하였으며, 심지어 캉바세래, 클로젠, 프레마르탱, 이사보 등은 혁명정부의 최고 우두머리가 되고자 하였으므로 인민을 위한 혁명의 순수성보다는 권력 쟁취나 세력 교체의 추태를 보였던 면도 없지 않다. 따라서 프랑수아 퓌레의 말과 같이 테르미도르 사건은 프랑스 혁명 속에서 또 하나의 혁명이 종식되는 사건으로 보는 것이 좋겠다. 따라서 테르미도르는 1인 독재와 개인숭배 사상을 제거하는 데 성공한 혁명적 변화였지만, 혁명적 내분을 마무리하고 새로운 질서를 세우지 못한 아쉬운 사건으로 남아 있다.

## 5. 혼란스러운 혁명정국

테르미도르 사건 후 바래르는 파리 수비대의 조직에 대한 법령안 계획을 마련하면서, 해군을 조직하는 데 진력하였다. 레오 게르쇼의 말처럼 바래르는 본의 아니게 테러리스트라는 호칭을 받았지만, 테르미도르 사건에서는 로베스피에르의 독재정치를 끝내고 개인숭배 사상의 체제를 허무는

---

University Press, 1966, pp.166~216.

일에 성공하였다. 27개월의 자코뱅 시대 동안 바래르는 600회 정도의 보고서를 통하여 프랑스 혁명의 과업을 추진하고, 그의 조국 프랑스의 안전과 정치의 민주화를 위하여 노력하였다.[62]

하지만 로베스피에르 처형에 따른 반동은 계속 도덕적인 문제점으로 지적되어 나타났다. 그의 정치적인 덕은 단두대에 기초를 둔 덕이라 해도 과언이 아니었다. 그것은 바로 공포였으며, 다만 권력의 집중이 분산으로 바뀐 셈이었다. 사태의 전환을 위해 테르미도르 11일부터 국민공회의 모든 위원회는 위원들을 매달 4분의 1씩 교체하였다.

자코뱅의 핵심 인물들이 제거된 자리에 평원파의 탈리앙, 프레롱, 바라스, 시예, 티보, 부아시 당글라스 등이 권력의 중심에 등장하여 혁명을 완수하려 하였으나 평등과 민주주의의 회복을 왕정복고 못지않게 두려워하였다. 그들은 서민들의 생활 안정이나 사회 안정보다도 언제나 혁명을 앞세운 복수와 폭동을 강요하였다. 그들은 프랑스 공화국을 방호하고 인민의 복지에 관심을 두는 것보다 자신들이 좋은 자리에 앉고 싶어 하였으며, 특히 권력을 휘두를 수 있는 공안위원이 되고자 하는 열망을 노골적으로 표현하였다.

바래르는 이러한 상황을 잠재우는 유일한 방법으로 애국심의 고취와 국민적 단결이 절대적으로 필요하다고 직감하였다. 그는 중앙집권화는 통치 방법으로서 아주 좋은 것이나 총체적인 중앙집권화는 결국 군주정 아니면 전제주의가 된다는 것을 우려하였다. 따라서 그는 로베스피에르 통치 방법에 대한 비판 수위를 높이면서 전승과 국내외의 업무 보고를 통해 질서 회복과 혁명정부의 안정을 추구하였다.

더욱이 자코뱅 사람들은 사회계약과 인민주권으로 새로운 사회와 국가

---

62 Hippolyte Carnot et David(d'Angers), *Mémoires de B. Barère*, tome 1. p.15.

장 루이 라뇌비유가 그린 바래르의 초상화 (1793~1794년경)

를 수립하고자 하였으므로 그 중심에서 바래르가 가장 중요한 역할을 하게 되어 있었다. 그것은 바래르가 1787년 이미 죄플로로 아카데미 (Académie des Jeux Floraux) 현상논문에서 『사회계약론』의 저자인 루소를 주제로 한 「제네바 시민, 장 자크 루소에 대한 찬사」로 수상한 바 있으며, 의원들이 그의 인민주권을 헌법에 등재하였기 때문이다.

사실, 바래르는 1794년 테르미도르 반동의 불꽃 속에서 임명된 제3공안위원회의 위원으로는 활동하지 않았다. 탈리앙, 프레롱, 앙드레 뒤몽, 부아시 당글라스 등이 공안위원에 임명되는 것으로 마무리되었다. 그러나 바래르의 희망은 여기에서 무너졌다. 그것은 로베스피에르의 실각이 당시의 상황을 진정시키기보다 억눌렸던 정념을 더욱 거세게 폭발시키는 요인이 되었기 때문이다.

같은 해 8월 10일 파리 코뮌의 의원이었던 메에 드 라투슈(Méhée de la Touche)는 『로베스피에르의 꼬리』라는 팸플릿을 발간하여 즉각적인 반향을 불러일으켰다. 여기에서 그는 "비요바렌, 콜로데르부아, 바래르 등 로베스피에르의 꼬리가 항상 움직이고 있으니, 무엇으로 머리를 자르겠는가?"[63]라고 썼다. 프랑수아 퓌레에 의하면, 여기에 민중의 원한과 부르주아의 복

---

[63] François Furet et Denis Richet, *La Révolution française*, Paris: Libraire Arthème Fayard, 1974, p.261.

수심이 연합되어 있었다고 한다. 이미 권력을 선호하는 몇몇 의원들이 바래르를 제치고 실권을 장악하려는 움직임이 일어나고 있었으나, 바래르는 그것을 감지하였는지 모르지만, 여전히 전황 보고를 충실하게 하고 있었다. 하지만 공안위원회와 안전위원회가 그에 대하여 견해 차이를 보이다가 결국 안전위원회의 영향력 있는 5~6명의 위원들이 바래르에 대해 반기를 들면서 그는 자리를 더 이상 유지할 수 없게 되었다. 게다가 에샤스리오의 형이나 그라네 드 세르세유 같은 의원들이 바래르에게 사직을 권고하였다.

1795년 1월 21인의 위원회가 바래르와 그의 동료들을 고발하였다. 3월 2일 국민공회의 반대파 의원들이 비요바렌, 콜로데르부아, 바디에, 바래르 등을 '로베스피에르의 꼬리'라는 명목을 붙여 유죄를 가결함으로써 테르미도르 집권당의 몰락과 함께 바래르의 정치적 생명이 막을 내렸다.

## 6. 올레롱섬으로의 유배

1795년 4월 1일(제르미날 12일) 극좌파 의원들이 체포되는 동안 비요바렌, 콜로데르부아와 함께 바래르는 재판 없이 국민공회에 의해 귀안(Guyane)으로 강제 이주 명령을 받았다.[64] 루이 16세의 심판관, 기요틴의 아나크레온, 로베스피에르의 처형을 주도한 바래르가 어찌하여 이같이 재판도 없이 지방에 연금되는 상황에 이르렀을까?

혁명을 상징하는 긴 바지, 작업복, 곧은 머리칼과 붉은 모자 같은 상퀼로트의 의상은 없어지고 각처에서 무도회가 벌어지며 살롱을 중심으로 사교 생활이 활기를 띠는 놀자판, 먹자판으로 변하고 있었다. 그리고 아시냐

---

64 André Jardin, *Histoire du Libéralisme Politique de la Crise de l'Absolutisme à la Constitution de 1875*, Paris: Hachette, 1985, p.138.

화폐의 가치가 절반으로 하락하여 1794년 7월 31%가 더 떨어졌고, 최고가격제가 무너지면서 12월경에는 아시냐가 다시 20%나 추락하는 경제 대란이 일어났다. 따라서 식량, 땔감 등 생필품의 가격이 초고속으로 상승하여 사회적 불안과 민심이 극도로 흉흉해졌다. 게다가 테르미도르 주동 세력인 평원파들이 방토즈법의 평등과 민주 이념의 실현은 고사하고 오히려 부르주아의 입장을 옹호하는 판국을 만들었다. 이 같은 자코뱅파의 분열을 틈타 숨죽이고 있던 반대파가 공안위원회와 안전위원회에 대한 보복을 시작하였다. 게다가 1794년 12월 73명의 지롱드파 의원이 복권되어 국민공회가 지롱드파, 평원파, 테르미도르파 등의 연합에 의해 운영되자 개인적인 보복과 자코뱅 섬멸 작전이 여러 곳에서 일어나면서 바래르와 그의 동료들이 '로베스피에르의 꼬리'라는 명목으로 유죄 선고를 받게된 것이다.

바래르가 유배형을 받았을 때는 이미 혁명정부는 개편되어 있었으며, 백색테러운동이 리옹, 님, 몽틀리마르, 타라콩, 아비뇽 등에서 옛 테러리스트들에 대한 학살로 이어졌다.[65] 바래르는 변론장을 작성하였다. 감금되어 있던 한 달 동안 유배지로 떠나기 전까지 「공안위원회의 옹호」「기소장의 소인들에 대한 답변으로 공안위원의 회상」을 각각 150페이지씩, 「바래르의 옹호」를 200페이지, 「혁명위원회, 감옥, 재판 등등의 실제적인 주모자에 대한 답변」, 「그 당시」, 「나의 소송문」 등의 글을 쓰고 있었다.[66]

그가 유배지로 출발하던 날 성난 반대파 군중이 마차가 지나가는 도로변에서 욕설을 퍼부었다. 그는 끓어오르는 분노와 모욕감을 참아가며 로슈포르의 해군기지를 거쳐 대서양 한가운데 있는 외로운 섬, 올레롱섬의 한

---

65 Jean Tulard, Jean François Fayard et Alfred Fierre, H*istoire et Dictionnaire de la Révolution française 1789-1793*, Paris: Robert Laffont, 1987, p.188.

66 Hippolyte Carnot et David(d'Angers), *Mémoires de B. Barère*, tome 2, pp.267~268.

추방되는 비요바렌, 콜로데르부아, 바래르 등

성으로 호송되었다. 비밀리에 사형이 선고된 바래르는 휴식도 산책도 허락되지 않은 채 좁은 방에 감금되었다.

어느 날 외트로프 방데르캉(Eutrope Vanderkand)이 바래르를 방문하여 돈과 의복을 넣어주고, 각종 도움을 주었다. 이어 방데르캉과 그의 사촌 엑토르(Hector)가 면회한 며칠 후에 그들의 도움으로 탈출에 성공하였다. 유배형 중에도 그는 『법의 집행에 관한 공화주의 통치사상에 대하여(De Pensée du Gouvernement Républicain quant à l'éxécution des Lois)』를 출간하였으며 오트 가론 지구의 500인 회의 의원으로 선출되었다. 그러나 슬프게도 유배형을 받은 죄인이라는 이유로 당선 무효 처분을 받았다.

그 후에 그는 보르도를 떠나 앙굴램, 푸아티에, 투르와 오를레앙을 거쳐 파리에 도착하여 친구 집에 숨어 살았다. 그의 도피 생활 중의 수난을 여기에 기록하기에는 역부족이다. 항상 주변의 감시와 수사관들의 눈을 피해 불안 속에서 쫓기는 마음으로 1799년 브뤼메르 18일 나폴레옹의 특사가 있기까지 5년간의 세월을 참고 견디며 살았다.

제4장

# 통령정부의 감시 속에서

## 1. 나폴레옹과의 만남과 추방

나폴레옹이 집권하면서 사면되긴 하였으나 통령정부가 1799년 12월 15일 헌법을 선포하는 순간부터 바래르는 새로운 군사독재를 연상케 한다는 이유로 반기를 들었다. 그리고 『국민일보 또는 세계일보』에 발췌문 형식으로 나폴레옹에게 보내는 서간문을 발표하여 인민주권, 소유권, 언론, 출판, 사상의 자유권을 보장하라고 요구하였다.

바래르는 나폴레옹을 네 번이나 만나는 행운이 있었다. 첫 번째로, 자유의 몸이 되게 해준 것에 대해 감사하려고 제2통령 캉바세래의 안내로 1800년 1월 3일 소뢱상부르궁에서 나폴레옹을 만나 감사의 뜻을 표하였다. 이 자리에서 나폴레옹의 환심을 사려는 욕망이 없지는 않았지만, 뜻대로 되지는 않았다.

두 번째로, 8시간이나 기다린 끝에 행정재판소에 참석하기 위해 나오던 제1통령(나폴레옹)이 바래르를 알아보고 아는 척을 하였다. 바로 그때 나폴레옹은 자기에게 인사하는 바래르를 보고 장관에게 감시를 중단하라고 말하겠다는 말을 했다.

그 후 제2통령 캉바세래의 집에 초대되어 제1통령이 바래르를 주지사로 임명하려 한다는 말을 전하자 바래르는 자기는 의원 체질이지 행정직은 어울리지 않는다고 거절하였다. 캉바세래는 식사 후 바래르에게 영국 외무장관 그랜빌의 논설문 번역본을 내놓으면서 역동적인 반박의 글을 부탁하였다. 바래르는 은인인 캉바세래의 청을 거절할 수 없어 수락하였다. 반박문은 나폴레옹의 동생 뤼시엥이 1만 4천 부나 인쇄하여 유포하였으므로 성공을 거둔 셈이었다.[67]

한 번은 국민공회 의장을 지낸 타르테롱(M. Tarteyron)의 집에서 바래르에게 튈르리궁에서 보낸 편지 한 통을 전해주었다. 그 편지는 그날 오후 2시에 바래르를 접견하겠다는 제1통령의 소환장이었다. 제1통령은 바래르의 말이 귀에 거슬리면서도 그의 재주와 강직한 성품을 높이 평가하여 종종 일을 맡기고자 하였다. 이 세 번째 만남에서 그는 그랜빌 경에 대한 반박문을 잘 썼다고 칭찬하며 군대를 고무하는 신문을 제작해달라는 청을 하였다. 그러나 바래르는 나폴레옹의 청을 끝내 거부하였다. 그가 신문 제작을 거절한 데에는 여러 가지 이유가 있지만 트레야르, 로데레, 르브랭, 마레, 드페르몽, 프랑수아 드 낭트, 베구앙, 바르베 마르보와 같은 별 볼 일 없는 자들이 고위직에 앉아 있는 것에 대한 불만 때문으로 알려져 있다.

혁명력 8년, 바래르는 제1통령으로부터 두 번째 편지를 받았다. 그는 영국의 프랜시스 디버노이스 경(Sir Francis d'Yvernois)이 보낸 200여 페이지의 편지에 대한 답을 부탁하여 나폴레옹이 군사독재를 하지 않고 있다는 내용으로 반박문을 작성하였다. 그러나 나폴레옹은 자신을 영국의 크롬웰과 비교하였다는 말에 화를 벌컥 냈고 그 후 대면 기회를 만들지 않았다. 그 후

---

67  *Ibid.*, tome 3, p.96.

바래르는『반영신문』을 발행하여 그랜빌과 같은 영국의 관료들에 대항하여 프랑스와 나폴레옹을 옹호하였다.

그러다가 오페라극장 가는 길에서 제1통령의 암살 미수사건이 일어나자 바래르가 사건에 연루되었다는 혐의가 있었다. 바래르는 크게 분개하여 제1통령에게 혐의를 부인하는 편지를 했는데도 답이 없고 오히려 경찰청장의 소환장을 받았다. 그는 경찰청에 갔으나 경찰청장은 자리에 없고 사무총장 피이(M. Piis)가 추방령을 전달하였다. 파리에서 20리외 떨어진 곳으로 추방하라는 제1통령의 명령서였다. 어처구니가 없고 억울하여 항의해도 소용이 없었다. 그는 차라리 20리외가 아니라 더 멀리 고향 타르브로 가겠으니 10일의 여유를 달라고 요구하였다. 사실 추방령은 제1통령의 뜻이 아니고 측근들의 농간임을 알았으나 빠져나올 길은 없었다.

고향 타르브에 도착한 그는 나폴레옹에 의해 창설된 원로원(1799.12.24) 선거 1차 투표에서 베르나 도트 장군과 나란히 선출되었다. 그러나 의장 노게(Noguez)가 상부의 명령에 따라 바래르의 선출을 끝까지 방해하여 무효 처리되었다. 바래르는 파리로 다시 돌아가 여생을 보내기로 결심하고 고향을 떠났다. 그는 파리에서『타스의 야회, 영의 시적 매력』『아카데미 찬사집(Le Recueil des Eloges Académiques)』을 발간하였는데, 그로 인해 에스파냐 궁중에 영향력을 가지고 있다는 이즈키에르도와 교분을 맺게 되었다. 그는 한동안 에스파냐와 관계된 모든 일에 바르게 대답하고 왜곡되게 기록하지 않는 바래르와 상의하고 함께 소통하였다.

1808년 8월 말, 바래르는 나폴레옹의 에스파냐에 대한 불만 토로, 가톨릭의 옹호, 그리고 영토 보전에 간담이 서늘한 태도에 실망하였다. 그래서 그는 나폴레옹 황제가 타르브를 순방하였을 때, 도청에서 자기를 출석시키려 하자 피해 있었다. 사람들은 황제의 방문을 영광스럽게 생각하며 앞다투어 그를 만나려 했지만, 바래르는 달랐다. 심지어 제헌국민의회 시절 가까운 동료의 부인이었던 마담 드 보아르네, 즉 조세핀을 알면서도 멀리서 바라보는 것으로 만족하였다.

1812년 5월 바래르는 경찰청장실에서 보낸 점심 식사 초대장을 받고 놀랐다. 식사 도중 신문에 고정란을 가지고 있느냐, 정부가 신문을 탄압하는 것에 흥미가 없느냐, 최근 누구와 함께 생활하느냐 등의 질문에 나폴레옹으로부터 감시받고 있다는 것을 다시 한번 실감하고 전율을 느끼면서 살맛이 나지 않았다.

## 2. 나폴레옹에 대한 두 가지 태도

1812년 나폴레옹은 65만 명의 병사를 동원하여 러시아 원정을 떠났다. 병사들이 쓰는 언어와 방언이 12개나 될 정도로 전 유럽에서 모집한 군대였다. 모스크바까지는 무난하게 진군하였으나 혹한, 보급 불량, 질병, 러시아군의 급습으로 매일 5~6천 명이 사망, 탈영, 포로가 되어 사라지고 있었다. 바래르는 코네글리아노 원수에게 유배형으로 인해 늙고 병약해져서 황제의 병사가 될 수 없음을 청원하고 1814년 2월 27일 고향 타르브에 도착하였다. 그는 전쟁의 피해가 가장 적은 카오르를 거쳐 리모주로 갔다.

당시 판사로 있는 라마르크의 조언을 듣고 4월 25일 파리에 도착하였다. 각 지방에서 프랑스군의 패배와 나폴레옹 제국의 몰락을 갈망하는 함성이 들렸다. 귀족들 대부분은 반나폴레옹주의자들과 달리 부르봉가에 대하여도 전혀 기대하고 있지 않다는 것도, 바래르는 감지하였다.

바래르가 나폴레옹도 루이 18세의 왕정복고도 환영하지 않았던 이유는 무엇이었을까? 그것은 양쪽 모두 인민주권을 보장하고 자유와 평등을 향유할 수 있는 사회 건설과는 거리가 멀었기 때문이었다. 그는 통령정부로부터 모든 공직을 박탈당하고 멀리 유배형을 받은 것밖에 없다고 생각하고 있었다. 바래르가 나폴레옹과 함께 일할 의향이 전혀 없었는지 아니면 합당한 자리를 주지 않아 불만이었는지에 대한 구체적인 이유나 설명을 찾을 수는 없다. 하지만 당시 정치적 상황으로 보아 나폴레옹이 바래르에게 만족할 만한 자리를 주기가 싫었고, 또한 바래르가 가까이할 수 없는 정치적 이념을 가지고 있었던 것은 확실하다.

나폴레옹이 실권하여 엘바섬에 유배되었다가 1815년 2월 26일 밤 탈출하여 3월 20일 튈르리궁에 입성하였을 때도 바래르는 인민주권의 보장을 기대하며 1년이 채 못 되어 프랑스의 유력한 대리자로 나타난 구세주와 같은 나폴레옹을 찬양하며 주변의 여러 나라 왕에게 새 시대가 열릴 수 있다는 큰 교훈을 주었다고 칭송하였다. 이어서 기회주의자처럼 나폴레옹이 집권하기 이전의 시기와 부르봉 왕조가 복귀한 시기를 모두 강압적인 전제주의 시대로 표현하면서 그의 사기를 북돋아주는 글을 발표하였다. "프랑스 인민들은 1789년부터 1800년까지 행해졌던 강압 아래에서 자유를 향하여 돌진하였습니다. 프랑스 인민들은 1800년부터 1814년 3월 30일까지 훌륭한 전제주의 치하에서 생활하다가 영광스럽게 탈출하였습니다. 그리고 프랑스 인민들은 1814년 5월 4일부터 1815년 3월 20일까지 다시 세습 전제군주 아래에서 신음하다가 탈출하였습니다."[68]

바래르는 프랑스의 운명을 염려하여 남긴 유고 『회상록』에서, 나폴레옹의 워털루 패전을 안타깝게 생각하면서 그와 의원들 간의 신뢰와 협조가 없어 프랑스가 그를 버린 것이라고 설명하였다. 그는 나폴레옹과 그의 정부에게 공공연하게 불만을 토로하고 가차 없이 비판하였다. 그러나 조국 프랑스와 관련되거나 국왕과 비교할 때는 나폴레옹에 대하여 항상 호의적이었다. 다만 유배형을 당한 후부터는 그의 직접적인 초대나 명령 이외는

---

68 *Ibid.*, tome 1, pp.163~165.

그를 의도적으로 가까이하려 하지 않았을 뿐이다.

그는 유배형으로 유랑하면서도 자기의 일을 게을리하지 않고 계속해서 저술과 번역 일을 하였다. 이폴리트 카르노와 다비드 당제에 의하면, 그는 영국의 전제군주를 부수어버리기 위해서 나폴레옹은 왕 중의 왕 또는 유럽의 황제가 되어야 한다고 역설하였다. 1807년부터 1815년까지 바래르가 쓴 책은 『귀족정치가 나폴레옹, 나폴레옹과 출판의 자유(*Napoléon Aristocrate, Napoléon et la Liberté de la Presse*)』이고 1815년 이후에는 『나폴레옹과 그의 통치사(*Histoire de Napoléon et de son Règne*)』 외에는 저술을 더 이상 하지 않았던 것으로 파악된다.

한편 영국에 대해 적개심이 있었던 그는 『영국의 헌법(*Constitution Anglaise*)』을 아주 잘 분석하여 번역하였고, 그것을 얼마 후에 『네 왕조 치하의 프랑스 국민 시대(*Epoques de la Nation Française sous ses Quatre Dynasties*)』로 출판하였다. 이와 같이 바래르의 생애는 휴식이 없었으며 항상 집필하거나 프랑스를 사랑하는 일을 하였던 것으로 보인다.

그러나 7월 25일 아침 이탈리아 거리를 산책하고 있었을 때 포고 사항을 알리는 관원들이 '장군들과 의원들을 추방하는 왕의 칙령'을 외쳐대는 것을 들었다. 길가에 뿌려진 전단지를 손에 들고 살펴보는 순간, 38명의 추방자 명단에 자기 이름이 적혀 있는 것을 보고 비통함을 느꼈다. 나폴레옹 시대에도 왕정복고 시대에도 언제나 감시와 추방 속에 살아야 하는 자신의 신세를 한탄하며 "하나님 맙소사!"라고 탄식하며 인생의 야속함을 뼈저리게 느꼈다.

## 제4부

# 프랑스 혁명과 바래르에 대한 역사적 평가

## 1. 인민의 변호사, 계몽주의적 문인 그리고 살롱맨의 혁명가

바래르의 어린 시절이나 학창시절의 초상은 전해지지 않는다. 수비롱에 의하면, 1793년 2월 바래르의 초상화를 이사베(Isabey)가 그렸고, 그가 사망한 후 1843년 발로(Vallot)가 그의 초상을 조각하였다. 여기에서 그는 바래르에 대해 잘생긴 남자이며, 연설가로의 완전한 육체를 가졌고. 자신감 넘치고 빛나는 얼굴, 우아하고 어쩌면 여성스러운 이목구비, 흩날리는 머리카락, 전체적으로 발랄한 태도, 그리고 유연함은 보기에도 즐거웠고 로베스피에르나 비요바렌의 무시무시한 외모와는 대조적이라고 평가했다.[1]

바래르가 성장하여 변호사와 문인으로 활동하던, 18세기의 프랑스 사회는 사상적 증권거래소처럼 저술가, 예술가, 문인, 과학자 등 저명한 인사들의 작품들이 넘쳐흘렀다. 그리고 아카데미 프랑세즈는 말할 것도 없이 툴루즈, 몽토방 등 지방 아카데미들도 문인과 학자들이 활동할 수 있는 기회

---

1  A. Souviron, *Bertrand Barère, 1755-1841: Causerie-Conférence*, p.12.

와 터전을 마련해주고 있었다. 이 시기에 바래르는 가난하고 힘없는 시골의 오지에 살고 있는 사람들에게 자선변호사회를 통하여 무료 변론을 하는 한편,「루이 12세에 대한 찬사」와「루이 12세의 대신, 조르주 당부아즈에 대한 찬사」를 아카데미 현상논문으로 제출하면서 '인민의 아버지'가 될 수 있는 통치자상과 인민을 위한 진정한 공직자의 역할을 충분히 파악하였다. 그리고「장 밥티스트 퓌르골르」,「피에르 세기에」,「장 자크 르프랑 드 퐁피냥」 등에 대한 3편의 찬사를 쓰면서 진정으로 인민을 위한 법제정 정신과 법관의 역할이 무엇인지를 가슴에 새겨두고 현장에서 적용하였던 것 같다. 또한「제네바 시민, 장 자크 루소에 대한 찬사」를 쓰면서 인민 각자의 일반의지에 따라 법을 정하고, 그 법으로 정부의 각 기관을 만들어 나라를 다스리는 민주 공화정치의 원리, 그리고 나아가 혼합정치의 원리를 루소로부터 배워 자신의 정치철학으로 승화시켰던 것을 볼 수 있다. 게다가「샤를 드 스공다, 바롱 드 라 브래드 에 드 몽테스키외에 대한 찬사」를 작성하면서 기후, 풍토, 관습 등 자연의 원리에 입각한 법의 제정과 삼권분립으로 독재정치를 막을 수 있는 현명한 방법을 터득하여 준비된 혁명가로서의 자질을 갖추었던 것으로 보인다.

그리고 계몽사상가들이 서로 소통하며 토론할 수 있는 살롱이 이곳저곳에서 개장되었으며. 파리만 해도 18세기 후반기에는 무려 800여 개의 살롱이 개장되어 있었다. 그중에도 조프랑 부인, 드팡 후작 부인, 데피네 부인, 장리스 부인(Madame de Genlis, 1746~1830) 등의 귀부인들이 직접 운영하는 살롱이 많았으며, 이들 살롱에서는 갖가지 여론이 조성되고 있었다. 살롱은 사고와 토론의 장, 정보 교환의 장, 사교의 장이기도 하였는데, 특히 장리스 부인의 살롱을 비롯하여 몇몇 살롱에서는 프랑스 혁명의 정치적 씨앗이 배태되고 있었다. 그러나 그러한 것들을 아는 이는 거의 없었고, 그러한 사실이 새어 나가지도 않았던 것으로 보인다.

이처럼 많은 살롱의 마담들 가운데에서 장리스 부인만이 유일하게 바래르와 만났고 서신도 교환하였다. 그녀는 바래르보다도 9년 연상이고 11년 먼저 세상을 떠났다. 그녀는 파리뿐만 아니라 정치적 위험을 피하기 위하여 영국, 스위스, 독일 등지를 떠돌며 유랑하였다. 그녀는 프랑스 혁명 후에 필리프 에갈리테(오를레앙 공)의 애인이 되었으며, 후일 '국민의 왕'이 된 그의 아들 루이 필리프의 교사를 역임하기도 하였다. 그녀는 1761년 파리에 있는 자기 집에서 살롱을 개장하고 음악 연주로 손님들의 흥을 돋우어 주었다.[2] 그리고 1767년 백작부인으로서, 대규모의 살롱을 구체제 양식으로 개장하였으며 1772년 오를레앙 공작의 애인으로 살롱을 경영하였다. 또한 1786년에는 계몽주의 시대 유행한 '대화'를 주로 하는 살롱을 경영하였다. 그녀는 모두 열 개가 넘는 살롱을 개장하였는데, 분위기와 운영에 있어서 각각 특성이 있었다고 한다.

사실 그녀는 처음부터 '살로니에르'가 아니었다. 어려서부터 음악과 연극을 좋아하였으므로 자신의 연주와 연기에 대한 재능을 보여주려고 손님을 초대하는 과정에서 살롱을 연 것이다. 그녀는 책이라면 무엇이든 읽었고 배울 만한 가치가 있다고 판단되는 사람에게서는 어떤 방법이나 수단을 동원해서라도 찾아가 배우고 교훈을 얻었다. 그녀는 바래르와 로베스피에르처럼 루소의 신봉자였으나 문학에서는 볼테르의 작품을 더욱 가까이하였다.

그녀는 오를레앙 공이 루이 16세의 처형에 찬동하는 당시 정치상황을 당혹스럽게 느끼고 프랑스를 떠나 영국, 스위스, 독일 등을 두루 돌아다니며 방랑 생활을 하였던 것으로 보인다. 그리고 그녀가 바래르와 서신 교환을 한 것은 영국에서 체류하던 시기였고 1790년 전후로 판단된다.

---

2   서정복, 『살롱문화』, 80~81쪽.

그녀가 바래르와 소통한 이유는 바래르도 「제네바 시민, 장 자크 루소에 대한 찬사」, 「샤를 드 스공다, 바롱 드 라 브래드 에 드 몽테스키외에 대한 찬사」 등을 아카데미 현상논문으로 제출한 바 있고 당시 루소와 쌍벽을 이루고 있던 볼테르에게도 호감이 있었기 때문에 서로 대화의 상대가 되었을 것으로 추측된다. 그녀는 『아델과 데오도르 또는 교육에 관한 서신』에 이어 『돌바크 남작의 만찬회』를 통하여 사교계의 모습을 지극히 사적이고 풍자적인 방식으로 묘사하여 살롱 문화의 새로운 장을 열었다.[3]

그녀에 의하면, 바래르는 지성적이었다. 그의 육감은 대단하였으며 말씨는 항상 부드럽고 친절하며 주변 사람들의 흥미를 끌었다고 한다. 게르쇼는 마콜리(Macaulay)의 말을 인용하면서, "우리의 견해는 역사 속에서든 아니면 소설 속에서든 인간 또는 악마 가운데 누구보다도, 바래르는 완성되었고, 보편적인 개념을 가지고 있었다. 그는 경멸을 일으키는 가장 깨끗한 품성처럼 증오를 낳게 하는 가장 깨끗한 품성이 우아하고 단호한 조화를 간직하고 있었다. 그의 육감은 대단하였다.[4]

이처럼 우아하고 깨끗하며 육감이 탁월한 그는 앞에서 살핀 것처럼 학문에 대한 감각도 비상하였던 것으로 생각된다. 그녀에 의하면, "바래르는 아주 좋은 평판을 받고 있으며 남의 마음을 잘 끄는 매력적인 성격, 멋진 외모와 동시에 고상하고 부드러우며, 마음속에 여유 있는 태도를 가지고 있는 젊은이였다. 그의 말씨와 태도에서 알 수 있듯이 그는 세상이나 궁중을 여행해본 적이 없는 진정한 지방 사람이었다."[5] 사실, 바래르는 삼신분의회에

---

3  위의 책, 81쪽.
4  Daniel Mornet, *Les Origines Intellecuel de Révolutioon Francaise 1715-1787*, p.1.
5  *Précis de la Conduite de Madame de Genlis depuis la Révolution*, publié le mars 1796, Hambourg. cf. H. Carnot, Hippolyte Carnot et David(d'Angers), *Mémoires de B. Barère*, tome 1, p.38 "Notice Historique sur Barère."

진출하기 전까지 34년 동안 고향 타르브와 툴루즈에서 자랐고, 학교를 다녔으며 사회활동을 하였으므로 파리 사람들이 보기에는 언어나 스타일에서 지방의 티를 벗어나지 못했을 것이다.

장리스 부인

장리스 부인은 바래르가 예술과 문학 등 다양하게 도시 교육을 많이 받지 않았지만, 말씨는 항상 친절하고 흥미가 있었다고 말한다. 그러나 당시의 바래르는 명문에 속한 툴루즈대학교 법학부를 나오고 변호사로서 훌륭하게 활동한 후이며, 이미 아카데미 현상논문에 세 번이나 수상한 문단의 임원이었으므로, 학교 교육이 아니고 아마도 사교계 교육을 많이 받지 않았다는 뜻으로 풀이된다. "그는 예술, 재능, 전원 생활에 대해 감수성과 흥미를 보였다. 매우 영민한 정신에 온화하고 부드럽게 조화를 이룬 그의 성격은 사물에 대한 흥미와 천부적인 진실성을 성격과 용모를 통하여 보여주고 있었다."[6]

그리고 외모에 대하여는 허리가 길고 날씬하며 몸매가 좋았다. 꼭 껴안고 싶은 사랑스런 황금색 눈, 머리카락처럼 강한 눈썹, 아이러니하게 디자인된 입술과 대조되는 부드러움을 가졌으며, 지방의 깊은 산골에서 온 사람들 가운데 결코 어울리지 않는 말투와 매너를 가진 사람이었다라고 펠리시데(Félicité)가 말한 것을 장리스 부인이 전하고 있다.[7]

---

6  *Ibid.*
7  Claude Manceron, *Les Hommes de la Liberté 4: La Révolution qui lève*, Paris: Édition Robert Laffont, 1979, pp.27~28.

장리스 부인을 만나고 싶은 사람들은 그녀의 살롱에서 모두 일요일에 만났으며, 바래르도 그때 다른 사람들처럼 만났다. 그녀는 자신의 생애에서 바래르에게 단 한 번의 편지를 썼다고 한다. 장리스 부인이 영국에 체류하고 있을 때, 그들은 서신을 교환하였다(바래르는 37세 그녀는 46세). 그것은 피레네 지방 목동들의 풍습에 대한 몇 가지 사항을 자세하게 알기 위한 내용이었다. 그에 대해 바래르는 1792년 10월 1일 약 3페이지 분량의 편지로 답을 하였던 것으로 보인다.

장리스 부인은 함부르크에서 1796년 3월 12일 발행한 「혁명 이래 장리스 부인의 활동 개요(Précis de la conduite de Madame de Genlis depuis la révolution)」에서도 바래르를 자기의 살롱에서 만났으며, 바래르가 그녀에게 피레네에 있는 자기의 집에 은신처를 제공하겠다고까지 말하였다고 하였다.[8] 그러나 바래르가 제공한 은신처에 장리스 부인이 거처하였다는 기록이 없어 아마도 그곳에서 숨어 살지는 않았던 것으로 보인다. 장리스 부인이 바래르를 만난 것은, 공포정치 시대 이전이었으므로 이 시기에 그녀는 바래르에 대하여 온건하고 좋은 감정을 넘어 연민의 정을 가지고 있었고 두 사람 사이는 아주 좋았을 것으로 보인다. 그러므로 공포정치 시대의 바래르를 평가한 사람들과는 비교할 수 없이 엄청난 이미지의 차이를 보여준다.

하지만 국민공회 시대, 즉 공포정치 기간을 제외하고 게르쇼의 지적과 같이 바래르에 대해 종합평가를 할 수 있는 전문가들이 쓴 전기나 기록문들이 많지 않아 아쉬운 점이 없지 않다. 공포정치 기간에 바래르를 본 알베르 소렐(Albert Sorel)은 "노예적 지능, 매춘의 펜, 노예적인 말, 공허한 양심, 보지 못하는 눈, 항상 거짓말에 웃고 있는 입"이라고 악평하였다. 올라르

---

8  Hippolyte Carnot et David(d'Angers), *Mémoires de B. Barère*, pp.38~39.

(Aulard)도 "부정직한 사람, 자신의 존엄성이 없는 삶을 한탄한다"라고 하였다. 미슐레(Michelet)도 그는 "어제의 바보, 그날의 바보, 그다음 날의 바보"라고 하여 바래르를 어리석은 혁명가로 평가절하하였다.

그런가 하면, 샤토브리앙(Chateaubriand)은 "바래르는 고양이의 우아함과 유연성을 가지고 있었지만, 그의 피는 대학살에 대한 탐욕은 없었다. 그는 기질적으로 온건한 사람이었다. 그의 허영심이 잘못된 길로 이끌었고, 두려움으로 비요바렌, 콜로데르부아, 르봉(Lebon) 등이 그를 공범으로 만들었다. 그는 소용돌이가 키운 종이호랑이에 불과하다고 하여 당시 의회의 기류나 대중의 감정에 따른 것이지 자의적 역할이 거의 없었다"는 식으로 평가하였다. 이폴리트 카르노와 다비드 당제도 바래르를 혁명의 국면 변화에 따른 단순하고 혁명의 거울이자 메아리였으며 혁명의 국면 변화에도 불구하고 그의 목표는 하나였다고 했다. 그의 목표는 항상 민주 공화정의 수립이었다. 장 조래스(Jean Jaurès)는 "바래르는 무엇보다 국민공회 시대 사람이었다. 그는 기회주의자였으나 선견지명의 재능이 부족한 사람이었다. 그의 관심은 성공과 자기를 구하는 사람이었다"[9]라고 하여 거듭되는 혁명의 진행 과정에서 장기적 안목으로 선택하지 못한 기회주의자로 평가했다.

이처럼 역사가들도 각각 다른 논평을 하여 독자들을 혼란스럽게 하고 있다. 그러나 그것 역시 프랑스 혁명의 진행 과정이나 바래르의 전 생애를 통하여 본 것이 아니라 공포정치 기간만을 본 것이며, 유사점보다는 시각 차이가 많다는 것을 알 수 있다. 특히 바래르는 로베스피에르처럼 고향을 떠나 파리에서 독신으로 살았으며, 당시의 정치적 상황이나 거듭되는 혁명의 와중에 타락으로 보이는 로맨스나 스캔들이 드러날 수도 없었을 것이다. 특히 여성들에 관계된 자료는 장리스 부인과 살롱을 제외하고는 유감

---

9  Robert Launay, *Barère de Vieuzac: L'Anacréon de la Guillotine*, pp.347~350.

스러울 정도로 기록이 없어 찾을 수가 없다.[10]

바래르에 대한 온당하고 해박한 전기가 없다는 것은 그에 관한 역사적 자료가 없어졌기 때문이 아니라 프랑스 혁명에 대하여 아직도 출판되지 않은 엄청난 양의 자료가 여전히 분석되지 않고 남아 있기 때문일 것이다. 게다가 우리나라에는 로베스피에르, 당통 등 몇몇 혁명가 이외는 생쥐스트, 바래르, 마라 등의 행적이나 그들이 남긴 수많은 자료에 손을 대는 연구자가 없다.

필자는 프랑스 릴3대학교(Université de Lille III)에서 1988년 박사학위를 받은 후 1989년 소래즈(Sorèze)에서 개최된 프랑스 혁명 200주년 기념 국제학술대회에서 발표한 후에 대회장으로부터 바래르의 동상 건립을 하려고 하니 그의 초상화나 사진을 보내달라고 하여 보내준 적이 있는데, 그 후 동상 건립 진행 상황을 지금까지 연락받지 못하고 있다. 혁명에 혁명이 거듭되면서 수없이 혁명가들이 처형되었으나 바래르가 처형되지 않은 것은, 단지 그가 기회주의자였기 때문만은 아니다. 그를 처형할 수 있는 명분과 그의 죄과가 없었기 때문이었다는 것을 다시 한번 강조하면서, 이제 바래르의 동상도 이미 세워진 로베스피에르, 당통 등과 같은 혁명가들 동상 옆에 세워져야 할 것이라고 생각한다. 혁명가는 혁명 속에서 그 업적을 평가해야 한다. 그는 왕을 재판한 주동 세력이었다. 그가 혁명의 별처럼 숭배하였던 로베스피에르를 처단하였다는 등의 왕당파나 극렬한 자코뱅의 입장에서만 역사를 보아서는 올바른 역사 해석이 될 수 없을 것이다. 앞으로 프랑스 혁명사에 관심 있는 독자들을 위해서 혁명 대열에 섰던 혁명가들에 관한 개인사적 연구가 더욱 활발하게 진행되어 프랑스 혁명에 관한 더욱 구체적인 속살을 보여줄 때, 편협되지 않는 보편적인 역사서술과 더불어 이

---

10  Léo Gershoy, "Bertrand Barère de Vieuzac: un médiateur de la Révolution", p.2.

해의 폭도 더욱 넓어지리라 생각된다.

## 2. 자유와 평등사상의 헌법 구현자

프랑스 혁명의 슬로건이 "자유(liberté), 평등(égalité), 우애(fraternité)"[11]라고 하는 것은 널리 알려진 사실이다. 프랑스 혁명의 법전과도 같은 「인간과 시민의 권리선언(La Déclaration des droits de l'homme et du citoyen)」 제1조에서 "인간은 자유롭게, 그리고 권리에 있어 평등하게 태어나 존재한다. 사회적 차별은 공공 이익을 근거로 해서만 있을 수 있다."라고 자유와 평등을 천명하였다. 그러나 혁명의 진행과정에서 보면, 의회에서도 평등보다는 자유에 관하여 적극적으로 논쟁을 하였던 것을 볼 수 있다. 자유에서 가장 강조된 것은 의사 표현의 자유인, 언론과 출판의 자유였다. 계몽사상의 확대와 더불어 1789년 5·6월 사이에 실제 승인 여부와 관계없이 신문 발행 수가 늘어났다. 파리에는 5월부터 『앙주 코뮨』, 『국민통신』, 『삼부회기록정신』, 『브르타뉴 서신』, 『삼신분 익희저널』, 『지방저널』 등과, 6월부터 『쿠리에 프랑세(Courrier français)』, 『포르슬랭(Porcelin)』, 『주르날 드 베르사유(Journal de Versailles)』 그리고 바래르의 『새벽신문(Point de Jour)』 등 모두 42종의 신문과 잡지가 발행되었다.[12]

이들 가운데도 페를레(Perlet)의 『신문(Journal)』과 바래르의 『새벽신문』은 많은 관심을 파리 시민들로부터 받았다. 페를레의 『신문』은 실제 제목과

---

11 그간 fraternité를 '박애'로 표현한 것은 오역이다. 그것은 '우애, 형제애, 동포애'로 번역되어야 하므로 여기에서는 '우애'로 표시하였다.

12 *Histoire Générale de La Presse française, Tome 1: Des origines à 1814*, sous la direction de Claude Bellanger, Jacques Godechot, Pierre Guiral et Fernand Terrou, Paris: Presses Universitaires de France, 1969, p.428.

「인간과 시민의 권리선언」

같이 베르사유와 파리, 또는 국민의회와 파리 코뮌 회의에 대한 매우 정확한 보고서였기 때문이다. 그리고 『새벽신문』은 바래르가 삼신분의회의 의원이자 편집자였으므로 일종의 정치적 신문(un journal politique)으로 인정받고 있었다. 게다가 『새벽신문』은 바로 전날 의회에서 일어난 일의 내용을 기사화했으며 바래르 자신이 직접 집필하여 문학적 재능을 발휘하였으므로 기사 내용이 명확하고 객관적이며 훌륭하게 작성되어 호평을 받고 있었다. 또한 바래르의 열렬한 애국심에도 불구하고 온건한 어조를 유지하려고 노력했으며 기사에서 정적의 개입을 축소하거나 훼손하지 않았던 것을 장점으로 평가하고 있다.[13]

삼신분의회는 1789년 6월 27일 구성되자마자 언론과 출판의 자유를 법적으로 보장하겠다는 염원을 표명하였다. 이에 대해 1776년 미국 「버지니아 권리선언(Virginia Declaration of Rights)」에서 이미 감명을 받은 라파예트[14]

---

[13] Ibid., pp.491~492.
[14] 서정복, 『프랑스 혁명』, 살림, 2007, 38~39쪽. 라파예트(1757~1834)는 미국에서 잘 알려진 '자유의 투사'이자 혁명가이다. 그는 미국독립전쟁이 일어나자마자 파리주재 미국 대사 살라스 딘을 만나 전쟁사령관의 직위를 제의하였으나 거절당하고, 동료 11명과 밀항하여 아메리카의 조지타운에 상륙하여 다시 전쟁사령관을 요구하였다. 그는 미국의 의회에서 유창하지 못한 영어 연설 탓도 있지만, 나이가 불과 19세밖에 되지 않았기 때문에 의용군사령관의 제의를 받고 워싱턴 장군의 휘하에서 싸웠다. 그는 브랜디와인과 배런 언덕 전투에서 혁혁한 전공을 세웠고, 프랑스에서 구원병까지 이끌고 가서 여러 차례 전공을 세운 다음 1783년 프랑스에 개선하여 육군소장의 직을 받고 모국에서도 '자유의 투사'가 되었다.

를 비롯하여 무니에(Mounier), 레비미르푸아(Lévis-Mirepoix), 로베스피에르, 바래르, 라로슈푸코 등의 의견 제안과 격렬한 토론을 거쳐 의회는 「인간과 시민의 권리선언」 제17조 가운데 제10조와 제11조를 확정하였다.

제10조 어느 누구도 자신의 의견을 표명함에 있어, 그것이 종교상의 것일지라도, 법에 의해 설정된 공공질서를 문란하게 하지 않는 한 방해를 받지 않는다.
제11조 사상과 의견의 자유로운 소통은 인간의 가장 귀중한 권리의 하나이다. 따라서 모든 시민은 자유롭게 말하고 쓰고 출판할 수 있다. 다만 법에 규정된 경우에 있어서 이 자유의 남용에 대해서는 책임을 져야 한다.

프랑스 혁명은 삼신분의회를 시작으로 제헌국민의회, 입법국민의회, 국민공회 등으로 혁명에 혁명을 거듭하면서 슬로건도 바꾸었다. 그리고 '자유, 평등, 우애'는 산악파인 자코뱅이 정권을 잡으면서 슬로건이 제일 먼저 '조국애(patrie)', 그다음 '자유, 평등'의 순으로 우선순위가 바뀌었다.
자유보다 조국애를 강조한 것은, 프랑스가 혁명을 선도하고 국왕을 처형하였으므로 주변국으로부터 사면초가로 되었기 때문이다. 특히 국내에서는 방데 반란과 같은 대대적인 반혁명 전쟁과 대외적으로는 영국, 이탈리아, 스페인, 벨기에, 오스트리아 등 주변국들과의 전쟁으로 위기에 처한 프랑스를 구하고, 혁명을 성공적으로 이끌려면 애국심의 고취가 가장 절실하게 필요했던 때문이다. 혁명정부와 야당은 언론의 자유가 전쟁상태와 양립할 수 없다는 사실을 암묵적으로 인식하게 되었다. 혁명정부는 효과적인 업무수행을 위해, 즉 프랑스와 혁명을 구하기 위해 어떤 비판도 용인할 수 없었다.

특히 국민공회 시대 즉 공포정치 기간에도 언론과 출판의 자유에 대한 문제는 가장 심각한 문제로 부각되었다. 왕당파와 산악파의 싸움은 대회, 클럽 및 언론 모두에서 절정에 이르렀고 심지어 출판물을 약탈하는 지경에 이르렀다.[15] 지롱드파가 출간하는 신문 잡지는 우체국에서 발송이 금지되고 출판업자들까지 공격을 당했다. 카미유 데믈랭(1760~1794)은 당시 상황에서 온건주의가 위험하다는 것을 인정하였다. 그러나 그에게 에베르(Hébert)뿐만 아니라 공안위원회 위원인 콜로데르부아 심지어 바래르까지도 다시 공격하였다. 다만 로베스피에르만이 카미유 데믈랭을 옹호하였다. 드디어 공안위원회는 에베르와 '격분한 사람들,' 그다음에는 당통과 카미유 데믈랭과 함께 하는 사람들을 모두 '인민의 적' 또는 '방종한 사람들'로 판단하고 혁명재판소에 넘겼다.

언론과 출판의 자유에 앞장섰던 데믈랭에 이어 1794년 7월 27일 로베스피에르가 몰락한 후, 다시 테러리스트에 대한 탄원이 있었고, 로베스피에르에 대한 격렬한 공격과 함께 언론의 자유를 위한 호소가 있었다. 이 호소에는 로베스피에르, 생쥐스트, 바래르 및 기타 의원들에 대한 폭력적인 공격이 동반되었다. 공포정치는 언론인들을 무겁게 짓눌렀고, 파리에는 더 이상 언론의 자유가 없었다.[16] 테르미도르 사건 이후 부르주아지는 권력을 굳건히 했고, 상퀼로트가 복귀할 가능성도 전혀 없어졌다. 언론을 잠재우는 것은 전년도와 달리 그렇게 필요하지 않았다.

언론은 테러 기간보다 훨씬 자유로워졌고, 발행되는 신문의 수도 더욱 증가하였다. 1794년 9월 11일부터 프래롱(Fréron, 1754~1802)은 『인민의 대변인(Orateur du Peuple)』의 출판을 재개하여 1795년 7월 7일까지 발간하였다.

---

15  Ibid., p.509.
16  Ibid., pp.514~515.

그러나 이 신문은 종전과 매우 다른 정책을 따랐다. 그 신문은 '피를 마시는 자(buveur de sang)'와 '로베스피에르의 꼬리(queue de Robespierre)'로 지목된 바래르, 비요바렌, 콜로데르부아에 맞서 싸우라고 외쳤다.[17] 이에 따라 '로베스피에르의 꼬리'들이 일망타진되었고, 자유와 평등 구현에 앞장섰던 바래르도 유배형을 받아 감옥, 탈옥, 은둔 등 말할 수 없는 수난 생활을 하면서 나폴레옹이 집권하기까지 한 맺힌 도피 생활을 해야 했다.

평등에 대한 문제도 경제적 평등까지 다룬 것은 아니지만, 「인간과 시민의 권리선언」 제1조에 출생과 거주에 대한 권리의 평등이 언급되어 있다. 제6조에 법은 모든 사람에게 평등하다. 그리고 제13조에서 재정적 평등을 선언하였다. 그러나 '1791년 헌법'을 폐지하고 '1793년 헌법'을 다시 제정하는 과정에서 바래르가 자유와 평등에 대하여 아주 중요한 역할을 담당하였던 것을 볼 수 있다. 1793년 4월 19일 국민공회는 「인간과 시민의 권리선언」에 대하여 토의할 때 그는 자연권에 입각한 평등을 강조하였다. 이때 바래르는 "자연권, 시민권, 정치권은 평등과 자유의 보장 없이 불가능하다. 권리의 가장 으뜸은 평등이기 때문에 평등에 대하여 명확히 규정합시다. 그래서 이전의 제7조를 제2조로 할 것을 제의합니다. 평등은 각자가 같은 권리를 향유할 수 있다는 것으로 이루어집니다"[18]라고 간청하였다.

그리고 사회적 평등을 주장한 페로(Féraud), 도누 등과 달리 바래르는 자연으로부터 받은 모든 능력과 모든 권리의 행사에 있어서 평등을 확대하자고 주장하였다. 그는 「인간과 시민의 권리선언」 제3조 법은 그것이 보상을 주든 벌을 주든 보호를 하든 억압을 하든 간에 모든 사람에게 평등해야 한

---

17 *Ibid.*, pp.524~525.
18 *Archives Parlementaires de 1787 à 1860*, tome 62, sous la direction de L. Lataste de Louis Claveau, de Constnat Pionnier et André Ducom, Paris: Librairie Administrative de Paul Dupont, 1902, p.705.

다. 제4조 모든 시민은 모든 공직, 직업, 공공의 직책을 받을 수 있다. 자유로운 인민은 지능과 덕 이외에 그들의 선택에서 다른 우선권을 인정하지 않는다."를 각각 제8조와 9조로 발표하고 국민공회가 채택하였다.[19] 이때 로베스피에르는 평등에 대한 수정안을 반대하였으며, "모든 사람은 이성과 정의 앞에서 평등하다"라고 하였으나 바래르의 제안이 관철되었다.

바래르는 1794년 3월 27일 혁명군에 대한 보고서에서 "공화국에 대한 사랑은 민주정에 대한 사랑이며 민주정에 대한 사랑은 평등에 대한 사랑이다."[20]라고 하였다. 그런데 이 말은 일찍이 몽테스키외가 『법의 정신』[21]에서 한 말이며 바래르는 이미 1788년 보르도 아카데미 현상논문으로 「샤를 드 스콩다, 바롱 드 라 브래드 에 드 몽테스키외에 대한 찬사」를 제출하였던 사실로 보아 몽테스키외의 평등관을 프랑스 혁명에 원용하였다고 볼 수 있다. 또한 1787년 툴르즈 아카데미에 제출한 「제네바 시민, 장 자크 루소에 대한 찬사」를 작성하면서 인용한 루소의 『인간불평등기원론』의 평등과 자유 사상에 근거하였다는 것을 여실히 알 수 있다.

따라서 바래르가 프랑스 혁명에서 실천한 자유와 평등관은 계몽사상가들의 민주공화정의 이념과 궤를 같이한 것에서 의미를 찾을 수 있다.

그리고 「인간과 시민의 권리선언」과 '1793년 헌법'에 명시된 자유와 평등 개념은 그간 각국의 수많은 권리선언에 원용되었고, 드디어 1948년 12월 10일 파리에서 개최된 제3회 유엔 총회에서 원용·수정·발전하여 「세계인권선언문」"제19조 모든 사람은 의견의 자유와 표현의 자유에 대한 권리를 가진다. 이러한 권리는 간섭 없이 의견을 가질 자유와 국경에 관계없

---

19 *Ibid.*, pp.705~706.
20 *Archives Parlementaires de 1787 à 1860*, tome 87, p.487.
21 Montesquieu, *Oevres Complètes*, tome 2, édition et établir annotés par Roger Caillais, Paris: Edition Gallimard, 1951, p.274.

이 어떠한 매체를 통해서도 정보와 사상을 추구하고, 얻으며, 전달하는 자유를 포함한다."²²로 확정된 것은 참으로 세계사적으로도 의미 있는 일이라 아니할 수 없다.

## 3. 나폴레옹의 군사독재에 저항한 민주공화주의자

나폴레옹의 집권과 더불어 바래르도 사면되었으니 당연히 감사하고 협조하여야 하겠으나 그의 헌법이 새로운 군사독재를 연상케 한다는 이유를 내세워 반기를 든 것은 높이 평가해야 할 일이다.

나폴레옹을 네 번이나 만나면서도 뚜렷한 직책 하나 얻지 못한 것은 유감스럽게 생각할 수도 있다. 그러나 항상 감시받는 인물로 분류된 것은 해석을 여러 가지로 내릴 수가 있다. 바래르의 입장에서는 국민공회 의장까지 지냈으니 이름 있는 직을 주지 않아서라기보다는 자유로운 의원직을 제안받지 못한 것으로 보는 것이 타당할 듯하다. 나폴레옹 입장에서는 바래르의 재주는 인정하지만 쿠데타나 군사정권의 동료들과 한 배를 탈 수 있느냐가 고민이었을 것이다. 그리고 바래르의 너무도 당당한 혁명가다운 의지와 민주공화정을 사랑하는 기백이 부담스러웠기 때문으로도 풀이된다.

바래르가 자신의 정치이념과 상반되는 전제자의 노선을 취하고 있는 나폴레옹과 군사정부를 영국에 맞서 옹호한 이유는 무엇이었을까. 그것은 바래르가 루소의 말을 인용한 "나는 영국의 가톨릭들보다 이교도인 프랑스의 개신교도들을 더욱 사랑한다"라는 말에서 답을 찾을 수 있다. 그의 마음속에 항상 자유와 평화, 그리고 애국심이 불타오르고 있었음을 이 발언에서 엿볼 수 있다.

---

22 *Histoire Générale de La Presse française, Tome 1: Des origines à 1814*, p.431.

바래르는 혁명을 위해 귀족 가문이며 왕당파에 속한 아내와도 이별하고 평생 독신으로 혁명의 추진자로 살았다. 그리고 루이 16세가 바렌으로 탈출하자 왕당파에 대한 충성심을 버리고 공화주의를 선택하고 혁명전사의 길을 택하였으며 왕을 심문하고 처형하는 핵심적인 역할을 하였다. 그가 왕당파에서 자코뱅의 핵심으로 전환한 것은, 그의 마음속에 로베스피에르, 생쥐스트, 쿠통보다 강렬한 민주공화 정신이 흐르고 있었기 때문이라고 생각한다. 그러므로 그는 로베스피에르의 정신적 타락을 더 이상 지켜볼 수 없어 피를 나눈 형제 이상으로 존경하고 사랑했던 로베스피에르와 그 일당을 혁명정신의 근본에 이탈된다는 명분으로 처형하는 주동 세력과 합류하였던 것을 이미 살펴본 내용이었다.

　　하지만 바래르의 민주공화 정신은 프랑스 혁명 과정에서 형성된 것은 아니었다. 이미 살펴본 바를 회상하면, 그의 민주공화 정신은 변호사 생활을 하면서, 여러 아카데미에 제출한 현상논문에 자세히 드러나 있다. 그는 일찍이 타키투스, 키케로, 플라톤 등 고대 그리스와 로마 공화주의 서적들을 거의 섭렵하였을 뿐만 아니라, 계몽사상가들로 몽테스키외의 『법의 정신』, 루소의 『인간불평등기원론』, 『사회계약론』, 『에밀』 등을 통하여 공화 정신, 국가 형성의 조건, 법제의 원리, 혁명의 원리, 그리고 민주 공화정을 위하여 준비되어야 할 국민의 소양들에 대한 사상체계를 이미 스스로 형성하였다.

　　그러므로 바래르는 나폴레옹 정부로부터도, 루이 18세의 궁중으로부터도 추방령을 받는 처절한 생활과 극복의 생활을 감내해야 했다. 흔히 프랑스사를 연구하는 학자들도 바래르를 기회주의자로 낙인을 찍는 경우가 있는데, 그의 정치사상은 일관되어 있었다. 그는 변절자이거나 권력을 탐내어 어느 편에 선 적이 없는 민주공화주의자였음을 필자는 보증한다. 다만 전환기의 역사는 그 구성원 집단의 의지에 따라 적과 아군이 결정되는 것이 사실이다. 새로 결성된 집단이나 구성원과 함께 일할 수 없는 인물로 분류되는 그물에 그가 걸려든 것뿐이다.

그렇게 정적들이 바래르를 괴롭혔는데도 불구하고, 그가 1841년까지 86세를 넘기면서 장기간 활동할 수 있었던 이유가 궁금할 것이다. 그것은 첫째 변호사 시절의 선행과 아카데미 콩쿠르를 통하여 교양과 인품을 길렀고, 특히 몽테스키외와 루소의 정치사상으로 무장한 소양과 더불어, 평소 쌓은 인간적·정치적·사회적 인맥과 덕행에 힘입은 사람들의 도움을 받았던 것으로 풀이된다. 둘째 그가 특정한 당파에도 속하지 않았고, 엎치락뒤치락하는 혁명 과정에서도 오직 프랑스와 프랑스인을 위하여 일하고 국가방위와 더불어 의원들과 인민들의 정치권과 사회권, 그리고 복지권을 보장시키려고 노력하였다는 것을 인정받았기 때문일 것이다. 셋째 정적들도 그에게 혁명이나 정부를 전복할 위험성이 없었으므로 처형할 정도의 죄를 추궁할 수 없었으며, 다만 통치권에 방해가 되지 않도록 정치의 중심지인 파리 밖으로 추방하자는 것에 의견 일치를 보았던 것으로 보인다.

따라서 그는 프랑스 혁명의 추진자, 중재자, 고무자로서 전제주의와 구사정부를 추방하고 인민주권, 인민의 자유와 평등, 그리고 소유권을 보장하고 프랑스를 민주공화국으로 발전시키고자 전력을 기울였던 프랑스 혁명의 '고독한 파수꾼(la solitaire sentinelle)'이었음을 부인할 수 없을 것이다.

프랑스 혁명가들 가운데 바래르만큼 장기간 권력을 쥐고 혁명을 추진한 사람도 없고, 추방과 감시를 받은 사람도 없으며, 혁명을 지켜보며 장수한 사람도 없고, 부정부패에 연루된 적도 없으며, 연금과 특별 내탕금을 받은 사람도 찾을 수가 없다는 점이 증거이다. 바래르가 프랑스 혁명의 주역으로 연금을 받았다는 것은 그리 놀라운 일은 아니다. 다만 혁명정부 시대에도 왕정복고인 루이 18세 시대(1814~1824)에도 변함없이 연금을 받았다는 것은 밝혀내야 할 문제라고 생각한다.

프랑스 혁명기간의 자료인 쿠친스키(Kuscinski)의 『국민공회 의원 사전 (*Dictionnaire des Conventionnels*)』에 의하면, 바래르는 추방령에서 풀려 돌아오자 파기원의 옛 판사의 자격으로 법무부 장관으로부터 소액의 연금을, 문인의 공로를 인정받아 내무부 장관으로부터 구호금을 받았다. 몇 년 동안 얼마의 연금을 받았는지는 자료를 찾지 못하여 밝힐 수가 없다. 그러나 왕정복고 시대에 루이 필리프(Louis Philippe Ier, 재위 1830~1848)[23]도 그에게 매년 1천 프랑씩을 자신의 특별 내탕금에서 보내주었다.[24]

또한 알프레 샤보에 의하면, 1848년 타쉐로(Taschereau)가 발간한 『회고록 또는 마지막 통치(1830~1848)의 비밀 기록문(*Revue Rétrospective ou Archives Secrètes du Dernier Gouvernement, 1830-1848*)』에서, 내무부의 비자금 수취인 중에 바래르 드 비외작이 들어 있음을 발견하고 놀랐다고 한다.

후일 장관을 지낸 뒤샤텔(M. Duchatel)도 비자금 분배자 명단에 바래르 드 비외작이라는 이름이 나오는 것을 확인하였다고 한다. 그것은 1842년 1월 1일부터 1843년 4월 3일까지 4,500프랑가량의 아주 귀중한 돈이 바래르를 수령자로 하여 지출되었다는 기록이다. 그가 1841년에 이미 사망하였는데 누가 연금을 수령하였는지 궁금하지만, 현재까지는 알 길이 없다. 그리고 루이 18세의 정부에서 추방령을 받았던 그가 정부로부터 비자금을 받았고, 루이 필리프 시대에도 계속해서 특별 내탕금을 받고 있었다는 사실은 재검토되거나 그 구체적인 내용을 밝혀야 할 것이다.

---

23 루이 필리프 1세(Louis-Philippe Ier, 1773.10.6.~1850.8.26.)는 1830년부터 1848년 사이의 프랑스 왕이다. 본명은 루이 필리프 도를레앙(Louis-Philippe d'Orléans). 그의 아버지의 별명이 '평등한 필리프(Philippe Égalité)'인 고로 프랑스 혁명 중에는 '평등한 자의 아들(Égalité fils)'로 불렸다.

24 Alfred Chabaud, "Barère et les Fonds Secrets de Louis-Philippe", dans *A.H.R.F.*, tome deuxième, 1935, p.547.

물론 바래르는 혁명정부나 왕정복고 시대에 연금을 받을 만한 자격이 있다. 그러나 그것이 공적 지출이 아니고 은밀하게 지불된 것 같아 의구심과 더불어 아쉬움이 남는다. 그러나 그의 정치사상은 인민의 자유와 평등 그리고 공화주의 정신이었으니 정말로 왕정이든 군사정부든지 찬양받아 마땅하지 않을까 한다. 하지만 연금과 내탕금이 왕정과 군사정부에 관계없이 그에게 지급되었던 것은, 그의 특별한 재능과 기여도에 상응하는 것이었을 것으로 풀이된다. 그리고 그의 남다른 애국정신과 반영 운동을 비롯한 구국운동을 한 결과로 보는 것이 좋을 것 같다.

## 4. 『반영신문』 발간과 애국적 대외투쟁 활동

이전까지 프랑스와 영국은 마치 우리나라와 일본처럼 전자는 머리 위에서 후자는 등 위에서 끊임없이 끈질기게 괴롭힌 오랜 숙적 관계의 나라였다. 오랜 역사적 앙금을 제외하고서라도 영국은 혁명을 일으켰으며 더구나 루이 16세를 단두대에서 처형하고 왕족을 일망타진한 프랑스가 두려웠다. 게다가 나폴레옹이 군권을 장악하고 대외전쟁으로 영토를 확장하며 영국을 위협함으로 초비상 사태임을 감지하지 않을 수가 없었다.

왕정과 혁명 국가라는 양국의 정치 상황을 고려하더라도, 전쟁광 나폴레옹이 유럽 전역을 무력으로 공략하고 있어 언제 영국을 공략할 것인지는 시간문제였다. 게다가 나폴레옹은 영국과의 툴롱 전투에서 승리하여 장군으로 승진한 명장으로 프랑스를 영도하고 있어 두렵기가 한이 없었다. 또한 이제는 프랑스의 군사정부가 정치적으로나 군사적으로 영국의 위협적인 최악의 존재가 되었다.

양국의 평화와 안전, 그리고 긴장 해소를 위해 아미앵 조약을 1802년 3월 25일 프랑스 북부 도시 아미앵에서 체결하였다. 그러나 이 조약은 1년

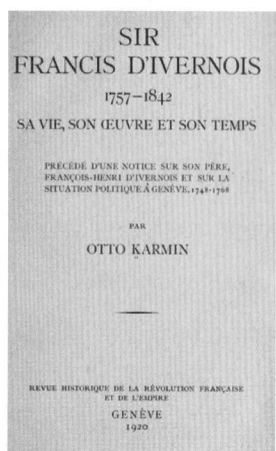

프랜시스 디버노이스 경의 글과 나폴레옹의 반박문

밖에 지속되지 못하고 결렬되었으며, 모든 것이 영국의 의견과 태도에 따라 변하고 있었다. 따라서 제1통령은 프랑스와 영국 간의 통상조약을 승인하지 않았다. 그때 영국은 프랑스가 전쟁과 통상 중단의 책임이 있다고 주장하였다. 그리고 영국의 그랜빌 경이 논설문 형식으로 프랑스의 부당함을 지적하는 글을 보내왔고, 이어 프랜시스 디버노이스 경(Sir Francis d'Yvernois)이 200페이지나 되는 글을 다시 보내왔다. 이에 나폴레옹의 부탁으로 바래르가 각각 반박문을 작성하였다.[25]

그사이에 나폴레옹은 바래르에게 군대의 사기 진작을 위해 신문 제작을 요구하였으나 바래르는 거절하였다. 바래르는 전쟁을 하는 군대가 싫었다.

그러나 영국 정부에 대항하여 프랑스 국민과 주변 국가들에게 영국의 부당함을 선전할 수 있도록 신문을 만들어야 한다고 바래르에게 권고하는 여론이 일어났다. 이를 받아들여 바래르가 애국심에 충만된 마음으로 자비

---

25 Réponse d'un Républicain Français au Libelle de sir Francis d'Yvernois, naturalisé contre Le premier consul de la République Française; par l'auteur de la lettre d'un citoyen française à Lord Grenville, Paris: frimaire an 9, pp.1~119. 이것은 영국으로부터 돈을 받은 한 작가가 프랑스의 보나파르트 장군, 즉 나폴레옹에 대하여 찬탈정부라고 모함하는 글에 대한 바래르의 반박문이다.

를 투자하여 만든 신문이 『반영신문(Le Mémorial Anti-Britannique)』이었다. 이 신문은 1803년 9월 26일에 발행하기 시작하여 1805년 3월 20일까지 격일로 발간하였다.[26]

『반영신문』의 제작 목적은 당시 영국의 영토 확장과 프랑스 공략 의도를 공론화하며 지면으로 공격하려는 목표에서 시작된 것이었다. 이 신문을 발행하는 데 바래르는 프랑스 당국으로부터 어느 정도의 보조금을 받았을까? 알프레드 수비롱과 다비드 당제에 의하면, "바래르가 그것을 부정하고 있다. 그리고 만약 보조금을 받았다면, 그것은 의미가 없었을 것이다."[27]라고 말하고 있다.

『반영신문』을 발간하기 위하여 바래르는 제1통령 나폴레옹에게 어떤 조건도 붙이지 아니하고 단지 승인만을 요구하였다. 그러나 제1통령은 바래르의 간청에 조금도 흥미를 갖지 않았다.[28] 이처럼 나폴레옹이 신문 제작에 냉담한 이유가 어디에 있었을까? 나폴레옹은 바래르를 사면한 후 면담 기회에 제헌국민의회 시대 바래르가 파리에서 『새벽신문(Le Point du jour)』을 발간하여 의원들의 활동과 의정 상황을 시민들에게 알린 것과 신문 제작 경력을 인정하여 군대를 위한 신문 제작을 간곡히 당부하였다. 그러나 나폴레옹은 바래르가 당돌하게 자기의 청을 거부한 것에 대한 괘씸한 마음이 풀어지지 않았던 것 같다. 그리고 『반영신문』의 효과에 대하여 가볍게 생각하지 않았는지 의구심이 든다. 하지만 또 다른 이유는 나폴레옹이 영국을 절대로 공격할 수 없는 대상으로 생각하였으며, 오히려 반대로 해군력이 강한 영국의 침략에 공포심을 가지고 있어 평화조약을 교묘하게 준비하려

---

26 Ibid..
27 A. Souviron, *Bertrand Barère, 1755~1841: Causerie-Conférence*, p.129.
28 Hippolyte Carnot et David(d'Angers), *Mémoires de B. Barère*, tome 3, p.129.

는 속셈이 있었던 것으로 풀이된다.

그러면 나폴레옹의 청을 거절한 바래르의 생각은 어떠하였나? 우선 나폴레옹의 사면에 감사하는 마음을, 서면을 통하여도 이미 전달하였고 직접 만나서 고맙다는 인사도 하였다. 그리고 나폴레옹에 대해 실질적으로 감사한 마음을 가지고 있었다. 하지만 나폴레옹의 청을 거절하면 나폴레옹이 좋아하지 않거나 불이익을 주리라는 것을 모르고 거절한 것은 아니었다. 가장 큰 이유는 애국심이 없거나 영국이 좋아서 그런 것이 아니고, 나폴레옹의 헌법은 군사독재를 연상하지 않을 수가 없었기 때문이었다. 민주공화정을 사랑하고 그것을 혁명의 목표로 삼고 거듭되는 혁명의 고독한 추진자로 생사를 거듭해온 바래르였다. 따라서 그는 독재의 힘이 되는 군인들이 싫었고 또한 군사정부 자체와 군사정권을 위하여 일하는 것이 싫었다.

군대를 위해 신문을 제작한다는 것이, 비단 나폴레옹 개인의 문제만이 아니었다. 나폴레옹의 청을 거절한 바래르는 영국을 자극하지 않게 우선 「바다의 자유(La liverté des Mers)」라는 제목으로 정기간행 문집을 발간하고, 그다음에 『반영신문』을 발간하여 영국에 대항하고, 프랑스의 국권을 옹호하려는 것이 그의 의도와 계획이었다.

"이 신문을 발간하면서 바래르는 나를 중상하는 사람들의 부당함과 아우성에 개의치 않고 나의 시민권 행사를 회복하였을 뿐만 아니라 추방의 사슬에서 벗어나면서 이 신문의 상단에 훌륭하고 진실한 프랑스라고 하는 이름을 수놓았다는 것을, 중상하는 사람들에게 보여주고자 하였다."[29]

바래르는 평소 위험한 행위를 다른 사람이 알지 못하게 숨겨놓는 저널리스트들의 취재나 보도 행위를 좋아하는 것은 아니었다. 그러나 신문 발간을 통하여 프랑스를 옹호하고 나폴레옹을 변론하려는 바래르의 의도는

---

29 *Ibid.*, tome 3, p.130.

영국의 침략 행위의 근절에 있었음을 알 수 있다.

그러나 바래르는 "영국 정부에 대항하도록 저널리스트들을 이끌면서 애국적 활동을 하려고 생각하였다. 나의 육감에 따르면 영국 정부는 아미앵 조약을 어겼고 프랑스를 깎아내리고, 파괴하며 아마도 소멸시키기 위하여 그리고 마침내는 폴란드와 조약을 체결하였던 것처럼 프랑스와 조약을 체결하려고 새로이 유럽의 군사적 동맹을 조직하였다."[30]라고 영국을 진단하며 영국에 대한 대책의 시급성을 강조하고 영국의 침략 행위를 규탄하겠다는 각오를 분명하게 하였다.

바래르의 영국에 대항하는 애국적 투지와 사비 투자에 감동된 시민들은 순식간에 신문 발행에 대한 호응도를 높였다. 그러나 신문 발행 전에 예약자가 1천 명이나 되었지만, 그 후 발행 부수는 1,500부 정도에 머물렀다. 발행 부수가 상승하지 않은 이유가 무엇이었을까? 그것은 당시 살롱이 번성하고 있었으며, 『반영신문』 발간과 당시 프랑스를 지배하고 있는 프랑스인의 정신에 반대하고 있었기 때문으로 보인다. 그리고 나폴레옹뿐만 아니라 프랑스의 영향력 있는 상류층이나 웬만한 시민들도 영국은 파괴할 수 없는 존재라는 생각에 동감하였을 뿐만 아니라, 영국에 있는 친구들과 개별적으로 적지 않게 교류하고 있었다는 점이다. 따라서 어떤 면에서는 지식인들이 영국의 사상과 문화에 심취되어 있었으며 프랑스의 장군보다 영국의 하사관을 더욱 환영하고 있었다는 것이 당시의 웃지 못할 현실이었다.

『반영신문』을 유지하기 위하여 바래르는 시간, 생각, 돈을 있는 대로 투자하였다. 그리고 정부의 책임자, 각료들, 그리고 많은 공직자에게 무상으로 몇 부씩 신문을 배포하였고 또한 나폴레옹에게도 보냈다. 그러면서 그

---

[30] *Ibid.*, tome 3, p.130.

는 "나의 노력과 사재를 바친 것을 생각하고 계신 코르시카의 벼락출세자에게 『반영신문』을 송부하는 것을 아주 좋아하였음을 고백한다."[31]라고 신문을 송부하면서 당시 나폴레옹에 대한 자기의 심정을 토로하였다. 그러나 전제자의 노선을 취하면서 군사적 전제정부를 수립한 나폴레옹을 진실로 좋아해서 신문을 보낸 것은 아니었다.

그러면 바래르가 제1통령 나폴레옹으로부터 받은 것은 과연 무엇이었을까 궁금하다. 안타깝게도 보조금이나 격려도 없었으며 『반영신문』을 더 이상 보내지 말라는 내용이 담긴 뒤로크 장군(M. le général Duroc)의 두 줄짜리 편지밖에 받은 것이 없었다.

그러나 외국에서의 반응은 달랐다. 당시 러시아의 알렉산드르 황제의 보호를 받고 있었던 몇몇 이름 있는 외국의 기관원들은 바래르에게 많은 호감이 있었다. 바래르는 발크 샹블랑(Balch Chambellan) 백작가를 방문하는 기회에 러시아 황제, 학식이 풍부한 자트라페스노프(M. Zatrapesnoff) 그리고 콘스탄틴 대공(Grand duc Constantin)의 궁내부 대신들과 알게 되었다. 황제가 바래르와 신문에 대하여 담소하였다. 바래르는 『반영신문』 한 부를 그에게 드리고 다른 한 부는 콘스탄틴 대공에게 드렸다. 그들은 신문을 호감 있게 받았을 뿐만 아니라 자트라페스노프에게 마음이 이끌려 대화하다 보니, 그는 『반영신문』을 호수별로 철해놓았을 뿐만 아니라 몇 번에 걸쳐 바래르에게 신문을 주문한 적이 있었다. 하지만 프랑스에서 러시아는 멀고도 먼 나라였다. 페테르부르크까지 『반영신문』이 도착하려면 시간이 오래 걸렸고, 때로는 중간에 분실되기도 했다.

한편 러시아의 한 관리가 프랑스의 아첨꾼들이 나폴레옹은 위대한 사람이며, 정치적 식견이 높고 훌륭한 장군이라고 평한 짧은 보고서 형식의

---

31 *Ibid.*, tome 3, p.132.

외교 문서를 바래르에게 보여주었다. 이에 대해 바래르는 브뤼메르 18일의 쿠데타에 대한 흔적 때문에 나폴레옹에 대한 혐오감이 있을 뿐만 아니라, "프랑스 사람들은 군사적 절대 정부를 좋아하지 않으며 시민의 온건한 정부만을 유지하기를 바랍니다……. 통령정부는 유지하기에 대단히 어려울 것입니다. 왜냐하면 그의 공화국은 순전히 명목뿐이며 애국자들에 대항하여 이미 집행된 독재자의 법령은 공화국이라고 말할 수 없기 때문입니다."[32]라고 말하였다.

바래르는 프랑스의 사정과 나폴레옹에 대하여 발크 공작과 러시아 황제를 따라온 히트로프 장군(M. le général Hytroff)에게도 같은 말을 하였다. 그후 히트로프 장군은 바래르를 두 번이나 보러 왔으며 두 사람은 심도 있게 파리와 러시아의 상황을 교환하였다. 하지만 바래르가 저널리스트의 생활에 만족한 것이 아니었다. 나폴레옹이 황제에 즉위하던 날, 그는 『반영신문』에 몽테스키외가 『법의 정신』에서 샤를마뉴 대제에 대하여 썼던 아름다운 천사와 그 밖에 이 황제를 새로이 벼락출세한 사람과 비교하는 찬사의 제목을 정해놓고 흡족하게 생각하였다. 물론 이러한 제목이 나폴레옹 황제의 마음에 들 리가 없었다. 바래르는 그로 인해 경고를 당했다.

그래서 바래르는 동방의 왕정과 흡사한 나폴레옹의 군사정부에 자신은 절대 어울릴 수 없다는 것을 실감하고 『반영신문』의 발간을 접기로 하였다. 그뿐만 아니라 영국의 선진문화에 심취되어 있는 프랑스의 교양인들이나 전문 지식인들과 쓸데없이 척을 지고 산다는 것도 사실 큰 부담이어서 폐간 신고를 하였다. 그리고 그는 『유럽신문(l'Europe)』의 편집장에게 자기가 모아둔 많은 자료를 넘겨주었다. 그리고 그에게 창간되는 신문의 이름을 『유럽인의 신문(Mémorial Européen)』이라고 하도록 불러주었다.

---

32  *Ibid.*, tome 3, p.133.

『반영신문』은 이제 막을 내렸지만, 바래르는 가진 돈을 모두 탕진하였고, 건강도 나빠져 이젠 고향 피레네로 돌아가 쉬려고 하였다. 이 소식을 들은 나폴레옹은 그의 박학한 식견과 정치 경륜을 높이 평가하여 혁명력 11년 플로레알에 바래르가 계속 파리에 머물면서 자기를 도울 여론을 수집하여 보고해달라는 통첩을 하였다.

"시민 바래르가 고향으로 출발한다고 하는 것을 듣고, 파리에 계속 머물기를 바란다. 시민 바래르는 여론이든지 정부의 추진 사항이든지 제1통령이 관심을 두고 알려고 한다는 생각을 할 수 있는 것 모두에 대하여 매주 1회의 보고서를 작성해야 할 것이다. 바래르는 완전히 자유로운 보고서를 작성할 수 있다. 바래르가 자기가 직접 봉인한 보고서를 뒤로크 장군에게 제출하면 그것이 제1통령에게 전달될 것이다. 그러나 제1통령이 보고서 제출을 중지하라는 지시를 내리지 않는 한 누구도 이 통신문에 대하여 의심해서는 절대로 안 될 것이다. 또한 바래르는 특히 영국인들에 대항하여 공동의 정신을 불러일으킬 수 있는 기사를 신문에 실을 수도 있을 것이다."[33]

나폴레옹의 당부가 그렇게 싫지 않았다. "저는 파리에 머물겠습니다. 그리고 제1통령께서 원하시는 것을 진실하고 충성스럽게 이행할 것입니다. 저는 저에게 가장 큰 은혜와 자유를 베풀어주신 각하의 당부를 결코 거절하지 않겠습니다."

그러니까 나폴레옹의 입장에서는, 바래르가 재능으로 보나 애국심으로 보나 불가근불가원의 존재였다. 한편 바래르는 자기의 보고서가 나폴레옹의 마음에 들면 자신의 명성에 호의적 반응이 일어날 수도 있다는 기대를 하였다.

이 통신문은 1805년에 시작하여 1807년 말까지 유지되었다. 나폴레옹

---

33  A. Souviron, *Bertrand Barère, 1755~1841: Causerie-Conférence*, p.130.

이 바래르를 경멸하였을지라도 한편으로는 사려 깊은 관찰자에 의하여 상당히 존중받는 내용들이 들어 있었다. 바래르는 그에게 종교적 견해와 결합된 불굴의 견해를 보여주었다. 그것은 냉정한 것이며 또한 그를 삼켜버릴 심연을 파고들 수 있는 것들도 있었다.

바래르는 보고서들이 자신의 운명에 큰 위험이 될 수 있으며, 나폴레옹의 승리도 권능도 용서하지 않으면서 자신의 지위가 올라갈 수 있다는 생각을 하면서 한편으로는 두려운 생각이 들었다. 한편 바래르는 나폴레옹의 권좌에서 멀리 떨어진 안전한 곳에 은둔하고 싶었다. 나폴레옹은 위험과 충고를 개의치 않았다. 하지만 나폴레옹의 추락은 정치적 선지자의 예견을 벗어나지 못하였다. 충성스럽고 강직한 보고서를 발송하여 좋은 평가를 받았음에도 불구하고 뒤로크 장군은 바래르에게 보고서를 그만두라는 통고를 하였다. 그것은 230번째의 보고서를 준비하고 있을 때였다. 뒤로크 장군은 바래르에게 "나는 그대가 계속 나에게 보내온 보고서가 이제 소용없게 되었다는 것을 알리는 편지를 씁니다. 황제 폐하의 업무가 과중하여 그대의 보고서를 더 이상 읽으실 수 없습니다. 따라서 만약 황제 폐하께 또 다른 큰일이 있다면 나는 그대가 그 일에 참여하도록 열심히 주선하겠습니다."[34]

그러나 그것은 진실이 아니었다. 바래르의 보고서를 중지시킨 후 문예검열관과 공식적인 신문 제작자로 하여 보고의 기능을 대신하게 한 사실이 있다. 물론 뒤로크 장군의 보고서 중지 조치를 나폴레옹도 알고 있었다. 하지만 문제는 바래르가 황제의 측근들에 의해 직간접으로 핍박과 홀대를 받았으며 심지어 의회 의원들로부터도 여러 번 되풀이되는 홀대를 받았다는 것이다. 그러한 이유는 곧은 나무가 쉽게 부러진다고 바래르가 엄격한 판단과 대단히 경탄한 내용을 보고하였을지라도 때로는 나폴레옹에게 증오

---

34 *Ibid.*

심을 갖고 악의적인 비판이 들어 있었기 때문으로 풀이되며, 바래르의 이런 마음은 나폴레옹이 곤경에 처하여 있을 때를 제외하고 세인트헬레나에 유배되기 전까지도 계속되었던 것을 알 수 있다.

나폴레옹이 서거함에 따라 이들 통신문의 보전책을 맡게 된 데가제(Dégagé)는 그것을 브뤼셀에서 발간하기 시작하였다. 1830년 사건으로 이 계획의 집행이 중지되었다. 그러나 극소수의 사람들이 이들 통신문을 보관하고 있었으며 그 후 그것들이 정치적인 자료로 쓰이게 되었다. 특히 그 글을 다루고 있던 그 밖의 다른 출판사들 사이에서 「유럽의 정치학(Revue Politique de l'Europe)」(1825), 「지방소식지(Nouvelles Lettres Provinciales)」의 창간자 에르니비(M. d'Herbigny)는 왕정복고(1814~1830) 이래 대단히 눈에 띄게 드러난 인물이었다. 그는 바래르에게 그것들을 읽어야 하는 이유를 인상 깊게 보고하였으며[35] 그것을 듣고 바래르는 역사의 올바른 평가에 대하여 말년에 흐뭇함을 느꼈다.

---

35 Hippolyte Carnot et David(d'Angers), *Mémoires de B. Barère*, tome 3, pp.156~157.

■ 참고문헌

## 국내 논문 및 저서

김봉구·박은채·오현우·김치수, 『새로운 프랑스 문학사』, 일조각, 1983.
서정복, 「프랑스 혁명의 요인에 대한 새로운 해석」, 『호서사학』(제10주년기념호), 1982.
———, 「루소와 로베스삐에르의 정부론에 대한 연구」, 『청주대 인문과학 논문집』 제1집, 1982.
———, 「Jean-Jacques Rousseau의 정치사상과 프랑스혁명(1744-1794)」(중앙대학교 대학원 박사학위논문), 1983.
———, 「Maximilien Robespierre에 의하여 수용된 Jean Jacques Rousseau의 정치사상의 기본원리」, 『호서사학』 제11집, 1983.
———, 「Saint-Just의 정치사상(1)」, 『호서사학』 제12집, 1984.
———, 「Saint-Just의 입법관과 공화정의 기본원리」, 『충남사학』 제1집, 1986.
———, 「프랑스 대혁명에 있어서 Saint-Just의 자유와 평등사상」, 『우인김용덕 박사 정년기념 사학논총』, 1988.
———, 『프랑스혁명과 베르트랑 바래르』, 삼지원, 1999.
———, 「프랑스혁명과 베르트랑 바래의 참정: 자코뱅시대를 중심으로」, 『혁명, 사상, 사회변동』, 경북대학교 출판부, 1991.
———, 「La Pensée du Pacte Social de J.J. Rousseau et M. Robespierre」, 『충남대학교 인문과학논문집』 제20권 1호, 1993.
———, 「통령정부시대(1799-1804) 바래르의 애국적 활동」, 『박병국교수정년기념퇴임논문집』, 1994.
———, 「떼르미도르 사건에서 바래르의 역할」, 『상명사학』 3·4집, 상명사학회,

　　　　1995.

―――, 「떼르미도르 사건이후 바래르의 정치」, 『호서사학』 23·24합본, 호서사학회, 1996.

―――, 「프랑스혁명기 자유와 평등의 입법화 과정」, 『서양사학연구』 창간호, 1998.

―――, 「프랑스 혁명에서 당통의 화의적 역할-1792년 법무장관과 국민공회의원으로서」, 『충남사학』 제10집, 1998.

―――, 「18세기 프랑스의 아카데미 프랑세즈에 대한 소고」, 『서양사학연구』 제2집, 1999.

―――, 「18세기 프랑스 계몽사상의 전파-살롱을 통하여」, 『서양사학연구』 제3집, 1999.

―――, 『의회기록문을 통해본 프랑스 혁명과 베르트랑 바래르』, 삼지원, 1999.

―――, 「프랑스 혁명의 교육사적 고찰, 1792~1795」, 『프랑스사 연구』 제4호, 한국프랑스사학회, 2001.

―――, 「나폴레옹시대의 교육정책과 제국대학」, 『서양사론』 제74호, 한국서양사학회, 2002.

―――, 「나폴레옹시대의 단과대학의 실태와 특성」, 『한국서양문화사학회』 제8집, 2003.

―――, 『살롱문화』, 살림, 2003.

―――, 『소르본대학: 프랑스 지성의 산실』, 살림, 2005.

―――, 「17-18세기 프랑스의 교육과 교육공간 문제」, 『한국서양문화사학회』 제15집, 2006.

―――, 『프랑스혁명과 나폴레옹시대의 교육개혁』, 충남대학교 출판부, 2007.

―――, 『프랑스 혁명』, 살림, 2007.

―――, 『나폴레옹: 위대한 프랑스를 향한 열정』, 살림, 2013.

―――, 「프랑스인의 푸른색에 대한 열병」, 『문화한밭』 제23집, 2015.

―――, 「문화예술의 공간, 그리고 지성의 산실이 된 프랑스 살롱」, 『문화한밭』 제27집, 2019.

―――, 「프랑스 지성의 미로-아카데미 프랑세즈의 태동」, 『문화한밭』 제30집, 2022.

이광주, 『유럽사회: 풍속산책』, 까치글방, 1992, 247쪽.
『교육학용어사전』, 서울대학교 교육연구소, 1995(네이버 지식백과).

## 국외 논문 및 저서

A. Souviron, *Bertrand Barère, 1755-1841: Causerie-Conférence*, Pithiviers: Imprimerie Typographique de L. Gauthier, 1906.

Albert Mathiez, *La Révolution française*, t.2, Paris: Librairie Armand Colin, 1978.

Albert Soboul, *The Parisian Sans-Culottes and The French Revolution, 1793-4*, Oxford: Clarendon Press, 1964.

Albert Soboul, *Précis d'Histoire de la Révolution Française*, Paris: Editions Sociales, 1975.

Albert Soboul, Guy Lemarchand et Michèle Fogel, *Le Siècle des Lumières*, Paris: Presses Universitaires de France, 1977.

Alfred Chabaud, "Barère et les Fonds Secrets de Louis-Philippe", dans *A.H.R.F.*, tome deuxième, 1935.

André Jardin, *Histoire du Libéralisme Politique de la Crise de l'Absolutisme à la Constitution de 1875*, Paris: Hachette, 1985.

André Stile, *Quand Robespierre et Danton inventaient la France*, Paris: Bernard Grasset, 1967.

*Archives Parlementaires de 1787 à 1860, recueil complet des débats législatifs et politiques des chambre françaises*, 1er série, sous la direction de J. Mavidal et de E. Laurent, Paris: Librairie Administrative de Paul Dupont, 1989.

*Archives Parlementaires de 1787 à 1860*, tome 62, sous la direction de L. Lataste de Louis Claveau, de Constnat Pionnier et André Ducom, Paris: Librairie Administrative de Paul Dupont, 1902.

Arman Praviel et J.R. de Brousse, *L'Anthologie des Jeux Floraux(1324-1924)*, Paris: Nouvelle Librairie Nationale, 1924.

Bertrand Barère, "Discours prononces dans l'Academie des Jeux Floraux à la réception de M.Barère de Vieuzac membre de plusueurs académies", le 2 mars

MDCCLXXXVIII.

Bertrand Barère, *Le Point du Jour ou Résultat de ce qui s'est passé aux Etats-Généraux*, Paris: Chez Cussac, 1790.

Bertrand Barère, *Montesquieu peint D'Après ses Ouvrages*, Swisse: Impimé en Suisse, L'an de la République Française, 1792.

Bertrand Barère, *Éloges Académiques*, Paris: Chez A.A. Renouard, 1806.

Bertrand Barère, *Éloges Académiques*, Paris: Chez A.A. Renouard, 1851.

Bertrand Barère, *Considérations sur La Chambre de Pairs, ou sur La Chambre des Représentans Héréditaires Avant qu'elle acceptée, établie et composée*, Paris: Chez Louis Colas, 1815.

Burckhart, *The Civilization of the Renaissance in Italy*, London: Phaidon Press, LTD, 1944.

Choucri Cardahi, *Regards sous la Coupole: Histoire et Petite Histoire de l'Académie Française*, Liban: Les Presses de l'Imprimeris St.Paul, Jounieh, 1966, p. ix. <Préface de Jean Guitton de l'Académis française>.

Claude Bellanger, Jacques Godechot, Pierre Guiral et Fernand Terrou, *Histoire Générale de La Presse Française I, des origines à 1814*, Paris: Presses Universitaires de France, 1969.

Claude Manceron, *Les Hommes de la Liberté 4: La Révolution qui lève*, Paris: Édition Robert Laffont, 1979.

Crane Brinton, *A Decade of Revolution 1789-1799*, New York and London: Harper and Brothers Publishers, 1934.

Cyril Eugene Smith, *The University of Toulouse in the Middle Ages*, Wisconsin: The Marquette University Press, 1958.

Daniel Mornet, *Les Origines Intellecuel de Révolutioon Française 1715-1787*, Paris: Librairie Armand Colin, 1933.

David P. Jordan, *The King's Trial: Louis 16 vs The French Revolution*, Berkeley: University of California Press, 1979.

*Dictionnaire de Biographique Française*, tome cinquième sous la direction de M. Prevost et Roman d'Amat, Librairie Letoouzey et Ane, 1961, p.444. "Barère de Vieuzac".

Édouard Gibert, traduit de l'anglais, *Bertrand Barère*, Paris: E. Dentu, Eduteur, 1888.

Emile Faguet, *La Politique Comparée de Montesquieu, Rousseau et Voltaire*, Genève:

Slatkine Reprints, 1970.

Fançois Albert-Buisson, *Les Quarante au Temps des Lumières*, Paris: Librairie Arthème Fayard, 1960.

Frances A. Yates, *Les Académies en France au XVIe Siècle*, Paris: PUF, 1966.

François Furet, *Penser la Révolutioon Française*, Paris: Gallimard, 1979.

François Furet et Denis Richet, *La Révolution française*, Paris: Libraire Arthème Fayard, 1974.

François Furet and Mona Ozouf, *The French Revolution and The Creation of Modern Political Cullture, Volume 3: The Transformation of Political Culture 1789-1848*, Oxford: Pergamon Press.

G. Lanson et Tuffrau, *Manuel Illustré d'Histoire de la Littérature Française des Origine à l'Epoque Contemporaine*, Paris: Classiques Hachette, 1957.

Gaston Balencie, *Cahiers de Doléances de la Sénéchaussée de Bigorre pour les Etats Généraux de 1789*, Tarbes: Imprimerie Lesbordes, 1926.

Hélène Maspero-Clerc, *Un Journaliste contre-Révolutionaire, Jean-Gabriel Peltier(1760-1825)*, Paris: Société des Études Robespierristes, 1973.

Hippolyte Carnot et David(d'Angers), *Mémoires de B. Barère,* tome 1, Paris: Jules Labitte, Librairie-Editeur, 1842.

Jean Denis Bredin, *Sieyes: La Clé de la Révolution Française*, Paris: Editions de Fallois, 1985.

Jean Tulard, Jean François Fayard et Alfred Fierro, *Histoire et Dictionnaire de la Révolution française 1789-1793*, Paris: Robert Laffont, 1987.

Jean Tulard, Jean-François Fayard et Alfred Fierro, *Histoire et Dictionnaire de la Révolution française(1789-1799)*, Paris: Robert Laffont, 1983.

Jean-Jacques Rousseau, "Discours sur les Sciences et les Arts", *Jean-Jacques Rousseau Oeuvres Complètes*, Dijon: Edition Gallimaard, 1966.

John hall Stewart, *A Documentary Survey of The French Revolution, II*, New York: The Macmillan Company.

Koichi Yamazaki, "Un Discours de Barère prononce avant la Révolution", *A.H.R.F.*, no.262, Octobre-décembre.

Léo Gershoy, "Bertrand Barère de Vieuzac: un médiateur de la Révolution", *Annales*

*Historiques de la Révolution française*, n.163, janvier-mars 1961, Nancy: Imprimerie Georges Thomas.

Léo Gershoy, *Bertrand Barère: a reluctant terrorist*, Princeton, New Jersey: Princeton University Press, 1966.

Léonard Gallois, *Histoire des Journaux Tarbe: de la Révolution Française*, t 2, Paris: Société de l'industrie fraternelle, 1846

Louis Batiffol, *Richelieu et Le Roi Louis XIII*, Paris: Calmann-Lévy, Editeurs, 1934.

Lucien Pinvert, *Lazard de Baïf*, Paris: Ancienne Librairie Thorin et Fils Albert Fontemoing, Éditeur, 1900.

Lévis Mirepoix, *Robespierre, Prophète de la Révolution*, Paris: Librairie Académique Perrin, 1978.

M.J. Guillaume, *Procès-Verbaux du Comité d'Instruction Publique de la Convention Nationale*, tome 1, Paris: Imprimerie Nationale, 1816.

M.J. Gauillaum, *Procès-Verbaux du Comité d'Instruction Pubilque de la Convention nationale*, tome I-VI, Paris: Imperimerie nationale, 1867.

M.J. Sydenham, *University of London Historical Studies VIII: The Grondins*, London: The Athlone Press, 1961.

Marsile Ficin, *Lettre à Paulus Middelburgensis*, Opera Omnia, Bâle, 1551.

Michel Mollat, *Genèse Médiévale de la France moderne XIVe-XVe siècle*, Paris: Arthaud, 1977.

Mona Ozouf, *Bibliothèque de Histoires: La Fête Révolutionnaire, 1789-1799*, Paris: Éditions Gallimard, 1976.

Montesquieu, *Oevres Complètes*, tome 2, édition et étblir annotés par Roger Caillais, Paris: Edition Gallimard, 1951.

Nikolaus Pevsner, *Academies of Art, Past and Present*, Cambridge at the University Press, 1940.

Olivier Dovaux, *La Pique et La Plume*, Toulouse: Editions Université, 1988.

Owen Connelly, *French Revolution, Napoleonic Era*, New York: Holt, Rinehart and Winston, 1979.

Pierre Aubenque, Jean Bernhardt et François Chateler, *La Philosophie Païenne*, Paris: Hachette, 1972.

Pierre Gaxotte et Jean Tulard, *La Révloution française*, Paris: Fayard, 1975.

Pierre Gaxotte, *L'Académie Française*, Paris: Hachette.

*Précis de la Conduite de Madame de Genlis depuis la Révolution*, publié le mars 1796, Hambourg.

Réponse d'un Républicain Français au Libelle de sir Francis d'Yvernois, naturalisé contre Le premier consul de la République Française; par l'auteur de la lettre d'un citoyen française à Lord Grenville, Paris: frimaire an 9.

Robert Honnert et Marcel Augagneur, *La vie du Maréchal de Richelieu*, Paris: Librairie Gallimard, 1929.

Robert Launay, *Barère de Vieuzac: L'Anacréon de la Guillotine*, Paris: Edition Jules Tallandier, 1929.

Robert Mandrou, *La France aux XVII et XVIII Siècles*, Paris: Presses Universitaires de France.

Roger Cartini, *Dictionnaire des Personnages de la Révolution*, Paris: Le Pré aux Clercs, 1988.

Roland Mousnier et Ernest Labrousse, *Le XVIIIe Siècle; L'Epoque des Lumières 1715-1815*, Paris: P.U.F, 1967.

Suh, Jeong-Bok, "Bertrand Barère: ses Idées Politiques et Sociales", Université de Lille 3, 1988.(프랑스 박사학위논문)

Suh, Jeong-Bok, "Barère et L'Idée de Défense Nationale", <Colloque International de Sorèze en France, pour L'anniversaire 200 de La Révolution française>, 1989.

## ■ 찾아보기

### 용어

**ㄱ**

가톨릭 24, 31, 160, 379
가톨릭 동맹 94, 160, 225
개신교 379
검열 79
계몽사상 39, 41, 80, 86, 175
계몽사상가 39, 40, 67, 68, 72, 79, 84, 87, 242, 256, 262, 265, 270, 274, 294, 380
계몽주의 17, 367
계몽주의자 283
고등법원 103, 127
공교육위원회 322, 342
공안위원회 332, 333, 334, 335, 337, 338, 343, 344, 347, 354, 376
공포정치 24, 333, 336, 344, 346, 370, 371, 376
공화국 234, 242, 246, 282, 323, 389
공화정 283, 285, 371
공화주의 278, 380, 383
공화주의(론)자 87, 242, 246, 337
공화(주의) 정신 19, 311, 338
공화파 337

관용파 345, 346
교육법 285
교회법 136
국민공회 24, 322, 323, 324, 326, 327, 328, 329, 330, 331, 332, 333, 334, 335, 336, 338, 339, 344, 347, 348, 349, 351, 353, 371, 375, 376
국민방위대 306
국민의회 307
국민주권 327
국방위원회 340, 341, 342
국새상서 123, 170
국왕참사회 127
군사독재 356, 357, 379, 386
군사정부 383
군주정 285, 286, 292, 298
그니드 292
그랑제콜 19
기요틴의 아나크레온 333, 335, 349
김나지움 42

**ㄴ**

나침반 98

낭트 칙령 160
내탕금 382, 383

**ㄷ**

단두대 322, 335, 348, 349, 351
대불동맹 332, 334, 339
대학 37, 38
독립파 313
독재자 286, 288, 389
디종 아카데미 239, 255

**ㄹ**

러시아 359
로마 380
로마 문명 55
로마법 87, 131, 132, 134, 135, 138, 140, 148, 282, 283
로마 법전 277
로베스피에르의 꼬리 352, 353, 354, 377
무첼라이 가문 44
르네상스 38, 39, 45, 47, 51

**ㅁ**

마리 앙투아네트파 336
메츠 아카데미 76
몽토방 (문학) 아카데미 75, 81, 83, 89, 158, 190, 208, 210, 365
몽토방 문학협회 189
무젠호프 38
문예 보호자 242
문인의 아버지 117
뮤즈 42, 177, 190, 194, 199
미국독립전쟁 374

미술·조각 아카데미 179
민주공화국 381
민주 공화정 320, 379, 380, 386
민주공화 정신 380
민주정 282, 286
민주주의 351
민중의 법 284

**ㅂ**

바렌 탈출 317, 320
바스티유 308
바이프 가문 56
반영 운동 383
발라드 51
발루아 왕조 54
방데 반란 331, 344, 375
방토즈법 354
백과사전 223
백과전서 221
법복귀족 104
보르도 아카데미 28, 75, 84, 272, 273
볼로냐대학 38
봉건권 301, 302, 303
봉건제도 292
부르봉가 327, 335, 359
부르봉 왕조 24, 360
부르주아 320
브루시올리의 대화 44
브리소파 336
브장송 아카데미 76

**ㅅ**

사회계약 351

산악파 320, 332, 334, 337, 338, 376
살레르노대학 38
살로니에르 367
살롱 37, 38, 39, 80, 353, 366, 368, 371, 387
삼권분립 284
삼신분의회 24, 25, 34, 75, 123, 223, 224, 301, 303, 304, 305, 306, 307, 308, 310, 315, 324, 368, 374, 375
상퀼로트 353, 376
생필품위원회 342
성모무염시태 아카데미 73
소네트 51
소피스트 182, 242
수도원 55
쉐르브르 아카데미 73
스콜라 철학 71
스토아학파 265, 275
스토아학파 학교 253
시와 음악 아카데미 58, 59
신플라톤주의 45, 47
신플라톤주의자 45
실증법 재판소 329
12표법 140, 175
십자군 원정 41, 68

## ㅇ

아고라 38
아라스 아카데미 74
아미앵 조약 383, 387
아시냐 353, 354
아카데마이코이 42
아카데미 37, 38, 39, 41, 42, 43, 44, 47, 54, 57, 78, 84, 126, 156, 177, 237, 239, 275, 368, 380
아카데미 드 라 플레이아드 59
아카데미 드 바이프 47
아카데미아 42
아카데미아 데이 필레레니 54
아카데미아 플라토니카 41
아카데미 콩쿠르 80, 83
아카데미 프랑세즈 40, 49, 52, 54, 57, 58, 59, 60, 61, 64, 65, 67, 73, 153, 178, 179, 182, 201, 365
안전위원회 341, 343, 354
앙시앵 레짐 80, 311
앙제 아카데미 77
앵 아카데미 74
연금 383
연합국방위원회 341
영국 수도회 55
영주권 303
오드 51, 190
오르티 오리첼라리 44
오르페우스 신비주의 46
500인 회의 18, 355
오페라 244, 246
옥세르 아카데미 74
옥스퍼드대학 38
왕당파 314, 331, 336, 337, 376, 380
왕립 아카데미 81
왕립학교 49
왕정복고 351, 359, 361, 381, 383, 392
우애 373
우인회 29
원로원 358

유스티니아누스 법전 137
이탈리아 41, 43
인권 29
인문주의 29, 44, 48
인민의 권리 282
인민의 아버지 90, 91, 93, 102, 109,
　　111, 120, 122, 127, 216, 224, 225
인민주권 252, 328, 351, 352, 356, 359,
　　360
인쇄술 98
입법국민의회 24, 312, 313, 316, 318,
　　320, 321, 322, 375
입법권 139, 328
입법제도 286
입헌군주정 286
입헌파 313

**ㅈ**

자선변호사회 32, 33, 34, 128, 129, 144,
　　145, 157, 366
자연권 252, 282
자연권 재판소 329
자연법 84, 280, 282
자유 17, 29, 103, 148, 149, 162, 168,
　　174, 286, 320, 347, 373, 375, 378,
　　381, 383
자유주의 47, 86
자코뱅 24, 345, 351, 372
자코뱅 클럽 313
재정위원회 340
저널리스트 387
전쟁위원회 340
전제군주 282, 328, 329, 361

전제주의 28, 93, 127, 292, 351, 360,
　　381
전제주의자 118, 124
제3신분 80
제1집정관 304
제헌국민의회 304, 307, 309, 312, 314,
　　315, 317, 358, 375, 385
제헌위원회 340
조국애 375
조로아스터교 46
종교개혁 224
종교법 286
종교재판 68, 294
종교전쟁 171
죄플로로 아카데미 89, 352
주권자의 의무 282
증여법 134, 136
지롱드당 318, 331, 334
지롱드파 331, 334, 338, 354
지방 아카데미 72, 81

**ㅊ**

참사회 114
청렴공 344, 345
청원서 301, 303, 304
최고존재 122, 280, 344, 345
칠성파 시인 46, 47, 48, 49, 52, 54, 59

**ㅋ**

카앙 아카데미 73, 77
카페가 327
카페 왕조 50
캉브레 (가톨릭) 동맹 117, 119, 229

커피하우스 39
콜레주 드 봉쿠르 56
콜레주 드 코크레 48, 49, 52, 53, 55, 56
콩쿠르 68, 81, 266, 381
쿠데타 379, 389

**ㅌ**

타이유세 82, 100, 219
탕플성 327
테니스코트 서약 307
테르미도르 반동/사건 24, 333, 342, 346, 350, 352, 376
테르미도르파 354
통령정부 356, 359, 389
툴롱 전투 383
툴루즈 고등법원 28, 29, 30, 134
툴루즈 과학·비명·문학 아카데미 89
툴루즈 과학 아카데미 74, 155
툴루즈대학교 19, 369
툴루즈 문학 아카데미 85, 156
툴루즈 문학회 301
툴루즈 법과대학 29
툴루즈 아카데미 75, 82, 83, 85, 90, 232, 365
튈르리궁 317, 323, 360

**ㅍ**

파기원 320
파나티즘 257
파리대학 20, 38, 40
파리 수비대 350
파리 조약 20
파리 코뮌 331, 334, 337, 349, 352, 374

파수꾼 381
팡테옹 333
평등 29, 321, 351, 373, 375, 378, 381, 383
평원파 351, 354
푀양파 313, 320
퓌르골르 140
프랑스 공화국 327, 329, 343, 346, 348, 351
프랑스 혁명 17, 26, 301, 306, 311, 315, 333, 342, 350, 351, 372, 373
프랑크족 50, 286
프랑키아 50
프로테스탄트 31, 33, 160
프롱드 169, 170, 180
프롱드 난 177
플라톤주의 43, 56
피렌체 아카데미 43, 45, 48
피렌체 합창단 아카데미 44

**ㅎ**

행정재판소 356
헌법위원회 322, 341
헬레니즘 44
혁명위원회 331
혁명재판소 332, 338
혁명정부 333, 339, 340, 343, 354

# 인명

## ㄱ

가갱, 로베르 47
가데 331
가르니에 111, 126, 340
가상디 297
가소트, 피에르 41
가이아르 64
갈랑, 장 56
갈루아 310
갈릴레오 297
게르쇼, 레오 18, 27, 86, 304, 311, 349, 350, 368, 370
겔론 288
고이치 야마자키 85
그라비나 88, 282
그랜빌 357, 384
그레고리우스 10세 220
그로티우스 282
그뤼튀즈 125
글루크 245
기요틴 322
기통, 장 60, 66

## ㄴ

나폴레옹 355, 356, 358, 361, 379, 380, 383, 385, 386, 387, 388, 389, 390, 391, 392
낭트, 프랑수아 드 357
네케르 305
노가레 155

노게 358
뇌샤토, 프랑수아 드 336
누메니우스 46
뉴턴 273, 278, 297
느무르, 뒤퐁 드 72
니베르누아 187

## ㄷ

다그소 21, 27, 87, 133, 136, 148, 159, 166, 175, 188, 189, 280
다르장송 80
다비드, 자크 루이 307, 308, 322
다빈치, 레오나르도 59
단테 51
달드기에 85
달랑베르 63, 67, 246
달리그르 163
당글라스, 부아시 350, 351, 352
당부아즈, 조르주 83, 99, 100, 208, 210, 211, 212, 214, 216, 217, 221, 222, 223, 227, 229
당빌 부인 314
당제, 다비드 23, 371, 385
당통 313, 323, 332, 333, 334, 337, 338, 372
당티, 자크 엑토르 25
데가제 392
데모스테네스 21, 27, 289
데모크리토스 46
데믈랭, 카미유 80, 345, 376

데스트레 276
데카르트 61, 66, 68, 155, 176, 272, 280, 284, 288, 293, 297
데타플, 르페브르 47
데퐁텐 194
데피네 부인 366
델마 338
도라, 장 48, 49, 52, 53, 59
도트, 베르나 358
둔스 스코투스 45
뒤로크 388, 390, 391
뒤몽, 앙드레 350, 352
뒤무리에 332
뒤물랭 146, 149, 283
뒤발 131
뒤 벨레 52
뒤샤텔 382
뒤클로 64, 67, 72
뒤파르 171
뒤푸 27
뒤프레스니 274
드냉 61
드니소, 니콜라스 59
드라콘 281
드롤므 294
드릴 72, 192
드 바이프, 장 앙투안 48
드 배네스 72
드브리, 장 338
드제사르 32
드 투 127, 290
드팡 후작 부인 366
드페르몽 357

들라크루아 338, 341
디동 185
디드로 64, 67, 77, 79
디버노이스, 프랜시스 357, 384
딘, 살라스 374

**ㄹ**

라로배르 227
라로슈 87, 283
라로슈푸코 313, 375
라마르크 359
라무아농 142
라브뤼에르 61, 62, 240
라브배즈, 라쉬 드 305
라블레 194
라쇼세, 니벨 드 64
라스카리스 125
라스카리, 장 드 125
라스테네이아 43
라신 61, 62, 184, 190, 200, 280
라아르프 72
라이프니츠 282
라캉 61, 199
라코트도르, 프리외르 드 338, 343
라투슈, 메에 드 352
라파엘로 179, 277
라파예트 374
라파유 155
라퐁텐 61
랑송 71
랭데, 로베르 324, 335, 343
레날 273, 290, 294
레벨 336

레비미르푸아 375
레트론 145
로데레 357
로라귀에 142
로베르트송 294
로베스피에르, 막시밀리앙 24, 25, 80, 313, 318, 319, 320, 323, 332, 337, 341, 343, 344, 345, 346, 348, 349, 350, 351, 365, 367, 372, 375, 376, 380
로슈본 129
로크 241, 253, 278, 282
로피탈 87, 104, 140, 158, 159, 166, 171, 188, 221, 231, 253, 280
롱사르, 피에르 드 48, 52, 53, 54, 57, 59
루세 347
루소, 장 자크 25, 64, 75, 77, 79, 80, 83, 84, 85, 86, 87, 196, 197, 199, 201, 234, 236, 238, 242, 244, 247, 252, 253, 257, 258, 259, 260, 261, 262, 263, 264, 266, 267, 308, 352, 367, 381
루아젤 147
루아조 21, 87, 283, 289
루이 11세 92, 93, 98, 99, 125, 171, 210, 211, 212, 217, 225, 292, 293
루이 12세 82, 90, 96, 97, 99, 100, 101, 102, 103, 104, 105, 106, 108, 109, 111, 113, 114, 115, 117, 118, 119, 120, 121, 123, 125, 126, 181, 210, 215, 216, 218, 219, 222, 224, 225, 227, 230
루이 13세 163, 304, 306

루이 14세 33, 51, 61, 62, 63, 69, 82, 105, 125, 159, 170, 175, 178, 190, 203, 237, 297
루이 15세 63, 202
루이 16세 24, 63, 143, 303, 304, 306, 318, 319, 320, 321, 322, 323, 324, 325, 326, 327, 329, 330, 331, 332, 367, 380, 383
루이 18세 380, 381, 382
루이 카페 → 루이 16세 328
루이 필리프 367, 382
루킬리우스 195
뤼네 64
뤼도비크 110
르댕 211
르봉 371
르브랭 357
르브룅 179
르코크 302
르틀리에 33
르프랑 186
리슐리외 61, 64, 69, 162, 164, 176, 177, 222
리처드슨 248
리카 275
리쿠르고스 171, 179, 276, 278, 281

■

마누치오, 알도 54
마라, 장 폴 84, 313, 337, 340, 372
마레 357
마로, 클레망 194
마르그리트 드 나바르 46

마르몽텔 64, 67
마르보, 바르베 357
마르실리오 44
마르캉디에, 로크 345
마른 343
마리 당글르테르 119
마리 드 클래브 92
마리악 163
마리 앙투아네트 318, 335
마시옹 63, 280
마에케나스 242
마이안, 뒤랑 드 322, 326
마이유 323, 330
마자랭 168, 169
마콜리 368
마크로비우스 45
마키아벨리 88, 96
말레르브 199
말르브랑슈 238
말제르브 72, 80
메디치, 로렌조 드 38
메디치, 마리 드 161
메디치, 카트린 드 48
메르퀴르 137
메리앙, 마티외 55
메즈레 117
모니에 27
모르보, 귀이통 338
모를레 67, 72
모리악 63
모세 280
모페르튀이 63
몰리에르 61, 68, 185, 240, 241

몽드, 카트린 엘리자베스 드 22
몽테뉴 87, 256, 280, 288, 297
몽테스키외 28, 63, 67, 72, 79, 80, 85, 87, 153, 221, 237, 239, 240, 241, 272, 274, 276, 278, 281, 282, 284, 285, 286, 288, 293, 294, 296, 297, 298, 380, 381
몽티옹 72
무니에 375
미라보 63, 79, 309, 315, 325
미란돌라, 지오반니 피코 델라 41, 44, 46, 47
미셸, 프리뷔르제 125
미슐레 39, 71, 371
미켈란젤로 59, 277
밀턴 51, 282

### ㅂ

바디에 353
바라스 343, 351
바래르, 장 18, 25
바로 331
바르바루 330
바쇼몽 194
바이아르 118
바이이 63, 72
바이프, 라자르 드 48, 53, 55, 57, 58
바이프, 장 앙투안 드 53, 54, 57, 58
바자제트 127
발라제 325
발로 365
발루아 공 → 프랑수아 1세 117, 125
발뤼 211

발자크 61
방데르캉, 외트로프 355
버크, 에드먼드 349
버클리 282
베구앙 357
베누아 12세 155
베르길리우스 185, 186, 187, 190, 191, 192, 195, 199, 296
베르니 64
베르제스, 앙주 57
베스파시아누스 188
베이컨 88
베카리아 88
벨 79, 288
벨레, 조아킴 뒤 48
벨로, 레미 48
보댕 87, 283
보르자, 체사레 108, 216, 219, 226
보마르셰 64
보몽 21
보쉬에 61, 87, 280
보이티우스 45
보즐라 69
볼테르 63, 64, 67, 71, 72, 87, 182, 184, 186, 193, 198, 208, 215, 221, 224, 237, 240, 247, 265, 266, 367
볼프 282
부알로 61, 193
부타릭 134
뷔데, 기욤 57
뷔이송, 프랑수아 알베르 41
뷔조 330
뷔퐁 63, 190, 240, 273

브랑톰 119
브레아르 338
브로스 71
브루스, J.R. 84, 86
브뤼에, 기 드 53
브리소 80, 330, 336
브리코 224
비네, 클로드 53, 58
비농 164
비오세농 64
비요바렌, 자크 니콜라 338, 343, 345, 347, 352, 353, 365, 371
빌라르 61

## ㅅ

사라쟁 179
사시 87, 153, 276
사시에르주 114
사티로스 275
사포 51
살렐, 위그 56
새브, 모리스 46
생빅토르, 리샤르 드 56
생아망 61
생앙드레, 장 봉 335, 343
생앙드레, 장 폴 322
생쥐스트 25, 80, 306, 322, 323, 344, 345, 347, 348, 372, 376, 380
생즐래 107
생파르고, 르플르티에 드 331, 333
생팔레, 라퀴른 드 64
생프리에스트 143
생플로랑탱 144, 190

샤르팡티에 61
샤를 → 샤를 8세 93, 94, 109, 212, 213
샤를 5세 127
샤를 7세 98
샤를 8세 82, 96, 98, 99, 215
샤를 9세 58, 59, 171
샤를마뉴 171, 290, 389
샤보, 알프레 382
샤세 321, 322
샤토뇌프 163
샤토브리앙 371
샤펠 194
샹포르 63, 72
샹피에, 생포리앙 46
성 루이 98, 171
성 아우구스티누스 45
세기에, 피에르 61, 65, 83, 159, 161, 162, 163, 165, 167, 172, 179, 183, 280
세르세유, 그라네 드 338, 353
세셀 107
셰익스피어 51, 194
소렐, 알베르 370
소크라테스 87, 182, 183, 238, 241
베르길리우스 194
소포클레스 192, 193
솔론 87, 171, 179, 284
쇼리외 204
쇼벨랭 332
수비롱, 알프레드 29, 33, 309, 365, 385
쉬아르 72
쉬외르 179
쉴리 68, 99, 100, 101, 225, 231

슈와젤 80
스미스 294
스페우시포스 43
스펜서 51
시드니 282
시세 129
시예, 아베 80, 351
실르리 161

### ㅇ

아그리콜라 187
아나크레온 51, 55, 198
아리스토텔레스 43, 87, 177, 190, 276
아리스티데스 235
아리오스토 232
아바디 304
아스트라이아 235
아우구스투스 125, 185, 242, 279, 281
아우구스티누스 45
아이스킬로스 193, 194
아카데모스 42
아킬레우스 237
아탈리 185
아탱 310
악시오테아 43
안 도트리슈 168
안드로마케 190
안 드 브르타뉴 94, 108, 119, 213, 218
안토니우스 169, 281
알레안드로, 제롤라모 54, 58, 125
알렉산더 290
알렉산데르 6세 108, 116, 216, 219, 226
알렉산드르 388

알카이오스 51
알퐁소 44
앙리 2세 97
앙리 3세 58, 59
앙리 4세 82, 96, 100, 101, 127, 160,
    171, 225
앙리오 337, 347, 349
에그나지오, 바티스타 54
에네 185, 186
에노 64, 87, 280, 290
에르니비 392
에밀, 폴 125
에베르 337, 376
에샤스리오 353
에우독소스 87, 276
에우리피데스 192
에티엔, 샤를 57
엘리자베스 1세 97
엘베시우스 77, 138, 280
엠페도클레스 46
예카테리나 2세 295
오를레앙, 루이 드 → 루이 12세 92, 93,
    94, 95, 96, 99, 212, 215
오를레앙, 필리프 에갈리테 367
올라르 370
올리베르 64
옴즈 321
외젠 277
우즈베크 275
워싱턴 374
윙클레 282
율리우스 2세 42, 116, 118, 230
이븐시나 45

이사베 365
이사보 350
이아르바 186
이즈키에르도 358
이피제니 190

## ㅈ

자트라페스노프 388
잔 드 프랑스 108
장리스 부인 366, 369, 370, 371
제르비에 28, 142
제리우스, 윌리 125
조델, 에티엔 48
조래스, 장 371
조르당 326
조세핀 359
조프랑 부인 366
지라르동 179

## ㅋ

카다이, 수크리 41, 60
카르노 338, 343, 345
카르노, 이폴리트 82, 311, 319, 361, 371
카를 5세 97, 117, 223
카뮈 134, 147
카스틸리오네 125
카시우스, 디온 193
카이사르 130, 286
칼뱅 149
캉바세레 350, 356, 357
캉봉 301, 332, 338
캉트-퀴르스 290
컴버랜드 282

코네글리아노 359
코르네유 61, 176, 184, 187, 195, 280
코생 21, 27, 141, 280
코이치 야마자키 82
코팽 87
코페르니쿠스 54
콘스탄틴 388
콜레테, 프랑수아 55
콜로데르부아, 장 마리 338, 343, 345, 347, 352, 353, 371, 376
콜링우드 71
콜베르 180, 231
콩도르세 63, 72, 322, 330
콩디악 64, 103
콩라르, 발랑탱 60
쿠르빌, 티보 드 58, 59
쿠친스키 382
쿠통 344, 345, 347, 349, 380
쿨랑주, 퓌스텔 드 64
퀴스틴 335
퀴자스 148, 160
퀸틸리우스 198
크랑, 마르탱 125
크레비용 64, 184, 193
크로체 71
크롬웰 357
크리솔로라스 41
크세노폰 183
클로드 드 프랑스 223
클로젤 350
키노 185
키케로 19, 27, 87, 130, 169, 177, 193, 241, 276, 281, 289, 380

## ㅌ

타르제 28
타르테롱 357
타베른 27, 88
타쉐로 382
타키투스 19, 88, 255, 268, 276, 293, 380
탈롱 325
탈리앙 343, 350, 351, 352
테미스토클레스 87, 276
투레이 69
튀르고 72, 103
트라야누스 121
트레야르 322, 338, 350, 357
트뤼블레 64
티베리우스 279
티보 351
티아르, 퐁튀스 드 46, 48
티에리 71
티옹빌, 메를렝 드 336

## ㅍ

파노르미다 44
파브리시우스 239
파스칼 61, 87, 280, 288
파스키에 87, 283, 290
파올리 335
파이드로스 185
파피니아누스 130
팔리소 186
팽베르, 뤼시앙 41
페넬롱 61, 68, 70, 183, 250
페로, 샤를 61

페르디난도 110, 112, 114, 216
페르마 155
페를레 373
페리클레스 130
페소도-디오니시우스 45
페트라르카 51, 125
펠리시데 369
포레 184
포르 340
포티에 87, 131, 145, 155, 283
포프, 알렉산더 194
폰타노, 조반니 44
폴리치아노, 안젤로 41
퐁트넬 62, 67, 72
퐁파두르 부인 71, 80
퐁피냥, 장 자크 르프랑 드 62, 64, 67, 183, 185, 188, 189, 191, 192, 193, 194, 196, 197, 199, 201, 202, 204, 206
푸생 179
푸셰 343
푸키에-탱빌 332
푸펜도르프 282
퓌레, 프랑수아 350, 352
퓌르골르, 장 밥티스트 83, 130, 131, 132, 134, 135, 136, 141, 142, 143, 144, 146, 147, 150, 151, 152, 153, 154, 155, 157
퓌르티에르 51, 63
프라비엘, 아르망 84, 86
프락시텔레스 297
프랑수아 1세 47, 48, 50, 57, 58, 59, 110, 126, 171

프레데릭 113
프레롱 351, 352
프레마르탱 350
프레미오 160
프리드리히 2세 295
플라톤 38, 42, 43, 45, 46, 87, 177, 253, 255, 276, 281, 380
플레톤 41
플로리 63
플뢰랑주 120
플루타르크 253
플리니우스 180, 190
피에르 가소트 61
피이 358
피쳇, 기욤 47
피치노, 마르실리스 41, 45, 46
피타고라스 46, 87
피투 87, 283
핀다로스 55, 190, 193, 196, 198
필리프 4세 82

### ㅎ

하인리히 7세 220
헤시오도스 193
헨리 8세 216
호라티우스 193, 194, 195, 198
호메로스 55, 187, 190
홉스 282
흄 291
히트로프 389

## 문헌 및 간행물, 작품

### ㄱ
『고백』 84
『국민일보』 356
『귀족정치가 나폴레옹, 나폴레옹과 출판의 자유』 361

### ㄴ
『나폴레옹과 그의 통치사』 361
『네 왕조 치하의 프랑스 국민 시대』 361
『누벨 엘로이즈』 248, 249, 251

### ㄷ
「대법관 피에르 세기에에 대한 찬사」 81, 158

### ㄹ
『로마의 흥망론』 278
『로베스피에르의 꼬리』 352
「루이 12세에 대한 찬사」 81, 82, 90, 342, 366
「루이 12세의 대신, 조르주 당부아즈에 대한 찬사」 81, 83, 208, 366

### ㅁ
『메르퀴르』 75
『모니퇴르 신문』 311

### ㅂ
『반영신문』 358, 385, 387, 388, 389, 390
「버지니아 권리선언」 374

『법의 정신』 28, 79, 87, 221, 273, 280, 282, 287, 288, 289, 290, 291, 293, 295, 296, 298
『법의 집행에 관한 공화주의 통치사상에 대하여』 355
「빌레르 코트레 칙령」 50

### ㅅ
『사회계약론』 79, 84, 87, 236, 252, 352, 380
『새벽신문』 308, 309, 310, 311, 312, 319, 373, 385
「샤를 드 스공다, 바롱 드 라 브래드 에 드 몽테스키외에 대한 찬사」 81, 84, 87, 88, 271, 366, 368
『성서』 185, 198, 200, 233, 258
「세계인권선언문」 378
『세계일보』 356
『수상록』 273
「술라와 유크라테스의 대화」 293
「스트라스부르 서약」 50
『신문』 373

### ㅇ
『아카데미 사전』 69, 70
『아카데미 찬사집』 358
『에밀』 79, 84, 87, 254, 257, 261, 267, 380
『영국의 헌법』 361
「우울한 대목」 24

『유럽신문』 389
『유럽인의 신문』 389
『유언에 대한 심층적 논고』 137, 139, 140
『음악사전』 245
「인간과 시민의 권리선언」 307, 325, 373, 375, 377
『인간불평등기원론』 84, 87, 242, 247, 253, 255, 378, 380

### 기타
「J.B. 퓌르골르에 대한 찬사」 81, 128

### ㅈ
「장 자크 드 르프랑 드 퐁피냥에 대한 찬사」 81, 83, 182
「제네바 시민, 장 자크 루소에 대한 찬사」 75, 81, 232, 352, 366, 368, 378
『증여에 대한 논고』 136, 141
「지방소식지」 392
「진상과 절차」 327

### ㅌ
『디스의 야회, 영의 시적 매력』 358
〈테니스코트의 선언〉 307, 308

### ㅍ
『페르시아인의 편지』 28, 87, 274, 275
「프랑스어의 옹호와 선양」 50, 51, 52
『프랑스 인민의 철학』 80
『플루타르크 영웅전』 78, 86, 235
『피그말리옹』 252, 255

### ㅎ
『향연』 38

## 서정복 徐廷福

중앙대학교 대학원에서 문학박사, 프랑스 릴3대학교(Université de Lille III) 대학원에서 역사학박사 학위를 받았다. 충남대학교 사학과 교수를 거쳐 현재 명예교수이다. 한국프랑스사학회 회장, 한국서양문화사학회(현 세계문화사학회) 회장, 대학사학회 회장, 한국서양사학회 감사, 역사학회 평의원 및 감사를 역임하였다.

저서로는 『프랑스 근대사연구』 『프랑스 혁명과 베르트랑 바래르』 『프랑스 혁명과 나폴레옹 시대의 교육개혁사』 『살롱문화』 『소르본 대학』 『프랑스 혁명』 『나폴레옹』 『프랑스의 절대왕정시대』, 공저로는 『혁명·사상·사회변동』 『유럽사의 구조와 전환』 『전환기의 시대 대학은 무엇인가?』 『세계사의 만남과 이해』 『우리 시대의 언어와 문학』 『너의 마음, 눈을 밝히사』 등이, 번역서로는 『프랑스인의 아메리카 회상』 『프랑스 혁명과 교육개혁』 『부르봉 왕조 시대의 프랑스사』 등이 있다.

황조근정훈장, 대전광역시 문화상(학술), 갈등관리전국최우수상(대한노인회)을 수상하였다.